本书是国家社会科学基金一般项目（18BRK001）资助的成

京津冀城市群人口与产业协调发展研究

刘洁 等◎著

Research on the Coordinated Development of
Population and Industry in
the Beijing-Tianjin-Hebei Urban Agglomeration

经济管理出版社
ECONOMY & MANAGEMENT PUBLISHING HOUSE

图书在版编目（CIP）数据

京津冀城市群人口与产业协调发展研究 / 刘洁等著.

北京：经济管理出版社，2024. -- ISBN 978-7-5096

-9899-0

Ⅰ. F299. 272

中国国家版本馆 CIP 数据核字第 2024X23F20 号

组稿编辑：王玉林
责任编辑：高　娅　王玉林
责任印制：许　艳
责任校对：王淑卿

出版发行：经济管理出版社
　　　　　（北京市海淀区北蜂窝 8 号中雅大厦 A 座 11 层　100038）
网　　址：www. E-mp. com. cn
电　　话：（010）51915602
印　　刷：唐山玺诚印务有限公司
经　　销：新华书店
开　　本：720mm×1000mm/16
印　　张：23. 75
字　　数：439 千字
版　　次：2024 年 11 月第 1 版　　2024 年 11 月第 1 次印刷
书　　号：ISBN 978-7-5096-9899-0
定　　价：88. 00 元

序

党的二十届三中全会明确提出"完善实施区域协调发展战略机制"。毋庸置疑，促进区域协调发展不仅是推动我国社会经济可持续发展的前提条件，也是实现中国式现代化、全面建成社会主义现代化强国的必然要求，对把握新发展阶段、贯彻新发展理念、构建新发展格局、推动高质量发展具有重要意义。城市群作为人口、产业和经济的主要空间载体，是推动区域协调发展的的重要战略选择。产业与人口是影响城市群质量的重要因素，产业与人口协调发展有助于形成稳定的经济增长极，优化人口空间分布，提升城市群综合承载能力，是实现区域协调发展的关键路径。

京津冀协同发展是党的十八大以来的第一个重大区域发展战略，是探索人口经济密集地区优化开发模式的伟大实践。2024年恰逢京津冀协同发展上升为国家战略十周年。十年来，京津冀协同发展的顶层设计和战略规划不断完善，区域产业布局和人口空间布局不断优化。产业协同逐步深化，产业结构迭代升级，第三产业比重比2013年提高9.6个百分点。北京从聚集资源求增长转向疏解非首都功能谋发展，成为全国首个减量发展的超大城市，新"两翼"呈现良好发展态势，"大城市病"等突出问题得以明显缓解。习近平总书记在2023年5月深入推进京津冀协同发展座谈会上特别强调"推动京津冀协同发展不断迈上新台阶，努力使京津冀成为中国式现代化建设的先行区、示范区"，为京津冀协同发展提出了新要求，赋予了新的战略使命。在新的发展阶段，深入研究京津冀地区产业与人口发展规律及其趋势对实现这一宏伟蓝图具有重要意义。

北京联合大学商务学院刘洁教授作为一名青年学者，长期致力于"城市病"防治和京津冀城市群协同发展研究，取得了丰硕成果。刘教授牵头出版的《京津冀城市群人口与产业协调发展研究》深入分析了城市群人口聚散规律和驱动机制，并系统研究了京津冀协同发展背景下产业与人口协调发展的新格局与新趋势，特别是探讨了京津冀产业与人口的协调度以及影响京津冀城市群产业与人口发展协调性的壁垒和制度成因，为当下乃至未来京津冀协同发展研究拓展了新的空间。概括而言，本书的创新之处主要体现在三个方面：

首先，研究视角上，本书将产业与人口协调发展置于中国式现代化的宏观背景下进行考量，特别强调了区域发展的整体性和系统性。从已有研究来看，学界对京津冀协同发展的研究更多地集中在产业、人口、交通及生态等各个方面，对各要素之间的关系变化关注不足，并缺少对城市群本身特点的考虑，没有区分城市群与城市人口聚散规律的不同。本书区分了城市群与城市人口聚散驱动因素的异同，且由城市群人口聚散规律理论分析展开，进行了京津冀产业、人口和空间协调发展现状及耦合度分析，三大城市群比较分析，京津冀协调性不足的主要原因分析，并给出政策建议。通过多维度的分析框架，将理论与实践相结合，建构起系统性的逻辑链条，研究内容丰富，有效弥补了宏观层面研究的不足。这种视角的转变，不仅拓宽了研究范畴，也为理解和把握区域协调发展的内在逻辑提供了新的视角。

其次，研究方法上，该书综合了人口学、经济学、地理学及管理学等多学科的研究方法，包括数据分析、建模、仿真分析、政策分析及文本分析等，实现了学科交叉融合，进一步增强了研究的科学性和可信度。在理论研究方面，基于"规模借用"效用，通过建模和仿真分析论证了城市群人口聚散的驱动要素及作用路径，还利用城市统计数据对核心大城市北京市的产业发展与人口规模关系进行了量化分析。在京津冀产业与人口发展现状及协调发展研究方面，利用区位商和相对劳动生产率等指标分别从省级层面和市级层面综合判断了京津冀及其"2+11"个城市37个制造业分行业和14个服务业分行业中的支柱型产业、潜力型产业、竞争型产业和弱势型产业，表明三地产业既有互补性也有同质性；运用系统耦合协调度和熵值法测算了京津冀城市群产业与人口的整体发展水平和耦合协调度，并对三大城市群产业与人口协调发展情况进行了对比分析。在政策研究方面，运用系统工程理论与方法，构建了京津冀协同发展体制机制的社会系统工程管理体系模型。在经验借鉴方面，通过案例分析对国内外典型城市群的人口与产业协调发展情况进行了经验总结。这些方法的综合运用使研究结果更加准确和可靠，并能够为决策者提供科学的依据。

最后，学术建树上，该书提出了一系列新颖且富有启发性的观点。比如，影响城市群人口聚散的驱动因素有些方面与城市类似：可分为由资源环境决定的内在驱动因素和政策导向、公共服务水平等主导的外在驱动因素。在市场与政府的共同作用下，内在与外在要素分别通过内链与外链形成两条相互影响的驱动路径共同影响人口聚散。有些则不同：城市群内各城市间可通过"规模借用"与"功能借用"实现要素的交换与替代，更易于打破内在和外在驱动因素壁垒，整体实现资本、人力资源等要素的更高配置效率。在产业发展对人口规模的影响方面，产业结构调整，特别是第三产业规模占比的提升能够在一定程度上带动人口规模增加。而产业技术效率的提升，在一定程度上对人口规模具有抑制作用。由此为城市群内不同城市的产业与人口发展方向奠定了基础。对于未来京津冀三地人口发展，该书提出将面临四方面挑战：京津冀城市群人口总量呈现负增长；京津冀城市群人才吸引力不足；人口缩减与劳动力人口减少、少子化、深度老龄化叠加；雄安新区要形成人口吸引源仍需要较长时间。对于京津冀城市群产业与人口协调性不足的问题，本书从体制机制角度分析了成因，认为不协调问题主要源于京津冀城市群存在的三大壁垒阻碍了人口聚散的驱动路径，即行政壁垒、规划壁垒和发展壁垒。而这三大壁垒的产生又可以归因到体制和机制层面——体制方面"不全"和机制方面"不顺"。由此可见，本书不仅从理论方面对城市群人口聚散规律进行了深入探讨，并通过综合分析人口和产业的互动关系，揭示出人口与产业协调发展的内在机制和规律，而且基于此提出了相应的政策建议，理论与政策分析相呼应，为解决京津冀地区产业与人口协调发展问题提供了符合实际的新思路和对策，具有一定的可操作性和实用性。

综上所述，本书以其深刻的学术探讨、严谨的研究方法和前瞻性的政策建议，通过理论基础、主报告和专题报告三个篇章对京津冀协同发展背景下区域人口与产业协调发展格局及其趋势进行深入的学理研究，丰富与完善了人口产业协调发展相关理论，具有较强的理论价值与实践意义，为区域产业与人口发展研究提供了宝贵的学术贡献和实践指导。书中提出的京津冀产业与人口发展趋势，是京津冀城市群向中国式现代化建设的先行区、示范区努力建设过程中面临的挑战与问题，必将引发我们对京津冀协同发展研究进行新的探索。

陆杰华

2024 年 11 月 9 日

前　言

　　中国式现代化是人口与经济社会乃至资源环境系统的整体协同发展，区域协调发展是实现中国式现代化的内在要求。城市群是区域协同发展战略的重要载体，已成为国家经济发展的核心增长极和新发展格局的重要动力。党的二十大报告提出"深入实施区域协调发展战略、区域重大战略、主体功能区战略、新型城镇化战略，优化重大生产力布局，构建优势互补、高质量发展的区域经济布局和国土空间体系"，并提出要"推进京津冀协同发展、长江经济带发展、长三角一体化发展，高标准、高质量建设雄安新区，推动成渝地区双城经济圈建设"。促进区域协调发展是实现中国式现代化、全面建成社会主义现代化强国的必然要求，对把握新发展阶段、贯彻新发展理念、构建新发展格局、推动高质量发展具有重要的意义。

　　作为城市群高质量发展的第一梯队，京津冀协同发展上升为国家战略已有10年。10年来，京津冀协同发展在多个重点领域取得重大进展。从战略层面来看，京津冀协同发展的顶层设计和战略规划不断清晰明确，战略布局基本完成。从具体层面来看，京津冀三地协同效应不断增强，交通一体化不断推进，生态环保合作不断深化，区域环境质量得到明显改善，产业升级转移持续加强。在京津冀协同发展背景下，北京从聚集资源求增长转向疏解北京非首都功能谋发展，推进减量发展、创新发展、绿色发展和高质量发展，成为全国首个减量发展的超大城市。2017年末，北京市常住人口出现了自2000年以来的首次负增长，并连续5年保持下降。与此同时，京津冀三地产业结构也得到进一步优化。然而，京津冀协同发展在取得显著成效的同时，仍然面临诸多问题，尤其是发展不均衡、不充分问题仍然突出，各城市的要素集聚能力存在明显差距，区域协调发展仍显不足。

人口与产业协调发展是促进人口合理分布、推进区域协调发展的关键路径。在看到北京市人口减量发展的同时，还需要深入分析以下问题：北京市人口疏解是否促进了京津冀地区人口的合理分布？京津冀产业协同发展对人口的空间分布产生了哪些影响？如何既能避免北京市人口的过度聚集，又能确保发挥周边节点城市的规模效应，促进京津冀人口与产业协调发展？要全面性、系统性和前瞻性地回答这些问题，首先要厘清影响城市群人口聚散的因素有哪些。因此，本书从分析城市群人口聚散规律和驱动机制入手，以"城市群人口聚散规律和驱动路径""京津冀人口与产业协调发展的格局与趋势""影响京津冀城市群人口与产业协调发展的因素""如何促进京津冀城市群产业与人口协调发展"为线索，通过理论基础、主报告和专题报告三篇对京津冀协同发展背景下区域人口与产业协调发展格局及其趋势进行深入系统研究，这三篇的逻辑结构和内容结构如图0-1所示。

一、城市群人口聚散规律和驱动路径

2021年，我国发布的《中华人民共和国国民经济和社会发展第十四个五年规划和2035年远景目标纲要》明确提出"以城市群、都市圈为依托促进大中小城市和小城镇协调联动、特色化发展""发展壮大城市群和都市圈，分类引导大中小城市发展方向和建设重点，形成疏密有致、分工协作、功能完善的城镇化空间格局"，从国家层面确立了"城市群—都市圈—中心城市—中小城市（镇）"的区域空间发展模式，以促进区域经济发展与人口、资源与环境的匹配，助推区域间优势互补和协调发展。

城市群是我国新型城镇化的主体形态，也是推动区域协调发展的主体，都市圈是城市群协同发展的先行区。理论上，空间相近且在政治经济上存在密切联系的城市之间的协作关系会决定城市群的人口聚集方式及整个城市群的空间结构。在城市群中，城市之间的分工与协作可以使中小城市通过"规模借用"与"功能借用"进行要素流动与人口聚集，从而体现出比单个城市更好的活力。然而，在实际发展中，我国一些城市群出现了两种情况：一是城市群整体人口和经济增长都乏力，没有体现出"1+3×0.5+5×0.1>3"① 这样的活力，城市群实际上不"成群"；二是城市群内部各城市的人口空间结构不合理，普遍存在大城市的人

---

① 这是用1代表城市群中的大城市、0.5代表中等城市（3个）、0.1代表小城市（5个）的比喻表达。

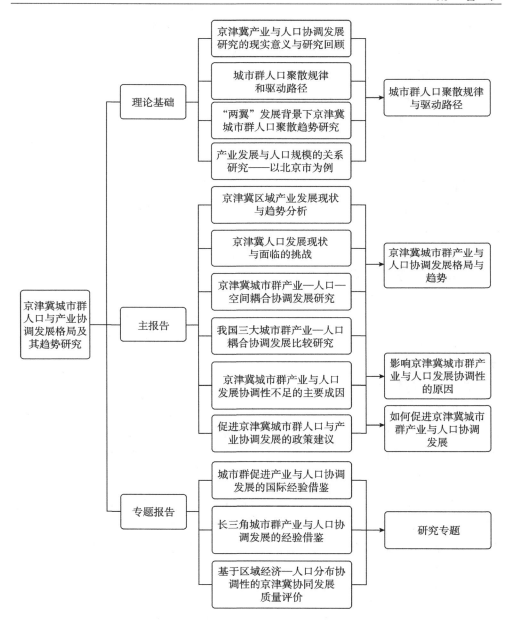

图 0-1 本书的逻辑结构和主要内容

口分布时空失衡与资源要素错配的人口聚集问题，内部各城市也出现了分化。出现这些问题的主要原因是城市群人口聚散的驱动路径受阻，那么影响城市群人口聚散的驱动因素是什么呢？

影响城市群人口聚散的驱动因素与城市人口聚散的驱动因素类似，可分为由生态环境、资源禀赋、经济发展状况（尤其是其决定的就业岗位）等主导的内在驱动因素和由政策导向、公共服务水平等主导的外在驱动因素。但区别于城市，城市群内部的大城市通过丰富的要素集聚持续发展，并能对城市群内中小城市起到协同带动作用，且中小城市通过规模借用与功能借用，使内部城市之间的正外部性逐渐超过单个城市集聚经济的作用，成为优化产业结构与经济进一步增长的潜力来源，促进城市群内要素更加高效地配置。城市群在内部的经济关联、相互替代或内部借力中，能够发挥出比城市更高的回报效应，这正是城市群比单个大城市更易高效发展的重要原因。尤其是当交通网络更加完善时，封闭式的城市发展模型向开放式的城市群系统模型转变，集聚经济的范围进一步扩大，并能够促进中小城市向大城市的规模借用与功能借用。

将劳动力、资本及资源环境等内在要素与功能定位、公共服务、政策导向等外在要素共同作用于城市群经济协同发展与产业结构互补中，可形成城市群人口聚散的两条驱动路径：驱动路径一：资源环境、区位要素—功能定位（互补）—政策弹性（成本—效益决策）—产业结构—人口聚散；驱动路径二：劳动力、资本要素流动—公共服务（共享）—留人刚性—经济发展—人口聚散。这两条驱动路径并非割裂而是相互联系的。例如，公共服务的完善会进一步引导要素合理流动，从而推动功能定位目标的实现，功能定位的倒逼机制将促使城市积极响应城市群协同规划，出台与之相适应的公共服务政策，两条驱动路径在发展中互相强化，共同作用于城市群，以实现城市群功能最大化和最优化，促进人口的合理聚散①。此外，以人口聚散为目标的政策也会影响公共服务政策，甚至会影响城市功能定位。归根到底，在城市群系统下，只有各城市要素自由流动，功能定位明晰、分工配合互补，公共服务便利共享，才能形成较好的城市间规模借用和功能借用，最终形成有选择、有配合的人口聚散，且与经济发展适配的产业结构是城市群人口聚散的根本驱动要素。这一观点可以通过数理模型进行论证。

本书基于"规模借用"效用，在一般生产函数的基础上，考虑资源投入与政策刚性带来的影响，引入资源要素与政策要素，并以首都都市圈中"一核两

---

① 例如，长三角城市群基于产业的功能定位，发挥各自优势。上海生物医药产业增速最快，江苏在新材料和智能装备制造领域形成优势，浙江信息服务行业发展迅猛，安徽则在装备制造、新能源等工业领域拥有后发优势，长三角形成产业细分领域的错位发展格局，从而带动人口相应的空间聚散。

翼"的空间结构（事实上的都市圈）为例对人口聚散的驱动要素对"一核两翼"城市人口变化趋势的影响进行分析，进一步论证城市群人口聚散的驱动要素及作用路径。研究结果表明：实现人口疏解与承接的重要基础是提高城市间要素的可替代性与驱动弹性，城市群间可通过合作机制（借用规模）实现要素的交换与替代。尤其是北京—城市副中心—雄安新区这类多中心发展模式的都市圈，通过产业转移与承接、公共服务功能疏解与共享（借用功能），合理优化城市群内的城市布局，着力提高疏解地区的要素弹性和承接地区的留人刚性，有序疏解与引进人口与人才，提高城市群公共服务整体水平，促进产业与人口协调发展。

在城市群体系下，要素的流动削弱了自然资源对城市的约束作用，提高了区域人口承载力，要素流动可通过市场及政府两条路径实现：市场路径如提高技术水平、提升人力资本及相对价格变化等方式，即利用市场机制发挥作用；政府路径可通过政府财政补贴、城市产业结构优化、政策导向倾斜（国家战略实施）等宏观调控途径实现。合理利用"政策弹性"效应能够达到"以业引人、控人、疏人"的目的，但政策的时滞性、人口结构的变化及随之带来的人口惯性增长也对政策的制定与实施提出了更高的要求。

由于经济发展及产业结构条件下的就业状况是区域人口聚散的根本驱动因素，因此进一步以北京市[①]为例，对产业发展与人口规模变化的关系进行实证研究。结果表明：2010~2020年，北京市产业产出增加对人口规模的依赖度降低。产业结构调整特别是第三产业规模占比的提升能够在一定程度上带动人口规模增加，而产业技术效率的提高，在一定程度上对人口规模具有抑制作用。因此，高精尖服务行业有助于北京市这样的超大城市人口减量发展，而第三产业对于区域人口增加仍然具有重要影响。未来，北京市可适当聚焦发展高精尖服务行业，通过提高产业技术效率实现人口规模的稳定发展。而对于京津冀的其他中小城市则需要加强第三产业的发展，以进一步扩大人口规模。

二、京津冀人口与产业协调发展的格局与趋势

本部分通过对京津冀协同发展背景下的产业发展现状与趋势、人口发展现状与面临的挑战、区域产业与人口的协调发展变化三个方面进行比较研究来论述京

---

① 由于北京是第一个实现减量发展的超大城市，而且北京市在京津冀协同发展背景下通过产业转移与疏解实现了产业高端化发展，因此以北京市为例分析产业发展与人口规模之间的关系具有典型性和代表性。

津冀协同发展背景下区域产业与人口协调发展格局与趋势。

1. 京津冀协同发展背景下的产业发展现状与趋势

为了更好地分析京津冀城市功能和产业协同发展现状，本书利用区位熵、相对劳动生产率和产业份额分别从省级层面和市级层面综合判断京津冀及其"2+11"个城市37个制造业分行业和14个服务业分行业中的支柱型产业、潜力型产业、竞争型产业和弱势型产业。计算结果表明：北京的优势制造产业集中在电力、热力生产和供应业，汽车制造业，医药制造业和计算机、通信和其他电子设备制造业等资本和技术密集型产业。天津则集中在黑色金属冶炼及压延加工业，石油和天然气开采业，汽车制造业，电力、热力生产和供应业以及化学原料和化学制品制造业。河北其他城市大多在黑色金属冶炼及压延加工业，黑色金属矿采选业，电力、热力生产和供应业以及燃气生产和供应业等行业具有优势。因此，京津冀城市群由产业所体现出来的功能存在一定分工，北京制造业产业主要集中在资本和技术密集型产业；天津制造业同样含有资本和技术密集型产业特征；河北部分城市制造业也呈现出高端化发展的趋势，但总体而言，多数城市制造业门类齐全，以资源型和基础型工业为主，仍然具有一定的上游化与初级产品痕迹。三地既有产业链合作的基础，也有产业同质化的问题，需要进一步明确分工格局。

在服务业方面，北京的专业化支柱服务业包括信息传输、软件和信息技术服务业，金融业，科学研究和技术服务业，租赁和商务服务业，房地产业。信息传输、软件和信息技术服务业，金融业，科学研究和技术服务业的优势显著高于租赁和商务服务业，房地产业。天津的专业化支柱服务业为金融业，房地产业，批发和零售业，科学研究和技术服务业，交通运输、仓储和邮政业以及信息传输、软件和信息技术服务业。河北的专业化支柱服务业包括交通运输、仓储和邮政业，批发和零售业以及房地产业和金融业。由此可以看出，三地的服务业优势不尽相同，北京产业的高端化特征明显。

总体来说，京津冀各城市产业结构尤其是制造业差异较大，说明京津冀城市功能互补性强，错位发展的空间较大。北京的生产性服务业尤其是信息、科研等高端生产性服务业优势明显。因此，京津冀在产业链条衔接、优势产业互补方面有较大合作空间，各城市之间有利于形成完整的产业链。但是也要看到，京津冀城市群产业协同依然存在以下问题：功能定位不够清晰，差异化布局尚未形成；京津冀三地跨区域产业链尚未真正形成；产业布局与城镇布局的空间耦合度有待提升等。未来，京津冀制造业数智化转型将进一步加快；数字经济将进一步赋能京津冀产业协同发展；现代化首都都市圈将成为京津冀产业协同发展的助推器。

2. 京津冀协同发展背景下的人口发展现状与面临的挑战

从人口规模变化来看，京津冀人口总量稳步增长，在我国大陆人口中的比重相对稳定，城镇人口总数逐年递增，河北省城镇化效果显著。从人口分布变化来看，北京市人口密度下降，河北省人口密度提升，疏解北京非首都功能的效果显著，人口空间分布进一步优化，但河北省地级市人口规模差异明显。从人口结构变化来看，人口老龄化程度加深，劳动年龄人口减少；劳动力资源存在差异，河北省年轻就业人口占比低于全国平均水平。从居民收入与人口素质变化来看，居民生活水平显著提高，人口受教育程度不断提高。

通过对京津冀三地的产业结构与就业结构的均衡性进行分析，可以看出：京津冀三地第一产业的就业结构偏离度均为负数，整体劳动生产率相对较低，仍然存在大量剩余劳动力，其中北京市第一产业的就业结构偏离更高。第二产业和第三产业尤其第三产业的产业结构与就业结构都相对比较均衡，第二产业的劳动生产率不断提高，仍有吸纳劳动力的空间。但从服务业的具体行业来看，仍有住宿和餐饮业等多个行业的劳动生产率有待提高。未来，京津冀三地人口发展还将面临四个方面的挑战：京津冀城市群人口总量呈现负增长；京津冀城市群人才吸引力不足；人口缩减与劳动力人口减少、少子化、深度老龄化叠加；雄安新区要形成人口吸引源仍需要较长时间。

3. 京津冀协同发展背景下区域产业与人口的协调发展变化

为了分析京津冀城市群产业与人口的协调发展情况，在考虑城市发展的基础上通过构建京津冀城市群产业—人口—空间发展评价指标体系，运用系统耦合协调度和熵值法来测算京津冀城市群 2000 年以来 20 多年产业、人口和空间的整体发展水平和耦合协调度，并得出以下结论：从时序上来看，京津冀城市群产业—人口—空间发展水平和耦合协调度总体呈上升趋势，尤其在京津冀协同发展上升为国家战略之后耦合协调度显著提升，而人口与空间的耦合协调度成为制约城市群耦合协调发展的重要影响因素。从空间上来看，京津冀城市群内部产业—人口—空间耦合协调度不断提高，北京和天津已达到优质协调发展阶段，河北其他城市均上升到良好协调发展阶段，石家庄、保定、廊坊和沧州等城市综合发展水平和耦合协调度都有显著提高，逐渐形成以北京、天津为中心，沿京保石和京津唐发展轴蔓延的协调发展格局。

进一步对长三角、珠三角和京津冀三大城市群 2000～2020 年产业与人口协调性进行比较研究后发现，三大城市群整体产业与人口的协调程度不断提高，但城市间差距仍然明显，地区之间发展仍不平衡。当前，长三角已形成多中心的发展格局，但珠三角多中心格局还不够凸显，京津冀则还没有形成多中心发展格局。在京津冀城市群中，河北省的石家庄和保定产业与人口的耦合协调程度提升幅度较大，具备成为中心节点城市的潜力。总体来看，产业结构、城镇化率和工资水平是影响城市群产业与人口协调发展的主要因素，也印证了产业结构、经济状况和公共服务等政策因素是影响城市群人口聚散驱动路径的主要因素。

从三个城市群来看，中心城市的产业人口耦合协调度普遍比较高，未来仍然需要发挥中心城市的辐射带动作用，通过空间优化，进一步推进资源的优化平衡配置，引导人口等要素资源在中心城市的郊区新城及外围不同规模的大中小城市和小城镇间合理分布，提升中心城市和城市群的经济和人口承载力，推动区域向更高阶段和更协调的城市群发展。

三、影响京津冀城市群人口与产业协调发展的因素

京津冀产业与人口的不协调主要表现在京津冀城市群内部各城市产业与人口协调性差距显著，不均衡的问题凸显。造成这一问题有三个不同层面的原因：直接成因、壁垒成因和制度成因。直接成因主要表现在四个方面，即京津冀地区经济差距较大；北京有疏解而少辐射，城市群和都市圈群效应均不足；河北人口发展不充分，京津冀人口分布与经济发展仍不协调；创新能力差距较大，不利于产业协同和人口流动。而造成这四个方面问题的主要原因是京津冀城市群存在的三大壁垒（行政壁垒、规划壁垒、发展壁垒）阻碍了人口聚散的驱动路径，影响了产业与人口的协调发展。

我国的城市发展受到许多体制性因素的影响，这些体制性因素形成了我国城市发展特殊的动力机制。因此，影响京津冀城市群产业与人口发展协调性的原因还具有许多我国特有的体制性特征。京津冀城市群存在的三大壁垒阻碍了人口聚散的驱动路径，影响了产业与人口的协调发展。这三大壁垒及其所产生的问题在京津冀协调发展中普遍存在，普遍存在的问题必定有其制度原因。严格来说，造成壁垒的原因不止于制度，如有的就属于发展中的问题：行政资源投入有限，相关工作基础薄弱，管理水平不高；有的则属于目前通过体制机制建设可以解决的。总之，造成这三大壁垒的成因既与管理水平和管理力度有关，也与管理体制机制有关。但这些问题，随着京津冀区域行政资源投入水平和管理水平的不断提

高，是可以通过相关体制机制的完善得到改善的。因此，京津冀产业与人口发展协调性不足的原因可以归因到体制和机制层面——体制方面"不全"和机制方面"不顺"：没有形成统筹且能使京津冀三方实际有职有责的管理体制；京津冀三地协调合作机制、财税协商机制、公共服务的常态化供给机制和干部考核机制等方面还不完善。影响京津冀城市群人口与产业协调性的直接成因、壁垒成因与制度成因的对应关系①，可以用图 0-2 来总结。

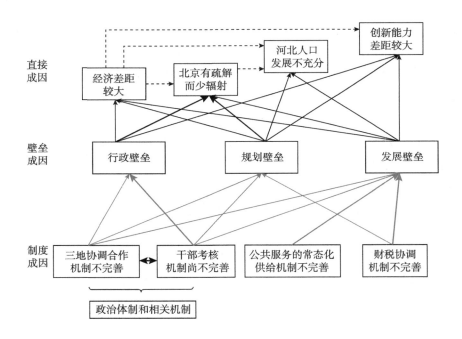

图 0-2　影响京津冀城市群人口与产业协调性的直接成因、

壁垒成因与制度成因的对应关系

注："三大壁垒"上面的实线表示直接成因，"三大壁垒"下面的实线表示制度成因，虚线表示直接成因之间的相关性。线条越粗，说明其越是主要因素。另外，三地协调合作机制、干部考核机制属于政治体制范畴。

---

①　需要说明的是，我们在本书中的直接成因和制度成因分析，总结方式和用词都与既有研究有所区别。之所以如此，不仅是因为本书的创新之处在于从体制机制层面分析城市群产业与人口协调性不足的成因，也因为我们认为既有研究没有对区分问题、直接成因、制度成因作出解答，大多将它们混为一谈，这样既辨析不清问题，也很难系统整理制度层面的不足。

四、如何促进京津冀城市群产业与人口协调发展

基于对京津冀城市群产业与人口现状和趋势的判断分析，根据城市群人口聚散的驱动机制，在借鉴长三角城市群先进经验的基础上，从破壁垒、改革体制机制等方面入手，提出促进京津冀产业与人口协调发展的政策建议。当前京津冀协同发展已进入攻坚克难的阶段，以系统思维破壁垒、拆藩篱，改革完善相关体制机制对京津冀人口与产业协调发展具有重要意义。

对于破壁垒，可以通过四个方面来促进京津冀城市群人口与产业协调发展：第一，加强顶层设计，编制都市圈空间协同规划，破除行政壁垒和规划壁垒，以都市圈尤其是现代化首都都市圈一体化发展推动京津冀城市群产业与人口协调发展；第二，优化人口发展战略，打破规划壁垒，促进京津冀人口高质量发展；第三，加快建设北京城市副中心和雄安新区，提高北京平原新城及石家庄、保定、廊坊、沧州等节点城市的综合承载力，培育新的城市增长极，打破发展壁垒，缩小发展差距；第四，以公共服务均等化为目标，突破发展壁垒，推进都市圈和城市群人口与产业协调发展。

而对于底层的制度成因，京津冀管理体制机制改革应在以下三个方面着力：系统、规范和高效。靠单一的改革某项体制机制不足以促进京津冀协同深入发展，应从系统的角度和用系统思维进行改革，并用系统工程去解决问题，建立并完善将决策主体、实践主体和京津冀协同发展建设统一起来的社会系统工程管理体系。此外，还要进一步探索完善京津冀三地协调合作机制，尤其要加快形成具有梯度的产业链条和有效的产业衔接机制，提高高端要素资源集聚能力，探索建立重点产业链"链长制"；探索建立新的财税协调机制，在当前横向转移支付制度的基础上，继续创新京津冀区域内横向财政转移制度和纵向财政转移支付制度，不断完善京津冀联合税收经济分析机制和合理的税收分享机制，建立京津冀区域协同发展财税政策实施效果评价机制；完善市场一体化机制，建立统一、公开的市场准入体系和全面、规范和高效的区域一体化市场运行机制，探索柔性人才使用机制，建立统一的人才认定机制，促进人才一体化建设；完善公共服务的常态化供给机制及干部考核机制。

当前，以上方向的改革正在不断推进。2023年5月，工业和信息化部会同国家发展改革委、科技部等有关部门以及京津冀三地政府共同编制《京津冀产业协同发展实施方案》，明确到2025年，京津冀产业分工定位更加清晰，产业链创新

链深度融合，综合实力迈上新台阶，协同创新实现新突破，转型升级取得新成效，现代化产业体系不断完善，培育形成一批竞争力强的先进制造业集群和优势产业链，协同机制更加健全，产业协同发展水平显著提高，对京津冀高质量发展的支撑作用更加凸显。目前，随着人口形势发生变化，各地"抢人"政策频频出台。2023 年 7 月 22 日，《浙江省推动落实常住地提供基本公共服务　制度有序推进农业转移人口市民化实施方案（2023—2027 年）》施行，明确浙江省（杭州市区除外）全面取消落户限制政策，同时进一步放开、放宽农业转移人口落户条件。同年 7 月底，广州市公布关于公开征求《广州市差别化入户市外迁入管理办法》，拟出台差别化落户政策。未来，如果京津冀在人口发展方面尤其是人才一体化建设方面有更多突破，将能够显著推进城市群人口与产业的协调发展。

五、专题报告与总报告的关系

为了支撑总报告的判断并对总报告进行补充，本书设置了三个专题报告，分别为"城市群促进产业与人口协调发展的国际经验借鉴""长三角城市群产业与人口协调发展的经验借鉴""基于区域经济—人口分布协调性的京津冀协同发展质量评价"。第十一章对美国波士华城市群和日本太平洋沿岸城市群促进产业与人口协调发展的主要措施和体制机制进行了总结。第十二章对长三角城市群及群内六大都市圈和主要城市促进产业与人口协调发展的主要措施和体制机制进行了总结。第十三章在京津冀协同发展指标体系的基础上增加了反映人口经济分布的区域经济—人口分布协调偏离度指数，从创新、协调、绿色、开放、共享五个方面对京津冀协同发展的效果进行评价，从多个维度呈现京津冀产业与人口的协调发展状况。

六、本书的创新与不足之处

在第一篇理论基础和第二篇主报告研究中，我们发现从理论到政策层面存在五个研究难点，针对这些难点，在具体研究中进行了力所能及的创新：

（1）城市群人口聚散驱动因素的数理论证和实证分析。基于"规模借用"效用，在一般生产函数的基础上，引入资源要素与政策要素，并以首都都市圈中"一核两翼"的空间结构（事实上的都市圈）为例对人口聚散的驱动要素对"一核两翼"城市人口变化趋势的影响进行分析，论证城市群人口聚散的驱动要素及作用路径。

（2）以北京市为例，利用生产函数对产业发展与人口规模之间的关系进行实证研究。从产业产出水平、产业结构和产业价值链三个方面分析产业发展对人口规模的影响。研究得出：产业结构调整，特别是第三产业规模占比的提升能够在一定程度上带动人口规模增加。而产业技术效率的提高，在一定程度上对人口规模具有抑制作用。由此，为城市群内不同城市的产业与人口发展方向奠定基础。

（3）对京津冀城市产业协同及发展现状与趋势进行判断分析。通过利用区位熵、相对劳动生产率和产业份额三个指标分别从省级层面和市级层面综合判断京津冀及其"2+11"个城市37个制造业分行业和14个服务业分行业中的支柱型产业、潜力型产业、竞争型产业和弱势型产业，为精准分析京津冀城市群产业链协同与合作基础提供支撑。

（4）从体制机制角度分析京津冀城市群产业与人口协调性不足的成因，并区分直接成因、壁垒成因和制度成因。造成壁垒的成因既与管理水平和管理力度有关，也与管理体制机制有关。但这些问题，随着京津冀区域行政资源投入水平和管理水平不断提高，是可以通过完善相关体制机制得到改善的。因此，京津冀产业与人口发展协调性不足的原因可以归到体制和机制层面——体制方面"不全"和机制方面"不顺"。

（5）京津冀城市群协调发展的体制机制改革。将复杂系统理论应用于社会科学领域，从系统思维、系统理论与方法审视和解决制约京津冀协调发展的关键问题，并运用系统工程理论与方法，构建京津冀协同发展体制机制的社会系统工程管理体系模型。

尽管如此，本书也存在不足之处：一是尚未对数字经济对产业与人口协调发展的影响进行深入研究。随着数字技术与产业经济深度融合，数字经济成为我国经济发展新的动能和增长点，也正在成为京津冀协同发展的重要动力源。数字技术的迅猛发展将会对区域高技术制造业产业链的结构和布局产生深刻影响，也将会对人口分布产生一定的影响。研究在产业发展趋势中指出，未来，制造业数智化转型将进一步加快，数字经济将进一步赋能京津冀产业协同发展。但数字经济是否会对城市群人口聚散的驱动因素产生影响尚不可知，这将是我们进一步研究的方向。二是有些数据更新尚不及时。在对产业协同进行分析时，我们尽可能地去收集所有最新的数据，但是因为河北省各城市的前期数据缺失较多，所以有些数据不够完整。对于这些不足，我们期待在后续研究中有所改进。同时，我们也希望业内专家、学者能够不吝赐教，共同为京津冀协同发展作出力所能及的贡献。

需要特别说明的是，本书由北京联合大学商务学院刘洁教授主笔，以下研究人员共同参与了本书的研究工作：北京大学陆杰华教授、国务院发展研究中心管理世界杂志社苏杨研究员、北京联合大学商务学院潘月杰（撰写了第十二章），以及赵进老师、北京联合大学商务学院研究生栗志慧、生态环境部核与辐射安全中心魏方欣研究员、农业农村部农村经济研究中心王振振博士、北京联合大学商务学院陈小宇老师（承担了书稿的统稿工作）。

此外，我们要特别感谢中国航天科技集团公司710研究所于景元研究员、河北大学王金营教授、首都经济贸易大学童玉芬教授以及中国人民大学张耀军教授等多位专家，他们的专业知识和独到见解为我们的研究提供了关键指导。在出版过程中，经济管理出版社的王玉林编辑以其专业的编辑技能和对细节的精益求精，对本书进行了精心编辑，使本书的规范性有了显著提高，在此由衷地对他们表示谢意。本书引用的百余篇文献的作者给予了我们思路启迪并给我们提供了数据资料，在此一并致谢。

刘　洁

2023 年 8 月 20 日

目　录

第一篇　理论基础：城市群人口聚散规律与驱动路径

第二篇 主报告：京津冀人口与产业
协调发展格局及其趋势研究

第三篇　专题报告

第一篇

理论基础：城市群人口聚散规律与驱动路径

本篇要点：

（1）第一篇作为本书的理论基础，会对城市群与城市的人口聚散规律进行区分，在对不同空间形态进行辨析的基础上，对城市群人口聚散规律与驱动路径进行深入研究，以回答"城市群人口聚散的主要因素和驱动路径是什么"，从而为促进城市群产业与人口协调发展奠定基础。

（2）区别于单个城市，城市群内部大城市通过丰富的要素集聚持续发展，并能对群内中小城市起协同带动作用，且中小城市通过规模借用与功能借用，使内部城市之间的正外部性逐渐超过单个城市集聚经济的作用，成为优化产业结构与经济进一步增长的潜力来源，促进城市群内要素更加高效的配置。城市群内部的城市在相互经济关联、相互替代或内部借力中，能够发挥出比单个城市更高的回报效应，这正是城市群比单个大城市更易高效发展的重要原因。

（3）城市群人口聚散规律与城市不同，影响城市群人口聚散的驱动因素可分为主要由资源环境决定的内在驱动因素和由政策导向、公共服务水平等主导的外在驱动因素。在市场与政府的共同作用下，分别通过内链与外链两条路径实现资本、劳动、技术等要素的自由流动，城市群自然条件有更好的可替代性、大型公共设施有借用性、产业发展条件可在群中相互调剂，形成各有分工、功能互补的产业结构（经济发展及产业结构条件下的就业状况是区域人口聚散的根本驱动因素），并实现城市之间优质公共服务资源的共建共享，达到可持续的人口聚散形式。

（4）在城市群体系下，要素的流动削弱了自然资源对城市的约束作用，提高了区域人口承载力。要素流动可通过市场及政府两条路径实现，市场路径可通过如提高技术水平、提升人力资本及相对价格变化等方式，利用市场机制发挥作用；政府路径可通过政府财政补贴、城市产业结构优化、政策导向倾斜（国家战略实施）等宏观调控途径实现。

（5）根据城市群特殊的人口聚散规律，可以通过以下政策措施来提高城市群人口承载力，促进城市群人口与产业协调发展，促进城市群一体化发展：第一，正确认识城市群人口承载力与城市功能定位的内涵。资源环境约束不一定是刚性的，通过有序疏解、集聚人才、吸纳优质资源形成人力资源层级合理、人口结构优化均衡的新格局，以城市功能定位带动产业集聚，以产业集聚带动人口集聚，促进产业集聚与人口集聚协同发展，以公共服务一体化建设带动人口集聚，从而打造人口与产业协调发展的活力城市群。第二，强化市场作用，在规模和功能借用后加强城际间产业的分工与协作，促进城市功能互补、产业错位布局和特色化发展，有序调整产业结构从而引导人口流动，以产业集聚带动人口集聚。第三，改革管理体制，促进城市群内部的公共服务与基础设施水平均等化。第四，明确功能定位，因地制宜推动城市群特色发展。

（6）通过对北京市产业发展与人口规模的实证研究发现：2010~2020 年，北京市产业产出增加对人口规模的依赖度降低。产业结构调整，特别是第三产业规模占比的提升能够在一定程度上带动人口规模增加，而产业技术效率的提高，在一定程度上对人口规模具有抑制作用。因此，高精尖服务行业有助于北京市这样的超大城市人口减量发展，而第三产业对区域人口的增加仍然具有重要的影响。未来，北京市可适当聚焦发展高精尖服务行业，在此基础上通过提高产业技术效率实现人口规模的稳定发展。而京津冀地区的其他中小城市，还需要加强第三产业的发展以进一步扩大人口规模。

第一章　京津冀产业与人口协调发展研究的现实意义与研究回顾

　　当今世界正经历百年未有之大变局，习近平总书记提出要"加快形成以国内大循环为主体、国内国际双循环相互促进的新发展格局"，并提出"要把构建新发展格局同实施国家区域协调发展战略、建设自由贸易试验区等衔接起来"。城市群是区域协同发展战略的重要载体，已成为国家经济发展的核心增长极和促进双循环的重要动力。当前，我国19个城市群以25%的土地集聚了75%的人口，创造了88%的GDP，并构筑成"两横三纵"的城镇化战略格局①。党的二十大报告指出，"深入实施区域协调发展战略、区域重大战略、主体功能区战略、新型城镇化战略，优化重大生产力布局，构建优势互补、高质量发展的区域经济布局和国土空间体系"，并提出要"推进京津冀协同发展、长江经济带发展、长三角一体化发展，高标准、高质量建设雄安新区，推动成渝地区双城经济圈建设"。促进区域协调发展，既是局部与全局的统一，也是短期发展与长远发展的统一；既有助于经济发展和效率的提高，更能够促进共同富裕和社会公平；既是实现中国式现代化、全面建成社会主义现代化强国的必然要求，又对把握新发展阶段、贯彻新发展理念、构建新发展格局、推动高质量发展具有重要意义。

　　作为城市群高质量发展的第一梯队，京津冀城市群自协同发展战略实施以来，已在多个重点领域取得重大进展。从战略层面来看，京津冀协同发展的顶层设计和战略规划不断清晰明确，战略布局基本完成。从具体层面来看，京津冀三地协同效应不断增强，交通一体化不断推进，生态环保合作不断深化，区域环境质量得到明显改善，产业升级转移持续加强。在京津冀协同发展背景下，北京从

---

① 巨量城市引擎城市研究院年度能力报告《2021年中国19大城市群数鉴》。

聚集资源求增长转向疏解非首都功能谋发展，推进减量发展、创新发展、绿色发展和高质量发展，成为全国首个减量发展的超大城市。北京市常住人口在 2017 年末出现自 2000 年以来的首次负增长，并从此连续五年保持人口数量下降。与此同时，京津冀三地产业结构也得到进一步优化。然而，京津冀协同发展在取得显著成效的同时，仍然面临诸多问题，尤其是发展不均衡、不充分问题仍然突出，各城市的要素集聚能力存在明显差距，区域协调发展仍显不足。

区域产业与人口协调发展是区域协调发展的重要内容。在看到北京人口减量发展的同时，还需要深入分析北京市人口疏解是否促进了京津冀地区人口的合理分布？京津冀产业协同发展对人口的分布产生了哪些影响？如何既能避免北京人口的过度聚集，又能确保发挥周边节点城市的规模效应？要全面、系统和前瞻性地回答这些问题，首先需要厘清城市群人口聚散规律和驱动机制，然后对近年来京津冀地区产业与人口的时间空间演变特征，以及由此出现的新格局及其发展趋势进行深入研究，并在此基础上提出促进产业与人口协调发展的政策建议，以促进京津冀一体化深入发展。

第一节　京津冀人口与产业协调发展的现实意义

一、京津冀人口与产业协调发展有助于推进人口规模巨大的中国式现代化

人口规模巨大是中国式现代化面临的基本国情和具有的首要特征。党的二十大报告指出："中国式现代化是人口规模巨大的现代化。我国 14 亿多人口整体迈进现代化社会，规模超过现有发达国家人口的总和，艰巨性和复杂性前所未有，发展途径和推进方式也必然具有自己的特点。"从规模来看，人口规模巨大的中国式现代化具有三个方面的特点：首先，它是一种新的文明形态，将会重塑西方现代化话语体系。人类社会自工业革命以来，现代化进程基本以西方发达国家为主，体现了从传统经济转向现代经济、从传统社会转向现代社会、从传统政治转向现代政治、从传统文明转向现代文明的历史进程。发达国家基于西方式现代化形成了现代化的独特经验，进而形成西方主导性的话语体系。人口规模巨大的中国式现代化，将走出一条中国特色的新道路，基于人口国情创建出一个新的文明

形态，重塑西方现代化话语体系。其次，更加重视人的现代化。我国 14 亿多人口整体迈进现代化社会，必须依赖高素质的人来完成，人的思维方式、价值观念与行为方式在现代化进程中不断演化，人的现代化是中国式现代化的前提和归宿。最后，人口规模巨大的现代化是中国式现代化的巨大优势和动力。随着人口素质的不断提高，巨大人口规模在现代化过程中对消费结构的转型升级，对加快构建以国内大循环为主体、国内国际双循环相互促进的新发展格局都将发挥重要支撑作用。未来，我国会更加依靠人力资本来促进经济发展[①]。

从空间分布维度来看，我国人口空间分布发生了巨大变化。随着城镇化的快速发展，我国人口不断从农村向城市集聚，并且进一步向发达城市和城市群集聚。第七次全国人口普查结果显示，与 2010 年相比，超大城市的人口比重增长了 4.5 个百分点，达到 7.8%；特大城市的人口比重增长了 2.2 个百分点，达到 7.1%；Ⅰ型和Ⅱ型大城市人口比重分别增长了 0.1 个和 1.7 个百分点，达到 3.8% 和 7.6%（见图 1-1）。从地域来看，东部地区人口最多，占比为 39.93%，比重不断上升。东北地区和中部地区人口占比下降。我国已明显分化为人口流入和人口流出两类区域。即便是在长三角和珠三角等人口增量比较大的城市群，也出现了这种分化。在地理条件较好的地区，特别是大城市周围出现人口流入，而在相对偏远的地区出现人口负增长。

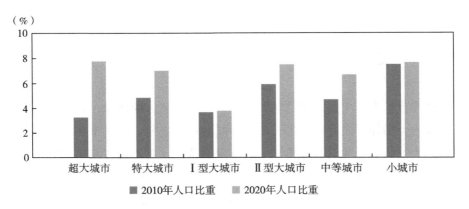

图 1-1　2010 年和 2020 年我国不同规模城市人口比重变化

资料来源：第六次全国人口普查（以下简称"六普"）和第七次全国人口普查（以下简称"七普"）数据。

---

① 陆杰华．人口规模巨大是中国式现代化优势和动力［N］．南方日报，2023-01-06.

与此同时，我国还面临人口老龄化、少子化及劳动年龄人口负增长的新趋势，进一步对人的素质和人力资本提出了新的要求。"七普"数据显示，我国60岁及以上人口占比达18.70%，65岁及以上人口占比达13.50%，与"六普"相比分别增长5.44个和4.63个百分点。2020年，我国16~59岁劳动年龄人口总规模为8.8亿人，与2011年相比，劳动年龄人口减少4000多万人，同时我国劳动年龄人口占总人口的比例也有所下降（见图1-2）。

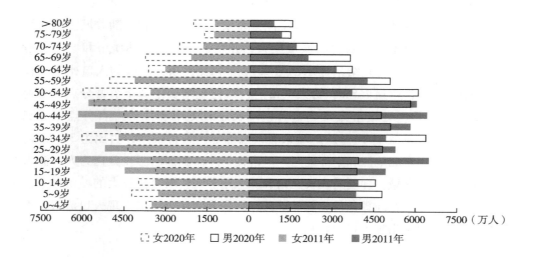

图1-2 2011年和2020年我国人口金字塔变化

资料来源：《中国统计年鉴2021》。

在这种背景下，中国式现代化要发挥人口规模巨大的优势，就需要畅通国内生产要素的大循环，尤其要促进人口在不同的地区之间、在城市和农村之间自由流动，为改善劳动力的资源配置效率创造条件[①]。针对不同规模的城市，《中华人民共和国国民经济和社会发展第十四个五年规划和2035年远景目标纲要》明确提出"发展壮大城市群和都市圈，分类引导大中小城市发展方向和建设重点，形成疏密有致、分工协作、功能完善的城镇化空间格局"。人口规模巨大的现代化对区域协调发展提出了更高要求，既要特别重视超大、特大城市发展效益的提升，发挥人口集聚正面效应，又要促使不同人口规模的城市通过产业分工协作、

---

① 陆铭. 以都市圈一体化探路人口规模巨大的现代化［N］. 南方日报，2023-01-06.

优势互补实现协同发展，从而提高人均劳动生产率和收入，缩小地区差距，促进共同富裕。

中国式现代化是人口与经济社会乃至资源环境系统的整体协同发展，区域协调发展是实现中国式现代化的内在要求。产业与人口协调发展是促进人口合理分布、推进区域协调发展的关键路径。产业是城市发展的动力引擎，是影响人口流动的重要因素。为了保证较为合理的人口分布，需要协调产业结构和区域布局，使一定区域内的产业在面对一定的外在冲击下仍能够可持续发展。因此，一定区域内产业的可持续发展能力是保证可持续、稳定的人口分布的前提条件。京津冀城市群是我国三大城市群之一，长期以来人口高度集聚于北京中心城区，城市间人口与经济集聚能力差距较大，地区不平衡、不充分问题突出。京津冀协同发展战略就是要通过疏解北京非首都功能，合理规划产业与人口协调发展，在治理北京超大城市"城市病"的同时，促进京津冀整体协调发展。因此，京津冀产业与人口协调发展对于推动京津冀乃至中国区域协调发展，从而推进人口规模巨大的中国式现代化具有重要意义。

二、京津冀人口与产业协调发展是助推新发展格局的重要举措

面对百年未有之大变局，习近平总书记提出"要加快形成以国内大循环为主体、国内国际双循环相互促进的新发展格局"。这是党中央对"十四五"时期和未来更长时期我国经济发展战略、路径作出的重大调整和完善，是我国适应经济发展阶段和社会主要矛盾转变、着眼长远发展的主动选择，是在大变局中育先机、开新局的重要战略选择，也是推进我国经济实现高质量发展的必然选择。"双循环"新发展格局从空间格局上超越了"供给侧结构性改革"的国内出发点和国内视角，从时间格局上突破了"短期维度"且从"中长期维度"重塑经济发展格局。在这一背景下，"双循环"将同时影响经济发展供给和需求两侧，贯穿生产、分配、消费和流通各个环节，重构区域分工和发展模式，并由此对区域发展格局产生深层次影响。

习近平总书记强调，新发展格局以现代化产业体系为基础，经济循环畅通需要各产业有序链接、高效畅通。促进国内大循环就是要通过市场化改革，打通"断头路"，畅通"大动脉"，完善"微循环"，充分释放国内市场活力和我国超大内需，调动各类企业的积极性，实现国内供给和有效需求的高效对接。而"双循环"不仅包括产品市场的充分循环，还包括要素市场和服务市场的充分循环。

促进循环不是只局限在流通环节，而是要打通生产、消费、流通和分配等所有环节。促进循环需要打破地方保护，打破阻碍循环的垄断，打破阻碍循环的内外、地区、行业及层级壁垒，消除各类行政限制和非公平竞争，大幅降低制度性交易成本，建设统一、竞争、有序、开放的大市场。而现在，即便是在开放度最高的自贸试验区，也仍然存在"蜂窝煤"、碎片化、"孤岛化"等现象，一体化市场建设仍然任重而道远。城市群在提高经济效率和塑造产业竞争力等方面具有强大优势，是一体化市场建设的主战场。构建新发展格局尤其需要京津冀协同发展、长江经济带发展、粤港澳大湾区建设、长三角一体化发展、黄河流域生态保护和高质量发展五项区域发展重大战略的支撑①。这五个重点区域是未来支撑高质量工业化和城镇化的战略引领区。其中，京津冀、长三角、粤港澳大湾区以及珠三角九市地区生产总值在 2021 年分别达到 9.6 万亿元、27.6 万亿元、10.1 万亿元，总量超过了全国的 40%，发挥了全国经济压舱石、高质量发展动力源以及改革试验田的重要作用。京津冀协同发展的重点就是要在市场力量形成的产业集聚基础上，有效发挥"有为政府"的调节作用，加快体制机制创新，打破行政区划分割壁垒，推动要素有序流动和资源合理配置，引导人口和产业合理有序分布，探索经济和人口密集地区优化发展的路径和模式。同时，加快构建双循环相互促进的新发展格局，还要求从全局高度准确把握人口的重要作用，依托我国市场规模大的优势，以推动产业结构优化和转型升级为重点，促进人口在规模、结构、空间分布、流动等方面的健康发展。因此，京津冀产业与人口协调发展是先行先试、积极探索实现超大市场自由流动和有效循环的有效路径，是助推新发展格局的重要举措。

三、京津冀产业与人口协调发展是解决区域发展不均衡不充分的必然选择

当前，中国特色社会主义已进入新时代，我国社会的主要矛盾已经转化为人民日益增长的美好生活需要和不平衡不充分的发展之间的矛盾。而区域之间和区域之内发展不平衡不充分是我国发展不平衡不充分的一个重要体现。京津冀作为我国重要的城市群之一，其协同发展面临着产业、交通设施、公共服务的协同供给与协调配置不合理问题，也面临着经济总量有待提升、区域发展差距悬殊、城

---

① 孙久文，蒋治. 新发展格局下区域协调发展的战略骨架与路径构想 [J]. 中共中央党校（国家行政学院）学报，2022, 26 (4): 78-87.

镇体系结构失衡、公共服务水平落差明显等现实瓶颈，区域发展不均衡不充分问题突出。2020 年，京津冀 GDP 占全国 GDP 的比重为 8.5%，而长三角地区占比达到 21%，是京津冀的 2.5 倍。2020 年，京津冀人均 GDP 为 7.7 万元，而长三角人均 GDP 为 13.19 万元，长三角是京津冀的 1.7 倍。同时，我国城市所具有的特点也决定了简单的跨区域合作或发挥北京核心城市的辐射外溢作用不足以解决京津冀城市群面临的区域发展不协调、不平衡问题。

我国的城市是有等级的，分为直辖市、副省级城市、地级市、县级市。在一个大城市行政区内，还有诸多行政级别较低的小城市。即使在同一个行政区内，这些城市之间也有行政隶属关系，中心城区实际上作为上级城市可以通过行政手段攫取下级城镇的资源。而城市公共服务水平取决于城市的行政级别，行政级别越高，通过行政手段而非市场手段集中的行政资源越多，公共服务水平也就越好。城市之间或者行政区域之间的公共服务差别也被相应地通过户籍制度固化起来。在这些特点的影响下，城市发展不一定遵循规模效益的经济学规律，可能存在规模不经济时仍然扩张的现象；城市优质公共服务资源的配置也不一定考虑市场需要，可能存在有大量市场需要的不在中心城区而其他地区供不应求的局面。这成为影响区域一体化发展、中心城市要素过度集聚的重要原因。

京津冀地区作为城市群中城市级别分化的典型区域，要解决发展不均衡不充分的问题，只有通过深化改革打破制约市场优化配置资源的体制机制障碍，依靠公平竞争制度、高标准市场体系，才能引导产业功能空间布局合理化，提高河北中小城市的公共服务能力，形成一定的人口吸引力，引导人口和就业优化集聚，从而在京津冀地区形成人口多中心分布格局，实现大中小城市协调发展，促进区域协调均衡发展。产业协同发展作为推动京津冀协同发展的重要抓手，其深度和广度深刻影响着区域发展的质量和成效，通过产业协同促进人口疏解和优化是推动京津冀协同发展、解决发展不均衡不充分问题的关键路径。

四、产业与人口协调发展是建设高水平世界城市群的有效路径

建设世界级城市群，是我国实施区域协调发展战略的重要内容，是推动区域经济高质量发展的重要路径。《北京城市总体规划（2016 年—2035 年）》提出要深入推进京津冀协同发展，发挥北京的辐射带动作用，打造以首都为核心的世界级城市群。2020 年北京出台的《关于建立更加有效的区域协调发展新机制的实施方案》提出"到 2035 年，区域协调发展新机制在促进南北区域均衡和缩小城乡发展差距等领域发挥重要作用,首都核心功能更加优化,京津冀世界级城市群构架基本形成"。城市群是人口集聚的核心承载空间,人口集聚本质上是产业的集聚。世界级城市群是对全球政治、经济和文化都有着广泛影响力的人口和产业空间形态,人口规模巨大,区域内城市高度密集、经济发达、交通基础设施网络完善,是以一个或者几个超大或特大城市为核心,由若干个密集分布的不同等级的城市及其腹地,通过空间规模集聚、分工协同等相互作用,形成的城市区域系统,是具有紧密的经济联系、高度一体化的巨型城市区域,是国家经济发展的重要引擎,是参与全球化竞争和合作的最高端的平台。

世界级城市的基本特征是人口、资本、产业等经济要素高度集聚,人口通常集聚规模达到 2000 万人以上,经济总量至少达到 2 万亿美元,在我国经济中的比重应达到 15%~20%,是国家经济贡献的主体。同时,世界级城市还具有产业分工协同的特征,空间上呈现多中心的网状发展结构。京津冀地区已经初步具备建设世界级城市群的基础条件,如人口规模和地域面积都位于世界六大城市群前列,且航空港和海港对外联系较强。然而,京津冀城市群与世界级城市群相比①,经济和人口占比逐渐下降,GDP 占比从 2013 年的 9.3% 下降到 2021 年的 8.4%,人口占比从 2015 年的高峰 7.94% 下降到 2021 年的 7.79%,人口吸引力不断下滑(见图 1-3)。而且,京津冀特大城市缺失,大城市数量少、小城市集聚低。打造京津冀世界级城市群,迫切需要具有相当经济实力和广阔腹地的中心城市及二级中心城市作为支撑,来承接北京的产业和人口溢出,并且加快产业升级,建立区域性产业协同机制,促进产业与人口协调发展②。因此,京津冀产业与人口协调发展有助于提高产业效率、优化产业结构和人口结构、提高社会福利水平、增强城市之间的紧密度、推进城乡融合、推进京津冀城市群不断拓展区域参与国际竞争新优势、实现在更高层次上参与国际分工,是建设高水平世界级城市群的有效路径。

① 李国平,宋昌耀. 建设京津冀世界级城市群视野下的雄安新区发展方向 [J]. 河北学刊,2021,41(6):133-140.
② 从过去几年非首都功能疏解出去的北京制造业企业承接地和北京的科技创新成果转向来看,大部分都流向了珠三角地区和长三角地区。

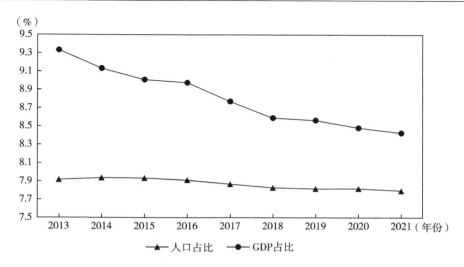

图 1-3　2013~2021 年京津冀人口和 GDP 占全国的比重

资料来源：北京市统计局。

第二节　京津冀人口与产业协调发展的
研究回顾及其成果评析

人口问题始终是我国面临的全局性、长期性和战略性问题，人口、产业与区域三者之间的协调发展关系是区域发展研究的重要内容之一。国内外学者从人口学、经济地理学及区域经济学等角度相继开展了有关城市群人口空间分布的阶段性（Gottmann，1961）、区域人口空间分布演变趋势和影响因素（巫锡炜等，2013；童玉芬和马艳林，2016）、区域人口与产业发展之间的协调发展关系（Becker et al.，2008；Drucker and Feser，2012；王鹏和高妍伶俐，2013）以及人口流动和城市群的演进关系（尹德挺等，2015）等方面的研究。其中，多数学者认为区域人口分布主要受经济发展、产业结构、就业状况及公共服务状况等因素的影响，产业结构变动能够促进人口流动，地区差距很大程度上表现为人口与产业分布的不匹配。由于人口与经济研究一直是国内外学者关注的热点问题，因此，为了更好地理解产业与人口发展之间的关系，本节将从产业（经济）与人口发展的大视野，从早期人口与经济关系的讨论开始对产业与人口发展的研究进行详细回顾。

一、古典经济学中的人口思想

17世纪中叶，古典经济学家就在研究土地收益递减的过程中发现了人口与经济发展的作用关系。古典经济学派人口理论重视从经济、财富生产的角度研究人口现象，探讨并提出了国民财富的增加来源于劳动（人口）数量的增加、劳动生产率的提高（亚当·斯密）、技术进步和资本积累（大卫·李嘉图）、企业家的经营管理（马歇尔）、创新和企业家的创新精神（熊彼特）等的观点[①]。

配第把土地和人口看作构成社会经济生活的两个首要因素，特别重视人口的作用。魁奈也把人口看作财富的第一个创造性因素，但强调人口数量必须与财富相适应。亚当·斯密继承了魁奈的思想，从劳动价值论出发，分析人口与财富的关系，认为经济上的需求是调节人口的决定性因素，并强调增加劳动数量和提高劳动效率，尤其提高劳动效率是促进国民财富增加的主要途径。亚当·斯密认为"充足的劳动报酬，既是财富增加的结果，又是人口增加的原因"，一国财富增长会提高劳动报酬，从而使人们获得更多的生活资料，促进人口增长。亚当·斯密还首次论证了人力资本对经济增长的影响，提出业务学习的难易程度和学费的多寡会引起劳动工资的不同。西斯蒙第更深化了人口与经济之间的关系，明确指出财富的增加必须与人口的增加保持一致，并最先提出人口既是消费者又是生产者的思想。古典经济学派还十分重视生产人口和非生产人口的区别，主张增加生产人口、减少非生产人口。古典经济学派的观点代表了当时主张发展生产力的新兴资产阶级的要求。

18世纪初，以马尔萨斯为代表的学派针对人口与经济的关系展开了大量研究，有力推动了人口经济理论的发展。马尔萨斯的《人口论》认为，人在无妨碍时会以几何速率增加，但生活资料只会以算术级数增加，人口规模扩大、人口数量增长会对经济发展、资源和环境产生负面作用。他提出了两种抑制人口增长的方法：道德抑制与积极抑制。前者指人们通过晚婚、独身、节育来控制出生率；但若人们未能通过道德抑制控制住人口的增长，则恶习、贫困、战争、疾病、瘟疫、洪水等各种形式的积极抑制将会使人口减少，以达到人口增长与食物供应间的平衡。20世纪六七十年代人口悲观论盛极一时，随着世界人口快速增

① 王金营，等. 人口与经济发展方式［M］. 北京：科学出版社，2021.

长，有学者和学术机构提出人口规模过大将导致环境危机、资源枯竭等观点警示人类，典型代表有保罗·埃利奇、罗马俱乐部等。马尔萨斯的人口论否定了人口规律的社会性和历史性，忽视了科技进步和社会生产力的发展对解决人口问题的作用，同时开启了关于人口增长与经济增长的长期讨论，由此形成了关于人口增长的悲观派、乐观派和中性派三大主流观点。

二、关于人口与经济增长的讨论

20世纪50年代后，学术界围绕人口与经济的关系及人口承载力展开了丰富的研究和讨论。人口学家寇尔率先以低收入发展中国家印度为例，论述了人口增长对经济发展的影响，提出放慢人口增长速度有利于经济发展的观点。随着"二战"之后广大发展中国家包括中国纷纷步入现代化进程中的人口转变时期，20世纪60年代世界人口迎来了人类史上空前绝后的"人口爆炸"。1972年，梅多斯等在著名的《增长的极限》一书中预言人类社会将在未来100年崩溃。1974年，世界人口发展大会更是把马尔萨斯《人口原理》的悲观主义论调推向了高潮①。

世界人口的增长一次次突破学者所预言的人口承载力，却并没有出现所谓的世界末日和人类社会的崩溃。相反，全球的社会经济发展水平已经大大高于提出最大人口容量时的社会经济发展水平。这使学者不断思考人口与经济增长之间的关系，并且对人口承载力的存在性产生了怀疑。1986年，由九位美国著名人口经济学家组成的"人口增长与经济发展课题组"发表了颇有反响的研究报告《人口增长与经济发展——对若干政策问题的思考》，得出的结论比马尔萨斯更审慎，以人口中性观暂时结束了人口增长与经济发展的争论。

不同于马尔萨斯的人口增长悲观派，人口增长乐观派提出人口增长能够影响技术进步、市场形成和增加对基础设施的投资，促进经济发展，尤其是现代化发展使人口增长促进了劳动分工多样化、差异化和专业化，促使人口增加成为提高物质文明和精神文明的重要前提。美国经济学家西蒙是人口增长乐观派的代表人物，论述了人口增长对经济增长的积极作用。随后，约翰逊（2000）进一步通过考察世界范围内的人口变动和经济增长之间的关系，认为限制粮食供给增长的因素不是土地资源过少，而是劳动生产率过低，人口数量的上升并不会导致人均生产总值增长率的降低。相反，从长期考察来看，人口数量上升直接导致世界范围

---

① 李建新，刘梅. 中美人口变迁及对其自身国家实力的影响［J］. 晋阳学刊，2023（1）：3-15.

内知识储备的提升，这对经济增长产生了充足的外部性效应。正是由于知识的增长和技术的进步，人类的发展才没有落入悲观学者的预期之中，社会经济的长期发展和社会进步离不开人口因素的促进作用。约翰逊的观点基本上是对舒尔茨人力资本理论在人口方面的应用与合乎逻辑的扩展。

20 世纪末，人类人口历史转入低出生、低死亡水平下的人口老龄化时代。20 世纪 90 年代，美国学者 Bloom 和 Williamson 关注了人口结构变化对经济发展的影响，揭示了人口年龄结构变化对经济增长的影响机制，由此发展出动态结构观下的"人口红利"理论。亨廷顿则阐述了人口结构（年龄、族裔、宗教、移民）变化对国家地区安全和文明兴衰的影响，进一步发展了人口变迁之下的动态结构观[①]。

三、区域人口承载力和超大城市人口规模调控的相关研究

无论是悲观派、乐观派还是中性派，都将人口作为影响经济增长的重要因素，而其影响方式和结果在不同的历史时期或者区域内都不尽相同。马尔萨斯对人口快速增长的担忧引起了学者对区域人口承载力的讨论和预测。1840 年，比利时数学家威尔霍斯特（Verhulst）通过改进马尔萨斯模型，构建了 Logistic 模型，其核心思想是人口增长不能超过由其所在地区自然资源和环境所能容纳的最大人口数量。此后，Logistic 模型的应用日益广泛，不少学者都试图采用不同国家或地区乃至全球的人口经验数据来对该公式进行验证。悲观派大多认为，人口数量的快速增长会超过资源环境所提供的承载力，人类将进入资源匮乏时代，许多人类赖以生存的资源将濒临枯竭（Ehrlich，1971）。2010 年之后，我国超大城市人口快速增长及"城市病"的产生引起了学者的高度关注，人口规模快速增长被大多数学者看作"城市病"产生的重要原因之一，资源的限制因素也被认为是影响城市人口承载力的首要因素，超大城市的人口规模调控也基于由此计算的区域人口承载力而展开。

然而在实践中，世界人口增长一次次突破学者所预言的人口承载力，却并没有出现所谓的世界末日和人类社会的崩溃，马尔萨斯关于承载力超载所预言的各种可怕后果，如战争、疾病、瘟疫、社会崩溃都没有得以验证或实现。相反，全球的社会经济发展水平已经大大高于提出最大人口容量时的社会经济发展水平。这使人们对人口承载力的存在性产生了怀疑并进行了多方面的研究。我国学者从地理学角度

---

① 李建新，刘梅．中美人口变迁及对其自身国家实力的影响［J］．晋阳学刊，2023（1）：3-15.

对人口承载力进行的研究也同样存在类似问题。从地理学角度研究的共性是从自然资源的限制作用展开研究，这方面的测算一般是基于生态学上的最小限制因子，即俗称的"短板"进行的。这样的研究成果在没有被证实的情况下已在许多方面得到应用，如一些特大城市采取的一系列针对流动人口的调控措施和土地利用规划，均以人口承载力为依据。北京历年所确定的人口目标包括到 2020 年所达到的 2300万人的人口规模控制目标都是以水资源承载力为基础进行测算的①。

从逻辑斯蒂方程或自然资源限制因子角度进行的研究多是静态的分析模式，从静态角度看待封闭系统中的自然资源及其对人口的影响，忽视了开放系统中资源利用总量可调和资源使用效率存在弹性，尤其水资源使用效率可以通过技术进步和产业结构的调整得到较大提高，相同数量的水资源、土地资源可承载人口的能力可能有霄壤之别。事实上，无论是生物界还是人类社会，物种与自然资源之间都是一个协同演化的过程。生物演化过程和人类社会演化过程都是为未来发展创造所需资源的过程。人类具有极强的主观能动性，具有强大的创造及改造自然资源的能力。人类生活水平的提高主要依赖于新资源的开发，而不是现有资源的竞争②。因此，人类的人口承载力会受到技术、制度及管理模式等因素的巨大影响。尤其是技术的发明和发展，不仅可以提高资源的总量，可以发现更多过去无法利用的资源及其储量，而且可以提高资源的利用效率，从而突破原有资源的约束，提高人口承载力。

基于这些弊端，对人口承载力的传统研究存在困难，很多学者开始摒弃"资源短板"观点：Arrow 等（1995）认为，人口承载力不是固定不变的，而是会随着技术、偏好和产品与消费结构的变化而不断变动的；Cohen（1995）提出了一个包含承载力的人口动力学模型，将承载力设置成为关于人口的方程，模型中人口数量通过资源数量、人口潜力和文化态度影响承载力；Meyer 和 Ausubel（1999）建立了 Bilogistic 增长模型，并认为"新技术将会影响资源消费"从而改变人口承载力；Hopfenberg（2003）通过建立人口动力学的逻辑模型发现，人口承载力与食物的可获得性高度相关，人口增长是食物可获得性的函数，但不是唯

---

① 北京 1983 年所确定的 2000 年人口规模控制在 1000 万人目标、1993 年所确定的 2010 年人口规模控制在 1250 万人的人口目标、2005 年所确定的人口规模控制在 1800 万人的人口目标，都是基于对北京人口承载力的考虑。2020 年北京可供水资源为 54.2 亿立方米，根据联合国教科文组织所确定的人均水资源量 300 立方米/年是现代小康社会生活和生产的基本标准，按此标准，确定了届时北京的人口承载力为 1800 万人左右。2020 年北京 2300 万人的人口规模控制目标同样是根据水资源的限制因素而计算得出的。

② 刘洁. 基于协同演化的企业发展研究 [D]. 太原：山西大学，2010.

一的影响因素。通过对比不难发现，环境学家认为，过度的人类活动对资源环境的影响很可能是不可逆的，并可能只在有限的时间内由技术进步来补偿，更何况有些自然资源与自然环境是不可能用技术来替代的。而经济学家认为，资源的稀缺可以通过无限的技术进步来补充，因而不存在最大的人口量。不过，这方面的研究促使人们认识到城市人口规模调控和"城市病"治理措施不仅要在户籍制度方面进行控制，还要改善城市管理，加大基础设施建设，调整产业结构。例如，段成荣（2011）、黄润龙（2011）认为，超大城市不是必然就有"城市病"，关键在于科学的城市管理和规划以及采取得当的调控措施。刘洁和苏杨（2013）认为，北京的"城市病"主要是因为中心城区的人挤为患而非全行政区的人满为患，北京人口调控和"城市病"治理的最重要措施是改变人口的分布状况（包括昼夜间的流动状况），其手段主要是"以业控人"。

由于超大城市的人口集聚力日益增强，因此防治"城市病"和人口调控政策逐渐成为学者研究和政府施策的重要内容。尤其是对于北京这一典型的超大城市而言，人口规划目标曾经"屡设屡破"，"城市病"严重，学者研究总结了以户籍控人、以房管人、以业控人、以证控人等多种调控综合措施，并强调要从北京市域和京津冀地区两个层面上推进（刘洁等，2014；席强敏和李国平，2015）。在实践中，北京人口调控政策强度不断提升，并在京津冀协同发展背景下逐渐转变成以"以业控人"和"城市综合整治"为主导，实现了总人口控制在2300万人的目标。未来，人口调控需进一步重视人口空间格局和结构优化[1][2]。

对于城市群人口集聚和人口调控的问题，陆铭等（2019）、陆铭（2021，2022）进一步强调了城市治理和都市圈发展的重要性，认为人口规模扩大并没有带来严重的污染和拥堵问题。控制城市人口规模，不仅无法有效地治理"城市病"，还会带来社会的不和谐。经济集聚并不会带来区域间不平衡，区域之间的"平衡"发展不等于经济和人口的"均匀分布"，应该着眼于"人均"意义上的平衡发展。而规划、人口流动障碍、土地政策方面的障碍导致中国最优城市规模低于潜在水平。因此，要治愈"城市病"，应当科学认识城市发展规律，尊重人口流动的客观规律，同时提升治理能力和治理水平，在人口流入地、流出地分类施策发展，并且需要打破行政边界，围绕大城市进一步做大做强都市圈。

① 童玉芬，阳圆，张欣欣. 我国特大城市人口调控政策的量化研究——以北京市为例［J］. 人口与经济，2021（1）：25-36.

② 李昕. 人口调控需重视人口空间分布和结构优化［J］. 北京观察，2020，362（12）：15.

四、产业集聚与人口集聚之间关系的相关研究

人口集聚是产业集聚的基础，而产业集聚则是人口集聚的动力。18世纪，亚当·斯密首次提出了"产业集聚"一词，开启了对产业空间布局的研究。德国经济学家韦伯在《工业区位论》一书中最早提出"集聚经济"的概念。他认为，集聚因素可分为两个阶段：第一阶段是企业通过自身的扩大而产生集聚优势；第二阶段是各个企业通过相互联系的组织而实现地方工业化，即产业集群阶段。韦伯从成本节约的角度分析了产业集群形成的原因，提出运费、劳动力成本和集聚力是生产区位的三个主要的决定因子。大卫·李嘉图（1817）根据比较利益学说，研究了生产特定产品的区位问题，也指出了产业聚集所形成的聚集经济问题。

英国经济学家马歇尔于1890年在《经济学原理》一书中首次提出了产业集聚的概念，对产业集聚的原因进行了总结。他认为，一是产业集聚能够促进区域产业之间的专业化分工及与产业相关的服务业的发展；二是产业集聚能够对区域劳动力市场产生巨大作用，即在一个特定的空间内有助于满足特定技能需求的劳动力市场的形成，同时在区域内降低工人的失业率；三是产业集聚的溢出效应可以带来技术信息的正外部性。马歇尔还分析了产业集聚与人才集聚之间的关系，认为产业的集聚会带来人才的集聚，人才的交流与流动将促进新知识的形成与传播，进而降低企业的研发成本，促使企业扩大规模吸纳更多劳动力，最终促使人口规模的增加。随后，经济学家克鲁格曼等进一步将马歇尔关于产业集聚理论的关键因素总结为劳动市场共享、辅助行业的创造和技术外溢。

马克思虽然没有系统论述产业结构，但他的很多理论都蕴含了丰富的产业思想。他强调了技术进步的作用，认为各产业部门的特点和技术水平不同，资本有机构成和资本周转速度会有很大差异，各个产业平均利润率形成的过程实质上是不同产业部门利润率不同驱动的产业结构调整过程。资本有机构成的改善将逐步减少可变资本的比重，不断提高全社会的技术水平，加速产业间劳动力转移，从而促进高生产率部门的进一步发展，实现生产结构优化升级①。

瑞典经济学家缪尔达尔在基于"循环—累积因果关系"阐述区域增长极的形成时，也论述了产业集聚与人口集聚之间的关系。在一个区域内引进新产业或

---

① 吴宣恭，吴昊，李子秦．马克思产业思想与中国产业结构转型［J］．经济学家，2020，256（4）：24-33.

扩大原有产业规模，将会创造更多的直接和间接就业机会。人口的增加意味着地方财富的增加，地方政府税收的增加扩大了政府的财源，从而可以提供更好的公共服务，这将促进第三产业的发展，且产业的发展也增加了熟练劳动力的储备，进而将吸引相关劳动力需求企业进驻该区域，促使该区域成为重要的增长极。增长极在形成过程中还促进了技术创新和发明创造，又将进一步促进相关产业的发展，从而形成经济与人口的良性循环发展①。

以 Krugman（1979）为代表的新经济地理学将冰山运输成本等空间要素引入传统经济地理学理论分析体系，提出产业集聚是由企业的规模报酬递增、运输成本和生产要素移动通过市场传导的相互作用而产生的，并认为产业集聚是促使城市人口规模不断增长的关键因素，产业集聚可以通过知识溢出效应、共享城市基础设施等促进人力资源的流动，进而影响城市的人口规模。其中，"中心—外围"理论分析了产业集聚与人口集聚之间作用所形成的城市体系，认为随着产业向某个中心城市不断地集聚，集聚效应会逐渐下降，由于拥挤成本增加和技术溢出，因此产业向周边地区扩散，逐渐会引致城市人口向周边流动，这种过程会持续地进行，从而构建出完整的城市体系。

1990 年，波特（Porter）进一步系统论述了产业集群，促使产业集聚理论形成了较完整的体系。波特在《国家竞争优势》一书中引入了集群的概念，认为产业集群是国家竞争优势的主要来源，并提出了解释国家竞争优势的"钻石"模型，包括要素条件、需求条件、相关的支持产业，以及企业战略、结构和竞争四个基本因素，机遇、政府两个附加因素，地理集中使四个基本因素相互作用形成一个产业集群。

随着产业、人口与空间所涉及的相关研究领域不断扩展，学者们不断对产业与人口之间的关系进行了实证分析，并逐渐关注区域内尤其城市群和都市圈内的产业集聚与人口集聚以及人力资本、人口结构与产业结构升级之间的关系，研究主要集中在以下几个方面：

第一，人口规模对产业集聚的影响。这方面研究主要集中在集聚经济或产业集聚的来源，多数学者认为劳动力聚集是集聚经济驱动力的主要力量。劳动力作为生产要素，能够通过"循环累积"效应降低交易成本，促进产业集聚，进而

---

① Myrdal G. Asian Drama：An Inquiry into the Poverty of Nations（3 Volumes）［M］. New York：Twentieth Century Fund，1968.

提高劳动生产率①②。Andersson（2001）认为，劳动年龄人口增加有利于地区经济发展，人口结构变化对经济增长有着至关重要的作用。Melo 和 Graham（2014）基于英格兰与威尔士的纵向工人微观数据，论证了劳动力集聚与经济集聚之间的影响关系，发现更密集的劳动力市场促进了工人和企业之间更有成效的匹配，为劳动力集聚作为集聚经济来源的重要性提供了新的证据。Kaya 和 Koc（2019）对伊斯坦布尔的人口集聚现状进行了分析，认为促进人口集聚的主要因素有知识溢出、良好的基础设施及充足的劳动力供给等，但快速发展的人口集聚会导致城市产业发展降速、自然环境超载、知识溢出能力下降等不良后果。王玥（2018）的实证研究显示，总体而言，人口集聚对产业结构升级具有显著的促进作用，但随着城市人口规模的扩张，人口集聚对产业结构升级的作用力有所减弱，并且在不同区域存在较大差异。人口集聚影响产业结构升级的主要作用渠道是人力资本积累效应、偏向性技术进步效应及政府干预效应。

也有学者认为，从长期来看，人口集聚对产业集聚的净效应不够明显③。Kim 等（2000）认为，劳动力集中对空间聚集的影响不一定是积极贡献，这主要是与高技能工人和低技能工人的份额有关。周玉龙和孙久文（2015）论证了人口集聚数据对第二产业和第三产业的不同影响，发现人口集聚对第二产业劳动生产率影响较小，且呈现倒"U"形曲线的负向影响，而人口集聚对第三产业的影响关系同样呈现倒"U"形曲线，但会正向推动第三产业生产率的发展。

第二，产业集聚及产业结构变化对人口规模的影响。根据集聚经济理论，各类集聚外部性使劳动力、资本和人力资本获得更高回报④，推动人口和生产要素向城市集聚⑤⑥。当更多劳动力进入城市并逐渐成为城市居民，则促进城市人口规模增长，由此产生的集聚效应又会促使城市生产率进一步提升，从而导致人口更大规模地迁移和集聚。"配第—克拉克定理"则说明了产业结构的演进对劳动

①　Myrdal G. Economic Theory and Underdeveloped Regions ［M］. New York：Harper & Row，1957.

②　周玉龙，孙久文. 产业发展从人口集聚中受益了吗？——基于 2005-2011 年城市面板数据的经验研究［J］. 中国经济问题，2015（2）：74-85.

③　陈怀锦，周孝. 溢出效应、城市规模与动态产业集聚［J］. 山西财经大学学报，2019，41（1）：57-69.

④　Glaeser E L，Hedi D，Scheinkman J A，et al. Growth in Cities ［J］. The Journal of Political Economy，1992，100（6）：1126-1152.

⑤　王小鲁. 中国城市化路径与城市规模的经济学分析 ［J］. 经济研究，2010，45（10）：20-32.

⑥　夏怡然，陆铭. 跨越世纪的城市人力资本足迹——历史遗产、政策冲击和劳动力流动［J］. 经济研究，2019，54（1）：132-149.

力在三次产业之间分布的影响。一般来说，在资本产出效率相同的情况下，第三产业吸纳的劳动人口更多。因此，学者们不仅关注产业集聚对人口规模变化的影响，还进一步分析了产业结构变化对人口规模的影响。

产业集聚和发展会带动人口的流动，但长期来看对人口的集聚作用会有明显的滞后效果①。从实证研究结果来看，产业集聚对城市人口规模的影响存在不确定性。这主要是因为，不同区域、不同发展阶段、不同产业对人口规模的影响都存在异质性。伴随超大城市尤其是北京人口快速增长所产生的"城市病"问题，我国学者比较关注产业发展对人口规模或者人口疏解所产生的效应。王继源等（2015）通过测算产业疏解对北京就业的影响指出，批发零售业和制造业是直接转移的最重要抓手，转移北京批发零售业和制造业10%的总产值将最终分别减少23.9万人和22.2万人就业人口。王莹莹和童玉芬（2015）论证了产业结构高度化对北京人口规模增长具有显著的挤出效应。在产业结构高度化程度不断加深的条件下，第三产业特别是现代服务业集聚对人口规模增长的抑制作用将强于第二产业集聚带来的促进作用，在两者的共同作用下北京的人口规模将趋于收敛。童玉芬等（2021）的研究结果显示，产业结构高端化升级对人口规模的影响呈现倒"U"形关系，北京产业升级对人口起不同作用的转折点在2011年前后。2011年以后，随着高端服务业占比不断提升，北京产业转型升级对人口的作用转变为抑制作用。

还有学者将产业集聚区分为产业专业化集聚和产业多样化集聚，分析不同的集聚模式对人口规模的影响。韩峰和李玉双（2019）从产业集聚和公共服务供给的综合视角分析了城市人口规模扩张的影响机制，提出多样化集聚和专业化集聚均对本城市人口规模具有正向促进作用，但对周边城市人口规模具有显著的抑制作用，且专业化集聚的作用效果明显大于多样化集聚。而城市规模不同，产业高级化和专业化集聚对城市经济增长的效果也不同，"小而精"的城市适宜选择专业化集聚，多样化集聚适宜选择"大而全"的城市发展②③④。

①　敖荣军，刘松勤．人口流动与产业集聚互动的机制与过程——理论解读及经验证据［J］．湖北社会科学，2016（6）：80-85.

②　张凤超，黎欣．产业集聚、城市人口规模与区域经济协调发展——基于我国12个城市群的比较研究［J］．华南师范大学学报（社会科学版），2021，250（2）：156-166+207-208.

③　宫攀，张椠．产业集聚模式对城市人口规模的时空效应研究——来自275个地级及以上城市的经验证据［J］．人口与发展，2022，28（4）：59-74.

④　袁冬梅，信超辉，袁瑜．产业集聚模式选择与城市人口规模变化——来自285个地级及以上城市的经验证据［J］．中国人口科学，2019，195（6）：46-58+127.

第三，产业集聚与人口集聚之间的互动关系。产业聚集与人口集聚之间不仅存在的单向影响，还存在相互的双向影响。毛冰冰（2020）通过人口集聚与制造业之间的实证关系，论证了人口集聚能够正向影响制造业产业集聚，同时制造业集聚的进一步发展能够促进人口集聚，两者互为影响因素。贾晋等（2022）在讨论"以产聚人"还是"以人定产"时，分析了产业结构高级化和人口集聚的互动关系，提出人口集聚和产业结构高级化均对区域经济存在一定增长惯性，两者在不同地区和不同发展阶段的作用效果存在较大差异，不同地区需要结合资源禀赋，因地制宜地选择"以产聚人"还是"以人定产"的发展模式，并统筹协调实现区域经济的高质量均衡发展。

第四，人口结构、人才集聚对产业集聚的影响。人口问题是一项复杂的社会系统工程，需要统筹考虑人口数量、素质、结构、分布四个维度的问题。随着人口增速的减弱，学者们加强了对人口质量和结构对产业发展的影响。Ciccone 和 Papaioannou（2006）分析了人力资本、产业结构与产业升级之间的关系，认为人力资本是促成产业结构优化与产业升级的重要因素。Cecilia 和 Amalia（2018）研究了老龄化对罗马尼亚的经济增长及服务业的影响，认为人口结构变化对地区经济发展的影响较大。郭丽燕等（2020）发现，人力资本流动和高新技术产业集聚均对地区经济增长有显著的正向促进作用，同时两者之间的相互作用能够进一步强化经济产出。李敏等（2020）的实证研究表明，人力资本结构高级化对我国整体产业结构的升级起到了显著的促进作用，但存在地区差异，受地区产业发展水平影响。

OECD 国家在 2018 年 7 月发布的《2060 年世界经济展望》中指出，人口的变化对 OECD 国家的经济发展有着重要的作用，要重视技术进步对提高劳动效率等方面的溢出效应，同时人口老龄化将会对经济发展产生潜在的负向影响。在不同人口发展阶段，经济发展的动力源泉也有所不同，因此经济发展方式应该与不同时期的人口变动相适应。王金营等（2021）对 OECD 的人口与经济发展过程进行了分析，发现教育素养提升提高了人力资本，为 OECD 国家的经济增长和经济发展方式转变提供了内生动力；寿命延长下的健康人力资本提升则提升了消费层级，促进了经济结构的优化升级。同时，在低生育率、低死亡率和低人口增长率的发展阶段，人口的迁移和流动有利于促进人力资本的集聚，从而实现资源的优化配置，促进经济发展。因此，通过城市群、都市圈和城镇化建设，促进人口在区域间的合理流动，防止人口过度集聚，有利于经济均衡发展。王金营和王晓伟（2021）进一步研究了人口集聚和劳动生产率的关系，得出在城市的不同发展阶段会呈现不同的人口集聚与经济集聚的匹配状态，而劳动生产率高低有别。当高经济空间集聚与高人力资本集聚和低人口空间集聚相匹配时，劳动生产率最高，是经济发展的优化理想状态。

第五，城市群产业与人口的协调关系。人口高度聚集是城市群的突出特点，而以城市群为主要形式的新型城市化与产业集聚密切相关，产业集聚能够增加就业和劳动力供应，为城市发展提供坚实的经济基础①。随着我国城市群一体化的快速发展，城市群产业与人口之间的协调发展关系成为重要的研究主题。从我国三大城市群的整体情况来看，产业与人口发展的协调性正在不断提高，但区域内还存在较大差异②③④。关于京津冀城市群，李国平和罗心然（2017）的研究表明，京津冀地区整体人口增长与经济增长的协调度较高，但各城市人口增长与经济增长的协调度存在较大差异。张耀军和柴多多（2017）通过计算得出京津冀地区人口分布与第三产业的分布状况最为接近，北京人口分布与第三产业密切相关。尹德挺和史毅（2016）通过与美国东北部城市群进行比较研究认为，河北的城市容量仍有较大的上升空间，京津冀城市群应优化人口空间结构，通过产业转移提升周边城市的人口吸纳能力。方大春和裴梦迪（2018）考虑了雄安新区的影响因素，通过实证研究得出：雄安新区的设立有利于京津冀城市群人口规模均衡分布，提高京津冀城市群的整体经济联系强度，推进京津石核心区打造，但其对雄安新区2022年全部承接北京第二产业地区生产总值及其第二产生就业人口，生产性服务业的转移人口为第二产业的一半的假设还值得商榷。

五、区域人口分布格局的相关研究

长期以来，人口分布格局研究是人口学、经济地理学及区域经济学研究的重要内容。人口分布格局是产业与人口流动及其他因素之间相互作用的结果⑤，因

① Han B L, Wang R S, Tao Y, et al. Urban Population Agglomeration in View of Complex Ecological Niche: A Case Study on Chinese Prefecture Cities [J]. Ecological Indicators, 2014, 47: 128-136.

② 陈刚，刘景林，尹涛. 城市群产业、人口、空间耦合协调发展研究——以珠三角城市群为例 [J]. 西北人口，2020，41（2）：114-126.

③ 朱江丽，李子联. 长三角城市群产业—人口—空间耦合协调发展研究 [J]. 中国人口·资源与环境，2015，25（2）：75-82.

④ 刘洁，姜丰，栗志慧. 京津冀城市群产业—人口—空间耦合协调发展研究 [J]. 中国软科学，2021（S1）：171-178.

⑤ 人口流动受多种因素的影响，因此人口分布格局也是多种因素互相影响的结果，这里强调产业与人口之间关系的影响，但并不否认其他因素的影响。

此在对人口分布格局的研究中，通常会涉及产业发展对人口分布的影响。不同学科的学者从不同角度开展研究，主要集中于人口分布格局的演变规律及其驱动因素、流动人口的迁移、人口调控政策研究三个方面，并各有侧重。经济地理学者侧重于对人口时空变化的经济和地理现象进行解释，聚焦于研究不同尺度的人口变化格局、过程及时空分异规律。人口学者侧重于研究人口分布格局变化和人口承载力的影响因素、流动人口迁移的规律和影响因素以及区域人口调控政策。区域经济学者侧重于研究区域或城市空间结构、经济发展与人口分布格局的演化关系。

从研究结果来看，总体而言，我国人口空间分布的总体格局未发生根本性变化，胡焕庸线具有相当的稳定性（葛美玲和封志明，2008；戚伟等，2015；陈明星等，2016；曾永明和张利国，2017）。同时，人口向城市群和都市圈、沿海地区、平原地区和中心城市集聚（李若建，1993；邹湘江，2011；张耀军和王小玺，2020；陆铭，2021；盛亦男和杨旭宇，2021）。在经济与人口的协调性上，全国经济—人口协调性总体向好，尤其长三角、珠三角、京津冀三地经济—人口协调性提高明显[1]。自然地理条件对人口空间分布的限制性影响逐渐下降，经济发展和公共服务水平对人口分布的影响程度则不断提升[2]。此外，城市群的发展、高铁及高速公路等重大基础设施的建设、居住舒适性的差异[3]等因素也深刻影响着全国和区域的人口格局演变。因此，部分学者从城市群角度来研究人口的空间分布。

从城市群整体来看，城市群人口空间分布具有阶段性（Klaasen et al.，1983；尹德挺等，2015）。城市群人口持续增加，但存在分布不均、集中趋势明显等特征（肖金成和洪晗，2021）。城市群内城市的人口空间分布类型更加多样和碎片化，不同城市群之间的人口规模及其增长速度差异巨大（张国俊等，2018；张耀军和王小玺，2020；沈洁，2020）。东部发达地区城市群人口持续快速增加，而中西部地区和东北地区城市群的人口比重在不断降低（张耀军和王小玺，2020）。长三角、京津冀城市群的常住人口最多，其次是成渝、珠三角、长江中游城市群

① 尹德挺，袁尚.新中国70年来人口分布变迁研究——基于"胡焕庸线"的空间定量分析 [J].中国人口科学，2019（5）：15-28+126.

② 刘涛，卓云霞.中国县级人口变动的空间格局及影响因素——基于第七次全国人口普查数据的新探索 [J].人口研究，2022，46（6）：72-87.

③ 刘涛，彭荣熙，卓云霞，等.2000-2020年中国人口分布格局演变及影响因素 [J].地理学报，2022，77（2）：381-394.

（肖金成和洪晗，2021）。

从具体城市群来看，2000~2020年长三角人口集聚状况有所强化，且不同时期的演变特征有所差异。2013年以后，不均衡指数增速放缓，城市群人口集聚格局进入相对稳态阶段。驱动因素在不同时期、不同类型有所差异，时间上表现为市场力量趋强、政府影响弱化，类型上表现为经济越发达市场力量越强（闫东升和杨槿，2017；赵曼如和闫东升，2022）。珠三角呈现"双核心"极化，并逐渐由以广州、深圳为"双核"的空间格局向以"广深莞"为轴心的空间格局演进（陈刚等，2020）。京津冀城市群中，北京及周边地区人口呈现"城六区—北京郊区—环京县"阶梯式疏解态势，外围区域人口增速比中心区域更快①。经济发展、就业收入、医疗教育和交通对于人口密度具有正向的影响，地形具有负向的影响②。具体到首都都市圈，人口空间分布格局总体上呈现由以京津为中心向外围递减的格局，人口分布呈现多点集聚的现象，人口不均衡性进一步加剧。促进人口聚集的因素主要是就业机会、工资水平、城市经济结构、市场化水平、市场效应、交通水平、城市人力资源水平及高校数量，而房价、交通拥堵、城市行政级别及水资源短缺是主要的离散力，水资源短缺的制约作用最大③④。

六、京津冀产业与人口的协调发展研究热点与趋势——基于CiteSpace的可视化分析

以上从产业与人口、经济的关系方面对当前研究进行了总结，虽然也对京津冀城市群的产业与人口协调发展研究现状进行了分析，但为了更全面地了解京津冀产业与人口研究的发展脉络及演变趋势，本部分以中国学术期刊网络出版总库［中国知网（CNKI）］数据库检索到的期刊论文为主要数据源，借助可视化分析工具Citespace软件，对国内2000~2022年京津冀产业、人口研究的论文分布、研究主题及热点演化等方面进行科学文献计量总结分析，通过关键词共现、关键词聚类等分析，并绘制系列知识图谱，系统梳理该领域的研究进展，从而总结我

---

① 石光.京津冀协同发展中的人口分布变化——移动互联网大数据视角［J］.重庆理工大学学报（社会科学版），2018，32（12）：1-8.

② 张耀军，张振.京津冀区域人口空间分布影响因素研究［J］.人口与发展，2015，21（3）：2-9.

③ 王莹莹，童玉芬，刘爱华.首都圈人口空间分布格局的形成：集聚力与离散力的"博弈"［J］.人口学刊，2017，39（4）：5-16.

④ 王振坡，姜智越，郑丹，等.京津冀城市群人口空间结构演变及优化路径研究［J］.西北人口，2016，37（5）：31-39.

国近年来京津冀产业与人口研究的热点主题及研究发展方向，以更好地为研究京津冀产业与人口协调发展提供理论基础。

（一）数据来源和研究方法

1. 数据来源

本书选择 CNKI 数据库，采用期刊检索，以"京津冀产业、人口"为主题检索，对检索结果进行去重整理，并删除会议记录、报刊首卷、无作者或书评等不符合要求的词条，优选 2000~2022 年期刊收录的共 307 篇文献样本导入信息库，将其主要信息予以采集，并存储为 Refworks 文本，对其进行深入探究。

2. 研究方法

基于文献计量学方法，借助可视化分析软件对研究现状进行定量分析。Citespace 是一款基于 JAVA 语言开发的可视化文献计量软件，可进行多元、分时、动态的引文可视化分析。在此次分析过程中，所有数据信息都通过 Citespace6.1 软件进行处理与计算。

（二）研究热点分析

研究热点主要是针对学术界研究中围绕的某一核心问题和话题，并聚焦于特定周期内形成的一系列相关文献结论的一种研究现象。关注研究内容的走向、了解当下研究热点和主要研究方式等是实现科研成果创新的首要前提。关键词对于强化热点内容具有良好的导向性作用，作为文章内容的主线能够让文章的主要思想得以呈现。因此，对研究热点进行分析的时候，最重要的就是要对词频、中心度等参数予以采集，进而得出更为科学的关键词，从而按照其线路挖掘有关词汇和热点。利用 Citespace 软件进行分析时，网络节点设置为 Keyword（关键词），时间切片跨度设置为 1 年，采用 G-index 算法，设置 k 值 = 25，进一步设置寻径网络（Pathfinder）、修剪切片网（Pruning Sliced Networks）及修剪合并网（Pruning the Merged Network）三种网络，将与关键词无关的一切词汇删除，获得包含 275 个节点和 396 条连线的核心关键词共现网络。

1. 关键词共现图谱

通过分析我国 2000~2022 年文献关键词词频分布高低情况，测度关键词之间的共线次数判断亲疏关系，来研判该领域研究热点和发展动向，如图 1-4 所示。关键词共现图谱将节点大小作为体现次数的主要依据，将年轮作为关键词节点、高频关键词的体现，引出京津冀产业与人口学术研究的焦点内容，复现率越大，说明对其研究的学者越多。图 1-4 可得到以下研究结论：

图 1-4 关键词共线

第一，结合词频分析得到国内相关领域的 Top5 高频关键词为京津冀、城市群、协同发展、产业结构、人口流动，说明这些关键词在同一篇文献中出现的次数很多，表示京津冀产业与人口这两个主题的关系密切，其中京津冀城市群是主体型关键词。城市群是近 30 年来国家新型工业化和城镇化发展到较高阶段的必然产物。京津冀协同发展是国家重大战略，是实现京津冀高质量发展的必要手段。产业结构和人口流动是京津冀协同发展的重要内容，产业协同发展的深度和广度深刻影响着区域发展的质量和成效，是推动京津冀协同发展的关键领域[①]。人口流动对于促进城市群人口均衡分布，优化城市群人口结构具有重要影响。同时，产业与人口发展互相促进、相互制约，在城市群的不同发展阶段中，协调发展的作用机理也存在很大差别。

第二，结合关键词中介中心度，京津冀、城市群、协同发展，产业结构、人

---

① 北京市习近平新时代中国特色社会主义思想研究中心. 以产业协同推动京津冀协同发展［EB/OL］. 光明网，https：//m. gmw. cn/baijia/2022-02/23/3553776g. html.

口流动是排名前五的关键词。这些高频出现的关键词反映出学术界关注的焦点，在整个学科领域产生了一定的辐射影响，围绕这五大关键词形成了众多研究组合和细分方向。中介中心度高的关键词可作为学者科研的基础，其目的是让后续研究有一定的扩展空间。高频关键词及高中介中心性关键词均值得进一步挖掘。

第三，从高频关键词首现年份分布来看，产业结构、人口流动等关键词首现年份为2008年，是京津冀发展形成较早的研究基础。2014年后，随着京津冀协同发展上升为国家战略和《京津冀协同发展规划纲要》的出台，京津冀协同发展进入实质发展时期，关于京津冀协同发展的研究逐渐增多。结合图谱反映的关键词节点大小、共现年份及共现紧密程度来看，"产业结构"和"人口流动"值得重点关注。产业一体化是京津冀协同发展战略中率先突破的三大领域之一，是推动京津冀协同发展的实体内容和关键支撑。产业结构调整升级和优化是推动产业一体化发展的重要路径。无论城市群还是都市圈，在发展过程中都需要通过合理规划明确各城市的功能定位，加强分工与合作，优化空间布局，不断升级产业结构，使单个城市的竞争力转变为城市群整体的竞争力。城市群一体化还需要以人为中心，以人的自主流动实现区域内一体化和均衡化发展。珠三角和长三角城市群的发展经验表明，即使在较高的经济发展水平和现代产业结构下，大城市群仍然可以具有较高的人口吸纳能力。而中小城市亟须发挥资源与区位优势，培育特色优势产业体系，完善高品质公共服务供给，增强对人口和产业的吸引力，从而有助于加快形成以城市群为主体形态的人口产业聚集格局、以中心城市为核心的高端要素集聚极核，带动特色小镇发展和乡村振兴，实现大中小城市（镇）有效均衡协同发展和城乡融合发展，逐步形成"城市群—都市圈—中心城市—大中小城市协同发展—特色小镇—乡村振兴"统筹发展的总体战略格局和全尺度空间组合链条。

2. 关键词聚类图谱

通过关键词聚类图谱的绘制，将关联紧密的关键词聚为一类，以观察我国2002~2022年京津冀形成的研究类团，按照关键词提取获得聚类标签，可视化形成关键词聚类图谱。如图1-5所示，关键词共现网络聚成了一个个不规则区域，每一个区域都对应着一个标签，而类团以聚类号、节点数量等予以表现，共有51个类团。而且，序号在前的，说明其年份更为久远，此时就意味着类团成型期也比较早，内容基础比较扎实，研究热度一直不减；反之，则代表的是最新的研究焦点。通过密度汇总，可以体现出关键词共现频次，频次越高说明与其有关的研究越多、时间也较久，且理论基础较为扎实。根据图 1-5 可得到以下研究结论①：

第一，相关主题研究的 Top10 类团分别是京津冀、城市化、人力资本、城市群、人口流动、动力机制、协调发展、发展战略、产业、交易成本，顺序是从 0 到 9，数字越小表明聚类中包含的关键词越多，每个聚类由多个紧密相关的词组成。

第二，总体来看类团间交叉现象显著，其中#2 人力资本、#3 城市群、#6 协调发展三大类团交叉现象尤为集中，从侧面反映出各研究类团间具有较强的共性，研究主题相互蔓延渗透现象显著，研究内容结合性强。结合关键词共现图谱观察，产业集聚、协调发展、区域经济等重点关键词同时出现在三个及以上的类团中。具体来看，针对京津冀协调发展的战略，围绕产业与人口的研究与多个类团的研究方向均有较强关联。结合上述关键词的高中介中心度参数特性，可判断这些关键词是链接京津冀区域发展各细分研究方向的重要桥梁，值得重点关注。

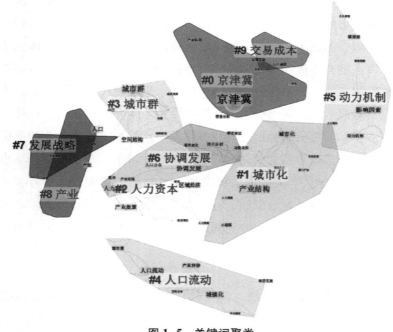

图 1-5　关键词聚类

① 为了能够进一步强化主体聚类实情，本次聚类采用"Log Likelihood Ratio（LLR）"对数似然率算法进行聚类标签提取。一般认为：聚类模块值（Modularity：Q 值）Q>0.3 表示聚类结构显著；聚类平均轮廓值（Silhouette：S 值）S>0.5 表示聚类比较合理，S>0.7 意味着聚类是令人信服的。在聚类的过程中，将提取对象选择为 K 关键词，然后得出关键词聚类图谱聚类模块值 Q＝0.8499、聚类平均轮廓值 S＝0.9681，因此该图谱聚类结构显著，其内部成员紧密度强。

3. 关键词时间线图谱

通过 Citespace 软件绘制的时间线图谱，能够更加全面地将某一领域中关键词聚类分布、关键词历史变化等有效呈现，并结合高频及高中介中心度关键词辅助确定研究技术演进和研究历史跨度，不同色彩连线代表了文献出现的年份，后面出现的文献频次累计在首篇出现年份的节点。图谱中的每一个圆圈代表一个关键词，该关键词是在分析的数据集中首次出现的年份，关键词一旦出现，将固定在首次出现的年份，尽管之后论文里仍会出现该关键词，图中将不再显示，并从关键词中提取类团名称。根据关键词节点所属的聚类（坐标纵轴）和发表的时间（坐标横轴），将各节点分布在相应的位置上，得到领域内研究关键词时间线图谱，如图 1-6 所示。根据图谱可得到以下研究结论：

第一，值得关注的"基石"型关键词①，典型的包括京津冀、城市化、发展战略、产业结构等，这些高频关键词在各自类团中诞生较早，且与类团中陆续诞生的新关键词持续保持共现关系，是京津冀城市群研究的重要基础。

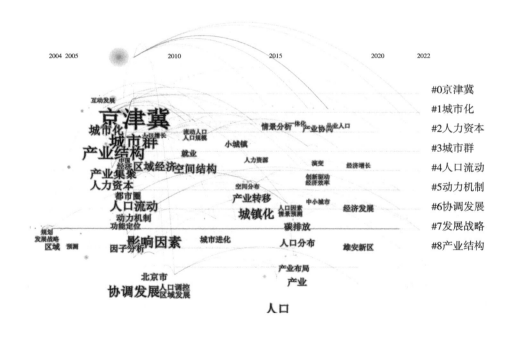

图 1-6　时间线图谱

---

① "基石"型关键词指高频关键词在各自的类团中诞生得比较早，并且与类团中后续诞生的部分新的高频关键词保持着共现联系，是研究领域的重要基础。

第二，值得关注的"锚点"型关键词①，典型的包括人口分布、产业转移、创新驱动及雄安新区等，这类关键词在类团中出现频次较高，且与前序和后序关键词均有贡献情况，说明随着京津冀协同发展上升为国家战略，协调发展、如何通过产业转移带动人口均衡分布、雄安新区对京津冀协同发展的重要作用已成为京津冀的研究重点。

第三，京津冀协同发展的研究重点逐渐从战略规划向具体协同发展领域转变。整体来看，在2008年前后，学者开始研究京津冀、产业结构变化及人口流动。早期研究重点多围绕京津冀的发展战略来开展。2014年京津冀协同发展上升为国家战略以后，产业转移、人口、空间分布等关键词集中产生，特别是在人力资本、人口流动、产业等类中更为显著。从这些关键词的变化可以看出，产业是京津冀协同发展的实体内容和关键支撑，京津冀产业协同的研究从产业转移逐渐向产业链建立与合作转变。而在持续低生育率的影响下，人口逐渐实现负增长并走向深度老龄化，传统人口数量红利的逐渐消失，区域发展对人力资本的要求日渐增长，我国经济的发展更加注重"以人为本"的内涵式发展。因此，区域高质量发展需要进一步发挥人力资本红利，并依靠创新驱动发展，实现全要素生产率的提高。

第三节　本章小结

已有研究从不同角度对城市群人口与产业的分布与发展进行了多方面研究。在京津冀协同发展成为国家战略的背景下，对产业疏解和产业结构升级与人口规模变化等方面进行一定的研究，为本书的展开奠定了良好的理论基础，但仍存在进一步研究的空间。

首先，既有研究更关注京津冀城市群人口与经济的协调发展关系，随着近年来北京非首都功能的疏解，逐渐增加了产业疏解与北京市人口规模之间关系的研究，但没有区分城市群人口聚散规律与城市人口聚散规律的不同，缺少对城市群人口聚散规律和驱动机制的研究，尤其是雄安新区建设的推进对京津冀地区产业

---

① "锚点"型关键词凸显了研究发展的新走向，是基础概念在新环境下的延伸。

与人口协同发展的影响研究较少。其次，从研究方法上，既有研究主要通过实证分析来验证产业转型升级对人口规模的影响，对产业的分析主要是从三大产业来进行分析，缺少对三大行业中细分行业的分析。再次，对产业与人口规模的实证分析缺乏整体视角，而京津冀城市群发展系统是一个典型的复杂巨系统，需要更加重视京津冀城市群的整体性，并从体制机制角度增强京津冀产业与人口发展的协同度。最后，由于雄安新区和北京城市副中心尚处于建设时期，因此目前关于"两翼"的建设对京津冀人口规模的趋势影响研究还比较缺乏，尤其是缺乏对政策影响效应的研究。

对于这些不足，本书一方面从系统论角度出发，对城市群人口聚散规律与驱动机制进行理论分析和数理论证，并对京津冀协同发展背景下的产业与人口发展现状及产业与人口之间的耦合协调发展状况进行分析，尤其注重对各城市第二、第三产业下的细分行业之间的协调发展情况及产业与人口发展之间的耦合协调度进行研究；另一方面对影响京津冀城市人口与产业发展协调性的直接成因、壁垒成因和制度成因进行了区分，并基于复杂系统理论提出了促进京津冀人口与产业协调发展的体制机制改革方向，以从根本上促进产业与人口协调发展，从而为缓解北京"大城市病"，引导人口合理分布和有序流动，探索人口经济密集地区优化开发模式，促进京津冀协同发展，制定和完善配套的扶持政策提供科学依据。

第二章　城市群人口聚散规律和
驱动路径

产业发展是人口和劳动力、交通和区位、资本和技术等多重因素综合发挥作用的结果。而产业结构、资源环境状况、经济发展、就业状况、公共服务状况及文化①等因素共同决定了城市人口承载力和城市间的人口流动。资源环境状况在很大程度上决定了区域人口分布的格局，但这方面的约束力已经随着技术进步和社会经济的发展而逐渐减弱，而产业结构、经济发展、就业状况及公共服务状况对人口迁移意愿、城市人口承载力及城市间人口分布状况的影响在现代社会中愈加突出。过去更多的是"人随产业走"，而随着劳动力供求形势的变化，"产业随人走"的现象也屡见不鲜。因此，产业与人口之间相互作用、相关影响，共同影响了城市以及城市群中的人口和产业的集聚和分布格局。城市群人口发展和城市人口发展规律有较大区别，要分析城市群中产业与人口的协同发展关系，就需要首先厘清城市群人口的聚散规律和驱动机制。

第一节　中心城市、都市圈和城市群的区别

在经济全球化、信息化、新型工业化，知识经济及政策支持的推动下，城市的集聚演变基本遵循了从城市到都市圈再到大都市圈，最后到城市群的演化路

---

① 文化风俗和宗教等社会政治因素会影响人口的流动和分布，但只在某些区域（如少数民族聚居地）影响较大。

径，如图 2-1 所示。随着我国新兴城镇化战略的不断推进，城市数量和规模持续增长，产业、人口和各类生产要素向优势空间聚集，形成以城市群为主要形态的增长动力源。2021 年，《中华人民共和国国民经济和社会发展第十四个五年规划和 2035 年远景目标纲要》明确提出"以城市群、都市圈为依托促进大中小城市和小城镇协调联动、特色化发展""发展壮大城市群和都市圈，分类引导大中小城市发展方向和建设重点，形成疏密有致、分工协作、功能完善的城镇化空间格局"，进一步从国家层面确立了"城市群—都市圈—中心城市—中小城市（镇）"的区域空间发展模式，以促进区域经济发展与人口、资源与环境的匹配，助推区域间优势互补和协调发展。

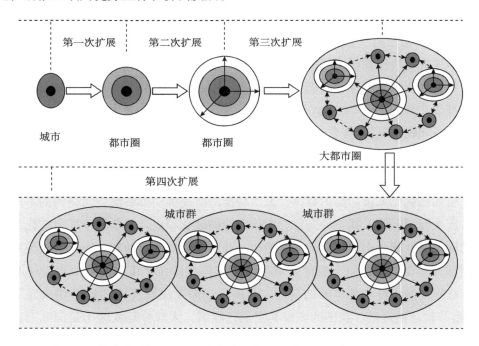

图 2-1 从城市到都市圈再到大都市圈最后到城市群四个阶段的动态演变

资料来源：Fong 和 Yu（2017）。

在分析城市群的人口聚散规律之前，有必要对城市、都市圈和城市群进行辨析。从城市到城市群的演变主要经历四个阶段，在每次扩张中，人口都是其中的重要变量，每个阶段人口空间分布都成为城市演化的重要特征。城市的每次扩张都不断增强了城市及城市集群的辐射效应，从而将城市发展为中心城市，并最终扩展到城市群，成为辐射区域、国家乃至世界的增长中心。

在一定区域内，受各种因素的影响，其中某个城市具备相对的有利条件和区位优势，从而获得优先的发展机遇，不断吸引各种要素向其聚集，逐渐演变成中心城市。中心城市是相对于经济区域和城市体系而言的，是在经济上居于重要地位、在政治和文化生活中起着关键作用的城市。从功能上看，中心城市具有较强的吸引能力、辐射能力和综合服务能力；从区域上看，中心城市是区域经济的增长中心、区域政治的控制中心和社会文明的辐射中心。

随着中心城市的不断扩张，中心城市与周边城市之间的功能关系不断演化并可能重构，进入都市圈的发展阶段。都市圈是城市群中人口和经济密度最高、经济和社会活动最为密集、城市之间联系最为密切的区域，是引领经济发展、产业和消费升级的重要引擎，是我国城市群高质量发展、经济转型升级的重要抓手。2019年2月出台的《国家发展改革委关于培育发展现代化都市圈的指导意见》首次从中央政府层面明确了都市圈的概念和内涵，提出"都市圈是城市群内部以超大特大城市或辐射带动功能强的大城市为中心、以'1小时通勤圈'为基本范围的城镇化空间形态"。由此可以看出，都市圈强调两个要素，即"中心城市"和"1小时通勤圈"，这意味着都市圈更加强调城市之间经济联系的紧密度和交通的通达性。且由于科技的进步和交通布局的不断完善，通勤圈的范围会适度扩大，因此都市圈是动态发展的，它的边界是有弹性的。

空间结构是城市功能的载体，城市功能的演变推动都市圈空间结构的不断变化。产业转型升级及其布局变化、职住功能的改变和提升以及城市社会文化与生态功能提升共同影响着城市的空间结构，并影响人口的流动和分布。一个健康发展的都市圈在空间布局上通常呈现多中心结构，即在都市圈内形成多个中心城市。在理解城市群和都市圈的功能定位时，还需要注意我国"城市建成区"和"城市"概念的区别。我国的城市其实是行政区，大部分行政区不是国际上真正意义的城市——城市建成区。因此，中国城市的市域面积显著大于真正可以作为城市看待的建成区面积，而城市人口主要分布于中心城区的建成区[①]。行政区包括若干县级市和小城镇，这"一个城市"即可看作若干"大中小城市"的集。城市群的城市发挥聚散效应的前提是，这个城市在其行政区中就足够成为城市群。北京"一主一核一副，两轴多点一区"、上海"3+1"圈层实际上都是以城市行政区为群概念，以城区、县区、郊区为多个城市概念，在城市内部即形成产

---

① 刘洁，苏杨. 从人口分布的不均衡性看北京"城市病"[J]. 中国发展观察，2013（5）：32-36.

业布局协调、要素配置相对较均衡的都市圈。都市圈的战略目标在于通过城市高度一体化发展推动人口、产业和基础设施在范围空间内实现合理聚散，一方面能够承接中心城区的功能辐射；另一方面又作为城市群的硬核和重要组成部分助推城市群一体化发展，对城市群发展具有"承上启下"的作用，从而推进实现"以城带圈、以圈带圈"。都市圈更强调中心城市的核心地位及地域上的圈层结构，强调中心城市与周边城市具有紧密的通勤关系及人在都市圈内流动所产生的各种需求①。在我国的国情下，都市圈很有可能是一个大城市行政区内部的中心城区和其他区县的建成区的集合。

都市圈具有不同的发展阶段，中心城市与周边城市之间的功能关系不断演化并可能重构。在都市圈的初级阶段，中心城市由于较高的成本（包括劳动力成本、土地成本和交通成本）而出现地理临近性的产业扩散，但仍具有较强的集聚效应，对周边地区的辐射带动作用还比较弱，都市圈主要呈现出"核心—放射状"的空间结构。随着交通网络的不断完善，中心城市的扩散效应逐渐增强，与其他城市间的产业联系不断加强。此时，政府为了缩小中心城市与周边地区的差距，减少过度集聚问题带来的矛盾和冲突，会增加对落后区域的财政支持②，并聚焦因"人"的高频跨城流动所产生的问题，增强以"人"的需求为中心的公共服务的共建共享，人口会进一步加速扩散。在市场力量和政府引导的双重作用下，都市圈外围地区成为核心区人口和产业转移的最大受益地，都市圈逐渐呈现多中心结构。在成熟阶段，都市圈交通设施一体化程度高度发展，中心城市与外围城市通勤频繁，都市圈进入功能协同发展的阶段，大、中、小城市连绵分布构成网络结构，人口空间分化连片程度提高，都市圈呈现多中心和网络化的空间结构。

都市圈内部要素和产业的关系以辐射、溢出和分工为主。随着产业在都市圈内扩散，人口逐渐从中心城市向外围扩散，都市圈逐渐成为与人有关的"圈"的集合，如"工作圈""生活圈""通勤圈"等，并且人口数量、结构和布局具有一般规律性，人口的跨城流动成为都市圈发展最基本的特征。都市圈不是行政空间概念，更多的是功能性空间概念，是现代经济社会功能区，在产业发展、生态保护、交通网络和社会治理等方面，常常会跨行政区进行规划建设。但由于中

① 马向明，陈昌勇，刘沛，等. 强联系多核心城市群下都市圈的发展特征和演化路径——珠江三角洲的经验与启示［J］. 上海城市规划，2019（2）：18-26.

② 陈宪. 上海都市圈发展报告·第一辑：空间结构［M］. 上海：格致出版社，上海人民出版社，2021.

国的城市行政区本身就是都市圈形态，相关规划和管理往往按行政区设计，并且所有的资源配置都是按照行政区域申报，因此行政区域所配置的资源与其等级正相关，行政等级越高的城市配置的资源越好，福利越好，越容易产生城市和城市之间的协作性弱、竞争性强的问题。

随着区域经济发展水平的不断提高，都市圈和周边城市逐步向外扩张，当都市圈的辐射范围和周边多个城市或其他都市圈的辐射范围出现融合时，实现空间耦合，形成了城市群。随着区域经济的发展，多个都市圈可能会在空间上实现耦合，城市群的空间范围随之扩大。城市群把存在密切经济联系的大城市、中小城市和小城镇结合在一起，可能构建出互补的城市职能体系，就像银河系中的各个星体一样，通过公转与自转支撑了整个银河系的动态稳定，如图2-2所示。由此可以看出，中心城市、都市圈和城市群的不同主要表现在以下三个方面：

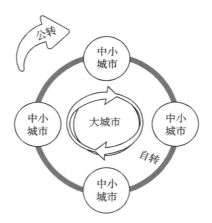

图2-2 类似于银河系天体运行的城市运转体系

第一，空间范围不同。中心城市空间范围取决于其自身规模，而都市圈由中心城市及其邻近地区和城市组成，都市圈的空间范围由都市圈内中心城市的辐射半径决定。城市群的空间范围比都市圈大得多，是都市圈及与都市圈实现耦合的城市区域空间范围之和。

第二，空间结构特征不同。中心城市一般是以中心城区为核心的多圈层结构。都市圈是以中心城市为中心的多圈层结构，由中心城市及其邻近区域和中小城市组成，城市等级不同。城市群内部能有多个都市圈，不同都市圈或中心城市之间联系较弱，边界也比较模糊。

第三，经济发展水平不同。中心城市是经济高度发达的区域。都市圈由中心城市及其邻近区域和中小城市组成，因此都市圈经济发展水平较高，但低于中心城市。城市群经济发展水平由内部都市圈和不同发展水平的大中小城市共同决定。

第二节 城市群与城市人口发展规律的异同

　　城市群是我国明确的新型城镇化的主体形态，也是推动区域协调发展的主体，都市圈又是城市群的主体。从理论上讲，空间相近且存在密切政治经济联系的城市之间的协作关系会决定城市群的人口集聚方式及整个城市群的空间结构。在城市群中，城市之间的分工与协作可以使中小城市通过"规模借用"与"功能借用"进行要素流动与人口聚集，从而体现出比单个城市相加更好的活力。但在现实中，城市群内各城市人口变化有时背离初衷，都市圈更严重[1]：一方面，大城市[2]普遍患有不同程度的"城市病"，人口和产业聚集程度一定程度上超过了城市的公共服务和社会管理能力[3]；另一方面，部分城市的常住人口增长乏力甚至开始缩减，出现了人口结构不符合城市发展需要的情况。以上两点在京津冀城市群体现得尤为明显。因此，本章基于"规模借用"与"功能借用"理论来论述城

　　① 《中国城市发展潜力排名：2022》等研究报告指出，以中心城市为引领的都市圈城市群有更高的生产效率，更能节约土地、能源，是支撑中国经济高质量发展的主要平台，是中国当前及未来发展的区域规划和国土规划重点。中国34个都市圈以全国18.6%的土地集聚约63%的常住人口，创造了约78%的GDP，多数都市圈人口处于持续流入状态。例如，2016~2020年人口年均净流入超10万人的都市圈有10个，其中广佛肇、杭州、深莞惠、上海4个都市圈年均净流入规模超20万人，长株潭、宁波、重庆、西安、成都、郑州6个都市圈年均净流入规模为10万~20万人；从都市圈内部来看，近4年核心城市、周边城市人口均为净流出的有哈尔滨、长吉、乌鲁木齐都市圈，核心城市人口净流入但都市圈整体净流出的有济南、南昌、石家庄、青岛等7个都市圈，反映了这些都市圈的核心城市人口吸引力不足，周边城市人口主要向都市圈外流出。此外，近年京沪大力控制人口，核心城市人口净流出、周边城市净流入，其中上海都市圈2016~2020年核心城市年均人口净流出0.6万人，但周边城市年均净流入达25万人。

　　② 为围绕本章主题（城市群）叙述的简便，本章中的大城市并非按《国务院关于调整城市规模划分标准的通知》（国发〔2014〕51号）界定的大城市，而指城市群中规模最大或次之的中心城市，如京津冀城市群中的京津。中小城市亦然，都只是在城市群这个具体语境下的相对概念。党的二十大报告提出"以城市群、都市圈为依托构建大中小城市协调发展格局"，这其中的大中小城市也是类似的相对描述，并不确切地指前述概念分类中的大、中、小城市。

　　③ 我国大城市普遍患有不同程度的"城市病"，超大特大城市尤其严重，这是城市发展过程中产生的普遍问题。《"十四五"全国城市基础设施建设规划》对"十四五"时期统筹推进城市基础建设作出全面、系统安排，并提出到2025年，城市建设方式和生产生活方式绿色转型成效显著，超大特大城市"城市病"得到有效缓解。

市群与城市人口聚散规律的异同，并在此基础上分析城市群人口聚散的驱动机制。

一、"规模借用"与"功能借用"的研究现状

（一）"规模借用"与"功能借用"的提出和适用性

"规模借用"最早由 Alonso 提出，他从城市系统的角度提出一个国家的城市是一个由相关联系、相互影响的要素所构成的复杂系统，一个城市的规模和经济活动的变化会影响另一个城市的规模和经济活动。Alonso（1973）认为，靠近人口中心的小城市或都市区可以通过对大城市规模和高端功能的借用来推动自身城市生产率的提高，表现出与大城市相类似的特征。这意味着小城市可以"借用"其邻近大城市的集聚经济益处，同时避免集聚的成本。20 多年之后，Hepworth（1992）、Phelps（1998）、Phelps 等（2001）等对伦敦附近的小城市进行研究，进一步印证了借用规模效应的存在，并由此引起了学者对"规模借用"的关注，尤其 Meijers（2013）等从概念、维度及区域差异性等方面对"规模借用"进行了深入研究。

Burger 等（2015）通过文化设施数量测度了城市的借用规模，指出小城市通过借用规模扩大了其劳动力市场，但也有部分小城市会面临集聚阴影。随后，Meijers 和 Burger（2017）、Meijers（2013）从规模和范围两个方面拓展了"规模借用"的概念，将其分为绩效和功能两个维度。绩效主要是指经济表现，而功能是指公共服务基础设施。借用功能使城市更好地享受集聚收益，从而表现出比孤立情况更好的绩效。在范围方面，借用规模的概念不仅限于小城市，大城市对小城市的规模借用同样重要。较大的城市通常借用功能维度的优势，而较小的城市通常借用绩效维度的优势。而且，与其他城市紧密结合、功能整合更好的城市可以更有效地克服竞争的负面影响，减少集聚的阴影。从地域来看，借用规模在多中心城市区域具有更高的出现频率，借用规模和集聚阴影更多地在同规模多中心城市区域中发生，单中心城市的规模和功能具有很强的相关性，相同功能的邻近城市更容易借用规模。

"规模借用"不仅适用于邻近大城市的小城市，同样适用于不邻近大城市的小城市。Hesse（2016）基于卢森堡的案例对"飞地空间"（Enclave Space）进行的研究就是一个典型例证。研究提出，飞地空间的成功可以用借用规模来解释，小城市的规模借用已不再依赖于城市之间物理上的距离，而是通过企业关系、市场渗透以及信息和通信网络来实现。

关于"功能借用"的研究，学者们主要是将其纳入"规模借用"的研究范围，较少单独对其进行论述，认为"规模借用"主要是基于各城市的不同功能。

Burger 等（2015）认为一个区域中相对较大的城市比较小的城市更能借用规模，这是因为它们拥有更多的功能。Camagni 等（2016）明确区分了"规模借用"和"功能借用"，认为这两种效应对于不同规模的城市可能有不同的强度和方向。"功能借用"主要是有望为小城市带来更多好处，这是因为它们较少具有高级功能，但可以通过在同一区域背景下接近大城市来"借用"高级功能。因此，它们的人口可能比预期要多。而"规模借用"有望为大城市带来好处，这些城市能够更好地利用其区域/大都市系统中更大的专属市场为其服务公司提供服务。

（二）我国学者对"规模借用"和"功能借用"的研究

近年来，我国学者也开始重视对"规模借用"和"功能借用"的研究，并逐渐将研究重点置于城市群中，重点验证了城市群中的规模借用和功能借用现象及发生机制。研究结果普遍证实了小城市对大城市存在规模与功能的借用，并且提高了小城市的生产效率。姚常成等（2020）从绩效和功能两个维度进行了研究，结果表明，绩效规模借用能帮助中小城市实现超越其自身经济活动密度所能达到的集聚经济水平；而功能规模借用则能通过帮助中小城市实现更高等级职能专业化水平的方式，促进其经济快速增长。通达性水平的提高能同时强化这两种借用规模的作用效果。但是，功能借用和规模借用都存在门槛效应，规模借用的门槛更高[①]。赵渺希等（2022）的研究结果表明，大于和小于 10 万人的城镇分别呈现出借用规模绩效和集聚阴影特征。姚常成和宋冬林（2019）的研究也表明，人口规模仍是影响生活性服务业设施布局及能否实现借用规模的重要基础，郊区的街道城镇需要达到一定的人口规模才能进一步通过良好的通达性借用规模。孙军和刘志彪（2021）研究表明，在长三角地区，城市人口规模超过 635 万人才可以实现对上海的功能借用，低于这个人口规模则可能出现集聚阴影。从距离上来看，小城市的借用规模和借用功能会随地理距离的增加而衰减，借用功能受地理距离的影响较小。一些中小城市可以通过借助省内一体化实现对大城市功能的间接借用，因此，多中心且功能互补的城市网络体系能够有效促进借用规模和借用功能。伴随着信息和通信技术的发展，大数据、人工智能、云计算及区块链等新兴技术与各行业不断融合，区域交通的通达性、技术合作网络的完善、网络普及率及城市群网络外部性能够有效弥补城市自身人口规模不足，促进规模借用和功能借用效应。

① 刘修岩，陈子扬. 城市体系中的规模借用与功能借用——基于网络外部性视角的实证检验［J］. 城市问题，2017，269（12）：12–19.

（三）文献评述

既有研究从不同角度对"规模借用"和"功能借用"进行了研究，主要对两种效应的存在和影响因素进行了实证分析，尤其关注城市之间的距离，但并未将这些因素纳入一个整体分析框架来明晰城市群人口的聚散规律及与城市人口聚散规律的不同。而且，因为我国城市群发展受政策的影响较大，所以城市群这个复杂系统中他组织的作用和自组织的作用同等重要。自组织性表现在没有外界因素的干预下，各子系统通过相互作用在空间、时间和功能等方面走向有序，并不断向更高层次进行演化发展。当前，我国已经有四个城市群发展上升为国家战略，其他城市群虽然不是国家战略，但也是我国重点发展的区域，城市群的他组织性不断增强。国家战略的实施就是要通过政策的实施加强区域内部整合，并持续从外界输入资金、原材料、劳动力、技术和信息等，扩大其负熵流，提升系统的协调性和有序度，使系统不断涌现出新的性质，逐渐走向新的均衡[①]。在开放的城市系统中，由于交通网络的通达性、城市网络及数字化在不断提升，因此城市群中人口聚散的规律也在发生变化，且与城市人口的聚散规律有很大区别。

二、城市群和城市人口发展规律的异同

在城市群中，存在人口聚集效应的大城市拥有较为丰富的劳动力资源和较好的基础设施，城市群中的中小城市借用大城市的人力资源和基础设施进行产业升级或与大城市形成产业配合成为一种可能，这在一定程度上可以缓解大城市人口"过载"问题并扩展中小城市的劳动力市场[②]，弥补中小城市发展要素不足的缺陷，最终形成大中小城市协同发展的多中心城市网络，实现多头联动、各有所长的城市群发展格局[③]。通过产业结构的优化、城市功能互补和经济联系的分工与协作，可以实现不同规模城市人口与经济的自身协调和整体配合，从而使整个城市群功能最大化和最优化。历史经验也表明，城市群的出现是城市化发展到一定阶段的必然，城市群把经济密切联系的大中小城市结合在一起，可能构建出互补的城市职能体系，进而产生人口、产业、资源和基础设施等发展要素的合理聚散效应和形成均衡发展格局。

① 刘洁，姜丰，钱春丽．京津冀协调发展的系统研究 [J]．中国软科学，2020（4）：142-153.

② 例如，改革开放初期，苏南中小城市的工业发展就大量借助了上海的人力资源，虽然只是"星期天工程师"性质。在高铁网络覆盖后，苏南、浙北的中小城市与上海之间的人力资源交流远比"星期天工程师"时代量大且影响面广泛，这是城市群内部良性互动的体现。

③ 卓贤，陈奥运．特大城市人口的国际比较 [J]．中国经济报告，2018，108（10）：100-103.

然而，在实际发展中，我国的一些既有城市群出现了两种情况：一是城市群整体人口增长和经济增长都乏力，没有体现出"1+3×0.5+5×0.1>3"① 这样的活力，城市群实际上不"成群"；二是城市群内部各城市人口空间结构不合理，既普遍存在大城市的人口分布时空失衡与资源要素错配的人口集聚问题，内部各城市也出现了分化，人口调控措施在一定程度上还加剧了城市群内部要素的错配。一方面，少数大城市的"城市病"仍然严重，集聚阴影特征比较明显，"内极密外极疏"的圈层结构导致城市中心区人口拥挤效应明显，职住分离特征显著②。而且，户籍人口的中心聚集与低流动性，加剧了人口老化，进而也削弱了大城市的活力。另一方面，工作机会少和包容性差的中小城市，常住人口增长乏力甚至开始缩减，土地、教育、医疗、就业机会等资源要素的错配造成城市群内部差距较大、就业地与居住地发展不平衡，规模借用和功能借用都不明显。在这种情况下，不仅城市群"发展"成一群城市，且是一群问题更多的城市。

要解决城市群发展中出现的这些问题，首先需要明晰城市群人口聚散规律与城市的异同。在既往研究中，人口聚散的静态格局与动态变化过程是研究的重点内容，研究的基础概念包括城市人口、城区人口和城市群人口③；多数学者依托产业集聚、经济集聚、环境承载力等与人口结合进行专业化集聚模式研究，主要聚焦于人口空间集聚与产业集聚的互动关联式研究④⑤、人口劳动力集聚与经济集聚的因果关联研究⑥⑦以及人口规模集聚与环境承载力的匹配关联研究等方面⑧。但总体来看，大多是以人口集聚为约束条件或目标值域来研究其他专业化

① 这里用1代表城市群中的大城市、0.5代表中等城市（3个）、0.1代表小城市（5个）的比喻来表达。

② 孙斌栋，华杰媛，李琬，等．中国城市群空间结构的演化与影响因素——基于人口分布的形态单中心——多中心视角［J］．地理科学进展，2017，36（10）：1294-1303.

③ 这几个概念的本质和应用到研究中的不足如下：城市人口侧重于"城镇人口"，以全国地县级市的城镇人口为研究数据，然而中国的城市实际上是行政区，实则是一种区域人口；城区人口则是以设区市中的区为范围划定的人口，但因为所谓城区并不等于建成区，多数城市核心区以外的区大部分土地仍然是非建成区且相当数量的人的身份也未从农民转为城镇居民，所以这实际上也不能真正反映城市人口情况；城市群人口侧重于"常住人口"，以官方确定的城市群内行政区划的城市常住人口为研究数据，同样存在前述偏差。

④ 苏杨，肖周燕．人口承载力视野的政策应用与调控区间［J］．改革，2010，23（11）：125-131.

⑤ 袁冬梅，信超辉，袁翔．产业集聚模式选择与城市人口规模变化——来自285个地级及以上城市的经验证据［J］．中国人口科学，2019，195（6）：46-58+127.

⑥ 孙斌栋，丁嵩．大城市有利于小城市的经济增长吗？——来自长三角城市群的证据［J］．地理研究，2016，35（9）：1615-1625.

⑦ 沈昊婧．增强中心城市和城市群承载能力研究［J］．经济研究导刊，2020，433（11）：64-66.

⑧ 胡书玲，余斌，卓蓉蓉，等．中国陆域地表人类活动与自然环境的空间关系研究［J］．生态学报，2020，40（12）：3935-3943.

集聚的内容，少有直接针对人口聚散的研究，且没有区分前述三类人口，研究出的这些规律难以反映中国城市群人口聚散的情况及其背后的驱动因素。因此，本章旨在以城市群人口聚散形式为切入点，构建分析框架，辨析城市群人口聚散规律与驱动机制相对城市而言的特殊性。

第三节　城市群人口聚散规律和驱动路径

作为承载人口和经济功能的主要空间载体，我国城市群的均衡发展遇到了上述两方面共性问题。解决这些问题，既需要对城市群人口聚散的驱动要素进行梳理辨析，又需要就人口流动与区域经济发展尤其是产业结构之间的协同问题进行研究。

基于过往研究，影响城市群人口聚散的驱动因素与城市类似，可分为由生态环境、资源禀赋、产业发展状况（尤其是其决定的就业岗位）等主导的内在驱动因素和政策导向，以公共服务水平等主导的外在驱动因素。但区别于城市，城市群内部的大城市通过丰富的要素集聚持续发展，并能对群内中小城市起协同带动作用，且中小城市通过规模借用与功能借用，使内部城市之间的正外部性逐渐超过单个城市集聚经济的作用，成为优化产业结构与经济进一步增长的潜力来源，促进了城市群内要素更加高效地配置。在城市群内部的经济关联、相互替代或内部借力中，能够发挥出比城市更高的回报效应，这也正是城市群比单个大城市更易高效发展的重要原因。尤其当交通网络更加完善时，封闭式的城市发展模型向开放式的城市群系统模型转变，集聚经济的范围进一步扩大，并能够促进中小城市向大城市的规模借用与功能借用，这时集聚经济还需要考虑周边城市经济活动的影响。

城市群人口聚散主要受大城市的城市化进程（包括速度和质量）的影响：大城市在发展初期，凭借巨大的虹吸效应吸引周边腹地人口集聚，处于中心化发展阶段；诱发集聚趋势的动因主要是大城市的要素组合优势吸引各类经济体和就业人口。随着城市规模扩大，城市间交通网络不断完善，大城市开始郊区化和区域化，大城市的工商业和优质公共服务资源将在市场规律和政府规划共同作用下出现离心扩散趋势①。在促进城市群发展的背景下，政府为了缩小中心城市与周边地区的差距，减少过度集聚问题带来的矛盾和冲突，会增加对周边城市的财政支持，并聚焦因"人"的高频跨城流动所产生的问题，增强以"人"的需求为中心的公共服务的共建共享，人口也会因此而扩散②。因此，诱发扩散趋势的内在动因主要是大城市经济社会要素的过度集聚引起了集聚不经济和使周边城市非农经济日趋发达，外在动因则包括大城市功能向周边的转移、周边城市公共服务体系的逐渐完善及政策对区域发展平衡的促进③。相较于西方国家城市的发展规律，我国城市的分散化发展还受到政府背景下的城市群新区④建设、城市经济结构调整、土地置换、内城更新改造、税收、户籍等政策因素影响⑤⑥。既有研究均认为，无论是集聚趋势还是扩散趋势，经济规模与产业结构都在其中起着决定性作用，经济规模和产业结构是城市群人口聚散的根本驱动要素，公共服务、政策导向等对城市群发展的影响也是通过对经济规模和产业结构因素（劳动力、资本和资源环境等）的影响体现出来的。

据此可构建城市群人口聚散要素分析框架（见图 2-3）：在一个有活力（人口持续净流入）的城市群中，大城市（中心城市）可通过城市群内要素替代组合⑦，弱化资源环境方面的人口约束，提升城市群人口承载力；中小城市（次中心城市）可通过加强基础设施建设、产业转移升级等提升城市的留人刚性，并通过政策弹性促进城市群形成内部结构合理、各有分工且相互配合的产业结构，形成与大城市的规模借用和功能借用，提升人口聚集吸引力。城市群内合理利用要

---

① 中国的城市是面积广阔的行政区，因此在政府规划中，这种扩散往往局限于城区边界内（如北京市布局的亦庄新区乃至更大的城市副中心），而非像许多发达国家那样是市场经济规律起主导作用（如加拿大的最大城市多伦多出现规模不经济后，加拿大500强企业中的60多家将总部迁至其周边没有隶属关系的密西沙加市）。

② 陈宪. 上海都市圈发展报告·第一辑：空间结构 [M]. 上海：格致出版社，上海人民出版社，2021.

③ 从京津冀、长三角、珠三角三大城市群的情况来看，这两个方面是最近10年才开始显现的，且有市场因素和政策因素共同的作用：前者在长三角表现得较明显，后者有雄安新区和深汕特别合作区等实践。

④ 在城市群范围内建设能够体现城市群重要功能的新城，国家级的西咸新区、贵安新区、南沙新区都属于此类，后来的雄安新区和深汕特别合作区也属于此类。

⑤ 冯健，周一星. 近20年来北京都市区人口增长与分布 [J]. 地理学报，2003（6）：903-916.

⑥ 孙铁山，李国平，卢明华. 京津冀都市圈人口集聚与扩散及其影响因素——基于区域密度函数的实证研究 [J]. 地理学报，2009，64（8）：956-966.

⑦ 仅就城市而言，资源环境约束本身就不一定是刚性的，对于城市群而言，人均资源需求既具有弹性也能在城市群内部城市间相互借用。

素流动、留人刚性与政策弹性，可充分发挥大城市的驱动效应与中小城市的比较优势，通过结构合理的城市分工，形成有选择、有配合的人口聚散形式，使人口数量、结构都能更好地满足城市和城市群发展的需要。

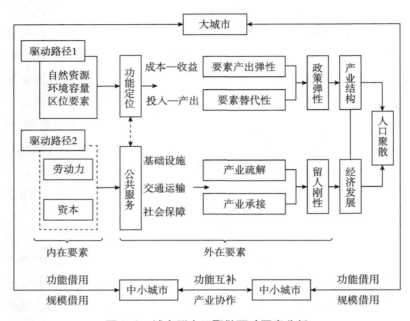

图2-3 城市群人口聚散驱动要素分析

劳动力、资本及资源环境等内在要素与功能定位、公共服务、政策导向等外在要素，共同作用于城市群经济协同发展与产业结构互补，可形成城市群人口聚散的两条驱动路径。

驱动路径一：资源环境、区位要素—功能定位（互补）—政策弹性（成本—效益决策）—产业结构—人口聚散，即各城市资源环境、区位要素因存在禀赋差异，可利用各自比较优势形成互补的、有配合的功能定位[①]，在城市群内的合作中通过调整要素间投入比例来实现效益—成本最大化，达到最优产业结构，而产业结构决定就业人口特征（在没有专门的人口迁入或定居管制政策的情况下），从而影响城市群人口聚散形式。例如，当受到资源环境等要素制约时，不

① 功能定位会直接影响城市的产业发展和就业机会，从而影响城市对不同人群的吸引力。配合中心城市的功能定位，其他城市也在互补及配套功能上获得发展优势，从而影响其人口吸引力，这就是功能借用。

仅可以决策是继续开发利用资源提升经济发展水平还是规避资源环境短板①降低成本，还可以利用城市群内部要素间的替代效应使资源环境的"刚性"减弱。只要经济上"划算"，城市群可通过"要素替代性"和"政策弹性"来缓解资源环境因素对某个城市（不一定是大城市）发展的约束。由此可见，城市群中某一城市水资源的约束刚性问题可通过与其他城市协作进行水利工程调水、引入节水产业和提高水价等措施解决，土地资源的约束刚性问题也可通过城市群政策作用下的合理优化乃至政策突破来解决②。这样，如果城市群不跨省，突破水和土地资源约束的产业发展成果会是"肥水不流外人田"，因此政策突破易于实现。但如果跨省的话，那协作机制的有效性就是关键因素。

驱动路径二：劳动力、资本要素流动—公共服务（共享）—留人刚性—经济发展—人口聚散。劳动力充沛、资本充裕的大城市政府对公共服务的财政投入力度大，其交通、教育、医疗和社会保障等公共服务供给也会更加完善。充分的公共服务供给数量和质量是除就业因素外影响最大的留人要素。在城市群中，破除基于户籍的公共服务享受门槛，大城市更优质和通常富余的公共服务可被城市群内的中小城市不同程度地共享，加之城市群内更便利的产业承接与产业协作机制和交通网络，中小城市可获得大城市功能与规模的双重借用，进而提高这些城市人口吸纳能力与城市留人刚性，促进自身产业结构优化与经济规模增长，提高中小城市的城市总收益，从而影响城市群内部的人口聚散③，这也是城市群人口聚散规律与城市人口聚散规律的重要不同点。

上述两条驱动路径均通过内在与外在要素的共同配合来形成合理的人口聚散。这两条驱动路径并非割裂而是相互联系的，如公共服务的完善会进一步引导要素合理流动，从而推动功能定位目标的实现，功能定位的倒逼机制将促使城市积极响应城市群协同规划，出台与之相适应的公共服务政策，两条驱动路径在发展中互相强化，共同作用于城市群，以实现城市群功能最大化和最优化，促进人

---

① 为提高城市环境质量或降低环境风险设置产业门槛或出台企业的强制搬迁政策也属于此类决策。

② 例如，珠三角城市群中深圳的建设用地刚性约束，就通过深汕特别合作区的形式破解，用汕尾的土地、深圳的政策来发挥替代作用。

③ 2020年5月18日，《中共中央　国务院关于新时代加快完善社会主义市场经济体制的意见》提出了探索实行城市群内户口迁移、居住证互认制度。推动公共资源由按城市行政等级配置向按实际服务管理人口规模配置转变。户籍同城化在我国宁波、舟山两地已有实践，既可使舟山享受到中心城市宁波的部分公共服务，也有利于宁波公共服务能力的提升，更加促进了两地要素的自由流动与人口的合理聚散形式。

口的合理聚散①。此外，以人口聚散为目标的政策也会影响公共服务政策，甚至城市功能定位。大城市常见的人口疏解政策就是一个例子，人口疏解与承接具有一定的复杂性与不确定性，严格的人口疏解和人口进入政策可能也会造成严重的大城市人口结构问题②。归根结底，在城市群系统下，只有各城市要素自由流动，功能定位明晰、分工配合互补，公共服务便利共享，才能形成较好的城市间规模借用和功能借用，最终形成有选择、有配合的人口聚散，且与经济发展适配的产业结构是城市群人口聚散的根本驱动要素。

第四节　本章小结

人口与经济协调发展是城市群发展方式更易实现的目标。一些影响城市群人口聚散的驱动因素与城市类似，可分为由资源环境决定的内在驱动因素和由政策导向、公共服务水平等主导的外在驱动因素。在市场与政府的共同作用下，内在与外在要素分别通过内链与外链形成两条相互影响的驱动路径共同影响人口聚散；有些则不同：城市群内各城市间可通过"规模借用"与"功能借用"实现要素的交换与替代，更易于打破内在和外在驱动因素壁垒，整体实现资本、人力资源等要素的更高配置效率。

---

① 例如，长三角城市群基于产业的功能定位，发挥各自优势。上海生物医药产业增速最快，江苏在新材料和智能装备制造领域形成优势，浙江信息服务行业发展迅猛，安徽则在装备制造、新能源等工业领域拥有后发优势，长三角形成产业细分领域的错位发展格局，从而带动人口相应的空间聚散。

② 例如，韩国世宗市建设规格高、标准高，采取严格的产业承接、人口管控政策，最终效果并不理想，世宗近乎夜晚"死城"的原因在于不完整的人口结构和过于严苛的人口政策使公共服务规模和商业服务规模都上不去，经济发展与政策红利均未取得满意的成效。

第三章 "两翼"发展背景下京津冀城市群人口聚散趋势研究

第二章分析了城市群人口聚散与城市人口聚散的不同,一方面城市群内部的大城市可以通过丰富的要素集聚持续发展,并能对群内中小城市起到协同带动作用;另一方面中小城市通过规模借用与功能借用,使内部城市之间的正外部性逐渐超过单个城市集聚经济的作用,成为优化产业结构与经济进一步增长的潜力来源,促进城市群内要素更加高效地配置。且互联网、数字经济的快速发展和交通网络的逐步完善能够更好地促进中小城市向大城市的规模借用与功能借用,促进城市群一体化发展。那么,北京的城市副中心和雄安新区的大力推进和发展,是否能够促进京津冀城市群产业与人口的协调发展,从而提高城市群人口承载力和优化人口分布,促进京津冀一体化发展呢?为了回答这一问题,本章将以"一核两翼"的空间结构为例,通过对城市群人口聚散规律和驱动机制做数理论证,来分析"两翼"发展背景下京津冀城市群的人口聚散变化。

第一节 模型构建与论证

城市群人口聚散规律可以基于生产函数理论将城市群驱动机制用数理模型进行表述:将产出最优状态下人口承载力的驱动因素作为投入要素,人口承载力是产出"最优"的上限。在一般生产函数的基础上,考虑资源投入与政策刚性带来的影响,引入资源要素与政策要素到生产函数中,对人口聚散的驱动要素加以识别①。此外，与一般生产函数不同，城市群内大、中、小城市之间更紧密的联系突破了原本城市的边界，使驱动要素流动性更强，通过功能互补、公共服务溢出与更加密切的产业转移与协作，城市群内的城市均可更低成本、更加便利地共享到资源、服务及知识技术投入，规模借用与功能借用得以体现。本章将这一效应定义为城市群的正外部效应，并引入生产函数中。论证要点为以城市群为主体的产业协作、服务共享与规模借用将作用于驱动要素进行替代与互补，促进产业结构优化与经济规模增长，以达到产出、人口最优状态，形成合理的城市群人口聚散形式。这样的数理分析的创新点在于以城市群为研究单位，区别于城市：一方面，城市群内的城市是我国人口增长的核心区域，相较于非城市群内的城市，人口向城市群内城市迁移和集聚的态势明显②，研究其人口聚散规律更重要；另一方面，城市群内部通过要素的自由流动，其自然条件有更好的可替代性、大型公共设施有借用性、产业发展条件可在群中相互调剂，城市群内各城市间形成合理的产业分布与持续的经济增长，可促进各方效益最大化，从而有效带动群内人口的自由流动与合理聚散。

一、模型构建

经济增长通常被认为是由劳动（L）、资本（K）的投入量以及技术进步（A）等因素共同决定的，用柯布—道格拉斯生产函数表示为：$Y=f(L, K, A)$。但是，该函数未能反映出资源与政策因素带来的影响效应，也未能表达出城市群所独有的正外部效应。因此，在要素投入中将资源要素（R）、政策要素（Pe）及正外部效应（Wx）引入生产函数，可将模型修正为：$Y=f(W_x, L, K, R, A, P_e)$。具体分析可以看出，记第 i 次产业的产出量为 Y_i，则 Y_i 可以表示为：

$$Y_i = W_x A_i Pe_i L_i^{\alpha_i} K_i^{\beta_i} R_i^{\gamma_i} \tag{3-1}$$

其中，L_i、K_i 和 R_i 分别表示第 i 次产业中的劳动投入、资本投入和资源投入。α_i、β_i 和 γ_i 分别表示 L_i、K_i 和 R_i 的产出弹性；A_i 表示第 i 次产业的技术效应系数；Pe_i 表示第 i 次产业的政策效应系数；W_x 表示城市群的正外部效应；记第 i 次产业的投入成本表示为 C_i，w_i、r_i 和 a_i 分别表示为 L_i、K_i 和 R_i 的价格，则

$$C_i = \omega_i L_i + r_i K_i + \alpha_i \beta_i \tag{3-2}$$

---

① 刘洁，苏杨，魏方欣. 基于区域人口承载力的超大城市人口规模调控研究［J］. 中国软科学，2013，274（10）：147-156.

② 对比 2000 年和 2020 年的全国人口普查数据，从人口增长量和增长率来看，城市群内的城市 15 年净增约 2.4 亿人，平均每年增长 1200 万人，年均增长率为 15.4‰，而非城市群的城市减少约 1.25 亿人。

二、模型论证

第一，论证城市群要素之间的流动性。城市群的产业由劳动力、资本及资源环境等内部生产要素的成本决定，同时在政策、技术及城市群正外部效应等外部要素的驱动下，内部生产要素可以超越城市边界在城市群内充分地流动，通过替代与互补实现更加优化的资源配置，达到效益—成本的最大化。例如，城市群内功能互补的城市间进行产业协作与产业承接时，若只考虑劳动 L 与资本 K 两种要素投入，如图 3-1 所示，在不考虑其他因素的情况下，需调整劳动与资本的要素投入比例，使两者的等成本线 C_1 与等产量线 Y_1 相切，达到初始均衡点 E_1。此时，考虑政策激励及城市群的正外部效应，城市群中正向的政策激励、便捷的交通基础设施建设、便利化的知识技术，均可为城市群内的城市所共享，这进一步降低了劳动、资本要素的投入成本，从而扩大产出，提高城市的平均总收益。此时，等成本曲线由 C_1 移至 C_2，劳动、资本要素均有所提升，等产量线也由 Y_1 提升至 Y_2。由此，通过城市群各城市之间的紧密协作，可进一步降低成本、优化要素配置，提高城市群整体的经济效率，在此过程中也形成了更加合理的人口聚散。

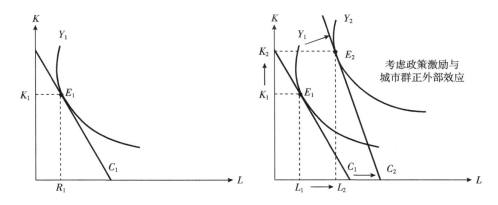

图 3-1 城市群劳动—资源要素流动性分析

第二，论证城市群人口聚散的驱动因素弹性。在模型中引入资本、资源、技术、政策、城市群正外部效应等要素分析最合理人口集聚和要素投入之间的关系，以探析产出"最优"下人口刚性与政策弹性的交互影响，记第 i 次产业的利润水平为 π_i，则

$$\pi_i = Y_i - C_i = W_x A_i P e_i L_i^{\alpha_i} K_i^{\beta_i} R_i^{\gamma_i} - (\omega_i L_i + r_i K_i + \alpha_i R_i) \tag{3-3}$$

对 L_i 求偏导并使一阶偏导等于零，可得产出"最优"时所能吸纳的人口上限。此时，假设希克斯中性技术进步，令 $\gamma_i + 1 - \alpha_i - \beta_i$，则

$$W_x A_i Pe_i L_i^{\alpha_i} K_i^{\beta_i} R_i^{\gamma_i} - \omega_i = O \tag{3-4}$$

$$\ln L_i = \frac{1}{1-\alpha_i}\ln\frac{A_i}{\omega_i} \cdot Pe_i \cdot \alpha_i \cdot W_x + \frac{\beta_i}{1-\alpha_i}\ln K_i + \left(1 - \frac{\beta_i}{1-\alpha_i}\right)\ln R_i \tag{3-5}$$

由式（3-5）可得，产业"最优"状态下的人口上限与劳动产出弹性、资本产出弹性、技术投入、资源投入、政策变化及城市群正外部效应之间存在一定的关系，与上文人口聚散驱动要素分析框架相互印证，各要素及其产出弹性如何影响人口，可通过对城市群的仿真分析来进一步论证。利用该模型对上述城市群人口聚散驱动要素进行仿真分析，能够有针对性地甄别不同城市群中人口驱动要素的主次轻重，把握城市群人口聚散规律，形成有选择、有配合的人口聚散形式，使人口数量、结构都能更好地满足城市和城市群发展需要。

模型构建以柯布—道格拉斯生产函数为基础、以城市群为研究单位，将劳动力、资本、技术、资源、政策及城市群正外部效应等驱动要素纳入函数，并对驱动要素的流动性和驱动因素弹性进行论证，与"规模借用"理论中通过要素流动影响经济产出，强化知识的溢出效应，城市网络的发展和交通、通信等基础设施的不断完善进一步拓宽集聚经济的作用范围，促进公共服务的共建共享，进而带动人口聚散，加强不同城市间的联系，从而帮助周边城市发展与降低大城市功能过载、实现多头联动的城市群发展格局这一观点相契合。本章提出的城市群人口聚散驱动要素分析框架与模型构建都是以内部城市联结性较强、要素间自由流动的真正城市群为研究对象。真正的城市群应当是群内城市联系密切且成本较低（交通和信息一体化）、分工清晰且互补（经济发展上的产业配套全但各有分工、社会发展上的教育医疗等公共服务资源易于共享）的空间形态。当前，都市圈的概念最为接近本章所研究的真正的城市群①。

---

① 国家发展改革委 2019 年印发的《国家发展改革委关于培育发展现代化都市圈的指导意见》进一步明确了城市群和都市圈的联系和区别：城市群是新型城镇化主体形态，是支撑全国经济增长、促进区域协调发展、参与国际竞争合作的重要平台；都市圈是城市群内部以超大特大城市或辐射带动功能强的大城市为中心、以"1 小时通勤圈"为基本范围的城镇化空间形态。显然，都市圈应是城市群发展的优先选择。都市圈强调两个要素，即"中心城市"和"1 小时通勤圈"，这意味着都市圈更加强调城市之间经济联系的紧密度和交通的通达性。随着科技的进步和交通布局的不断完善，通勤圈的范围会适度扩大，因此都市圈是动态发展的，它的边界是有弹性的。

第二节 "一核两翼"背景下城市群
人口聚散的仿真分析

当前，建设现代化都市圈逐渐成为推动城市群一体化建设的重点发展方向。作为区域发展的增长极，都市圈发达的经济水平和优质的公共服务资源对人口具有较强的吸引力，都市圈是吸纳流动人口的主体空间，发展都市圈是我国城市群高质量发展、经济转型升级的重要抓手。构建现代化首都都市圈是建设京津冀世界级城市群的必经发展阶段，也是推动京津冀世界级城市群建设的重要支撑。在现代化首都都市圈的建设中，河北雄安新区和北京城市副中心"两翼"的建设尤其重要。"两翼"的建设能够放大北京对天津和河北各地的辐射带动作用，并促进京津冀空间格局优化发展。河北雄安新区的定位首先是北京"非首都功能"的集中承载地，也是推进京津冀协同发展、建设现代化经济体系的重要一极。党的十九届五中全会提出，要"高标准、高质量建设雄安新区"。北京城市副中心是京津冀协同发展示范区，主要功能是承接北京市级行政办公功能疏解、吸引中心城区商务服务功能转移。"一核两翼"的空间结构就是要培育新的空间发展增长极与辐射面，打破传统的省界限制，形成更合理的城市群内部结构和更合乎市场规律的人口聚散。因此，在京津冀城市群中，北京—北京城市副中心—雄安新区在规模和发展形态上更接近学术中的都市圈概念，形成事实上的都市圈。

本章以北京—北京城市副中心—雄安新区为典型案例，一是在城市群的范围上，"一核两翼"的城市结构形成了较为精简的大城市与中小城市的结构；二是北京城市副中心与河北雄安新区的功能定位明晰，与北京联结性更强，北京城市副中心是北京重点发展的区域、河北雄安新区是国家重点发展的区域，未来有望进一步降低行政壁垒，推动高效率组织体系，消除户籍壁垒，形成一体化的都市圈。因此，以北京—北京城市副中心—雄安新区为案例进行仿真分析，可为京津冀及其他城市群的人口聚散政策提供更精细化的指导。

一、"一核两翼"的发展现状和存在的问题

现代首都都市圈中的"一核两翼"结构在推进京津冀协同发展中具有不可

比拟的自身优势。北京最大的优势是人才优势和科技优势，能够发挥纽带作用和酵母效应；中小城市雄安与北京城市副中心具有突出的区位优势和政策优势，能够有效运用规模借用和功能借用效应。首都都市圈中"一核两翼"三地的自身优势与内部联结结构影响着人口聚散形式，首都核心"一核"功能优化提升，进一步增强其辐射带动能力；作为"两翼"的北京城市副中心和河北雄安新区，分别为改造城市与新生城市，也在城市协同发展效应下得到明显提升，但仍存在一些问题尚待解决。

第一，资源禀赋不相适应，大城市要素流动受阻。大城市如北京，在严格的人口调控措施下，人口规模进入负增长，同时出现人口结构老化严重、蓝领劳动力资源趋向不足等问题，这一方面是由于人口内在的发展规律和结构性因素造成的，另一方面是由于政策所导致的资源禀赋的不合理流动造成的。

第二，公共服务较为薄弱，中小城市留人刚性不足。在都市圈的发展过程中，公共服务资源在空间上呈现圈层化递减特征，在时序上滞后于人口流动，再加上行政区划分割，内外圈层间落差更为显著，已成为制约都市圈高质量发展的突出问题。在三地所形成的都市圈内，由于北京和河北的公共服务供给能力差异较大，资源分布极不平衡，教育文化、医疗卫生、生活服务等公共服务资源向北京核心区集聚，越向外围的圈层的公共服务供给数量越少、水平越低[①]。因此，改造北京城市副中心和新生城市雄安均存在职住分离、人户分离等留人刚性不足问题。由于城市定位高但基础薄弱，因此高功能定位下的北京城市副中心与雄安新区必需辅之更加完备的基础设施建设和公共服务条件。但从目前来看，北京城市副中心存在北京产业定位导向下发展乏力及高素质人才向外流失等问题；雄安新区自身还没有形成城市发展的"造血"机制，留人的要素不全、不足，"新区"与"故人"的适配能力问题也很明显。

第三，交通一体化不足，行政壁垒制约了城市群及现代首都都市圈的一体化发展。从京津冀来看，不仅人均区际和城际快捷交通（航空、高铁、城际快轨）、人均城市道路面积、人均城市轨道交通及规模以上港口泊位数等水平低于长三角和粤港澳大湾区，而且在首都都市圈内北京没有与周边城市形成多中心的发达网络格局，小空间的城际轨道连接严重不足，区域轨道交通网络覆盖不够。

① 刘洁，苏杨. 从人口普查数据对比看首都都市圈人口合理分布的壁垒［J］. 中国经济报告，2022（4）：65-77.

尤其都市圈市域（郊）铁路水平低，难以支撑中心城区与郊区和周边城市的城际交通出行。此外，京津冀三地之间的高速路上设有重重关卡，为环京通勤人员的通勤之路增添了很多障碍，行政壁垒严重影响了首都都市圈交通的通达性①，从而制约了城市群和首都都市圈的一体化发展。

二、"一核两翼"的驱动路径分析

造成上述问题的主要原因之一是三地人口聚散模式不合理、不协调，可通过上述论证过的城市群人口聚散规律及驱动机制加以分析并调整。如图3-2所示，由自然生态、资源禀赋主导的内在因素和政策导向、由公共服务水平主导的外在因素共同作用于北京—北京城市副中心—雄安新区城市群内部，以形成稳定的人口聚散，即人口规模、人口结构与城市发展相匹配，人口就业、居住与产业结构深度融合等。

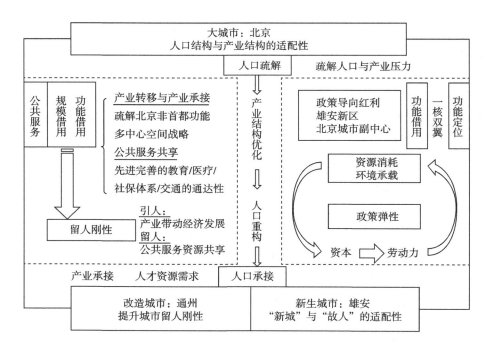

图3-2 北京—北京城市副中心—雄安新区人口聚散驱动要素分析

① 刘洁，苏杨. 从人口普查数据对比看首都都市圈人口合理分布的壁垒［J］. 中国经济报告，2022（4）：65-77.

从驱动路径来看：①资源环境、区位要素—功能定位（互补）—政策弹性（成本—效益决策）—产业结构—人口聚散。与其他城市不同，北京雄安新区和北京城市副中心是国家战略中的重要发展区域，共同构成北京的"两翼"。在功能分工方面，北京城市副中心与河北雄安新区在功能上各有侧重，错位承接功能疏解。北京城市副中心除了成为北京市级行政中心的集聚地，还承担交通枢纽的功能，以更为便利的交通一体化缓解人口向中心城区过度集聚。河北雄安新区作为"反磁力中心城市"，与北京形成向心力与离心力的博弈，既可平衡京津发展，又可带动河北省发展①。在经济生产中，北京—北京城市副中心—雄安新区通过投入要素在经济生产中的最优目标约束下实现要素间替代，在"一核两翼"的定位模式下，北京将弱化一般城市的经济社会功能等非首都功能，加强国家首都的政治中心、文化中心、国际交往中心及科技创新中心功能；北京城市副中心承接北京中心城区功能，包括市属行政、商务服务、文化旅游等；雄安新区承接非首都功能，科研、中央企业总部等，通过产业的转移与重构，承接地引入高素质人才，在疏解北京中心城区人口与产业压力的同时，为北京城市副中心和雄安的发展提供了人才源动力，实现人口聚散形式的改变。②劳动力、资本要素流动—公共服务（共享）—留人刚性—经济发展—人口聚散。北京劳动力、资本要素流动更强，为其带来了强劲的经济活力和更高水平的公共服务，北京市中心城区在交通、教育、医疗、社保等公共服务领域处于领先地位，北京城市副中心与雄安新区推动疏解北京非首都功能既是服务于当地产业发展的需要，又进一步提了当地公共服务水平，推动承接地辅以更加完备的公共基础设施和更加便捷的公共交通，为城市留人提供坚实保障，从而影响人口聚散形式②。在行政资源方面，一系列中心城区的市级行政和事业单位转移到城市副中心，带动了公共设施及相关产业配套基础设施建设。政府行政中心的迁移理论上能够为城市副中心带来经济集聚效应和公共资源空间再配置效应，吸引资本、劳动力等生产性要素进入，进而促进区域经济增长。在公共资源方面，多家优质中小学和三甲医院在北京城市副中心、雄安新区建立新校区和新院区，增加了当地优质教育资源的供

---

① 孙久文，程芸倩. 京津冀协同发展的内在逻辑、实践探索及展望——基于协同视角的分析［J］. 天津社会科学，2023（1）：114−121.

② "一核两翼"的协同不应仅仅停留在转移与承接北京的产业，疏解非首都功能上，公共服务一体化也是其中重要的内涵与保障。通过中心城市北京公共资源的辐射与延伸，打造本地的优质教育、医疗资源，共建民生幸福圈，而公共服务体系成熟之后，又能反哺北京城市副中心、雄安新区及周边地区的发展，达到集聚效应，最终形成合理分工、功能互补、协同发展的一体化体系。

给，带动北京城市副中心和雄安新区的医疗卫生服务能力提升。这些公共资源方面的改善增强了留人刚性，将进一步促进北京城市副中心和雄安新区的发展①。

三、仿真结果分析

北京"新两翼"建设要取得更大突破，需要北京城市副中心建设处理好同雄安新区的关系，"两翼"要协同发力，有效解决北京"大城市病"问题②。当前，虽然北京—北京城市副中心—雄安新区三地尚未形成政策期望的城市群关系，但其功能分工、错位发展的模式可能在既有京津冀行政格局不变的前提下，突破"以邻为壑"区域分割格局，以中央政务区为核心，北京城市副中心与雄安新区分别形成"两翼"，打造新的增长极，再以各自为中心带动更低一级的中心地系统发展，打造城市群联动发展的新模式与新范本。

此外，由于当前北京城市副中心与雄安新区尚未升级，直接采用当前数据进行实证分析可能会难以验证上述聚散规律及驱动要素是否符合现实，也难以说明城市群各城市间要素替代、规模互借的情况，因此在原有数据的基础上将相关参数进行了调整与假定，并设定多种方案进行对比，同时也提高了对其他城市群分析的普适性。

（一）要素弹性分析

以北京—北京城市副中心—雄安新区2018年相关数据为例，将三地的资本投入量和资源投入量代入式（3-5）进行仿真（由于在既有的研究中水资源通常被作为区域的资源短板，因此这里的资源用水资源来简化替代），以观察三次产业吸纳最大人口数量与各要素及其产出弹性之间的关系。资料来源于《中国统计年鉴》《中国县域统计年鉴》等。由于城市群正外部效应在同一城市群中的效应是相同的，只有在不同城市群中才会形成不同的变动弹性（城市联结更紧密，要素流动性更强的城市群正外部效应更高），因此为方便分析，在此设定城市群正外部性为1。

固定政策效应系数（令 $Pe=1$，代表无政策影响），分析不同技术水平下三

---

① 2023年4月1日起，京津冀三地参保人员在区域内定点医药机构就医、购药，无须办理异地就医备案手续，即可享受医保报销待遇，实现"一卡通行"，进一步推进了京津冀三地医疗资源共享。雄安新区可以更好地借用北京市的公共服务功能，享用北京市的优质医疗资源，促进自身高质量发展。

② 这是2023年5月12日习近平在主持召开深入推进京津冀协同发展座谈会时发表的重要讲话中所强调的内容。

次产业中劳动、资本及资源产出弹性下吸纳人口数的效应。如图 3-3 所示，横轴 α 代表劳动的产出弹性，纵轴 L 代表三次产业吸纳就业人口数，L_1、L_2 曲线分别代表资本产出弹性 $\beta=0.3$、$\beta=0.2$ 时的吸纳人口数。A/ω 可表示为技术进步率，分别将其赋值为 0.2、0.5 和 0.8 作为低、中和高技术水平进行比较分析。

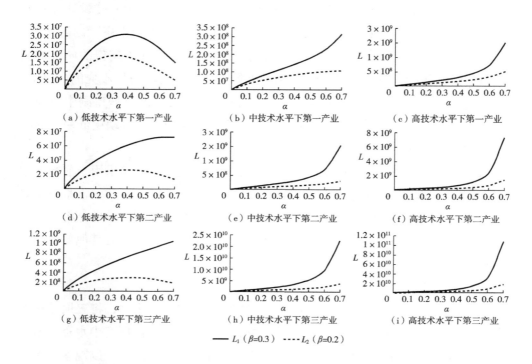

图 3-3　不同技术水平、劳动、资本及资源产出弹性下三次产业吸纳人口数

从图 3-3 可以发现以下几点特征：第一，在任何技术水平和劳动力、资源产出弹性下，提高资本产出弹性均可显著提高产业吸纳人口数量，说明资本要素的投入对城市群人口发展与调控起着重要作用。第二，在低技术水平下，保持资本产出弹性不变，开始时人口数量随劳动产出弹性的提高而增加。当劳动产出弹性提高到一定值时，水资源产出弹性比较小、人口数量随劳动产出弹性的提高而减少，说明人口数量的变化受水资源产出弹性的影响比较大。第三，随着技术水平的提高，曲线形状也发生变化，随着劳动产出弹性不断提高，水资源的产出弹性逐渐减小，人口数量增加的速度逐渐加快，这时人口受劳动产出弹性的影响较大。当劳动产出弹性提高到一定值时，水资源的产出弹性比较小、人口数量增加的速度比较缓慢，说明只有当劳动产出弹性达到一定值时，水资源对人口承载力的约束才会凸显出来，这与刘洁等（2013）的结论一致。第四，三次产业的吸纳人口数量曲线形状不尽相同，第三产业吸纳人口数量明显高于第一、第二产业。此外，随着产业结构不断升级，受到水资源约束的极值点越高，越不会轻易达到，说明产业结构的优化有助于降低水资源对人口规模的约束。

（二）规模借用分析

北京—北京城市副中心—雄安新区可以凭借"规模借用"[1]在城市群空间范围内实现规模效应和集聚效应。具体表现为：北京城市副中心和雄安新区可以借用北京的"产业规模"来发展资本和技术[2]，进而实现产业重构、产业转型升级。同时，北京通过疏解中心城区的部分非首都功能，并通过共享优质公共服务资源和援建公共基础设施，提高北京城市副中心和雄安新区的公共服务水平，助力新区城市功能不断提升，承载力、集聚力和吸引力不断增强，提高留人刚性[3]。

鉴于"两翼"的定位，雄安新区和北京城市副中心的产业承接大体上均为第三产业，因此第一、第二产业的对比图未呈现。如图3-4所示，横轴 α 代表劳动的产出弹性，纵轴 L 代表第三产业吸纳就业人口数，L_1、L_2 曲线分别代表资本产出弹性 $\beta=0.3$、$\beta=0.2$ 时的吸纳人口数。A/ω 可表示为技术进步率，将其赋值为0.5作为"引进技术"以实现产业承接进行比较分析。由图3-4可以看出，从理论上讲，产业疏解和优质公共服务资源的共建共享能够通过"规模借用"和"功能借用"提高北京城市副中心和雄安新区的人口承载力。姚常成和宋冬林（2019）的研究也表明，借用规模使城市群内集聚经济突破地域界限，相邻或不相邻城市之间可以通过"共享"和"学习"外部性来产生集聚经济效应。现阶段，雄安新区吸纳人口能力并不强，但是作为独立发展的城市，雄安新区在未来不仅要承接企业入驻，而且要承接央企总部或央企整体入驻，同时配套教育、医疗等国际一流的优质公共服务系统，建设抗衡北京吸引力的反磁力中心，其产业转型升

① Meijers E J，Burger M J，Hoogerbrugge M M. Borrowing Size in Networks of Cities：City Size，Network Connectivity and Metropolitan Functions in Europe［J］. Papers in Regional Science，2016（1）：181-198.

② "十四五"期间，北京城市副中心将每年保持千亿元以上投资规模，不断推进高质量发展。2023年副中心将安排近480项重点工程，其中近50%的投资将向民生保障、高精尖产业领域倾斜，城市功能不断提升。

③ 雄安新区成立以来，北京积极发挥公共服务资源优势，支持雄安新区公共服务水平，以"交钥匙"方式支持新区建设3所学校和1所综合医院。2022年7月，"三校一院"中的中学项目正式移交，"三校"项目全部交付，医院项目于2023年9月底竣工交付。

级、公共服务质量提升、交通便利快捷等要素均为城市人口进一步集聚的重要引力；北京城市副中心作为北京的一部分，其本身具备一定的人口吸纳能力，不需要明显的反磁力功能建设，应该和北京形成一体，通过北京非首都功能和产业承接打造北京"后花园"和"休闲区"以吸引人口的进一步集聚，形成新的人口聚散形式。

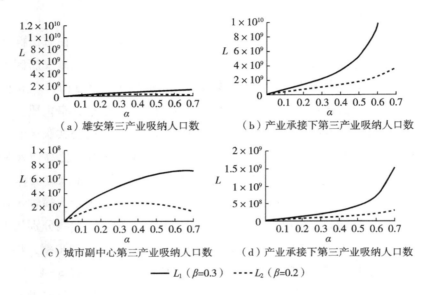

（a）雄安第三产业吸纳人口数 　　　（b）产业承接下第三产业吸纳人口数

（c）城市副中心第三产业吸纳人口数 　　（d）产业承接下第三产业吸纳人口数

—— L_1（$\beta=0.3$）　···· L_2（$\beta=0.2$）

图3-4　借入规模下北京城市副中心和雄安新区第三产业吸纳人口数

然而，现实中，由于公共服务功能的疏解涉及部门利益较多，协调难度较大，尤其是北京和雄安新区涉及不同的行政主体，再加上承接地与北京在教育、养老、医疗等公共服务领域依然存在较大差距，"两翼"建设时序和分工差别等原因，行政资源向北京城市副中心倾斜严重，雄安新区行政功能承接较少，被疏解的行政事业单位向雄安新区搬迁进展较为缓慢，并未体现出"集中"承接的优势[①]。因此，要更好地发挥"规模借用"和"功能借用"效应，还需要进一步破除雄安新区在集中承接北京非首都功能中的机制障碍，创新建立疏解北京非首都功能与雄安新区的对接机制，尤其是完善公共服务功能对接机制，以此增强公共服务的驱动路径，形成合理的人口聚散。

---

① 赵弘，游霭琼，杨维凤，等．中国区域经济发展报告（2020~2021）［M］．北京：社会科学文献出版社，2021.

（三）政策效应仿真分析

城市群发展政策是政府为优化资源空间配置，预防和解决城市群经济发展运行过程中可能或已经出现的各种问题，促使城市群协调发展而制定与实施的一套政策体系。城市群发展政策目标具有多元性，不仅包括增加城市群各城市个人和社会福利、实现城市群经济增长，还包括满足人口均衡、环境可持续发展的城市群发展目标。我国城市群的形成和发展起步较晚，不是完全基于市场需要的自发演进和市场机制作用的发挥，而是依托城市群经济政策制定、实施和微调的方式加快推进我国区域经济形成和发展。显然，我国城市群的形成和发展具有很强的政策驱动，且城市群内部的人口聚散同样也受到政策效应的影响，这种影响在北京—北京城市副中心—雄安新区中更加强烈。

1. 不同政策效应下城市群人口聚散形式变化

基于上述分析，固定技术水平（令 $A/\omega = 0.5$，代表中技术水平），分析三种不同政策效应下劳动、资本及资源产出弹性吸纳人口数的效应。由于三次产业得出的曲线趋势类似，因此不区分产业类型，以总产出代替。如图 3-5 所示，L_1、

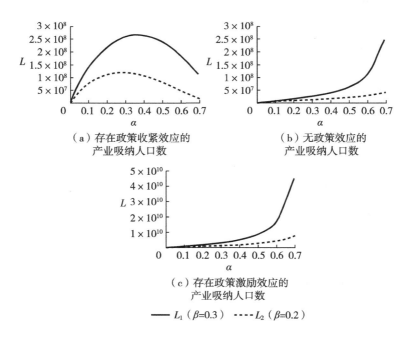

图 3-5　不同政策效应下劳动、资本及资源产出弹性产业吸纳人口数

L_2 曲线分别是资本产出弹性 $\beta=0.3$、$\beta=0.2$ 时的吸纳人口数。Pe 可表示为政策效应系数，赋值为 0.2、1.0 和 1.2，分别表示政策收紧效应、无政策效应及政策激励效应进行比较分析。结果表明：以无政策效应为对照，存在政策打压效应显著降低了吸纳人口数量，同时对资本、劳动弹性效应有一定的抑制作用，并加强资源产出弹性的约束效应，使人口规模在缓慢增长到一定值后逐步下降；存在政策激励效应能够提高产业吸纳人口数，同时能够增强资本、劳动的弹性效应，削弱资源产出弹性的约束效应。由此说明，政府政策能够通过调控劳动力、资本等驱动要素影响产业吸纳人口的数量，从而达到"以业引人、以业疏人"的目的。

2. 不同政策背景下北京、北京城市副中心和雄安新区人口集聚方式变化

由上述分析可得，存在政策激励效应能够提高产业吸纳人口数，因此图 3-6 以北京城市副中心、雄安新区为例分析政策激励效应对两地人口吸纳能力的影响。

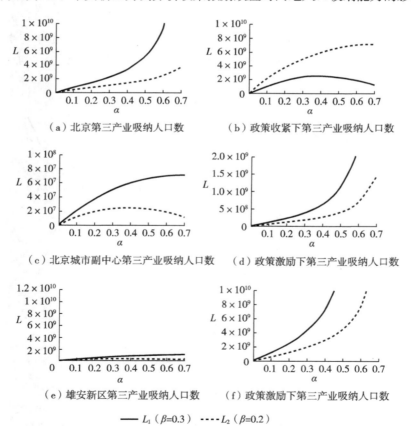

（a）北京第三产业吸纳人口数　　（b）政策收紧下第三产业吸纳人口数

（c）北京城市副中心第三产业吸纳人口数　　（d）政策激励下第三产业吸纳人口数

（e）雄安新区第三产业吸纳人口数　　（f）政策激励下第三产业吸纳人口数

—— L_1（$\beta=0.3$）　------ L_2（$\beta=0.2$）

图 3-6　政策收紧和激励效应下北京、北京城市副中心、雄安新区吸纳人口数

Pe 可表示为政策效应系数，赋值为 0.2、1.2 作为 "政策收紧" "政策激励" 进行比较分析。可以发现，在技术水平不变的情况下，政策收紧效应与政策激励效应均能够改变曲线形状，政策收紧效应能够降低北京人口吸纳能力，而政策激励效应能够显著提升北京城市副中心与雄安新区的人口吸纳能力。此外，"一核两翼" 发展规划下，政策效应要高于市场效应，因此合理提升 "政策弹性" 效应能够进一步实现 "以业引人" 的目标。

第三节　结论及其政策意义

一、城市群人口聚散规律的主要结论

第一，城市群人口聚散的驱动机制。城市群人口聚散规律与城市不同，影响城市群人口聚散的驱动因素可分为主要由资源环境决定的内在驱动因素和由政策导向、公共服务水平等主导的外在驱动因素。在市场与政府的共同作用下，分别通过内链与外链两条路径实现资本、劳动、技术等要素的自由流动，城市群自然条件有更好的可替代性、大型公共设施有借用性、产业发展条件可在城市群中相互调剂，形成各有分工、功能互补的产业结构（经济发展及产业结构条件下的就业状况是区域人口聚散的根本驱动因素），并实现城市之间优质公共服务资源的共建共享，达到可持续的人口聚散形式。

第二，城市群人口聚散的实现条件。实现人口疏解与承接的重要基础是提高城市间要素的可替代性与驱动弹性，城市群内各城市间可通过合作机制（借用规模）实现要素的交换与替代，尤其是北京—北京城市副中心—雄安新区这类多中心发展模式的都市圈，通过产业转移与承接，公共服务功能疏解与共享（借用功能），合理规划城市群内的城市布局，着力提高疏解地区的要素弹性与承接地区的留人刚性，有序疏解与引进人口人才，提高城市群公共服务整体水平，达到 "组团式" 发展的目的。

第三，城市群人口聚散的作用路径。在城市群体系下，要素的流动削弱了自然资源对城市的约束作用，提高了区域人口承载力，要素流动可通过市场及政府两条路径实现。市场路径可通过如提高技术水平、提升人力资本及相对价格变化

等方式，利用市场机制发挥作用；政府路径可通过政府财政补贴、城市产业结构优化、政策导向倾斜（国家战略实施）等宏观调控途径实现。

第四，城市群人口聚散的政策效应。政府有意识的调控和引导是影响城市和区域结构发展的重要力量之一。政府政策能够通过影响劳动力、资本等驱动要素来影响产业吸纳人口的数量。目前，国家已出台多项城市群规划政策，合理利用"政策弹性"效应能够达到"以业引人、控人、疏人"的目的，但政策的时滞性、人口结构的变化及随之带来的人口惯性增长也对政策的制定与实施提出了更高的要求。

二、理论研究结果的政策应用

城市群人口聚散规律有其独特性。根据城市群特殊的人口聚散规律，可以通过以下政策措施来提高城市群人口承载力，促进城市群一体化发展。

第一，要在城市群内部实现稳定的人口集聚方式，需要正确地认识城市群人口承载力与城市功能定位的内涵：资源环境约束不一定是刚性的，人均资源需求既具有弹性也能在城市群内部城市间相互借用。通过有序疏解、集聚人才、吸纳优质资源形成人力资源层级合理、人口结构优化均衡的新格局，以城市功能定位带动产业集聚，以产业集聚带动人口集聚，促进产业集聚与人口集聚协同发展，以公共服务一体化建设带动人口集聚，从而打造人口承载力提升的活力城市群。

第二，以高质量发展战略为契机，强化市场在资源配置中的决定性作用，推动城市间产业的分工与协作，促进城市群人口与产业协调发展。城市群协调发展是实现高质量发展的关键，要通过建立统一的市场体系和良好的市场环境，提高要素配置效率，建立城市群之间的合作竞争机制，制定合理的城市群功能布局与产业布局，在规模和功能借用时加强城际间产业的分工与协作，完善城市间产业分工体系，实现城市功能互补、产业错位布局和特色化发展，有序调整产业结构从而引导人口流动，以产业集聚带动人口集聚，促进人口与产业协调发展，从而实现城市群高质量协调发展和人口的合理分布。

第三，改革管理体制，均等化城市群内部的公共服务与基础设施水平。产业布局引导人口流动的必要条件是通过管理体制改革推动城市群内部教育、医疗、交通、社会保障等公共服务的均等化，应通过多种形式的城市群协同机制推动公共服务跨行政边界的功能借用①。在这方面，北京与河北廊坊北三县（三河市、大厂回族自治县和香河县）有所实施，且这其中诸多先行措施均有全国复制性：设立了相对具有权威性与执行力的管理机构，并依法赋予了北京城市副中心与"北三县"部分省级经济社会管理权限，明确统一规划、标准、政策等施行口径，并在区域一体化产业协作、公共服务共享、基础设施互通等方面部署了项目，就原有的硬性互通障碍（如进京检查站）也提出了若干疏障措施。这样的管理体制才能真正推动公共服务均等化，形成与城市群和群中各城市功能定位相匹配的人口聚散形式。

第四，明确功能定位，因地制宜地推动城市群特色发展。不同城市群的规模差别、区位差别、功能差别均无法以同一套标准去规划其发展，需因地制宜，差异化施策。对于首都都市圈而言，要做好大城市、改造城市与新兴城市的疏解与承接工作，新城、旧人都要兼顾。对于大城市来说，北京人口经过多年的"疏解整治促提升"专项行动已经取得显著成效，未来要更加注重"优布局"和"优结构"，政策制定中要更加关注人口结构与分布；对于改造城市和新兴城市来说，合理的人口布局理应与城市定位相结合，在引进并留住高层次人才的同时，形成与原住民相容的人口结构，借助原住民的消费支撑当地的服务业健康发展，使都市圈率先发展为"朋友圈"，进而带动京津冀城市群真正成群。

---

① 例如，在教育方面，通过大城市的名校在引导人口流入的中小城市设立水平相当的校区并在入学条件上尽可能降低户籍障碍的方式均等化。在医疗方面，推动城市群内各级医院医疗检验结果的互认互联，方便群众跨区域就诊；推动医保就医在城市群内实行无障碍异地即时报销，最大程度地发挥医保的保障性作用等。

第四章 产业发展与人口规模的关系研究

——以北京市为例

　　第三章分析了城市群的人口聚散规律和驱动机制，得出与经济发展相适配的产业结构是城市群人口聚散的根本驱动要素。对于京津冀城市群，由于京津冀协同发展的核心是有序疏解北京非首都功能，治理北京"大城市病"，并通过疏解北京非首都功能，调整经济结构和空间结构，降低北京人口密度，走出一条内涵集约发展的新路子，探索出一种人口经济密集地区优化开发的模式，实现城市发展与资源环境相适应，最终促进区域协调发展，形成新增长极。

　　北京作为首个减量发展的超大城市，2022年末全市常住人口为2184.3万人，比2016年全市常住人口历史最高峰值2195.4万人减少11.1万人。人口数量的减少和产业之间的关系是什么？在厘清城市群人口聚散规律的前提下，需要进一步分析产业发展与人口规模之间的关系。因此，本章以北京市为例，论证产业发展与人口规模之间的影响作用。

第一节 产业发展与人口规模关系检验

　　人口系统是一个包含人口数量、结构、空间分布和人口素质等在内的复合系统，并和资源环境、社会经济整体发展系统相关联。从城市群人口聚散的两条驱动路径可以看出，资源环境状况、经济发展和就业状况、公共服务状况及文化等因素共同决定了城市群人口承载力和区域间的人口流动。资源环境方面的约束力已经随着技术进步和社会经济的发展而逐渐减弱，而经济状况和产业结构对人口迁移意愿、城市群人口承载力及区域间人口分布状况的影响在现代社会中愈加突出。同时，在中国特色社会主义进入新时代之后，人们对美好生活的需求日益增长，影响人口流动的主要因素除了经济因素还包括生活环境的舒适性和优质公共服务的可获得性，人口流动的主要动力从单一的经济要素主导转变为经济收入、教育医疗等优质公共服务以及环境宜居性等因素的综合作用。

作为影响人口聚散的主要因素——产业发展与人口规模之间存在相互影响、相互制约的关系。与经济发展相适配的产业结构是城市群人口聚散的根本驱动要素；同时，人口会在规模、结构演化和空间分布方面反作用于产业的发展，并且随着产业结构的持续升级和智能技术的广泛应用，在产业发展中的作用有进一步增强的趋势，产业与人口之间的协调性对地区发展质量具有重要影响。但在不同区域、不同发展阶段，产业发展与人口之间的关系是不确定的。对于北京而言，以非首都功能疏解带动的人口疏解主要通过产业的调整来发挥作用。对此，很多学者也做了一些相关研究。王继源等（2015）通过测算产业疏解对北京就业的影响指出，转移北京批发零售业和制造业10%的总产值将最终分别减少23.9万人和22.2万人就业人口。王莹莹和童玉芬（2015）论证了产业结构高度化对北京人口规模增长具有显著的挤出效应。在产业结构高度化程度不断加深的条件下，第三产业特别是现代服务业集聚对人口规模增长的抑制作用将强于第二产集聚带来的促进作用，在两者的共同作用下北京人口规模将趋于收敛。童玉芬等（2021）的研究结果显示，产业结构高端化升级对人口规模的影响呈现倒"U"形关系，2011年以后，随着高端服务业占比不断扩大，北京产业转型升级对人口的作用转变为抑制作用。为进一步论证北京产业发展与人口规模之间的关系，本章将采用格兰杰因果检验方法来对北京产业发展与人口规模之间的关系进行实证检验，并在此基础上深入探索其作用机理。

一、实证方法：格兰杰因果检验

格兰杰因果关系检验是用来分析经济变量之间因果关系的统计方法，检验一个变量的变化是否是另一个变量变化的原因。它的基础是回归分析当中的自回归模型。

$$Y_t = c + \sum_{m=1}^{p} \alpha_m Y_{t-m} + \sum_{m=1}^{p} \beta_m X_{t-m} \qquad (4-1)$$

其中，c 为常数项；p 为滞后期；α 和 β 分别为 Y 和 X 的估计系数。检验原假设"β_m ($m = 1, 2, \cdots, p$) = 0"是否成立，若拒绝该假设，则称 X 是 Y 的"Granger 因"；将 X 与 Y 的位置互换，则可以检验 Y 是否为 X 的"Granger 因"[1]。对于不存在协整关系的单位根变量，应先差分，得到平稳序列后再进行 Granger 因果关系检验[2]。

二、因果关系检验

为了消除时间序列数据之间异方差现象且不改变原自变量、因变量之间的协整关系，对北京市 2010~2020 年的人均 GDP、人口规模数（见表 4-1）进行自然对数处理，分别用 ln pgdp 和 ln pop 表示，并对其进行单位根平稳性检验、协整检验以及 Granger 因果关系检验。

表 4-1　2010~2020 年北京市人均 GDP、人口规模相关数据

年份	人均 GDP（元）	人口规模（万人）
2010	78307	1962
2011	86246	2024
2012	92758	2078
2013	100569	2125
2014	106732	2171
2015	113692	2188
2016	123391	2195
2017	136172	2194
2018	150962	2192
2019	161776	2190
2020	164158	2189

资料来源：北京市统计局官网。

（一）样本数据单方根检验

为了避免出现产业发展与人口规模之间的"伪回归"现象，对北京市人均 GDP、人口规模的变量进行平稳性检验，结果如表 4-2 所示。结果表明，原有时

---

① 涂建军，刘莉，张跃，等. 1996-2015 年我国经济重心的时空演变轨迹——基于 291 个地级市数据 [J]. 经济地理，2018，38（2）：18-26.

② 陈强. 高级计量经济学及 Stata 应用 [M]. 北京：高等教育出版社，2014.

间序列数据分别在5%、1%的显著性水平上是平稳的，原有时间序列之间可能存在协整关系。

表 4-2　单方根检验结果

检验变量	ADF 检验值	临界值 （1%显著性水平）	临界值 （5%显著性水平）	临界值 （10%显著性水平）	结论
lnpgdp	-3.194	-3.750	-3.000	-2.630	平稳
lnpop	-7.828	-3.750	-3.000	-2.630	平稳

（二）样本数据的协整检验

单方根检验表明，北京市常住人口规模、人均 GDP 的对数序列数据均存在一个平稳的线性组合，即北京市人口规模和人均 GDP 之间可能存在一个长期的稳定关系。本章对以上两个变量进行协整分析，其协整检验结果如表 4-3 所示。结果表明：在10%的置信水平上，平稳后的 dy 和 dx 具有协整关系，说明产业发展与常住人口规模指标具有长期均衡关系。

表 4-3　协整检验结果

协整检验	残差序列 统计量	临界值 （1%显著性水平）	临界值 （5%显著性水平）	临界值 （10%显著性水平）	结果	结论
y 与 x	-3.419	-3.750	-3.000	-2.630	平稳	有协整关系

注：y 与 x 分别表示人均 GDP、人口规模的自然对数。

（三）因果关系的实证检验

尽管协整检验表明北京市常住人口规模与产业发展之间在长期内存在着稳定的均衡关系，但是是否存在因果关系及因果关系的方向并不明确。综合考虑人口调控政策[①]与人口规模的影响，本部分运用格兰杰因果关系检验方法对北京市人口规模和产业发展、人口调控政策之间的关系进行检验。检验结果如表 4-4 所示。

---

① 京津冀协同发展上升为国家战略后，北京市发布实施《北京城市总体规划（2016 年-2035 年）》，确定了以资源环境承载能力为硬约束，人口规模、建设规模双控的减量发展模式，以倒逼发展方式转变、产业结构转型升级及城市功能优化调整。

表4-4　格兰杰检验结果

影响关系	时间段	原假设	P值	chi2（1）值
人口规模对产业发展的影响	2010~2020年	人口规模不是产业发展的"Granger因"	0.4174	0.66
产业发展对人口规模的影响	2010~2020年	产业发展不是人口规模的"Granger因"	0.0086	6.91
人口调控对人口规模的影响	2010~2020年	人口调控不是人口规模的"Granger因"	0.0000	20.21

注：人口调控变量设置规则：2010~2014年人口控制的变量赋值为0，2015~2020年人口控制变量赋值为1。

通过检测可知：第一，2010~2020年，北京市产业发展显著影响了人口规模。表4-4中的格兰杰因果关系检验结果表明，2010~2020年，产业发展对其常住人口规模的格兰杰因果检测值p=0.0086，通过了1%的显著性检验，这意味着北京市产业发展与常住人口规模并不存在互为因果的关系，更多的是产业发展是人口规模的"Granger因"。具体如图4-1所示，2015年之前，北京市常住人口规模处于上升趋势，人均GDP也处于上升阶段；2015年之后，地区生产总值依旧处于上升趋势，但是，北京市常住人口规模增长速度及人口规模均出现了负增长。从2010~2020年人口规模与产业发展现状来看，初步可以判断人口减少一定不是产业发展的原因，产业发展却有可能是人口规模减小的原因。

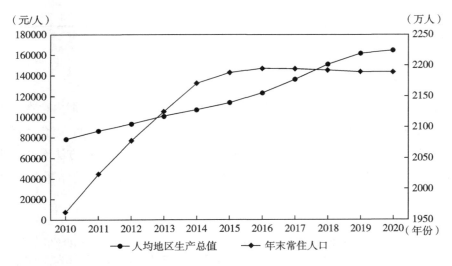

图4-1　2010~2020年北京市人口规模与产业发展

第二，人口减量发展政策对北京市人口规模产生了一定影响。表4-3的格兰杰因果关系检验结果表明，人口减量发展政策对其常住人口规模的格兰杰因果检测值p=0.0000，通过了1%的显著性检验，这意味着北京市人口减量发展政策是人口规模的"Granger因"。如图4-2所示，北京市常住人口规模的增长率在人口减量发展政策的影响下于2016年开始出现负增长，尤其中心城区人口规模呈现明显下降趋势。"七普"结果显示，截至2020年11月1日0时，北京市中心城区常住人口为1098.8万人，与2010年相比减少72.8万人，占比由2015年的59.3%下降到2020年的50.2%。而外围平原新城人口不断增加，其中通州、顺义、大兴增长最快，年均增速超过3.5%。

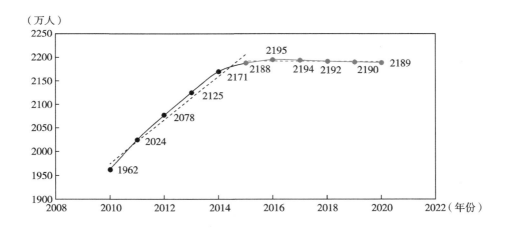

图4-2　2010～2020年北京市人口规模的变化情况

第二节　产业发展对人口规模作用机制

由格兰杰因果关系检验可知，北京市产业发展是人口规模的"Granger因"，即北京市产业发展对人口规模的影响显著。那么，产业发展是如何影响人口规模仍需要进一步探索。产业发展可以分为产业整体产出水平提高、产业结构高级化和产业价值链效率化三个过程（见图4-3）。①产业整体产出水平提高是指产业规模的扩大和产值数额的增加，主要表现为产业总产值的增加；②产业结构高级化是指产业结构由低级部门向高级部门的过渡；③产业价值链效率化是指依托技术要素禀赋，产业价值创造能力显著提升，在全球价值链中由低端环节向高端环节延伸转移，并带来劳动生产率、技术效率的增加。本节将重点从产业产出水平、产业结构和产业价值链三个方面分析产业发展对人口规模的影响。

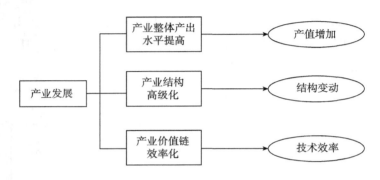

图 4-3　产业发展的内涵与外延

一、产业产出增长对人口规模的影响

根据相关研究①，产业发展与就业增长的关系是不一致性的，基本表现为倒"S"形曲线（见图 4-4）。在工业化初期，即 $O \sim I$，产业处于初步发展期，产业发展对就业的带动力有限，就业增长的就业边际量较小，曲线 K_0 和 K_1 的斜率较小。当产业发展进入蓬勃发展期，需要各生产要素的大量投入以支撑产业生产正常运行，此时就业岗位不断增加，产业增长的就业边际量不断提高，曲线 K_1 和 K_2 的斜率较高。进入 I_2 以后，产业的发展受到各种因素的制约，一方面增长速度不如上一阶段；另一方面产业增长的就业边际量开始减小，即曲线 K_2、K_3 的斜率变小。两者的综合作用使产业减弱了对就业人口的吸纳能力，但仍然会促进就业增长。当达到 I_3 时，产业对就业的吸纳力达到峰值 K_3，此时的最大就业值为 L_3。此后，随着劳动生产率的提高，产值虽然仍然增长，但是对就业的容纳力趋向饱和，产业发展不仅会减弱就业机会增加的可能性，甚至会对就业产生排挤，使产业的总就业量减小。不同区域、不同发展阶段，产业发展对人口特别是

① 牟宇峰. 就业人口演变与产业发展的互动原理 ［J］. 人口与社会，2017，33（4）：91-101.

就业人口的影响是不确定的。

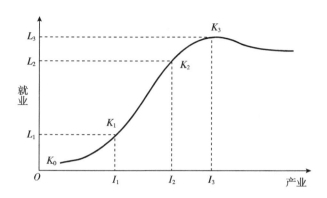

图 4-4　产业增长与就业的关系

注：L 代表就业总量，I 代表产业增长，K 代表由产业发展而产生的就业增长的弹性系数，P 代表由产业发展而产生的就业减少的弹性系数，则某一时期某一地区的就业量可以表示为 $L=KI-PI=（K-P）I$。

二、产业结构优化对人口规模的影响

在产业结构调整过程中，不同产业对具备不同水平的劳动力的需求是不相同的，产业结构优化对就业具有"促进"和"抑制"两个完全相反的效应。一方面，促进效应是指产业结构高级化对就业具有正向效应，意味在主导产业向第二、第三产业过渡的过程中，各种资源包括资本、技术等流入第二、第三产业，带动第二、第三产业的发展，催生了新兴产业，带来新的就业机会。另一方面，产业结构调整对就业增长也有一定的抑制作用。伴随着三次产业的内部结构升级，资本或技术密集型行业逐渐占主导地位，行业发展对劳动者技能的要求较高。在这个过程中，由于对劳动力的需求和供给不匹配，将不可避免地出现结构性失业现象，会逐渐淘汰一部分低技能劳动力，特别是只能从事传统低端产业工作和低端服务业的进城务工人员。可以看出，在产业结构升级的过程中，对高素质人才的需求会显著提升，对一般劳动力的需求则会减少，促使就业人口由低端产业和行业流向高端产业和行业，从而使劳动力素质结构不断提高，特别是促进对就业结构的调整和优化（见图 4-5）。

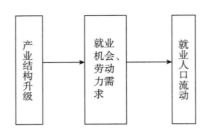

图4-5 产业结构优化与就业的关系

三、产业价值链升级对人口规模的影响

产业价值链升级的核心是技术效率的提高。从周期长短来看，产业价值链升级对就业具有短期破坏和长期推动的作用。其中，短期破坏作用具体表现为：一是技术进步使劳动手段由传统手工向机械化转变，提高了劳动生产效率，减少了单位产出所需的劳动量；二是高新技术产业对劳动力的技术和素质有着更高的要求，导致部分低技能、低文化和低素质水平的富余劳动力满足不了新兴产业岗位需求，进而产生结构性失业现象。长期推动作用具体表现为：一是随着技术水平的发展，产业深化程度不断提升，生产效率随之提高，单位劳动下产出增加，产品成本和价格下降，厂商受经济利益的驱动，扩大生产规模，增加对劳动的需求。二是随着技术的发展，一大批高新技术等新兴产业出现，新的就业岗位增加。由于各产业之间存在高度的产业关联性，且高新技术产业辐射性和带动性更强，因此高新技术产业可以通过影响相关产业生产改变其供需状况，进而影响其就业状况。可以看出，产业价值链通过两个方面影响就业数量，而且在这一过程中劳动力素质将得到一定程度的提升。

如图4-6所示，理论上，产业转型对人口规模的影响既有抑制作用又有促进作用，即当产业转型升级的促进影响大于抑制作用时，就业量随产业转型升级的深化而提高；反之，就业量则不断减少。考虑到劳动力人口（就业人口）是人口构成中最重要的部分，则劳动力的流入是北京市外来人口规模增长的直接原因。与此同时，外来人口中的老年人和青少年的迁移流动大多是随着劳动力流动而派生或引致的。因此，产业发展引起的就业机会的增减会对劳动力需求产生影响，引起北京市外来人口的变动，进而影响北京市人口规模。

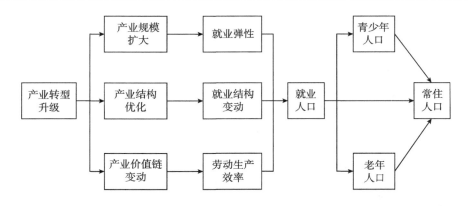

图 4-6 产业升级与常住人口的关系

第三节 产业发展对人口规模作用机制的实证分析

一、研究设计

(一) 计量模型的构建

新古典学派所建立的分析经济增长模型的核心是没有考虑技术因素的，如式（4-2）所示：

$$Y = F(L, K) \qquad (4-2)$$

其中，Y 表示产出；K 表示资本存量；L 表示劳动力。式（4-2）存在一个前提，即假定技术长期保持不变。也就是说，当 L、K 的边际收益保持递减时，经济最终会出现停止增长。因此，在该模型中引入技术作为另一个解释变量，其模型如式（4-3）所示：

$$Y = A(t) F(L, K) \qquad (4-3)$$

其中，Y、L、K 表示含义不变；A 表示技术参数，其增长将导致产出曲线向上平移。假设采取 C-D 函数的形式，则模型变化为：

$$Y = A(t) L^{\alpha} K^{\beta} \qquad (4-4)$$

其中，α、β 为暂定参数，表示资本、劳动的产出弹性指数。另外，引入误差项和时间，则式（4-4）变为式（4-5）：

$$Y=A（t）L^{\alpha}K^{\beta}e^{\mu} \tag{4-5}$$

继续对式（4-5）两边同时取对数，得到式（4-6）：

$$\ln Y=\ln A（t）+\alpha\ln L+\beta\ln K+\mu \tag{4-6}$$

考虑到本部分重点关注的是产出对劳动力需求的影响，因此将总和技术水平 $A(t)$ 等因素作为常数项 c 来处理，将式（4-6）转化为式（4-7）：

$$\ln L=c+\frac{1}{\alpha}\ln Y-\frac{\beta}{\alpha}\ln K \tag{4-7}$$

式（4-7）为拟回归的劳动力需求决定方程。鉴于本章重点聚焦产业发展对人口规模的影响，考虑劳动就业人口是常住人口的重要组成部分，并认为劳动年龄人口和常住人口之间存在因果关系，故将式（4-7）中劳动就业人口替换为常住人口，作为研究常住人口与劳动生产率之间关系的理论依据。

对就业需求决定的建模目标和产业结构变动效果对就业的影响，隐含四个假设：

第一，劳动力就业与产业产出具有非线性关系，基本形式满足柯布—道格拉斯生产函数。

第二，综合技术水平保持不变，并将资本投入作为控制变量，以消除产出与资本投入之间的共线性。

第三，将三次产业之间的结构转换作为产业结构变动的象征，其效果可分解为结构变动方向与结构变动速度。

第四，总产出与产业结构变动存在某种函数关系。

在仅以产业产出作为影响就业的产业升级与就业模型的基础上，引入变量产业结构变动方向 DIR 和速度 SPE，建立涵盖产业产出和产业结构变动两层因素的产业升级对就业人口影响模型，如式（4-8）所示：

$$L=f（DIR，SPE）=\beta_0（DIR）^{\beta_1}（SPE）^{\beta_2} \tag{4-8}$$

对式（4-8）取对数，以消除异方差对模型的影响，即

$$\ln L=\beta_0+\beta_1\ln DIR+\beta_2\ln SPE+\mu_i+\xi_{it} \tag{4-9}$$

其中，μ_i 代表资本投入、技术水平等对就业也产生影响的控制变量；ξ_{it} 代表包含地区和时间影响的随机误差项。

式（4-9）重点探索产业结构变动对就业人口的影响。同理，本章将式（4-9）中劳动就业人口替换为常住人口作为探索产业结构对常住人口之间关系

的理论依据。

基础模型和拓展模型都是将技术水平假定为不变。但事实上，产业升级的重要内容已由产业结构的变动转为产业价值链升级，因此需要将衡量产业价值链升级的指标引入模型中，重点引入自变量纯技术效率（PC）和规模效率（SC），在假定规模报酬可变条件下，建立产业升级对就业的影响模型。

$$L=f（PC，SC）=\beta_0（PC）^{\beta_1}（SC）^{\beta_2} \tag{4-10}$$

对式（4-10）取对数，以消除异方差对模型的影响，即

$$\ln L=\beta_0+\beta_1\ln PC+\beta_2\ln SC+\mu_i+\xi_{it} \tag{4-11}$$

其中，μ_i 代表资本投入、技术水平等对就业产生影响的控制变量；ξ_{it} 代表包含地区和时间影响的随机误差项。

式（4-11）重点探索产业升级对就业人口的影响。同理，将式（4-11）中劳动就业人口替换为常住人口，作为探索产业升级与常住人口之间关系的理论依据。

（二）数据来源与变量设计

选用 2010~2020 年北京市人口规模与产业等相关数据进行研究，数据来自国家统计局和北京市统计局官网以及历年《北京统计年鉴》等。具体的变量如下：

1. 常住人口规模

主要是 2010~2020 年，北京市的常住人口规模，数据来源于国家统计官方网站，将对其进行对数处理。

2. 资本存量

采用永续盘存法对年鉴中的"固定资产形成总额"进行估算。

$$K_t=K_{t-1}（1-\delta_t）+I_t \tag{4-12}$$

其中，K_t 为当期的资本存量；K_{t-1} 为上一期资本存量；δ_t 为折旧率；I_t 为当期的固定资产形成总额（需要扣除价格指数）。在计算过程中，根据张军等（2004）的方法估算全市的实际资本存量 K_t，使用固定资产投资价格指数进行折算，折旧率 δ_t 为 9.6%，在计算基期资本存量时直接使用固定投资除以10%[1]，具体如表4-5所示。

---

① 王垚，年猛，王春华. 产业结构、最优规模与中国城市化路径选择［J］. 经济学（季刊），2017，16（2）：441-462.

表 4-5　2010~2020 年北京市当期资本存量

年份	资本存量（亿元）	常住人口（万人）
2010	23459.83	1961.9
2011	25301.72	2023.8
2012	27646.65	2077.5
2013	30154.01	2125.4
2014	32666.55	2171.1
2015	35208.85	2188.3
2016	38616.82	2195.4
2017	41834.75	2194.4
2018	44124.5	2191.7
2019	45912.96	2190.1
2020	47952.07	2189.0

资料来源：历年《中国统计年鉴》，且报告以 2000 年为不变价格进行计算。

3. 产业结构变动方向（DIR）

用以衡量一国产业结构由低级向高级的演进程度。一般将产业结构变动方向表现为第三产业产值与第二产业产值之比，比重越大表明产业结构演进程度越高。

$$DIR = \frac{Y_3}{Y_2} \tag{4-13}$$

其中，Y_3 为第三产业产值；Y_2 为第二产业产值；DIR 值越大表明产业结构演进程度越高；计算数据如表 4-6 所示。

表 4-6　2010~2020 年北京市产业结构变动方向

年份	第二产业占比（%）	第三产业占比（%）	DIR 值
2010	21.61	77.57	3.59
2011	20.73	78.49	3.79
2012	20.27	78.95	3.90
2013	19.72	79.52	4.03
2014	19.34	79.97	4.14
2015	17.84	81.60	4.57

续表

年份	第二产业占比（%）	第三产业占比（%）	DIR 值
2016	17.25	82.27	4.77
2017	16.90	82.69	4.89
2018	16.55	83.09	5.02
2019	15.99	83.69	5.23
2020	15.97	83.73	5.24

资料来源：历年《北京统计年鉴》。

4. 产业结构变动速度（SPE）

用来衡量产业结构变动的激烈程度，借鉴蒲艳萍（2008）对于产业结构演进程度的测度指标。

$$SPE = \sum_{i=1}^{n} | q_{it} - q_{it-1} | \tag{4-14}$$

其中，$n=3$；i 表示第一、第二、第三产业；t 表示年份；q_{it} 表示 i 产业在 t 期占当年 GDP 的比重；SPE 表示产业结构变动的激烈程度。结合北京市情况，报告重点关注第三产业结构变动速度，计算结果如表4-7所示。

表4-7　2010~2020年北京市产业结构变动速度

年份	第三产业占比（%）	SPE
2010	77.57	-0.31
2011	78.49	0.91
2012	78.95	0.46
2013	79.52	0.57
2014	79.97	0.45
2015	81.60	1.63
2016	82.27	0.67
2017	82.69	0.43
2018	83.09	0.40
2019	83.69	0.60
2020	83.73	0.04

5. 纯技术效率 PC 和规模效率 SC

在综合技术效率的计算过程中，使用北京市 2010～2020 年的投入量为常住人口和资本存量，使用产出量为地区生产总值，在选取规模报酬可变的 VRS 模型下，以 DEA Multi-stage（多阶段分析条件）作为计算依据，计算得出综合效率 STE、纯技术效率 PC 和规模效率 SC 的数据，具体如表 4-8 所示。

表 4-8　2010～2020 年北京市产业产出效率

年份	综合效率（STE）	纯技术效率（PC）	规模效率（SC）
2010～2011	0.826	1.000	0.826
2011～2012	0.880	1.000	0.880
2012～2013	0.891	0.990	0.900
2013～2014	0.908	0.987	0.920
2014～2015	0.909	0.973	0.934
2015～2016	0.912	0.962	0.948
2016～2017	0.907	0.955	0.950
2017～2018	0.925	0.968	0.955
2018～2019	0.972	0.987	0.985
2019～2020	1.000	1.000	1.000

二、实证分析

为了确定北京市产业转型对人口规模的影响，本部分选取 2010～2020 年北京市产业与人口的相关数据，使用 Stata 采用最小二乘估计法（LS）分别研究产业产出增长对人口的影响、产业结构优化对人口的影响、产业价值链对人口的影响及产业发展质量对人口的影响。

（一）产业产出增长对人口规模的影响[①]

2010～2020 年，产业产出增加对北京市人口规模的影响并不显著。由表 4-9 可知，模型一、模型三的回归系数分别为 0.0045、-0.0360，且均未通过 1%、10% 的显著性检测，表示在 2010～2020 年和 2015～2020 年，北京市产业产出的增加对人口规模的影响并不显著；而模型二的回归系数为 0.2026，通过 5% 的显

---

① 牟宇峰. 就业人口演变与产业发展的互动原理 [J]. 人口与社会, 2017, 33 (4): 91-101.

著性检测，表示在 2010~2014 年，随着产业产出的增加，北京市常住人口规模也在不断增加。也就是说，北京市在实施严格的人口调控政策之前，人口规模随着产业产出值的增加而增加，在实施人口调控政策之后，北京市常住人口规模不断减少，北京市产业产出仍在不断增加，从侧面反映出在 2015 年之后，北京市产业产出增加对人口规模影响不显著，或对人口的依赖度降低。

表 4-9　产业产出对人口规模影响实证分析

因变量	模型一（2010~2020 年）	模型二（2010~2014 年）	模型三（2015~2020 年）
lngdp	0.0045	0.2026**	−0.0360
ln$K$	0.1338	0.0434	0.0460
N	11	5	6
F	15.06***	1592.38***	0.79
$R-squared$	0.7901	0.9994	0.3450

注：①*** 表示 $p<0.01$，** 表示 $p<0.05$，* 表示 $p<0.1$；②模型一、模型二及模型三是式（4-6）在不同时间段的情况，主要区别在于时间区间不一致。

（二）产业结构优化对人口规模的影响

产业结构的调整，特别是第三产业占比的提升对人口规模具有显著的正向效应，即带动常住人口规模增加。由表 4-10 可知，模型四第三产业提升的回归系数为 0.0101，且通过了 1% 的显著性检测，反映出在 2010~2020 年，北京市的第三产业占比发展速度越快，其常住人口规模越大。虽然近年来北京市重点发展高精尖产业，并希望通过产业转型升级实现人口规模的稳定和分布的优化，但第三产业不仅包括金融业、信息传输、计算机服务和软件业以及科学研究等高端服务业，还包括住宿、餐饮业等衣食住行基础性行业。2021 年，北京市现代金融业、科技服务业、数字创意产业、新一代信息技术产业、商务服务业等高精尖相关产业的单位个数占第三产业单位总数量的 45.02%，利润总额占第三产业利润总额的 89.35%。与此同时，基础性服务行业单位占比超过一半，达到 54.98%，其从业人员更是达到第三产业从业人员的 60%，但利润总额仅占 10% 左右。不可否认，北京市通过发展高精尖产业可以促进第三产业规模的发展，但是由于大部分基础性服务行业是刚性需求，因此从业人员在就业市场中仍占据主导地位，第三产业规模占比的提升对基础性服务行业从业人口的影响相对较弱。这解释了模型五、模型六的回归系数为什么不显著。

表 4-10 产业结构对人口影响实证分析结果

因变量	模型四 （2010~2020 年）	模型五 （2010~2014 年）	模型六 （2015~2020 年）
$\ln DIR$	−0.4194	2.7534	−0.0730
$\ln SPE$	0.0101***	−0.0141	0.0006
$\ln K$	0.3588**	−0.7189	0.0377
N	11	5	6
F	34.08***	638.24**	0.18
$R-squared$	0.9359	0.9995	0.2121

注：①***表示 $p<0.01$，**表示 $p<0.05$，*表示 $p<0.1$；②考虑 2010 年产业结构变动速度为 −0.31%，为了更方便进行对数处理，在计算时取值为 0.01%；③模型四、模型五及模型六是式（4-9）在不同时间段的情况，主要区别在于时间区间不一致。

（三）产业价值链升级对人口规模的影响

产业纯技术效率的提高对常住人口规模具有抑制作用。由表 4-11 可知，模型七的纯技术效率回归系数为 −0.8094，且通过了 1% 的显著性检测，说明北京市产业纯技术效率的提高对常住人口存在显著的负效应，即投入要素的生产效率越高，人口需要相对越少，进而能够减少北京市常住人口规模。但是，产业规模效率的回归系数为 0.6337，且通过了 1% 的显著性检测，说明北京市产业规模效率的提高对常住人口存在显著的正效应。其中，规模效率反映的是实际规模与最优生产规模的差距，也就是说实际规模与最优生产规模的差距越大，表示产业发展越需要人，进而促进常住人口规模的增加。

表 4-11 技术效率对人口影响实证分析结果

因变量	模型七 （2010~2020 年）	模型八 （2010~2014 年）	模型九 （2015~2020 年）
$\ln PC$	−0.8094***	−0.1831	−0.1784
$\ln SC$	0.6337***	0.2764	0.0439
$\ln K$	−0.0139	0.1893	0.0181

续表

因变量	模型七 （2010~2020 年）	模型八 （2010~2014 年）	模型九 （2015~2020 年）
N	11	5	6
F	195.58***	1615.28**	4.33
$R-squared$	0.9882	0.9998	0.8667

注：①***表示 $p<0.01$，**表示 $p<0.05$，*表示 $p<0.1$；②模型七、模型八及模型九是式（4-11）在不同时间段的情况，主要区别在于时间区间不一致。

第四节　本章小结

本章利用格兰杰因果分析并在明确北京市 2010~2020 年产业发展与人口规模之间关系的前提下，运用使用 Stata 对变量采用最小二乘估计法（LS）分别探索产业产出增长对人口的影响、产业结构优化对人口的影响、产业价值链对人口的影响及产业发展质量对人口的影响，结果如下：第一，2010~2020 年，北京市产业发展是人口规模的"Granger 因"，且在 2015 年之后，人口减量发展措施对人口规模变化产生更重要影响；第二，2010~2020 年，产业产出增加对北京市人口规模的影响并不显著，从侧面反映出北京市产业产出增加对人口规模的依赖度降低；第三，产业结构调整，特别是第三产业规模占比的提升能够在一定程度上带动人口规模增加；第四，产业技术效率的提高，在一定程度上对人口规模具有抑制作用。在实证结论的基础上，通过对之前实证结果的分析和研判，可以得出：高精尖服务行业有助于北京这样的超大城市人口减量发展，而第三产业对于区域人口的增加仍然具有重要的影响。因此，考虑人们对于基础性服务行业的刚性需求，未来北京市可适当聚焦发展高精尖服务行业，在此基础上通过提高产业技术效率实现人口规模的稳定。而对于京津冀中的其他中小城市，还需要加强第三产业的发展以扩大人口规模。

第二篇

主报告：京津冀人口与产业协调发展格局及其趋势研究

本篇要点：

（1）通过利用区位熵、劳动生产率和产业份额判断京津冀各城市制造业和服务业中的支柱型产业、潜力型产业、竞争型产业和弱势型产业。结果表明，京津冀各城市产业结构，尤其是制造业差异较大，说明京津冀城市功能互补性强，错位发展的空间较大。北京的生产性服务业，尤其是信息、科研等高端生产性服务业优势明显。当前，京津冀仍存在一定的产业同构，但在产业链条衔接、优势产业互补方面有较大合作空间，各城市之间有利于形成完整的产业链。

（2）从人口规模变化来看，京津冀人口总量稳步增长，河北城镇化效果显著。从人口分布变化来看，北京非首都功能的疏解效果显著，人口空间分布进一步优化，河北地级市人口规模差异明显。从人口结构变化来看，人口老龄化程度加深，劳动年龄人口减少；劳动力资源存在差异，河北年轻就业人口占比低于全国平均水平。从居民收入与人口素质变化来看，居民生活水平显著提高，人口受教育程度不断提高。从京津冀三地的产业结构与就业结构的均衡性来看，第一产业的整体劳动生产率相对较低，仍然存在大量剩余劳动力；第二产业和第三产业，尤其是第三产业的产业结构与就业结构相对比较均衡，第二产业的劳动生产率不断提高，仍有吸纳劳动力的空间。但从服务业的具体行业来看，住宿和餐饮业等多个行业的劳动生产率仍有待提高。未来，京津冀三地人口发展还将面临四个方面的挑战：京津冀城市群人口总量呈现负增长；京津冀城市群人才吸引力不足；人口缩减与劳动力人口减少、少子化、深度老龄化叠加；雄安新区要形成人口吸引源仍需要较长时间。

（3）对于京津冀城市群产业、人口和空间的整体发展水平和耦合协调度，从时序上看，京津冀城市群产业—人口—空间发展水平和耦合协调度总体呈上升趋势，尤其在京津冀协同发展上升为国家战略之后耦合协调度显著提升，而人口与空间的耦合协调度成为制约城市群耦合协调发展的重要影响因素。从空间上看，京津冀城市群内部产业—人口—空间耦合协调度不断提高，北京和天津已达到优质协调发展阶段，河北其他城市均上升到良好协调发展阶段，石家庄、保定、廊坊和沧州等城市综合发展水平和耦合协调度都有显著提高，逐渐形成以北京、天津为中心，沿京保和石京津唐发展轴蔓延的的协调发展格局。进一步对三大城市群的产业与人口协调性进行比较研究后发现，三大城市群产业与人口的协调程度整体上不断提高，但城市间差距仍然明显，地区之间发展仍不平衡。总体来看，当前，长三角已形成多中心的发展格局，但珠三角多中心格局还不够凸显，京津冀则还没有形成多中心发展格局。在京津冀城市群中，河北石家庄和保定产业与人口的耦合协调程度提升幅度较大，具备成为中心节点城市的潜力。总体来看，产业结构、城镇化率和工资水平是影响城市群产业与人口协调发展的主要因素，也是影响城市群人口聚散驱动路径的主要因素。从三个城市群来看，中心城市的产业人口耦合协调度普遍比较高，未来仍然需要发挥中心城市的辐射带动作用，通过空间优化，进一步推进资源的优化平衡配置，引导人口等要素资源在中心城市的郊区新城及外围不同规模的大、中、小城市和小城镇间合理分布，提升中心城市和城市群的经济和人口承载力，推动区域向更高阶段和更协调的城市群发展。

（4）京津冀产业与人口的不协调主要表现在城市群内部各城市产业与人口协调性差距显著，不均衡问题凸显。造成这一问题有三个不同层面的原因：直接成因、壁垒成因和制度成因。直接成因主要表现在四个方面：京津冀地区经济差距较大；北京进行了疏解而很少向周边辐射，城市群和都市圈群效应均不足；河北人口发展不充分，京津冀人口分布与经济发展仍不协调；创新能力差距较大，不利于产业协同和人口流动。而产生这四个方面问题的主要原因是京津冀城市群存在的三大壁垒阻碍了人口聚散的驱动路径，影响了产业与人口的协调发展，即行政壁垒、规划壁垒和发展壁垒。这三大壁垒的产生可以归因到体制和机制层面——体制方面"不全"和机制方面"不顺"，即没有形成统筹且能使参与京津冀三方实际有职有责的管理体制；京津冀三地协调合作机制、财税制度协商机制、公共服务的常态化供给机制和干部考核机制等方面还不完善。

（5）在京津冀协同发展已进入攻坚克难的阶段，需要以系统思维破壁垒，拆藩篱，改革完善相关体制机制，以促进京津冀人口与产业协调发展以及城市群一体化发展。对于破壁垒，可以通过四个方面来促进京津冀城市群人口与产业协调发展：第一，加强顶层设计，编制都市圈空间协同规划，破除行政壁垒和规划壁垒，以都市圈一体化发展推动京津冀城市群产业与人口协调发展。第二，优化人口发展战略，打破规划壁垒，促进京津冀人口高质量发展。第三，加快建设北京城市副中心和雄安新区，提高平原新城、石家庄、保定、廊坊及沧州等节点城市的综合承载力，培育新的城市增长极，打破发展壁垒，缩小发展差距。第四，以公共服务均等化为目标，突破发展壁垒，推进都市圈和城市群人口与产业协调发展。而对于底层的制度成因，京津冀管理体制机制改革应从系统、规范和高效三个方向着力。靠单一的改革某项体制机制不足以促进京津冀协同深入发展，应从系统角度和系统思维进行改革，并用系统工程去解决问题，建立并完善将决策主体、实践主体和京津冀协同发展建设统一起来的社会系统工程管理体系，进一步探索完善财税协调机制，完善市场一体化机制、公共服务的常态化供给机制及干部考核机制。

第五章　京津冀区域产业发展现状与趋势分析

由第四章的分析可知，第三产业规模占比的提升能够在一定程度上带动人口规模的提升，但产业技术效率的提高在一定程度上可以抑制常住人口规模。因此，对北京而言，重要的是提高产业的技术效率，而河北则可以通过第三产业的发展实现人口增长，从而优化京津冀地区的人口分布。在京津冀协同发展中，产业转移升级和协同发展是有序疏解北京非首都功能、推动京津冀协同发展的重点领域和关键支撑。京津冀三地之间的产业结构是学者和政府重点关注的问题。然而，当前对这一问题的研究主要集中于宏观层面，针对制造业和服务业具体行业的研究成果仍然较少。为此，本章将主要通过分析京津冀三地各城市制造业和服务业的优势行业，以及京津冀各城市的产业转移与承接现状，为促进京津冀各城市产业与人口协调发展，促进京津冀协同发展，提升京津冀整体竞争力提供政策支撑。

第一节　京津冀产业总体发展现状①

产业协同发展是在科技、经济、环境、社会及资源等因素作用下，产业或产业群彼此之间协调合作形成一种结构有序的过程，是多个产业及其相关的子产业在发展过程中相互配合、互相协调，在越来越复杂的网络分工中解决好产业协调

---

① 本部分数据主要来源于北京、天津、河北全省及河北各市统计年鉴。

发展的问题，实现"1+1>2"的协同效应和区域多目标下的共赢。

在产业结构方面，京津冀三省份间具有内在联系和互补性，理论上具有产业梯度转移的潜力[①]。有选择地承接京津两省市的产业转移，对河北而言不仅会增加整个地区的就业机会，而且会带动地区经济的增长[②③]。因此，建立京津冀产业分工合作机制，结合京津冀各自城市的功能定位和比较优势，构建联动发展的产业分工格局，是促进京津冀产业结构调整的重要途径[④⑤]。本章基于产业协同发展视角，运用区位熵和比较劳动生产率对制造业和服务业细分门类的聚集状况和相对优势进行定量分析，深入研究京津冀各行业的发展优势，从而分析京津冀协同发展战略实施以来疏解北京非首都功能的成效及三地产业协同发展的状况。

一、京津冀三地经济与产业总体发展现状

京津冀三地的经济发展仍然存在较大差距。受益于京津冀一体化、雄安新区建设等战略的推进，河北经济获得较快发展（见图5-1），但仍与北京和天津存在明显差距。人均GDP是衡量地区经济发展状况的重要指标。如图5-2所示，2010年，北京和天津人均GDP规模基本处于同一水平，而河北人均GDP与北京和天津存在较大差距；而到2020年，北京人均GDP显著提高，天津与北京的人均GDP差距进一步拉大，河北人均GDP与北京和天津的差距仍然较大。

经济结构状况是衡量国家和地区经济发展水平的重要尺度，结构合理才能充分发挥经济优势，推动国民经济各部门协调发展。如图5-3和图5-4所示，京津冀三次产业结构从2013年的6.2：35.7：58.1转变为2022年的4.8：29.6：65.6，京津冀三地三次产业比重分别为83.8%、61.3%和49.4%，较2013年分别提高了4.3个、7.2个和8.4个百分点，产业结构优化升级成效显著。其中，北京产业结构呈现高精尖特征，2022年第三产业增加值占比达83.9%，高技术产业和战略性新兴产业增加值占GDP比重均接近30%。天津在推动产业结构升

① 王玉海，刘学敏，谷潇磊．首都经济圈内涵及产业空间再造路径探讨［J］．北京社会科学，2013（1）：46-55.

② 纪良纲，晓国．京津冀产业梯度转移与错位发展［J］．河北学刊，2004，24（6）：98-101.

③ 徐永利，赵炎．京津冀协同发展：河北省产业逆梯度推移策略［J］．河北学刊，2014，34（4）：214-217.

④ 鲁金萍，刘玉，杨振武，等．京津冀区域制造业产业转移研究［J］．科技管理研究，2015（1）：86-89.

⑤ 席强敏，李国平．京津冀生产性服务业空间分工特征及溢出效应［J］．地理学报，2015，70（12）：1926-1938.

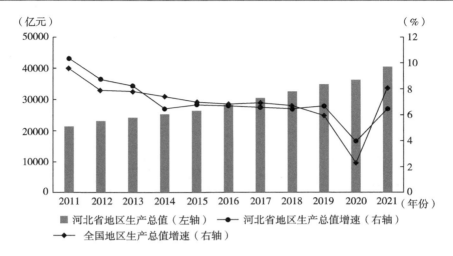

图 5-1 2011~2021 年河北省地区生产总值及增速变动情况

资料来源:《中国统计年鉴》(2012~2022)。

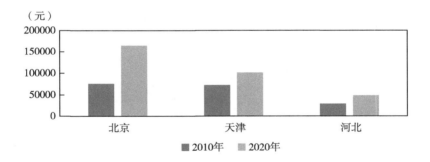

图 5-2 京津冀三省份人均地区生产总值

资料来源:《中国统计年鉴》(2012~2022)。

级的同时大力发展新兴产业。2022 年,天津高技术制造业投资同比增长 10%,占全市制造业投资的比重比上年提高 3.2 个百分点;战略性新兴产业投资增长 7.3%,占全市投资的比重比 2021 年提高 4.6 个百分点。2022 年,河北三次产业结构为 10.4:40.2:49.4,先进制造业和现代服务业对经济增长的双引擎作用突出①。

---

① 《纵深推进京津冀协同发展》,https://baijiahao.baidu.com/s?id=1765003205688373353&wfr=spider&for=pc。

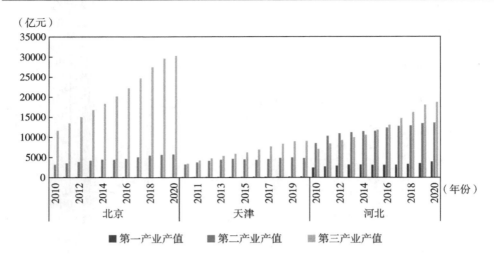

图 5-3　京津冀三省份 2010~2020 年三次产业产值

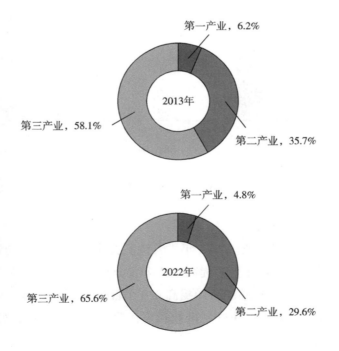

图 5-4　2013 年和 2022 年京津冀区域三次产业比重

如图5-5和图5-6所示，从三次产业的就业人数来看，北京第一产业和第二产业从业人员基本保持稳定，第三产业从业人员由2013年的874.7万人增加到2020年的1047.2万人，增加了19.7%；天津第三产业从业人员从424.6万人增加到2019年的565.7万人，但2020年减少了175万人，降幅明显；河北第一、第二产业从业人员明显减少，但第二产业从业人员在2020年增加了197万人，第三产业从业人员大幅增加，从2013年的1271万人增加到2020年的1686万人。

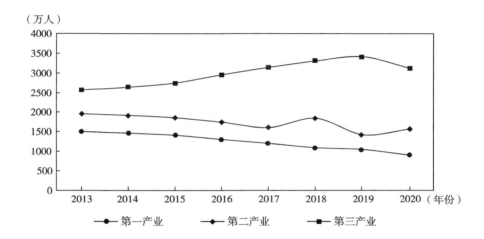

图5-5　京津冀2013~2020年三次产业就业人数

资料来源：北京市统计局网站。

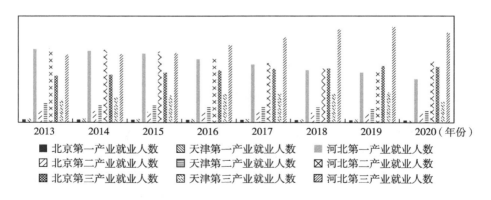

图5-6　京津冀三省份三次产业就业人数

资料来源：北京市统计局网站。

二、京津冀各行业产值变化

从北京疏解非首都功能开始，北京加快构建高精尖产业体系，不断探索形成高质量发展的新路径。从行业结构变动可以看出，北京高增速行业基本都集中在第三产业，金融业体量大，信息传输、软件和信息技术服务业增长幅度最大，由2015年的2600亿元增加到2020年的5540.5亿元，增速为113%；而劳动力较为密集的批发和零售业（增速为10%）、租赁和商务服务业（增速为10%）等增速较慢；第一产业的农、林、牧、渔业和第三产业的住宿、餐饮业增速呈下降趋势，分别为−23%和−11%；与公共服务质量有关的行业增速处于中等及偏上水平：卫生和社会工作为45%，教育为77%，公共管理、社会保障和社会组织为33%，科学研究和技术服务业为69%，水利、环境和公共设施管理业为54%。

天津第一产业增长幅度较小，第二产业增长幅度出现下降，建筑业（增速为−2.8%）慢于工业（增速为−39.8%）。高增速行业全部属于第三产业，如教育增长97%，卫生和社会工作增长73%，信息传输、软件和信息技术服务业增长107%，公共管理、社会保障和社会组织增长28%，金融业增长28%。

河北呈现与北京相同的发展规律，其信息传输、软件和信息技术服务业增长幅度最大，增速为260%；租赁和商务服务业增速次之，增速为204%；水利、环境和公共设施管理业增速为150%，居民服务、修理和其他服务业增速为112%。

图5-7显示了京津冀三省份2020年各行业变动比例。可以看出：首先，北京和河北行业的第一峰值均在信息传输、计算机服务和软件业，说明两地都非常重视信息技术的发展；其次，天津和河北的行业次高峰分别出现在信息传输、计算机服务和软件业，租赁和商务服务业；最后，北京各行业增加的幅度相比于天津和河北整体较小，且增长在行业间分布较为均匀。

三、京津冀协同发展背景下产业协同取得的成效

产业协同是京津冀协同发展战略中三个率先突破的领域之一。2015年，《京津冀协同发展产业升级转移规划》发布，对区域重点产业发展方向和布局进行引导。2017年，京津冀三省份协同办联合印发《加强京津冀产业转移承接重点平台建设的意见》，推动构建分工合理、协作有序、上下游联动的产业协同发展格局。京津冀产业协同发展以疏解北京非首都功能为核心，产业转移与承接取得明显成效。

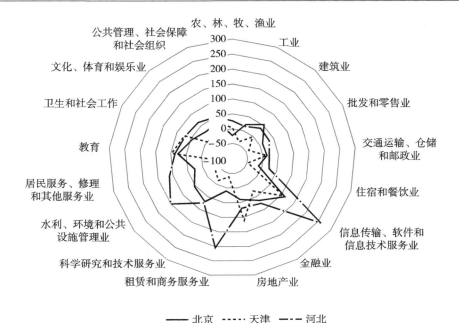

图 5-7 2020 年京津冀三省份各行业变动比例

自京津冀协同发展战略实施以来，北京牢牢牵住疏解非首都功能这个"牛鼻子"。一方面，依法依规督促高耗能高污染企业、不达标企业整改或关停退出，2014 年以来累计退出一般制造和污染企业近 3000 家。另一方面，对新增产业出台禁止和限制目录，从源头上严格控制非首都功能增量。天津构建以智能科技产业为引领的现代化产业体系，加快建设全国先进制造研发基地，国家级企业技术中心累计达到 77 家。河北产业转型升级试验区建设取得重大成效，制造业单位数区域占比由协同前的 54.6% 提升至 2021 年的 79.3%[①]；高新技术产业增加值平均每年以 10% 的速度增长，2022 年战略性新兴产业增加值增长 8.5%[②]。

在京津冀协同发展背景下，三地产业协同发展水平持续提升。京津冀三地企业累计在京津冀区域互设分公司、子公司超过 9 万户。京津冀企业空间密度由 2014 年的每平方千米 556 户提升至 2022 年的每平方千米 1045 户，提升了 88 个百分点。

---

① https：//hzjl. tj. gov. cn/ZTZL3814/ZTXX8263/JJJXTFZ3578/XWZX1902/202305/t20230525_ 6249466. html.

② http：//gxt. hebei. gov. cn/hbgyhxxht/xwzx32/xwfbh/920342/index. html？eqid = 85af85f00001e0c20000 000664700bc1.

三地在空间上形成了京津、京雄、京保石、京唐秦、京张等多条企业集聚廊道，涌现出了雄安新区、保定、张家口、滨海新区等一批新的重要企业集聚节点①。先进制造业集群发展取得积极进展，京津冀生命健康集群、保定市电力装备集群入围国家先进制造业集群，跨区域产业链协同逐步强化，"2+4+N"产业合作格局初步形成②。

北京城市副中心和雄安新区"两翼"产业不断集聚。截至2021年底，三峡集团、中国石油等58家企业落户北京城市副中心，雄安新区投资来源为北京的注册企业超3000家。重点建设的曹妃甸区、大兴国际机场临空经济区、张（家口）承（德）生态功能区、滨海新区等"4+N"平台产业承载能力不断增强。京津冀地区累计创建45家国家新型工业化产业示范基地，成为产业集聚发展和产业合作的重要载体。

在京津冀产业协同发展过程中，北京充分发挥其科技创新优势助推天津和河北创新发展。自2015年北京市科学技术委员会与中关村科技园区管理委员会启动京津冀科技协同创新工作以来，北京技术合同流向河北、天津的数量持续增长。如图5-8和图5-9所示，2022年，北京共有5881项技术合同流向天津、河北

图5-8　北京流向津冀合同数量及其占流出外省比重

资料来源：《北京技术市场统计年报》。

---

① 《大数据为京津冀协同发展"画像"！这里成企业投资新高地》，https：//baijiahao. baidu. com/s? id=1750822890299716914&wfr=spider&for=pc。
② "2"指北京城市副中心、河北雄安新区。"4"指曹妃甸协同发展示范区、新机场临空经济区、张承生态功能区、天津滨海新区四大战略合作功能区。"N"指一批高水平协同创新平台和专业化产业合作平台。

两地，成交金额达 356.9 亿元。北京流向河北、天津两地的技术合同成交金额占总流出的比重也在不断上升。2021 年，北京流向天津、河北的技术合同成交额为 350.4 亿元，占流出总成交额比重从 2015 年的 5.9%增至 2021 年的 8.1%。截至 2022 年，中关村企业在河北、天津累计设立 9536 家分支机构，将北京科研力量辐射至天津、河北两地。

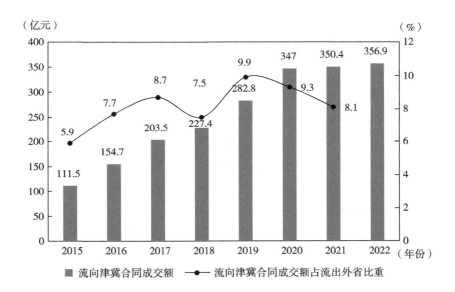

图 5-9　北京流向津冀合同成交额及其占流出外省比重

资料来源：《北京技术市场统计年报》。

第二节　京津冀制造业及其细分行业协同发展现状

制造业具有较长的产业链条和相对紧密的产业链上下游联系，其协同布局和专业化分工会强化城镇间的分工合作，有助于提高城市群一体化水平。因此，推动京津冀制造业区域内合理布局和协同发展，通过制造业产业链的延伸与联动，增强中心城市的辐射引领作用，带动周边腹地共同发展，是推动京津冀协同发展的重要途径。京津冀在要素禀赋、发展阶段、产业优势等方面存在明显差异，本章基于 2020 年和 2018 年京津冀三省份及 13 个城市制造业分行业数据,利用区位熵、相对劳动生产比率等反映专业化程度及行业技术水平的指标对制造业和服务业细分门类的聚集状况和相对优势进行定量分析,深入研究京津冀地区各行业的发展优势,剖析京津冀各城市产业或行业发展取向上的差异,从而分析京津冀协同发展战略实施以来北京非首都功能的疏解成效及三地产业的协同发展状况。

一、研究方法

区位熵又称专业化率,最早由哈盖特提出,用于衡量地域分工深度或地区专业化程度,对于区域间产业合理分工分析具有指导意义。区位熵可以测定各行业(产业部门)在各区域的相对专业化程度,间接反映了区域间经济联系的结构和方向。区位熵大于 1,表明该行业属于地区的专业化行业,具有比较优势,可以对外扩张或输出,区位熵值越大,专业化水平越高。区位熵值等于 1,表明该地区该行业的专业化水平与地区平均水平相当。区位熵值小于 1,表明该地区该行业的专业化水平低于地区的平均水平,需要从该地区外引入该行业或者输入该行业的产品满足该地区的需要。

相对比较劳动生产率可以反映一个地区某行业的相对优势度,用区域平均水平作为标准对其进行比较,能够体现出该行业技术水平的高低。相对比较劳动生产率大于 1,表示该地区该行业劳动生产率大于该行业的区域平均水平,具有比较优势;相对比较劳动生产率等于 1,表示该地区该行业劳动生产率为区域平均水平;相对比较劳动生产率小于 1,表示该地区该行业劳动生产率低于区域平均水平。

产业梯度的大小可以通过区位熵与相对劳动生产率的乘积来衡量。地区间劳动生产率差异引起的偏差不能在区位熵中准确地表示出来,而改良的产业梯度系数可以弥补这一不足。

由此,可以通过行业区位熵与比较劳动生产率的乘积来对京津冀各行业的集聚与优势情况进行综合评价。对制造业综合评价的计算公式为:

$$IGC_2 = LQ_2 \times CPOR_2$$

$$LQ_2 = \frac{\text{地区制造业某行业产值}/\text{该地区制造业总产值}}{\text{全国制造业某行业产值}/\text{全国制造业总产值}}$$

$$CPOR_2 = \frac{\text{地区制造业某行业产值}/\text{该地区制造业行业总产值}}{\text{全国制造业某行业产值}/\text{全国制造业行业从业人员数}} \quad (5-1)$$

LQ_2 表示地区制造业的区位熵；$CPOR_2$ 表示地区制造业的相对比较劳动生产率。同理，服务业综合评价用式（5-2）表示为：

$$IGC_3 = LQ_3 \times CPOR_3$$

$$LQ_3 = \frac{\text{地区服务业某行业产值／该地区服务业总产值}}{\text{全国服务业某行业产值／全国服务业总产值}}$$

$$CPOR_3 = \frac{\text{地区服务业某行业产值／该地区服务业行业总产值}}{\text{全国服务业某行业从业人员数／全国服务业行业从业人员数}} \quad (5-2)$$

其中，LQ_3 表示地区服务业的区位熵；$CPOR_3$ 表示地区服务业的相对比较劳动生产率。

二、京津冀制造业优势行业判断

（一）制造业行业基础分析

如图 5-10 所示，京津冀制造业整体规模在不断扩大，总体呈上升态势。2020 年，京津冀制造业产业增加值累计达 19950.5 亿元，其中北京市、天津市、河北省制造业产业增加值分别为 4216.5 亿元、4188.1 亿元和 11545.9 亿元。分地区来看，受疏解北京非首都功能和京津冀协同发展战略深入推进的影响，河北省 2020 年制造业产业增加值占京津冀制造业产业增加值的 57.87%，占 50% 以上；2009~2015 年天津市制造业产业增加值高于北京市，2015 年后增长速度放缓，与北京市逐渐持平，2020 年为 4188.1 亿元，略低于北京市的 4216.5 亿元。2020 年，京津冀制造业占全国制造业产业增加值的 6.38%。同年，珠三角制造业产业增加值占全国的 12.43%，长三角的占比则高达 26.12%。显然，京津冀制造业产业增加值与珠三角、长三角相比还存在较大差距[①]。

如图 5-11 所示，从京津冀制造业单位企业利润来看，京津冀三地还具有较大差距。近年来，随着北京高精尖制造业的快速发展，制造业单位企业主营业务收入增长趋势明显，与津冀两地的差距逐渐拉大，尤其是在 2015 年之后单位企业利润整体增长较快。天津基本完成产业转型，智能技术制造业发展较快。2009~2014 年，天津制造业单位企业利润不断增加，此后进入结构转型的关键时期，传统产业不景气与新兴产业比重尚低使产业结构调整面临困难，制造业单位企业利润于 2014 年达到一个峰值后开始回落。与此同时，出于对土地资源和生

① 李强，李子彪，王雅洁，等. 京津冀高质量发展报告（2022）［M］. 北京：社会科学文献出版社，2022.

态环境等问题的考虑，天津转型升级较为困难的传统制造业多向河北转移，整体的转移方向和资源的中心化存在矛盾，导致地区之间产业发展差距增大。河北制造业对京津冀整体制造业影响较大，制造业单位企业主营业务收入和单位企业利润基本与京津冀总体趋势平行，但经营情况相较于天津、北京仍然存在较大差距。

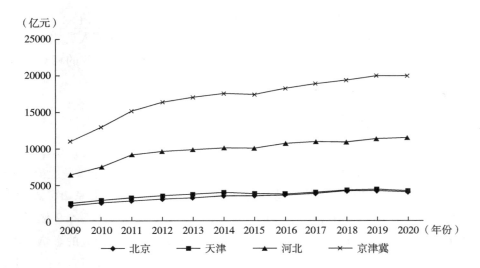

图 5-10　2009~2020 年京津冀制造业产业增加值

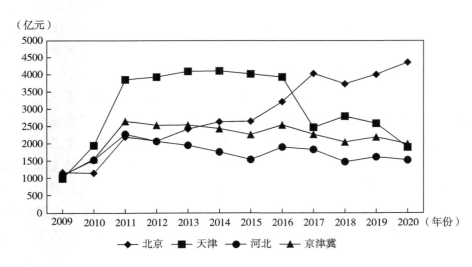

图 5-11　2009~2020 年京津冀制造业单位企业利润

资料来源：李强等（2022）。

为了进一步分析京津冀制造业协同发展情况，结合京津冀城市群13个城市功能定位进行分析，首先分析制造业各部门情况，通过计算得到京津冀三省份2020年制造业各行业的区位熵计算结果，如表5-1所示。区位熵值越大，则地方专业化程度越高，也就越有地方优势。一般来说，区位熵值高于1.5是界定产业在该区域已形成比较优势的标志。

表5-1　2020年京津冀城市群制造业区位熵比较

行业 \ 地区	北京	天津	河北
煤炭开采和洗选业	**	0.007	0.763
石油和天然气开采业	**	4.454	0.583
黑色金属矿采选业	**	0.115	3.088
农副食品加工业	0.596	0.640	1.161
食品制造业	1.058	1.435	1.162
酒、饮料和精制茶制造业	0.685	0.329	0.778
烟草制品业	**	**	0.355
纺织业	0.032	0.433	0.612
纺织服装、服饰业	0.387	0.083	0.349
皮革、毛皮、羽毛及其制品和制鞋业	0.012	0.137	2.202
木材加工和木、竹、藤、棕、草制品业	0.083	0.145	0.817
家具制造业	0.733	0.833	0.665
造纸和纸制品业	0.227	0.842	0.498
印刷和记录媒介复制业	1.123	1.010	0.662
文教、工美、体育和娱乐用品制造业	0.198	0.543	0.413
石油、煤炭及其他燃料加工业	0.765	0.910	0.989
化学原料和化学制品制造业	0.204	1.150	0.843
医药制造业	2.172	1.687	0.941
化学纤维制造业	**	0.033	0.471
橡胶和塑料制品业	0.127	1.206	0.923
非金属矿物制品业	0.476	0.588	0.891
黑色金属冶炼和压延加工业	0.098	1.541	5.129

续表

行业 \ 地区	北京	天津	河北
有色金属冶炼和压延加工业	0.110	1.096	0.293
金属制品业	0.539	1.437	1.461
通用设备制造业	0.681	1.064	0.488
专用设备制造业	1.067	1.387	1.261
汽车制造业	3.094	1.308	0.942
铁路、船舶、航空航天和其他运输设备制造业	1.092	1.493	0.643
电气机械和器材制造业	0.691	0.978	0.614
计算机、通信和其他电子设备制造业	1.395	0.810	0.167
仪器仪表制造业	1.453	0.774	0.586
其他制造业	3.292	0.290	0.092
废弃资源综合利用业	0.067	1.312	1.239
金属制品、机械和设备修理业	2.747	0.925	1.129
电力、热力生产和供应业	1.944	0.737	0.881
燃气生产和供应业	2.110	1.846	1.980
水的生产和供应业	0.343	1.488	0.459

注：＊＊表示相关数据缺失。

从京津冀制造业产业区位熵计算结果来看，北京市在医药制造业、汽车制造业、其他制造业、金属制品、机械和设备修理业、电力、热力生产和供应业及燃气生产和供应业产业集聚程度较高，形成了地方专业化部门，而其他行业则分布较为分散。近年来，北京市产业发展坚持以首都发展为统领，巩固产业调整转型的良好势头，主动融入新发展格局，全力推动构建高精尖经济结构，积极培育形成"两个国际引领支柱产业、四个特色优势的'北京市智造'产业、四个创新链接的'北京市服务'产业及一批未来前沿产业"，构建"2441"高精尖产业体系，打造高精尖产业 2.0 升级版（见表 5-2）。从表 5-1 可以看出，北京市在医药制造业、汽车制造业以及金属制品、机械和设备修理业的区位熵都大于 2，表明在高端制造业方面逐渐形成优势。

表5-2　北京市"2441"高精尖产业体系

两个国际引领支柱产业	新一代信息技术产业
	医药健康产业
四个特色优势产业	集成电路产业
	智能网联汽车产业
	智能制造与装备产业
	绿色能源与节能环保产业
四个创新链接产业	区块链与先进计算机产业
	科技服务业
	智能城市
	信息内容消费业
一批未来前沿产业	生物技术与生命科学
	碳减排与碳中和
	前沿新材料
	量子信息
	光电子
	新型存储器
	脑科学与脑机接口

天津市在石油和天然气开采业方面具有显著优势，区位熵高达4.454。医药制造业、黑色金属冶炼和压延加工业及燃气生产和供应业具有比较优势。天津市支持智能制造，在传统重工业发展的基础上，发展新一代人工智能、生物医药、新能源、新材料等新兴产业，构建以人工智能为引领的战略性新兴产业体系。

河北省在黑色金属矿采选业，皮革、毛皮、羽毛及其制品和制造鞋业，黑色金属冶炼和压延加工业以及燃气生产和供应业具有显著优势，黑色金属冶炼和压延加工业的区位熵高达5.129。由此可以看出，京津冀虽然在制造业方面发展了各自的特色产业，具有各自的优势，但在食品制造业、家具制造业、专用设备制造业以及燃气生产和供应业等行业仍然存在一定的同质化现象，制造业基础设施建设和相关平台搭建竞争激烈，区域产业协调性有待提升。为了更进一步说明京津冀制造业专业化分工情况，以下对京津冀城市群13个城市2018年[①]制造业的区位熵分别进行计算（见表5-3）。

---

① 受市级数据所限，因此只能计算各城市2018年制造业的区位熵。

表 5-3　2018 年京津冀城市群制造业区位熵比较

行业	北京	天津	石家庄	唐山	秦皇岛	邯郸	邢台	保定	张家口	承德	沧州	廊坊	衡水
煤炭开采和洗选业	**	0.006	**	0.628	**	0.906	0.643	0.049	0.550	0.245	**	**	**
石油和天然气开采业	**	3.966	**	0.280	**	**	**	**	**	**	6.411	**	**
黑色金属矿采选业	0.535	0.155	0.008	2.093	3.379	0.641	0.355	1.206	1.093	25.414	**	**	**
农副食品加工业	0.534	0.684	1.367	0.641	3.553	1.968	2.437	0.459	0.684	0.742	0.590	2.335	0.869
食品制造业	1.216	1.393	2.093	0.502	0.723	1.506	3.393	1.415	1.629	1.104	0.435	1.815	0.785
酒、饮料和精制茶制造业	0.899	0.319	0.505	0.156	0.875	0.501	0.279	1.696	0.394	2.531	0.324	0.612	8.400
烟草制品业	**	**	1.517	**	**	**	**	0.808	1.927	**	**	0.000	**
纺织业	0.024	0.351	1.352	0.094	0.184	1.537	2.514	1.481	0.002	0.043	0.216	0.123	0.356
纺织服装、服饰业	0.519	0.142	0.899	0.017	0.047	0.574	1.565	0.247	0.022	0.039	0.182	0.026	0.804
皮革、毛皮、羽毛及其制品和制鞋业	0.046	0.227	3.107	0.008	**	0.194	1.206	0.394	0.091	**	1.827	0.078	1.162
木材加工和木、竹、藤、棕、草制品业	0.069	0.118	0.389	0.623	**	1.010	0.363	0.579	**	0.482	0.244	4.116	1.292
家具制造业	0.932	0.867	0.212	0.710	**	0.428	0.506	0.070	**	**	0.135	5.417	0.947
造纸和纸制品业	0.233	0.962	0.057	0.360	0.754	0.220	0.539	2.074	0.047	**	0.239	0.773	0.257
印刷和记录媒介复制业	1.324	0.643	2.501	0.381	**	0.149	0.888	1.673	0.175	0.131	0.442	2.613	0.491
文教、工美、体育和娱乐用品制造业	0.912	0.473	0.275	0.231	**	0.884	3.171	1.006	0.235	0.085	0.806	0.550	0.839
石油、煤炭及其他燃料加工业	1.199	1.011	3.964	1.300	**	1.512	2.169	0.030	0.009	0.409	5.596	0.028	**
化学原料和化学制品制造业	0.238	1.075	1.517	0.342	0.179	0.392	1.076	0.624	0.332	0.343	1.980	0.773	2.329
医药制造业	2.031	1.411	4.231	0.034	0.160	0.349	0.517	0.848	0.128	0.294	0.203	0.073	0.254
化学纤维制造业	**	0.053	1.147	3.093	**	0.074	0.042	0.085	0.000	**	0.117	0.000	0.240
橡胶和塑料制品业	0.178	1.228	0.764	0.279	0.395	0.659	1.246	1.837	0.047	0.039	1.502	1.491	6.911

续表

行业/城市	北京	天津	石家庄	唐山	秦皇岛	邯郸	邢台	保定	张家口	承德	沧州	廊坊	衡水
非金属矿物制品业	0.559	0.553	1.254	0.719	1.437	1.150	1.324	0.853	0.553	1.543	0.655	1.125	1.094
黑色金属冶炼和压延加工业	0.100	2.906	2.631	11.057	2.973	8.062	1.805	0.030	4.188	5.616	2.243	4.192	0.637
有色金属冶炼和压延加工业	0.125	0.976	0.074	0.199	0.707	0.082	0.144	0.642	0.197	0.428	0.056	0.955	**
金属制品业	0.410	1.554	1.055	3.146	0.521	3.064	1.006	0.809	0.204	0.189	3.559	1.797	3.976
通用设备制造业	0.736	1.092	0.486	0.231	0.157	0.992	1.298	0.727	0.234	0.701	0.697	1.038	1.388
专用设备制造业	0.953	1.473	0.996	0.434	2.090	0.755	0.861	0.437	2.473	0.079	1.452	0.798	0.365
汽车制造业	3.025	1.276	0.191	0.198	2.573	0.154	0.443	4.928	0.963	0.146	1.210	1.277	0.220
铁路、船舶、航空航天和其他运输设备制造业	0.834	1.913	0.553	1.566	4.127	0.426	0.906	0.053	**	**	0.460	0.826	1.027
电气机械和器材制造业	0.503	0.831	0.617	0.165	0.766	0.799	2.838	1.758	0.121	0.065	0.651	0.486	0.596
计算机、通信和其他电子设备制造业	1.466	0.959	0.210	0.006	0.488	0.030	0.007	0.050	0.013	0.003	0.069	0.768	0.329
仪器仪表制造业	1.634	0.629	0.922	0.210	**	0.188	0.000	0.518	0.097	1.457	0.221	0.626	0.563
其他制造业	0.527	0.836	0.208	0.148	**	**	1.555	0.089	0.000	**	0.927	2.162	0.244
废弃资源综合利用业	0.109	1.768	0.480	3.068	**	1.310	0.152	**	0.075	0.339	0.287	1.491	2.051
金属制品、机械和设备修理业	3.004	0.954	1.613	0.228	2.246	**	0.000	0.181	0.181	**	0.197	0.000	**
电力、热力生产和供应业	2.003	0.780	0.742	0.355	0.657	0.404	0.526	0.910	3.193	1.510	0.924	0.593	0.839
燃气生产和供应业	2.639	1.667	0.936	0.458	0.945	0.668	0.413	2.024	0.597	0.352	2.916	2.654	2.099
水的生产和供应业	0.519	1.683	0.178	0.094	2.922	0.079	0.099	0.596	0.217	**	0.703	0.127	0.467

注：**表示相关数据缺失。

通过京津冀城市群 13 个城市 2018 年制造业各部门区位熵比较的结果可以看出，京津冀 13 个城市的多个产业具有地方专业化优势，除了前述提到的北京和天津的优势产业，河北各城市在不同行业中具有各自优势。从表 5-3 可以看出，石家庄的皮革、毛皮、羽毛及其制品和制鞋业，石油、煤炭及其他燃料加工业，医药制造业等具有显著优势，其中医药制造业的区位熵高达 4.231。唐山的黑色金属冶炼和压延加工业、金属制品业、废弃资源综合利用业等具有显著优势，其中黑色金属冶炼和压延加工业的区位熵高达 11.057。秦皇岛的黑色金属矿采选业，农副食品加工业，铁路、船舶、航空航天和其他运输设备制造业等具有显著优势，其中铁路、船舶、航空航天和其他运输设备制造业的区位熵高达 4.127。邯郸的黑色金属冶炼和压延加工业、金属制品业具有显著优势，其中黑色金属冶炼和压延加工业的区位熵高达 8.062。邢台的食品制造业，文教、工美、体育和娱乐用品制造业等具有显著优势，其中食品制造业的区位熵高达 3.393。保定的汽车制造业具有显著优势，区位熵为 4.928。张家口的黑色金属冶炼和压延加工业具有显著优势，区位熵高达 4.188。承德的黑色金属矿采选业、黑色金属冶炼和压延加工业等具有显著优势，其中黑色金属矿采选业的区位熵高达 25.414。沧州的石油和天然气开采业，石油、煤炭及其他燃料加工业，金属制品业，燃气生产和供应业具有显著优势，其中石油和天然气开采业的区位熵高达 6.411。廊坊的农副食品加工业，木材加工和木、竹、藤、棕、草制品业，家具制造业，印刷和记录媒介复制业，黑色金属冶炼和压延加工业，燃气生产和供应业等具有显著优势，其中家居制造业的区位熵高达 5.417。衡水的酒、饮料和精制茶制造业、橡胶和塑料制品业及金属制品业等具有显著优势，其中酒、饮料和精制茶制造业的区位熵高达 8.4。河北各个城市的制造业优势领域如表 5-4 所示。由此可以看出，除黑色金属冶炼和压延加工业、农副食品加工业、食品制造业、金属制品业、废弃资源综合利用业、燃气生产和供应业具有相对聚集优势，专业化程度较高外，其他制造业各部门在京津冀各城市中的比较优势并不明显。

表 5-4　河北各城市制造业优势领域

城市	优势领域
石家庄	食品制造业（2.093），烟草制品业（1.517），皮革、毛皮、羽毛及其制品和制鞋业（3.107），印刷和记录媒介复制业（2.501），石油、煤炭及其他燃料加工业（3.964），医药制造业（4.231），黑色金属冶炼和压延加工业（2.631），金属制品、机械和设备修理业（1.613）

续表

城市	优势领域
唐山	黑色金属矿采选业（2.093），化学纤维制造业（3.093），黑色金属冶炼和压延加工业（11.057），金属制品业（3.146），铁路、船舶、航空航天和其他运输设备制造业（1.566），废弃资源综合利用业（3.068）
秦皇岛	黑色金属矿采选业（3.379），农副食品加工业（3.553），黑色金属冶炼和压延加工业（2.973），专用设备制造业（2.090），汽车制造业（2.573），铁路、船舶、航空航天和其他运输设备制造业（4.127），金属制品、机械和设备修理业（2.246），水的生产和供应业（2.922）
邯郸	农副食品加工业（1.968），食品制造业（1.506），纺织业（1.537），石油、煤炭及其他燃料加工业（1.512），黑色金属冶炼和压延加工业（8.062），金属制品业（3.064）
邢台	农副食品加工业（2.437），食品制造业（3.393），纺织业（2.514），纺织服装、服饰业（1.565），文教、工美、体育和娱乐用品制造业（3.171），石油、煤炭及其他燃料加工业（2.169），黑色金属冶炼和压延加工业（1.805），电气机械和器材制造业（2.838），其他制造业（1.555）
保定	酒、饮料和精制茶制造业（1.696），造纸和纸制品业（2.074），印刷和记录媒介复制业（1.673），橡胶和塑料制品业（1.837），汽车制造业（4.928），电气机械和器材制造业（1.758），燃气生产和供应业（2.024）
张家口	食品制造业（1.629），烟草制品业（1.927），黑色金属冶炼和压延加工业（4.188），专用设备制造业（2.473），电力、热力生产和供应业（3.193）
承德	黑色金属矿采选业（25.414），酒、饮料和精制茶制造业（2.531），非金属矿物制品业（1.543），黑色金属冶炼和压延加工业（5.616），电力、热力生产和供应业（1.510）
沧州	石油和天然气开采业（6.411），皮革、毛皮、羽毛及其制品和制鞋业（1.827），石油、煤炭及其他燃料加工业（5.596），化学原料和化学制品制造业（1.980），橡胶和塑料制品业（1.502），黑色金属冶炼和压延加工业（2.243），金属制品业（3.559），燃气生产和供应业（2.916）
廊坊	农副食品加工业（2.335），食品制造业（1.815），木材加工和木、竹、藤、棕、草制品业（4.116），家具制造业（5.417），印刷和记录媒介复制业（2.613），黑色金属冶炼和压延加工业（4.192），金属制品业（1.797）、汽车制造业（1.675），其他制造业（2.162），燃气生产和供应业（2.654）
衡水	酒、饮料和精制茶制造业（8.400），化学原料和化学制品制造业（2.329），橡胶和塑料制品业（6.911），金属制品业（3.976），废弃资源综合利用业（2.051），燃气生产和供应业（2.099）

通过计算各城市制造业内部行业的专业化水平，判断产业聚集程度，虽然排除了区域经济规模差异的因素，更真实反映区域行业优势，但利用该指标忽略了

相对劳动生产率区域差异给产业成长带来的影响。因此，为弥补区位熵的局限，引入比较劳动生产率进一步来分析区域的产业优势，强调劳动生产率对城市产业发展的影响。从比较劳动生产率角度出发，对京津冀城市群 2020 年的数据进行计算，计算结果如表 5-5 所示。其中，石油、煤炭及其他燃料加工业，医药制造业，专用设备制造业，汽车制造业，电力、热力生产和供应业，燃气生产和供应业的比较劳动生产率在京津冀都比较高。其次为化学原料和化学制品制造业，黑色金属冶炼和压延加工业，铁路、船舶、航空航天和其他运输设备制造业。天津的石油和天然气开采业、燃气生产和供应业、水的生产和供应业具有显著优势，其中石油和天然气开采业的比较劳动生产率高达 9.442。河北的黑色金属矿采选业，电力、热力生产和供应业，燃气生产和供应业，黑色金属冶炼和压延加工业具有显著优势，其中黑色金属冶炼和压延加工业的比较劳动生产率高达 9.052。

表 5-5　2020 年京津冀城市群制造业比较劳动生产率分析

行业 ＼ 城市	北京	天津	河北
煤炭开采和洗选业	＊＊	0.010	1.004
石油和天然气开采业	＊＊	9.442	1.237
黑色金属矿采选业	＊＊	0.281	7.564
农副食品加工业	0.400	0.430	0.779
食品制造业	0.625	0.847	0.686
酒、饮料和精制茶制造业	0.682	0.328	0.775
烟草制品业	＊＊	＊＊	1.407
纺织业	0.013	0.183	0.259
纺织服装、服饰业	0.098	0.021	0.089
皮革、毛皮、羽毛及其制品和制鞋业	0.003	0.030	0.479
木材加工和木、竹、藤、棕、草制品业	0.028	0.050	0.279
家具制造业	0.247	0.281	0.224
造纸和纸制品业	0.206	0.766	0.453
印刷和记录媒介复制业	0.465	0.418	0.274
文教、工美、体育和娱乐用品制造业	0.063	0.172	0.131
石油、煤炭及其他燃料加工业	2.121	2.521	2.743
化学原料和化学制品制造业	0.281	1.584	1.162

续表

城市 行业	北京	天津	河北
医药制造业	2.299	1.786	0.996
化学纤维制造业	＊＊	0.042	0.595
橡胶和塑料制品业	0.064	0.611	0.468
非金属矿物制品业	0.386	0.476	0.722
黑色金属冶炼和压延加工业	0.173	2.720	9.052
有色金属冶炼和压延加工业	0.172	1.717	0.458
金属制品业	0.297	0.790	0.803
通用设备制造业	0.490	0.766	0.351
专用设备制造业	0.926	1.203	1.095
汽车制造业	3.710	1.568	1.130
铁路、船舶、航空航天和其他运输设备制造业	1.048	1.432	0.617
电气机械和器材制造业	0.569	0.805	0.505
计算机、通信和其他电子设备制造业	1.179	0.684	0.141
仪器仪表制造业	1.107	0.590	0.446
其他制造业	1.789	0.157	0.050
废弃资源综合利用业	0.074	1.458	1.377
金属制品、机械和设备修理业	1.925	0.648	0.791
电力、热力生产和供应业	7.821	2.966	3.543
燃气生产和供应业	5.047	4.416	4.736
水的生产和供应业	0.843	3.655	1.127

注：＊＊表示相关数据缺失。

为了更进一步说明京津冀制造业专业化分工的情况，对2018年京津冀城市群各城市制造业的比较劳动生产率分别计算（见表5-6）。根据结果可以看出，黑色金属矿采选业，石油、煤炭及其他燃料加工业，化学原料和化学制品制造业，黑色金属冶炼和压延加工业，汽车制造业、电力、热力生产和供应业，燃气生产和供应业，水的生产和供应业在7个以上城市的比较劳动生产率大于1，北京、天津、石家庄、秦皇岛、保定和廊坊的比较劳动生产率相对比较高，而其他城市的制造业内部多个行业如纺织服装、服饰业，皮革、毛皮、羽毛及其制品和制鞋业，仪器仪表制造业等的比较劳动生产率明显较低。

表5-6 2018年京津冀城市群各城市制造业比较劳动生产率分析

行业 \ 城市	北京	天津	石家庄	唐山	秦皇岛	邯郸	邢台	保定	张家口	承德	沧州	廊坊	衡水
煤炭开采和洗选业	**	0.007	**	0.728	0.000	1.041	0.772	0.059	0.660	0.146	**	**	**
石油和天然气开采业	**	7.761	**	0.565	**	**	**	**	**	**	12.071	**	**
黑色金属矿采选业	1.110	0.302	0.017	4.198	7.019	1.275	0.738	2.504	2.271	52.164	**	**	**
农副食品加工业	0.366	0.439	0.937	0.424	2.435	1.291	1.670	0.314	0.469	0.253	0.364	1.600	0.596
食品制造业	0.741	0.795	1.276	0.296	0.441	0.879	2.069	0.863	0.993	0.335	0.239	1.106	0.479
酒、饮料和精制茶制造业	0.858	0.285	0.482	0.144	0.835	0.457	0.266	1.618	0.376	1.200	0.278	0.584	8.016
烟草制品业	**	0.000	7.126	**	**	**	**	3.793	9.048	**	**	0.000	**
纺织业	0.011	0.151	0.622	0.042	0.085	0.676	1.156	0.681	0.001	0.010	0.089	0.057	0.164
纺织服装、服饰业	0.135	0.035	0.234	0.004	0.012	0.143	0.408	0.064	0.006	0.005	0.043	0.007	0.210
皮革、毛皮、羽毛及其制品和制鞋业	0.010	0.045	0.661	0.002	**	0.039	0.257	0.084	0.019	**	0.350	0.017	0.247
木材加工和木、竹、藤、棕、草制品业	0.026	0.041	0.145	0.225	**	0.361	0.136	0.216	**	0.089	0.082	1.537	0.482
家具制造业	0.332	0.289	0.076	0.244	**	0.146	0.180	0.025	**	**	0.043	1.930	0.337
造纸和纸制品业	0.225	0.872	0.055	0.337	0.730	0.204	0.522	2.009	0.046	**	0.209	0.749	0.249
印刷和记录媒介复制业	0.630	0.286	1.190	0.175	**	0.068	0.423	0.796	0.083	0.031	0.189	1.244	0.234
文教、工美、体育和娱乐用品制造业	0.291	0.141	0.088	0.071	**	0.270	1.012	0.321	0.075	0.014	0.231	0.175	0.268
石油、煤炭及其他燃料加工业	3.212	2.534	10.617	3.362	**	3.877	5.809	0.080	0.024	0.545	13.498	0.076	**
化学原料和化学制品制造业	0.335	1.413	2.132	0.465	0.251	0.528	1.513	0.876	0.467	0.239	2.505	1.086	3.273
医药制造业	2.253	1.465	4.692	0.037	0.177	0.371	0.573	0.940	0.142	0.162	0.203	0.081	0.282
化学纤维制造业	**	0.062	1.439	3.747	**	0.089	0.053	0.107	**	**	0.132	**	0.301
橡胶和塑料制品业	0.097	0.628	0.418	0.147	0.216	0.345	0.681	1.004	0.026	0.011	0.739	0.815	3.777

续表

行业＼城市	北京	天津	石家庄	唐山	秦皇岛	邯郸	邢台	保定	张家口	承德	沧州	廊坊	衡水
非金属矿物制品业	0.421	0.390	0.945	0.523	1.082	0.829	0.997	0.643	0.416	0.577	0.444	0.847	0.824
黑色金属冶炼和压延加工业	0.188	5.093	4.928	19.998	5.569	14.458	3.382	0.056	7.843	5.228	3.784	7.852	1.194
有色金属冶炼和压延加工业	0.210	1.534	0.124	0.323	1.188	0.133	0.243	1.079	0.331	0.357	0.085	1.605	**
金属制品业	0.233	0.826	0.599	1.725	0.296	1.665	0.571	0.459	0.116	0.053	1.820	1.020	2.257
通用设备制造业	0.560	0.777	0.370	0.169	0.119	0.723	0.987	0.553	0.178	0.265	0.478	0.790	1.056
专用设备制造业	0.876	1.267	0.915	0.385	1.921	0.665	0.792	0.402	2.273	0.036	1.202	0.734	0.335
汽车制造业	3.649	1.441	0.230	0.231	3.104	0.177	0.535	5.946	1.162	0.087	1.315	1.541	0.265
铁路、船舶、航空航天和其他运输设备制造业	0.804	1.725	0.533	1.457	3.976	0.393	0.873	0.051	**	**	0.399	0.796	0.989
电气机械和器材制造业	0.443	0.686	0.544	0.140	0.675	0.674	2.502	1.549	0.107	0.029	0.517	0.428	0.525
计算机、通信和其他电子设备制造业	1.220	0.747	0.175	0.005	0.407	0.024	0.006	0.042	0.010	0.001	0.051	0.639	0.274
仪器仪表制造业	1.281	0.461	0.723	0.159	**	0.141	0.000	0.406	0.076	0.568	0.156	0.491	0.441
其他制造业	0.196	0.291	0.077	0.053	**	**	0.579	0.033	**	**	0.311	0.805	0.091
废弃资源综合利用业	0.117	1.775	0.515	3.178	**	1.345	0.164	0.000	0.081	0.181	0.277	1.600	2.200
金属制品、机械和设备修理业	2.844	0.845	1.527	0.209	2.126	**	**	0.171	0.171	**	0.168	**	**
电力、热力生产和供应业	8.037	2.928	2.976	1.374	2.636	1.550	2.110	3.653	12.815	3.012	3.340	2.378	3.366
燃气生产和供应业	6.402	3.783	2.270	1.073	2.292	1.552	1.002	4.910	1.448	0.425	6.371	6.440	5.092
水的生产和供应业	1.157	3.514	0.397	0.202	6.520	0.168	0.221	1.329	0.485	88.933	1.412	0.282	1.041

注：＊＊表示相关数据缺失（受数据可得性所限，因此只能计算 2018 年各城市的比较劳动生产率）。

如表5-7所示，综合区位熵和比较劳动生产率两项指标可以看出，京津冀城市群各城市制造业内部行业存在较大的差异，北京具有显著优势的制造业行业主要是医药制造业，汽车制造业，其他制造业，金属制品业，机械和设备修理业，电力、热力生产和供应业以及燃气生产和供应业。天津具有显著优势的制造业行业主要是石油和天然气开采业、医药制造业、黑色金属冶炼和压延加工业、燃气生产和供应业以及水的生产和供应业。河北具有显著优势的制造业行业主要是黑色金属矿采选业，黑色金属冶炼和压延加工业，电力、热力生产和供应业以及燃气生产和供应业。由此可以看出，京津冀的发展基本是建立在各自资源结构及区域优势的基础上的，尽管产业结构存在趋同性，但也存在一定差异性，制造业形成了一定的产业梯度。但是由于区域内整体协调不足，城市间的产业专业化发展并没有形成区域的联动，产业梯度呈现出较大的落差，因此导致人才、技术和资金生产要素的单向流动趋势难以缓解。京津冀在协同发展下通过产业转移和协同能够有助于地区产业一体化的发展。例如，北京将石油和天然气开采业，交通设备制造业转至天津；将冶金行业中的采矿业及冶炼加工、金属延展业转至河北。类似装备制造、金属电气、机械器材制造行业，从天津转至河北。天津的通信科技、电子信息、高新技术等制造业转至北京。京津冀协同发展促使大量有关联的企业集聚在一起，降低沟通不畅、距离影响所带来的不便，打破了原本各产业间各种阻隔的障碍。

表 5-7　2020 年京津冀城市群制造业各行业综合分析

行业 ＼ 城市	北京	天津	河北
煤炭开采和洗选业	**	**	0.766
石油和天然气开采业	**	42.052	0.721
黑色金属矿采选业	**	0.032	23.356
农副食品加工业	0.239	0.275	0.904
食品制造业	0.662	1.216	0.797
酒、饮料和精制茶制造业	0.467	0.108	0.603
烟草制品业	**	**	0.500
纺织业	**	0.080	0.158
纺织服装、服饰业	0.038	0.002	0.031

续表

城市 行业	北京	天津	河北
皮革、毛皮、羽毛及其制品和制鞋业	0.000	0.004	1.056
木材加工和木、竹、藤、棕、草制品业	0.002	0.007	0.228
家具制造业	0.181	0.234	0.149
造纸和纸制品业	0.047	0.645	0.226
印刷和记录媒介复制业	0.522	0.422	0.182
文教、工美、体育和娱乐用品制造业	0.012	0.093	0.054
石油、煤炭及其他燃料加工业	1.624	2.293	2.714
化学原料和化学制品制造业	0.057	1.822	0.979
医药制造业	4.995	3.013	0.938
化学纤维制造业	* *	0.001	0.280
橡胶和塑料制品业	0.008	0.737	0.432
非金属矿物制品业	0.184	0.280	0.643
黑色金属冶炼和压延加工业	0.017	4.193	46.429
有色金属冶炼和压延加工业	0.019	1.883	0.134
金属制品业	0.160	1.136	1.173
通用设备制造业	0.334	0.814	0.171
专用设备制造业	0.987	1.668	1.381
汽车制造业	11.480	2.051	1.065
铁路、船舶、航空航天和其他运输设备制造业	1.145	2.137	0.397
电气机械和器材制造业	0.393	0.787	0.310
计算机、通信和其他电子设备制造业	1.644	0.554	0.024
仪器仪表制造业	1.608	0.456	0.261
其他制造业	5.889	0.046	0.005
废弃资源综合利用业	0.005	1.913	1.707
金属制品、机械和设备修理业	5.288	0.600	0.893
电力、热力生产和供应业	15.204	2.186	3.121
燃气生产和供应业	10.649	8.153	9.380
水的生产和供应业	0.290	5.440	0.517

注：＊＊表示相关数据缺失。

如表 5-8 所示，从京津冀 13 个城市来看，北京、天津、石家庄、保定和廊坊的优势行业明显。食品制造业，石油、煤炭及其他燃料加工业，黑色金属冶炼和压延加工业，汽车制造业，电力、热力生产和供应业以及燃气生产和供应业在京津冀多个城市具有明显优势。石家庄在石油、煤炭及其他燃料加工业，医药制造业以及黑色金属冶炼和压延加工业具有显著优势；唐山在黑色金属冶炼和压延加工业具有显著优势；秦皇岛在黑色金属矿采选业、黑色金属冶炼和压延加工业以及水的生产和供应业具有显著优势；邯郸在黑色金属冶炼和压延加工业具有显著优势；邢台在石油、煤炭及其他燃料加工业具有显著优势；保定在汽车制造业具有显著优势；张家口在烟草制品业，黑色金属冶炼和压延加工业以及电力、热力生产和供应业具有显著优势；承德在黑色金属矿采选业、黑色金属冶炼和压延加工业具有显著优势；沧州在石油和天然气开采业，石油、煤炭及其他燃料加工业以及燃气生产和供应业具有显著优势；廊坊在黑色金属矿采选业、家具制造业、黑色金属冶炼和压延加工业以及燃气生产和供应业具有显著优势；衡水在酒、饮料和精制茶制造业，橡胶和塑料制品业具有显著优势。总体而言，河北各城市除石油、煤炭及其他燃料加工业，黑色金属冶炼和压延加工业，汽车制造业存在明显优势外，制造业内部的行业优势还不够突出。

需要指出的是，产业定位主要从效率指标和规模指标两个方面进行讨论，为此从以上两个方面揭示京津冀各城市制造业中的优势部门反映出制造业中的优势部门所体现出的城市功能。从区位熵和比较劳动生产率两个角度探讨京津冀城市群 13 个城市的制造业行业的优势分布情况，更多侧重在效率方面的讨论。但从规模角度出发，还可以反映出京津冀城市群 13 个城市各自选择了哪些制造业部门作为其重点发展部门。因此，选择制造业各部门产值比重指标，作为衡量各城市制造业部门产业规模指标进行分析。如表 5-9 所示，结果反映出除北京和保定外，京津冀其他城市在黑色金属冶炼和压延加工业产业规模占有相当大的比重，都将其作为重点发展部门。北京医药制造业，汽车制造业，计算机、通信和其他电子设备制造业以及电力、热力生产和供应业所占比重较大，符合其发展高精尖产业的定位。

表5-8 2018年京津冀城市群各城市制造业各行业综合分析

城市 / 行业	北京	天津	石家庄	唐山	秦皇岛	邯郸	邢台	保定	张家口	承德	沧州	廊坊	衡水
煤炭开采和洗选业	**	**	**	0.457	**	0.943	0.497	0.003	0.362	0.070	**	**	**
石油和天然气开采业	**	30.783	**	0.158	**	**	**	**	**	**	77.383	**	**
黑色金属矿采选业	0.593	0.047	**	8.787	23.720	0.818	0.262	3.019	2.483	1309.991	0.000	**	**
农副食品加工业	0.195	0.300	1.281	0.272	8.654	2.541	4.070	0.144	0.320	0.369	0.215	3.736	0.518
食品制造业	0.901	1.107	2.671	0.148	0.318	1.324	7.019	1.221	1.618	0.726	0.104	2.007	0.376
酒、饮料和精制茶制造业	0.771	0.091	0.244	0.023	0.731	0.229	0.074	2.745	0.148	5.968	0.090	0.357	67.335
烟草制品业	**	**	10.813	**	**	**	**	3.064	17.432	**	**	**	**
纺织业	0.070	0.053	0.841	0.004	0.016	1.039	2.906	1.009	**	0.001	0.019	0.007	0.058
纺织服装、服饰业	**	0.005	0.211	**	0.001	0.082	0.639	0.016	**	**	0.008	**	0.168
皮革、毛皮、羽毛及其制品和制鞋业	**	0.010	2.054	**	**	0.008	0.309	0.033	0.002	**	0.639	0.001	0.287
木材加工和木、竹、藤、棕、草制品业	0.002	0.005	0.056	0.140	**	0.364	0.049	0.125	**	0.085	0.020	6.326	0.623
家具制造业	0.309	0.250	0.016	0.174	**	0.063	0.091	0.002	**	**	0.006	10.454	0.320
造纸和纸制品业	0.052	0.838	0.003	0.121	0.551	0.045	0.281	4.168	0.002	**	0.050	0.579	0.064
印刷和记录媒介复制业	0.835	0.184	2.977	0.067	**	0.010	0.375	1.333	0.015	0.008	0.084	3.251	0.115
文教、工美、体育和娱乐用品制造业	0.265	0.067	0.024	0.017	**	0.239	3.208	0.323	0.018	0.002	0.186	0.097	0.225
石油、煤炭及其他燃料加工业	3.851	2.563	42.083	4.370	0.045	5.861	12.601	0.002	**	0.438	75.544	0.002	**
化学原料和化学制品制造业	0.080	1.519	3.234	0.159	0.028	0.207	1.628	0.546	0.155	0.161	4.960	0.839	7.621
医药制造业	4.575	2.067	19.850	0.001	**	0.130	0.296	0.797	0.018	0.093	0.041	0.006	0.072
化学纤维制造业	**	0.003	1.651	11.588	**	0.007	0.002	0.009	**	**	0.015	**	0.072
橡胶和塑料制品业	0.017	0.772	0.319	0.041	0.085	0.227	0.849	1.844	0.001	0.001	1.110	1.216	26.101

续表

城市 / 行业	北京	天津	石家庄	唐山	秦皇岛	邯郸	邢台	保定	张家口	承德	沧州	廊坊	衡水
非金属矿物制品业	0.236	0.216	1.185	0.376	1.554	0.954	1.321	0.548	0.230	1.750	0.291	0.953	0.901
黑色金属冶炼和压延加工业	0.019	14.799	12.968	221.127	16.558	116.564	6.106	0.002	32.844	57.688	8.488	32.918	0.761
有色金属冶炼和压延加工业	0.026	1.497	0.009	0.064	0.841	0.011	0.035	0.693	0.065	0.301	0.005	1.533	**
金属制品业	0.096	1.283	0.631	5.428	0.154	5.102	0.575	0.372	0.024	0.020	6.477	1.833	8.975
通用设备制造业	0.412	0.849	0.180	0.039	0.019	0.717	1.281	0.402	0.042	0.365	0.333	0.820	1.466
专用设备制造业	0.834	1.867	0.911	0.167	4.015	0.502	0.682	0.176	5.621	0.006	1.746	0.585	0.122
汽车制造业	11.038	1.839	0.044	0.046	7.986	0.027	0.237	29.304	1.119	0.025	1.592	1.969	0.058
铁路、船舶、航空航天和其他运输设备制造业	0.670	3.299	0.294	2.282	16.408	0.168	0.791	0.003	**	**	0.184	0.657	1.015
电气机械和器材制造业	0.223	0.570	0.336	0.023	0.517	0.538	7.102	2.723	0.013	0.004	0.336	0.208	0.313
计算机、通信和其他电子设备制造业	1.788	0.716	0.037	**	0.199	0.001	0.000	0.002	**	**	0.004	0.491	0.090
仪器仪表制造业	2.093	0.290	0.667	0.033	**	0.027	0.000	0.210	0.007	1.625	0.035	0.308	0.248
其他制造业	0.103	0.244	0.016	0.008	**	**	0.900	0.003	**	**	0.288	1.741	0.022
废弃资源综合利用业	0.013	3.137	0.247	9.751	**	1.762	0.025	**	0.006	0.120	0.080	2.385	4.512
金属制品、机械和设备修理业	8.542	0.806	2.463	0.048	4.774	**	0.000	0.031	0.031	**	0.033	**	**
电力、热力生产和供应业	16.096	2.283	2.206	0.487	1.731	0.626	1.110	3.325	40.925	8.933	3.087	1.409	2.823
燃气生产和供应业	16.892	6.305	2.123	0.491	2.165	1.037	0.414	9.937	0.864	0.000	18.576	17.094	10.686
水的生产和供应业	0.600	5.916	0.071	0.019	19.050	0.013	0.022	0.792	0.106	0.143	0.992	0.036	0.486

注：**表示相关数据缺失（受数据可得性所限，因此只能计算2018年各城市的综合评价值，其中廊坊和邢台为2017年数据）。

表5-9 2018年京津冀城市群13个城市制造业各部门产值比重

单位:%

行业 / 城市	北京	天津	石家庄	唐山	秦皇岛	邯郸	邢台	保定	张家口	承德	沧州	廊坊	衡水
煤炭开采和洗选业	**	0.027	**	2.975	**	4.256	3.157	0.241	2.696	0.596	**	**	**
石油和天然气开采业	**	6.396	**	0.465	**	**	**	**	**	**	9.948	**	**
黑色金属矿采选业	**	0.128	0.007	1.786	2.986	0.543	0.314	1.065	0.966	11.163	**	**	**
农副食品加工业	1.465	1.756	3.751	1.698	9.750	5.170	6.686	1.259	1.876	1.012	1.459	44.907	2.386
食品制造业	1.694	1.816	2.916	0.675	1.007	2.009	4.727	1.971	2.269	0.764	0.545	1.488	1.094
酒、饮料和精制茶制造业	1.416	0.470	0.796	0.238	1.379	0.755	0.439	2.672	0.620	1.982	0.460	0.567	13.234
烟草制品业	**	**	1.471	**	**	**	**	0.783	1.867	**	**	**	**
纺织业	0.046	0.639	2.628	0.177	0.358	2.859	4.886	2.879	0.003	0.042	0.377	0.141	0.692
纺织服装、服饰业	0.579	0.149	1.002	0.019	0.052	0.612	1.745	0.276	0.025	0.022	0.182	0.017	0.896
皮革、毛皮、羽毛及其制品和制鞋业	0.027	0.123	1.802	0.004	**	0.108	0.699	0.229	0.053	**	0.954	0.027	0.674
木材加工和木、竹、藤、棕、草制品业	0.033	0.053	0.187	0.290	**	0.465	0.175	0.279	**	0.115	0.106	1.166	0.622
家具制造业	0.467	0.406	0.106	0.344	**	0.205	0.253	0.035	**	**	0.061	1.597	0.474
造纸和纸制品业	0.305	1.179	0.075	0.456	0.988	0.276	0.706	2.718	0.062	**	0.282	0.597	0.337
印刷和记录媒介复制业	0.679	0.308	1.281	0.189	**	0.073	0.455	0.857	0.090	0.033	0.204	0.788	0.251
文教、工美、体育和娱乐用品制造业	0.706	0.342	0.213	0.173	**	0.655	2.454	0.778	0.182	0.033	0.561	0.251	0.649
石油、煤炭及其他燃料加工业	3.363	2.654	11.117	3.520	1.191	4.059	6.083	0.084	0.025	0.570	14.134	0.047	**
化学原料和化学制品制造业	1.591	6.711	10.124	2.206	0.468	2.506	7.184	4.161	2.217	1.137	11.898	3.035	15.541
医药制造业	5.954	3.871	12.402	0.097	1.515	0.980	1.515	2.485	0.376	0.428	0.537	0.126	0.746
化学纤维制造业	**	0.034	0.794	2.067	**	0.049	0.029	0.059	**	**	0.073	0.000	0.166
橡胶和塑料制品业	0.349	2.255	1.499	0.529	0.775	1.238	2.445	3.603	0.093	0.038	2.653	1.722	13.558

续表

行业＼城市	北京	天津	石家庄	唐山	秦皇岛	邯郸	邢台	保定	张家口	承德	沧州	廊坊	衡水
非金属矿物制品业	2.414	2.236	5.415	2.999	6.202	4.754	5.717	3.683	2.386	3.310	2.546	2.858	4.722
黑色金属冶炼和压延加工业	0.545	14.798	14.320	58.106	16.181	42.009	9.826	0.162	22.789	15.191	10.994	13.430	3.469
有色金属冶炼和压延加工业	0.449	3.286	0.266	0.691	2.546	0.284	0.520	2.311	0.710	0.766	0.183	2.024	**
金属制品业	1.010	3.582	2.598	7.484	1.284	7.225	2.478	1.993	0.502	0.231	7.895	2.605	9.794
通用设备制造业	2.764	3.837	1.827	0.836	0.588	3.568	4.873	2.731	0.879	1.309	2.359	2.295	5.213
专用设备制造业	3.373	4.881	3.526	1.483	7.400	2.561	3.050	1.547	8.755	0.139	4.631	1.663	1.291
汽车制造业	21.328	8.423	1.346	1.351	18.142	1.037	3.124	34.752	6.792	0.511	7.685	5.303	1.549
铁路、船舶、航空航天和其他运输设备制造业	1.218	2.614	0.807	2.209	6.027	0.596	1.323	0.078	**	**	0.605	0.710	1.499
电气机械和器材制造业	3.089	4.777	3.792	0.976	4.702	4.696	17.434	10.796	0.746	0.200	3.601	1.756	3.661
计算机、通信和其他电子设备制造业	13.263	8.118	1.904	0.057	4.420	0.259	0.061	0.452	0.114	0.015	0.559	4.093	2.974
仪器仪表制造业	1.431	0.515	0.808	0.178	**	0.158	0.000	0.453	0.085	0.634	0.174	0.323	0.493
其他制造业	0.066	0.098	0.026	0.018	**	**	0.195	0.011	0.000	0.000	0.105	0.160	0.031
废弃资源综合利用业	0.024	0.364	0.106	0.652	**	0.276	0.034	**	0.017	0.037	0.057	0.193	0.451
金属制品、机械和设备修理业	0.493	0.146	0.265	0.036	0.368	**	0.000	0.030	0.030	**	0.029	**	**
电力、热力生产和供应业	26.310	9.585	9.741	4.497	8.629	5.076	6.908	11.957	41.953	9.859	10.934	4.582	11.019
燃气生产和供应业	2.422	1.431	0.859	0.406	0.867	0.587	0.379	1.858	0.548	0.161	2.410	1.434	1.926
水的生产和供应业	0.655	1.988	0.224	0.114	3.687	0.095	0.125	0.752	0.274	50.298	0.799	0.094	0.589

注：** 表示相关数据缺失（受数据可得性所限，因此只能计算 2018 年各城市的制造业各部门比重，其中廊坊和邢台为 2017 年数据）。

（二）制造业优势行业判断的结果

通过综合评价（区位熵和生产劳动率的乘积）反映制造业内部行业优势。综合评价值越大，表明该产业部门优势越大；其值越小，表明该产业部门发展处于劣势。部门产值比重反映的是地区正在重点发展的产业部门。为此，通过部门产值比重和优势产业大体可以看出地区现在的产业定位。

为了能清晰地反映城市现实发展中具体的定位情况，对 13 个城市制造业产业定位问题进行详细分析，从而进一步分析城市所具有的现实功能。根据前面的分析结果，比较 13 个城市的行业产值和综合评价值，将综合评价值大于 1、行业产值超过 5% 的认定为城市制造业优势部门，从而确定城市行业定位。当比较优势大于 1，且行业产值所占比重大于 5% 时，该行业被认为是专业化支柱行业；当比较优势大于 1，而行业产值所占比重小于 5% 时，说明该行业具有比较优势，但目前并不是该城市优先发展的行业，将其定义为潜力型行业；当比较优势小于 1，而行业产值大于 5% 时，说明该行业没有发展优势，但仍是目前重点发展的行业，将其定义为竞争型行业；当比较优势小于 1，而行业产值小于 5% 时，说明效率和规模都是劣势，将其定义为弱势型行业。

为了形象地描绘出各城市制造业部门类型所反映的城市定位，分别将产值比重和综合评价作为 X 轴和 Y 轴，构建散点图，将 13 个城市各制造业部门分别放在坐标平面内，得到各城市制造业部门的定位。下面对京津冀 13 个城市四种类型的行业进行分类分析[①]。

1. 北京制造业行业分析

根据北京制造业行业比较优势和产值比重组合，将其清晰地分析出四种类型。北京专业化支柱行业主要包括电力、热力生产和供应业，汽车制造业，医药制造业，计算机、通信和其他电子设备制造业（见图 5-12），这些工业基本上属于信息工业和重工业部门。

北京具有首都的区位优势，汇聚资本、人才、文化等产业资源，还是金融、商贸、高技术，以及大规模研发、信息、中介等高端服务业的基地。北京在信息工业和重工业部门拥有一批知名的大型龙头企业，如中国石化、中国五矿、中国中化、北汽集团、联想控股等，这些龙头企业具有较强的带动效应，使北京的重型加工制造业和信息工业的专业化优势明显强于京津冀其他城市。同时，北京充

---

① 受数据可得性所限，因此统一使用 2018 年的数据。

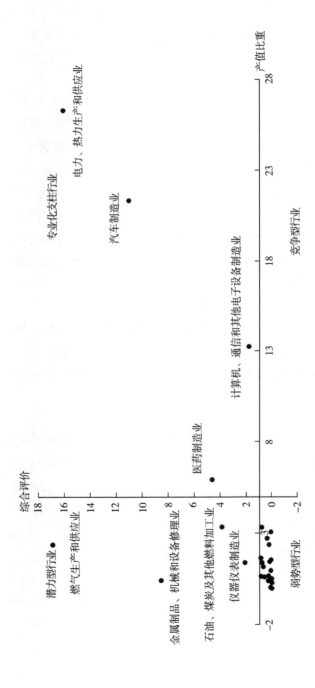

图5-12 北京制造业分类

注：弱势型行业主要包括农副食品加工业，食品制造业，酒，饮料和精制茶制造业，印刷和记录媒介复制业，文教，工美，体育和娱乐用品制造业，化学原料和化学制品制造业，有色金属冶炼和压延加工业，金属制品业，其他制造业，电气机械和器材制造业，废弃资源综合利用业，水的生产和供应业。

专业化支柱行业主要包括农副食品加工业，酒，饮料和精制茶制造业，纺织业，纺织服装，服饰业，木材加工和木，竹，藤，棕，草制品业，家具制造业，造纸和纸制品业，化学原料和化学制品制造业，橡胶和塑料制品业，专用设备制造业，铁路，船舶，航空航天和其他运输设备制造业，电力，热力生产和供应业，水的生产和供应业。

足的资金、人才、科技等资源优势也保证了这些资本密集型和知识密集型产业的专业化优势得以维持和不断提升。从比较优势和发展重点来看，这些行业在北京第二产业结构中占有较重要的地位，且具有明显的优势。近年来，随着北京加大对高精尖制造业的支持力度，这些行业得以快速发展。2016~2020年北京市工业增加值及战略性新兴产业增加值增速如图5-13所示。

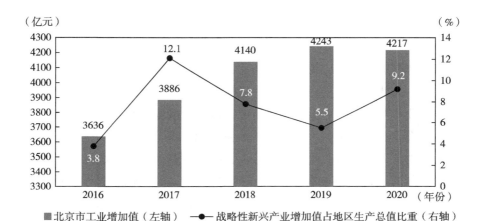

图5-13　2016~2020年北京市工业增加值及战略性新兴产业增加值增速

燃气生产和供应业，金属制品、机械和设备修理业，石油、煤炭及其他燃料加工业，仪器仪表制造业则具有一定比较优势，但所占比重较小，属于潜力型行业。弱势型行业主要包括农副食品加工业，食品制造业，酒、饮料和精制茶制造业，纺织业，纺织服装、服饰业，木材加工和木、竹、藤、棕、草制品业，家具制造业，造纸和纸制品业，印刷和记录媒介复制业，文教、工美、体育和娱乐用品制造业，化学原料和化学制品制造业，橡胶和塑料制品业，非金属矿物制品业，黑色金属冶炼和压延加工业，有色金属冶炼和压延加工业，金属制品业，通用设备制造业，专用设备制造业，铁路、船舶、航空航天和其他运输设备制造业，电气机械和器材制造业，其他制造业，废弃资源综合利用业，水的生产和供应业。这些行业比较优势不足，占制造业总产值的比重也不高。随着北京对非首都功能疏解的推进，一般性制造行业正通过产业转移的方式逐渐迁出北京。2014年以来，北京连续开展两轮"疏解整治促提升"专项行动，全市累计退出一般制造和污染企业近3000家，疏解提升区域性专业市场和物流中心近1000个，基本完成了一般制造业企业和区域性专业市场集中疏解的阶段性任务。

2. 天津制造业行业分析

近年来，天津先进制造业不断实现突破发展。根据天津市发展改革委公布的数据，天津市以信息技术应用创新产业为主攻方向，增强智能科技产业引领力，壮大生物医药、新能源、新材料等战略性新兴产业，提升高端装备、汽车、石油化工、航空航天等优势产业，现代产业体系基本形成。2020 年，工业战略性新兴产业、高技术产业增加值占规模以上工业比重分别达到 26.1% 和 15.4%，比上年提高 5.3 个和 1.4 个百分点。

根据天津制造业行业比较优势和产值比重组合，同样可以将其制造业行业分为四种类型。天津专业化支柱行业主要包括石油和天然气开采业，黑色金属冶炼和压延加工业，电力、热力生产和供应业，汽车制造业以及化学原料和化学制品制造业（见图 5-14）。电力、热力生产和供应业，汽车制造业既是北京的专业化支柱行业，也是天津的专业化支柱行业。食品制造业，石油、煤炭及其他燃料加工业，医药制造业，有色金属冶炼和压延加工业，金属制品业，专用设备制造业，铁路、船舶、航空航天和其他运输设备制造业，废弃资源综合利用业，燃气生产和供应业，水的生产和供应业虽然综合比较优势大于 1，但是产值比重小于5%，因此属于潜力型行业。

3. 石家庄制造业行业分析

根据石家庄制造业行业比较优势和产值比重组合，可将其分为四种类型。如图 5-15 所示，石油、煤炭及其他燃料加工业，医药制造业，黑色金属冶炼和压延加工业是石家庄重点发展的强优势行业。化学原料和化学制品制造业，电力、热力生产和供应业，非金属矿物质制品业不仅具有一定的产业优势，且产值超过了 5%，也是石家庄的支柱型行业。农副食品加工业，食品制造业，烟草制品业，皮革、毛皮、羽毛及其制品和制鞋业，印刷和记录媒介复制业，金属制品、机械和设备修理业，燃气生产和供应业是石家庄的潜力型行业。

事实上，石家庄的优势行业已经开始发生显著变化，开始逐渐转向高附加值的行业。2012 年，石家庄重点发展的强优势行业是皮革、皮毛、羽毛制品和制鞋业。石家庄工业基础雄厚，近年来围绕构建现代工业体系，加快转变发展方式，正在打造新一代电子信息技术、生物医药健康、先进装备制造、现代食品及现代商贸物流五个以上千亿级产业集群。

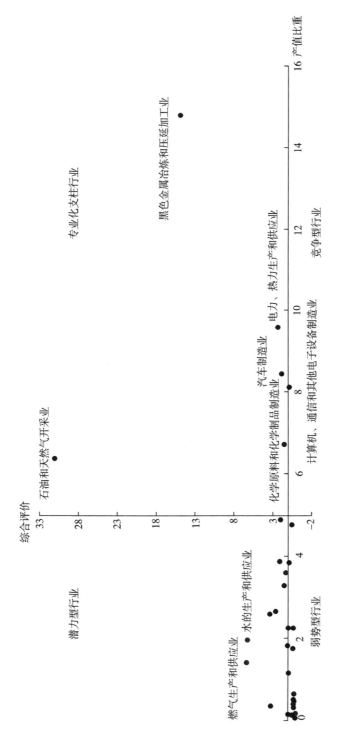

图5-14 天津制造业分类

注：弱势型行业主要包括黑色金属矿采选业，农副食品加工业、酒、饮料和精制茶制造业，纺织业，纺织服装、服饰业，皮革、毛皮、羽毛及其制品和制鞋业，木材加工和木、竹、藤、棕、草制品业，家具制造业，造纸和纸制品业，印刷和记录媒介复制业，文教、工美、体育和娱乐用品制造业，化学纤维制造业，橡胶和塑料制品业，非金属矿物制品业，电气机械和器材制造业，仪器仪表制造业，其他制造业，金属制品、机械和设备修理业。

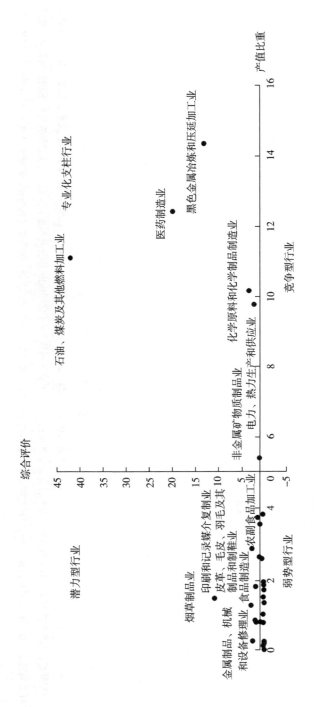

图 5-15 石家庄制造业分类

注：弱势型行业主要包括酒、饮料和精制茶制造业、纺织业、纺织服装、服饰业、木材加工和木、竹、藤、棕、草制品业、家具制造业、造纸和纸制品业、文教、工美、体育和娱乐用品制造业、橡胶和塑料制品业、金属制品业、通用设备制造业、专用设备制造业、汽车制造业、铁路、船舶、航空航天和其他运输设备制造业、电气机械和器材制造业、计算机、通信和其他电子设备制造业、仪器仪表制造业、其他制造业、废弃资源综合利用业、水的生产和供应业。

4. 唐山制造业行业分析

唐山是一座具有百余年发展历史的沿海重化工业城市，素有"华北工业重镇"和"中国近代工业摇篮"之称。唐山制造业类型与北京、天津和石家庄明显不同，制造业内部分工存在两极化趋势（见图 5-16）。其中，黑色金属冶炼和压延加工业具有绝对的比较优势，其次为金属制品业。唐山制造业内部产业分布存在极端化现象，制造业内部差距巨大，无法形象地看出潜力型行业、弱势型行业。为此，进一步细化分析，排除所占比较优势或产值比重极大的专业化支柱行业，从而清楚地展现其他行业类型（见图 5-17）。

结合图 5-16 和图 5-17 可以看出，唐山潜力型行业主要有黑色金属矿采选业，石油、煤炭及其他燃料加工业，化学纤维制造业，铁路、船舶、航空航天和其他运输设备制造业，废弃资源综合利用业。近年来，唐山坚持把培育壮大高端装备制造业作为加快构建现代产业体系的切入点，推动智能轨道交通、机器人、汽车及零部件三大优势产业做大做强，冶金装备、节能环保装备、采选煤及矿山装备、水泥装备、印刷机械五大特色产业巩固提升，动力储能电池、海洋工程装备、电子及智能仪器仪表三大新兴产业集群成势，高端装备制造业产业结构持续优化。

5. 秦皇岛制造业行业分析

从图 5-18 可以看出，秦皇岛制造业内部分化也比较严重。其中，农副食品加工业，黑色金属冶炼和压延加工业，汽车制造业具有绝对优势且其产值占一定比重，是秦皇岛的重点发展行业，属于专业化支柱行业。铁路、船舶、航空航天和其他运输设备制造业，专用设备制造业，电力、热力生产和供应业，非金属矿物制品业的产值比重超过 5%，同时具有相当的比较优势，也属于专业化支柱行业。黑色金属矿采选业，水的生产和供应业，金属制品、机械和设备修理业，燃气生产和供应业具有一定比较优势，为该地区的潜力型行业。其他行业均为弱势型行业。

从整体来看，秦皇岛具有优势的行业比较多。2012 年，秦皇岛的支柱行业只有三个，分别为农副食品加工业、黑色金属冶炼和压延加工业、交通运输设备制造业。而目前，汽车制造业的比重显著提高，为秦皇岛装备制造业的支柱行业。目前，秦皇岛已形成汽车零部件产业集群发展。汽车零部件业务涉及轮毂、车桥、内饰、油管等，形成了以中信戴卡为龙头，以戴卡兴龙、方华埃西姆、威卡威、兴龙轮毂、中秦渤海、戴卡美铝为骨干，以科立塑胶、中科纳川、邦迪管

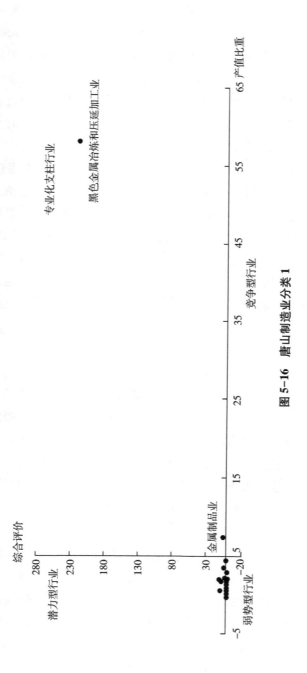

图 5-16　唐山制造业分类 1

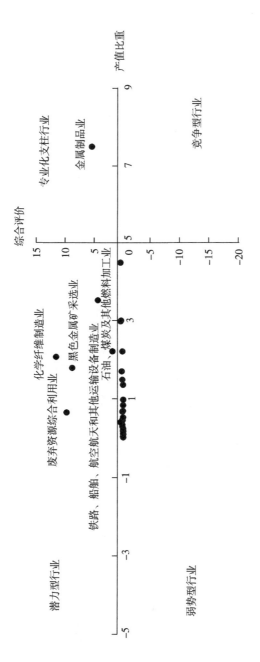

图 5-17 唐山制造业分类 2

注：弱势型行业主要包括煤炭开采和洗选业、石油和天然气开采业、农副食品加工业、酒，饮料和精制茶制造业、纺织业、木材加工和木、竹、藤、棕、草制品业、家具制造业、造纸和纸制品业、印刷和记录媒介复制业、文教，工美，体育和娱乐用品制造业、化学原料和化学制品制造业、医药制造业、橡胶和塑料制品业、有色金属冶炼和压延加工业、通用设备制造业、专用设备制造业、汽车制造业、电气机械和器材制造业、仪器仪表制造业、其他制造业、金属制品，机械和设备修理业、电力，热力生产和供应业、燃气生产和供应业、水的生产和供应业。

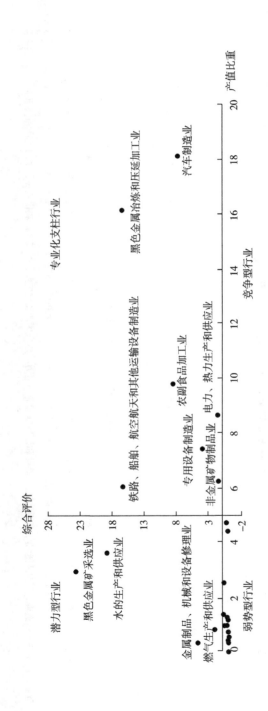

图 5-18 秦皇岛制造业分类

注：弱势型行业主要包括食品制造业，酒、饮料和精制茶制造业，纺织业，纺织服装、服饰业，造纸和纸制品业，化学原料和化学制品制造业，医药制造业，橡胶和塑料制品业，有色金属冶炼和压延加工业，金属制品业，通用设备制造业，电气机械和器材制造业，计算机、通信和其他电子设备制造业。

路、飞天汽车配件、信越装备、中秦智能装备等企业为辅的汽车零部件产业集群。总体来看,汽车零部件产业主要集中在轮毂行业,拉弯件、密封条也具备一定规模优势,在国内市场占据重要位置。

6. 邯郸制造业行业分析

邯郸制造业分化也比较严重。从图 5-19 可以看出,黑色金属冶炼和压延加工业占绝对优势且行业产值比重超过 40%,金属制品业和农副食品加工业产值比重超过 5%,它们属于邯郸专业化支柱行业。此外,食品制造业,石油、煤炭及其他燃料加工业,废弃资源综合利用业,燃气生产和供应业,具有明显比较优势,但产值比重低于 5%,属于具有一定潜力型的行业。除以上行业外,制造业其他行业均属于弱势型行业。

邯郸作为国家老工业基地,工业门类齐全,钢铁、煤炭等基础材料产业基础雄厚。钢铁业是邯郸工业第一大主导产业,近年来,通过大力推进产品结构优化升级,精品钢材占比不断提升。同时,邯郸大力发展先进制造业,装备制造业增加值增速一直保持在 20% 以上。但邯郸的优势行业和潜力型行业还比较少、竞争性行业目前没有,还需进一步突出行业特色并推动优势行业发展壮大。

7. 邢台制造业行业分析

如图 5-20 所示,与秦皇岛和邯郸等城市制造业相比,邢台所具有比较优势的行业数量明显增多。其中,石油、煤炭及其他燃料加工,电气机械和器材制造业,黑色金属冶炼和压延加工业,农副食品加工业,化学原料和化学制品制造业具有绝对比较优势。其次为非金属矿物制品业,电力、热力生产和供应业比较优势也较为明显,是邢台的专业化支柱行业。食品制造业,纺织业,文教、工美、体育和娱乐用品制造业以及通用设备制造业产值并没有达到 5%,不是该地区重点发展的行业。但比较而言,这些行业是具有比较优势的,是该地区的潜力型行业。其他制造业为弱势型行业。

邢台是冀中南先进制造业基地,拥有世界上最大的方便面生产基地、世界上最大的维生素 B12 生产基地、全国著名的羊绒制品产销基地、全国最大的宠物食品生产基地、全国最大的猫砂生产基地、全国最大的新能源太阳能单晶硅及电池生产基地、全国最大的轴承生产销售集散地。近年来,邢台立足特色产业门类齐全、基础良好的比较优势,确立了"3+2"现代产业体系,即装备制造、健康食品、新能源三大主导产业以及生物医药、数字经济两大优势产业。当前,邢台制造业仍多处于价值链中低端,自主创新能力不足,高端、高质、高值品牌少,绿色发展水平有待提升。

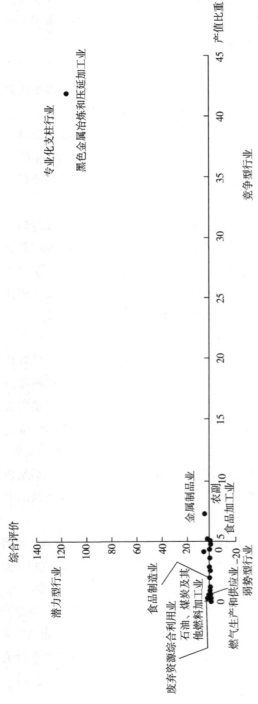

图 5-19　邯郸制造业分类

注：弱势型行业主要包括煤炭开采和洗选业，黑色金属矿采选业，酒、饮料和精制茶制造业，纺织服装、服饰业，皮革、毛皮、羽毛及其制品和制鞋业，木材加工和木、竹、藤、棕、草制品业，家具制造业，造纸和纸制品业，印刷和记录媒介复制业，文教、工美、体育和娱乐用品制造业，化学原料和化学制品制造业，医药制造业，化学纤维制造业，橡胶和塑料制品业，非金属矿物制品业，有色金属冶炼和压延加工业，通用设备制造业，专用设备制造业，汽车制造业，铁路、船舶、航空航天和其他运输设备制造业，电气机械和器材制造业，计算机、通信和其他电子设备制造业，仪器仪表制造业，水的生产和供应业。

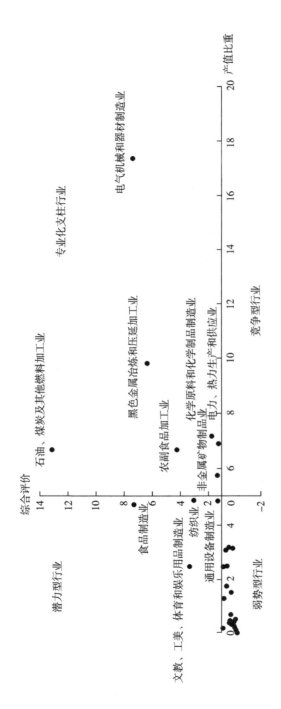

图 5-20 邢台制造业行业类型分类

注：弱势型行业主要包括煤炭开采和洗选业，黑色金属矿采和洗选业，木材加工和木，竹，藤，棕，草制品业，家具制造业，专用设备制造业，金属制品业，有色金属冶炼和压延加工业，汽车制造业，铁路、船舶、航空航天和其他运输设备制造业，其他制造业，废弃资源综合利用业，燃气生产和供应业，水的生产和供应业。

专业化支柱行业：纺织服装，服饰业，皮革，毛皮，羽毛及其制品和制鞋业，饮料和精制茶制造业，印刷和记录媒介复制业，医药制造业，化学纤维制造业，橡胶和塑料制品业，其他制造业，废弃资源综合利用业。

8. 保定制造业行业分析

作为新中国第一批老工业基地，保定有良好的工业基础。如图 5-21 所示，从比较优势和地区侧重发展产业来看，保定的汽车制造业具有绝对优势，且其行业产值比重超过 30%，是该地区重点发展的行业。电力、热力生产和供应业，电气机械和器材制造业不仅具有明显专业优势，而且在保定制造业产值中比重均超过 5%，属于专业化支柱行业。黑色金属矿采选业，食品制造业，酒、饮料和精制茶制造业，烟草制品业，纺织业，造纸和纸制品业，印刷和记录媒介复制业，橡胶和塑料制品业，燃气生产和供应业均具有专业优势，但产值比重不到 5%，属于潜力型行业。保定并没有将不具有比较优势的行业作为重点发展行业，为此，并没有竞争型行业。

保定产业的发展变化比较大，2012 年的支柱行业为交通运输设制造业、纺织业、电气机械和器材制品业、橡胶和塑料制品业以及有色金属冶炼和压延加工业，和 2018 年差异巨大。京津冀协同发展战略上升为国家重大发展战略后，保定以"高端化、智能化、绿色化"为主攻方向，统筹推进转型升级、招大做强、培优扶强、品质提升、数字赋能、创新支撑六大行动，加快构建以先进制造业集群为主体的现代化产业体系，奋力打造京津冀世界级城市群中的制造强市，并取得了显著成效，成为雄安新区战略腹地和京津冀城市群重要的区域性中心城市。2014~2019 年，保定的 GDP 从 2757.8 亿元增长到 3224 亿元，5 年增加值为 466.2 亿元；而 2019~2021 年，保定的 GDP 从 3224 亿元增加到 3725 亿元，2 年增加值为 501 亿元。2021 年，保定以地区生产总值增长 7.2%、一般公共预算收入增长 11.3%、规模以上工业增加值增长 11.4%、进出口总值增长 40.4%。

保定的汽车制造业，电力、热力生产和供应业具有显著优势与保定在产业结构转型方面的努力密不可分。近年来，保定以"双碳"目标为战略导向进行产业结构调整，重点发展"车"和"电"。

"车"，即世界级汽车和轨道交通产业集群。长城汽车用 30 多年时间，从乡镇汽车改装厂发展壮大到年产销超 100 万辆的国际汽车制造企业。依托长城汽车，保定正在打造新能源汽车和智能网联汽车 2000 亿级产业集群。同时，依托河北京车智能制造基地，打造轨道交通千亿级产业集群。

"电"，即电力智造产业。保定拥有天威、英利、国电联合动力等一批世界级企业，在光电、风电、输变电和智能电网等领域处于国际领先水平，有"中国电谷"之誉。此外，保定作为世界自然基金会"中国低碳城市发展项目"首批

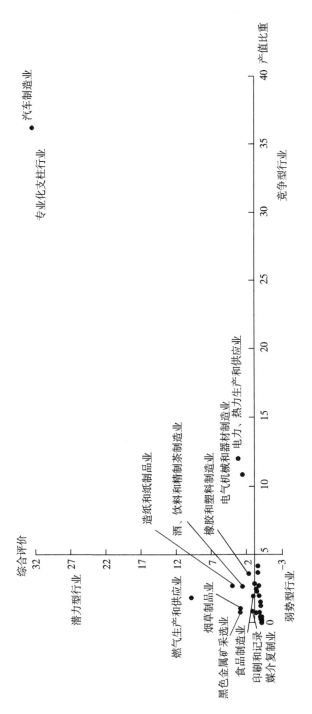

图5-21 保定制造业分类

注：弱势型行业主要包括煤炭开采和洗选业、农副食品加工业、纺织服装、服饰业、皮革、毛皮、羽毛及其制品和制鞋业、木材加工和木、竹、藤、棕、草制品业、家具制造业、文教、工美、体育和娱乐用品制造业、石油、煤炭及其他燃料加工业、化学原料和化学制品制造业、医药制造业、化学纤维制造业、非金属矿物制品业、黑色金属冶炼和压延加工业、有色金属冶炼和压延加工业、金属制品、通用设备制造业、专用设备制造业、铁路、船舶、航空航天和其他运输设备制造业、计算机、通信和其他电子设备制造业、仪器仪表制造业、其他制造业、机械和设备修理业、水的生产和供应业。

两个试点城市之一和国家发展改革委启动的 8 个低碳城市试点之一，又在发力新型储能产业，推进电力及新能源高端装备智造国家先进制造业集群建设，全力打造"全国碳中和产业之都"①。

9. 张家口制造业行业分析

从图 5-22 可以看出，张家口黑色金属冶炼和压延加工业，电力、热力生产和供应业具有绝对优势。专用设备制造业和汽车制造业不仅具有专业优势，且行业产值比重超过 5%，也是该地区重点发展的行业。烟草制品业、食品制造业及黑色金属矿采选业具有一定比较优势，但其行业产值比重不到 5%，为潜力型行业。其他制造行业不仅行业产值比重低且不具有比较优势，都是张家口的弱势型行业。

当前，以汽车产业为代表的现代制造业一直是张家口重点发展的主导产业之一。在过去几年中，张家口已初步形成以领克整车厂、极光湾发动机厂、厦门金龙氢能商用车厂、亿华通氢燃料发动机厂领衔的汽车制造业集群，汽车产业整体产值已突破 300 亿元。但目前，汽车产业所占比重还不够高。装备制造业也是张家口的基础产业和优势产业。近年来，依托冬奥会筹办、京津冀协同发展、首都两区建设，张家口高端制造集中发力，全市规模以上装备制造企业为 109 家，增加值同比增长 8.3%，占规模以上工业比重达到 20.3%，连续三年成为拉动工业经济增长的第一动力。②

10. 承德制造业行业分析

如图 5-23 所示，素有"避暑山庄"雅称的承德的制造业呈现两极分化局面。其中，黑色金属矿采选业具有绝对专业化优势，比较优势显著优于其他行业，行业产值比重超过 20%，是专业化支柱行业的典型代表。黑色金属冶炼和压延加工业，电力、热力生产和供应业，非金属矿物制品业也具有专业比较优势，产值比重均超过 5%，尤其黑色金属冶炼和压延加工业超过了 30%，均属于专业化支柱行业。酒、饮料和精制茶制造业，仪器仪表制造业具有一定的专业比较优势，但产值比重小于 5%，属于潜力型行业，其他制造产业属于弱势型行业。

① 《V 型反弹，这个城市做对了什么？》，https：//www.163.com/dy/article/HEHIL2L005199UVN.html。
② 《山城蝶变丨借势发展，张家口装备制造业再升级》，http：//finance.sina.com.cn/jjxw/2022-03-09/doc-imcwiwss5112111.shtml？finpagefr=p_ 115。

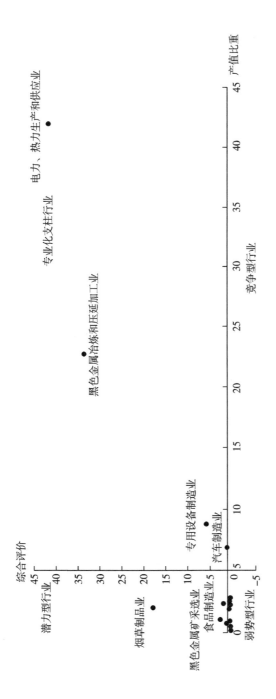

图5-22　张家口制造业分类

注：弱势型行业主要包括煤炭开采和洗选业，黑色金属矿采选业，农副食品加工业，酒、饮料和精制茶制造业，皮革、毛皮、羽毛及其制品和制鞋业，造纸和纸制品业，印刷和记录媒介复制业，文教、工美、体育和娱乐用品制造业，石油、煤炭及其他燃料加工业，化学原料和化学制品制造业，医药制造业，橡胶和塑料制品业，非金属矿物制品业，有色金属冶炼和压延加工业，金属制品业，通用设备制造业，电气机械和器材制造业，仪器仪表制造业，废弃资源综合利用业，金属制品、机械和设备修理业，燃气生产和供应业，水的生产和供应业。

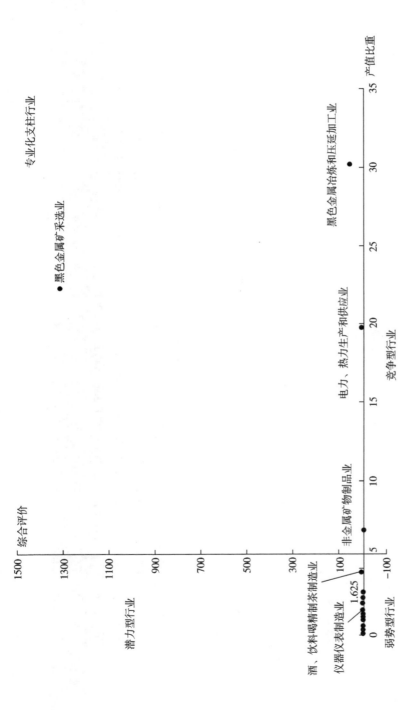

图 5-23 承德制造业分类

注：弱势型行业主要包括煤炭开采和洗选业，农副食品加工业，食品制造业，纺织业，木材加工和木、竹、藤、棕、草制品业，印刷和记录媒介复制业，工美、体育和娱乐用品制造业，石油、煤炭及其他燃料加工业，化学原料和化学制品制造业，医药制造业，橡胶和塑料制品业，有色金属冶炼和压延加工业，金属制品业，通用设备制造业，专用设备制造业，汽车制造业，电气机械和器材制造业，废弃资源综合利用业，水的生产和供应业。

承德的定位是生态涵养区，也是中国北方最大的钒钛资源基地。当前，承德以发展钒产业链、钛产业链和钒钛新材料装备制造产业链为重点，全力打造"国内一流、世界知名"的钒钛材料强市，通过实施全提钒改造升级、钒钛高科无缝管装备、钒钛航空级片钒等重点项目，不断提升生产过程大数据与智能设备研究应用，完成全流程产业升级。

11. 沧州制造业行业分析

沧州制造业发展较好。从图 5-24 可以看出，石油、煤炭及其他燃料加工业，石油和天然气开采业，化学原料和化学制品制造业，黑色金属冶炼和压延加工业，金属制品业，汽车制造业以及电力、热力生产和供应业具有绝对比较优势且产值比重超过 5%，这些行业为沧州专业化支柱行业。此外，橡胶和塑料制品业、专用设备制造业、燃气生产和供应业具有一定专业优势，但其产值比重低于 5%，属于潜力型行业。其他制造行业既不具有产业比较优势且产值比重低，属于弱势型行业。

当前，沧州正在把产业链条塑造作为产业体系建设的生命线，推动产业链条加速向上下游延伸。以市域"4+5+3"主导产业和县域特色产业集群为重点，加快做大做强汽车制造、绿色化工、管道装备、服装服饰四大传统优势产业，坚持"补上游、壮中游、延下游"，对包装机械、新型建材、电力设备等产业，实施补链行动，突出解决链主缺失、关键材料配套不足等问题；对生物医药、食品加工等产业，实施延链行动，突出解决终端产品少、下游延伸不足等问题；对管道装备、铸造、再制造等产业，实施强链行动，以突出解决核心技术、关键工艺缺失等问题，打通断点、堵点、难点，提高产业链供应链韧性和安全水平。

12. 廊坊制造业行业分析

从图 5-25 可以看出廊坊制造业行业类型分布情况。黑色金属冶炼和压延加工业不仅具有较强的专业比较优势且产业产值比重超过 20%，为专业化支柱行业。农副食品加工业，汽车制造业，电力、热力生产和供应业也是专业化支柱行业。廊坊的潜力型行业比较多，燃气生产和供应业，食品制造业，木材加工和木、竹、藤、棕、草制品业，家具制造业，印刷和记录媒介复制业，橡胶和塑料制品业，有色金属冶炼和压延加工业，金属制品业，其他制造业，废弃资源综合利用业，电力、热力生产和供应业具有专业比较优势但产值比重低于 5%，均为潜力型行业。化学原料和化学制品制造业产值比重超过了 5%，但比较优势比较弱，因此为竞争性行业。其他产业为弱势型行业。

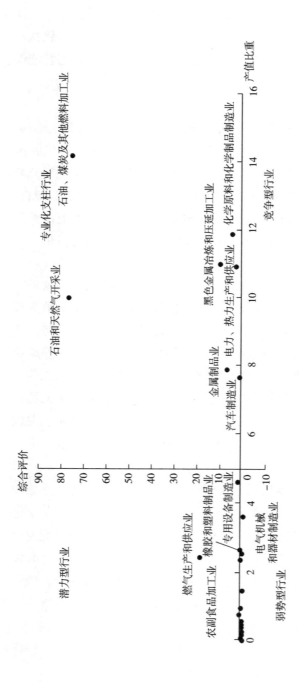

图 5-24 沧州制造业分类

注：弱势型行业主要包括黑色金属矿采选业、农副食品加工业、木材加工和木、竹、藤、棕、草制品业、化学纤维制造业、非金属矿物制品业、有色金属矿采选业、医药制造业、化学纤维制造业、非金属矿物制品业、有色金属冶炼和压延加工业、通用设备制造业、铁路、船舶、航空航天和其他运输设备制造业、电气机械和器材制造业、计算机、通信和其他电子设备制造业、其他制造业、废弃资源综合利用业、金属制品、机械和设备修理业、水的生产和供应业。

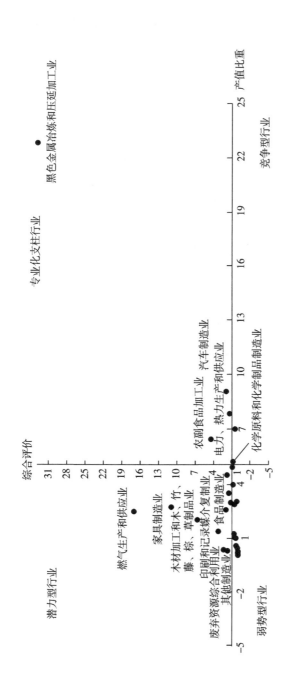

图 5-25 廊坊制造业分类

注：弱势型行业主要包括酒、饮料和精制茶制造业、纺织业、纺织服装、服饰业、皮革、毛皮、羽毛及其制品和制鞋业、造纸和纸制品业、文教、工美、体育和娱乐用品制造业、石油、煤炭及其他燃料加工业、医药制造业、电气机械和器材制造业、计算机、通信和其他电子设备制造业、仪器仪表制造业、水的生产和供应业。

当前，廊坊将汽车零部件产业作为装备制造业的支柱产业，坚持高端化、智能化、绿色化方向，通过"引上游、接下游、抓龙头、带配套"等举措，全力打造新能源和智能网联汽车零部件产业集群。但汽车制造业综合评价还有待进一步提高，要形成产业集聚，不仅要投资，更要关注投入产出率，发挥资金最大化效益。

13. 衡水制造业行业分析

图 5-26 可以清晰地反映衡水制造业的发展状况。酒、饮料和精制茶制造业，化学原料和化学制品制造业，橡胶和塑料制品业，金属制品业，通用设备制造业以及电力、热力生产和供应业均具有一定专业比较优势。铁路、船舶、航空航天和其他运输设备制造业，废弃资源综合利用业，燃气生产和供应业产值比重不到5%，属于潜力型行业。

衡水的支柱型和潜力型行业较多。整体来看，衡水的产业呈现良好发展势头，但产业基础弱、科技动能不足、缺乏龙头带动的状况依然存在。当前，衡水将先进装备制造产业、新材料产业、食品及生物制品产业作为三大主导产业，聚焦建设现代化产业体系，加快产业链和创新链融合对接，让科技赋能传统产业，提升产业引领力、技术创新力、核心竞争力。

通过对京津冀城市群 13 个城市制造业内部的行业分析可以发现，在京津冀协同发展背景下，13 个城市的产业定位和发展已经发生了变化，各地之间的产业具有各自的优势，但也有一定的重合。目前，各地都在积极向高端制造业转型升级，尤其是河北的产业结构发生了较大变化，制造业不断向高质量发展（河北省发展先进制造业和战略性新兴产业规划，如表 5-10 所示）。但是，仍然有不少城市的产业发展层次不高。不仅如此，尤其需要注意的是，京津冀城市协同发展强调各城市产业在发展过程中考虑周边城市的协调合作和互补，形成各城市之间产业分工协作体系。但仍有城市在发展过程中缺乏沟通和协作，导致资源分散利用，地区恶性竞争的情况。

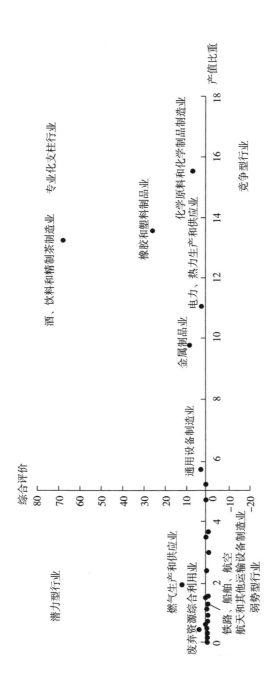

图 5-26 衡水制造业分类

注：弱势型行业主要包括农副食品加工业，食品制造业，纺织业，纺织服装、服饰业，皮革、毛皮、羽毛及其制品和制鞋业，木材加工和木、竹、藤、棕、草制品业，家具制造业，造纸和纸制品业，印刷和记录媒介复制业，文教、工美、体育和娱乐用品制造业，医药制造业，化学纤维制造业，非金属矿物制品业，黑色金属冶炼和压延加工业，专用设备制造业，电气机械和器材制造业，计算机、通信和其他电子设备制造业，仪器仪表制造业，其他制造业，水的生产和供应业。

表 5-10　河北省发展先进制造业和战略性新兴产业规划

发展目标	产业类型	重点建设基地
强化优势产业领先地位	钢铁产业	唐山、邯郸精品钢铁产业集群和曹妃甸区等临港钢铁产业基地
	装备制造产业	保定、沧州、张家口先进汽车产业基地、唐山轨道交通和机器人制造基地、保定智能网联汽车示范基地、邯郸高档数控机床和农机基地
	石化产业	重点建设曹妃甸石化、渤海新区合成材料、石家庄循环化工、邢台盐化工等产业基地
	食品产业	石家庄乳制品及传统主食、邢台方便健康食品、邯郸休闲健康食品和天然植物提取食品配料、秦皇岛和张家口葡萄酒、衡水功能食品等产业基地
构筑现代产业体系新支柱	信息智能产业	廊坊新型显示、石家庄光电与导航、辛集智能传感器等产业基地
	生物医药产业	石家庄国家生物医药、安国现代中药、沧州生物医药和邯郸生物提取物等产业基地
	新能源产业	张家口市可再生能源示范区和氢能示范城市、邢台太阳能利用及新型电池、保定新能源与能源设备、邯郸氢能装备、承德清洁能源融合发展等产业示范基地
	新材料产业	唐山钢铁及化工新材料、邯郸新型功能材料、衡水新型功能及复合材料、承德钒钛新材料、辛集新型显示材料等产业基地
布局发展高潜力未来产业	被动式超低能耗建筑产业	保定全国被动式超低能耗建筑全产业链示范基地
	康复辅助器具产业	石家庄、秦皇岛、保定、衡水康复辅助器具产业基地

资料来源：联合资信研究报告。

（三）制造行业发展趋势判断

在研究京津冀城市群产业结构时，应当充分意识到其动态的演变过程。通过分析产业结构变化透视城市群经济发展的推移过程，把握城市群产业结构的转移和今后发展方向。

如表 5-11 所示，通过对 2010 年京津冀三地和 2020 年制造业内部各行业的比较，可以发现：

第一，京津冀城市群各城市制造业各行业的比较优势有所变化。一般来说，一地区某行业的比较劳动生产率与区位熵成正相关关系。在行业发展的起始阶段，一地区由于某些原因，某行业的劳动生产率较高，那么相应的要素报酬率也会较高。此时，一方面，该地区其他行业的各种要素，在市场利润的引导下，会

表5-11　2010年和2020年京津冀三地制造业部门数据比较

地区	行业	区位商 2010年	区位商 2020年	区位商 变化	比较劳动生产率 2010年	比较劳动生产率 2020年	比较劳动生产率 变化	综合评价 2010年	综合评价 2020年	综合评价 变化
北京	煤炭开采和洗选业	1.332	**		0.762	**		1.015	**	
	石油和天然气开采业	**	**		**	**		**	**	
	黑色金属矿采选业	1.63	**	↑	1.989	**		3.242	**	
	农副食品加工业	0.415	0.596		0.536	0.4	→	0.222	0.239	↑
	食品制造业	0.87	1.058	↑	0.766	0.625	→	0.666	0.662	→
	酒、饮料和精制茶制造业	0.93	0.685	→	0.893	0.682	→	0.831	0.467	→
	烟草制品业	**	**		**	**		**	**	
	纺织业	0.129	0.032	→	0.078	0.013	→	0.01	0.000	→
	纺织服装、服饰业	0.449	0.387	→	0.169	0.098	→	0.076	0.038	→
	皮革、毛皮、羽毛及其制品和制鞋业	0.058	0.012	→	0.023	0.003	→	0.001	0.000	→
	木材加工和木、竹、藤、棕、草制品业	0.118	0.083	→	0.084	0.028	→	0.01	0.002	→
	家具制造业	0.673	0.733	↑	0.363	0.247	→	0.244	0.181	→
	造纸和纸制品业	0.333	0.227	→	0.3	0.206	→	0.1	0.047	→
	印刷和记录媒介复制业	1.896	1.123	→	1.083	0.465	→	2.054	0.522	→
	文教、工美、体育和娱乐用品制造业	0.244	0.198	→	0.081	0.063	→	0.02	0.012	→
	石油、煤炭及其他燃料加工业	1.447	0.765	→	6.26	2.121	→	9.057	1.624	→
	化学原料和化学制品制造业	0.383	0.204	→	0.528	0.281	→	0.203	0.057	→
	医药制造业	1.628	2.172	↑	1.505	2.299	↑	2.449	4.995	↑
	化学纤维制造业	0.028	**		0.044	**		0.001	**	
	橡胶和塑料制品业	0.308	0.127	→	0.215	0.064	→	0.066	0.008	→

续表

地区	行业	区位熵 2010年	区位熵 2020年	变化	比较劳动生产率 2010年	比较劳动生产率 2020年	变化	综合评价 2010年	综合评价 2020年	变化
北京	非金属矿物制品业	0.628	0.476	→	0.504	0.386	→	0.316	0.184	→
	黑色金属冶炼和压延加工业	0.428	0.098	→	0.876	0.173	→	0.375	0.017	→
	有色金属冶炼和压延加工业	0.13	0.110	→	0.261	0.172	→	0.034	0.019	→
	金属制品业	0.594	0.539	→	0.474	0.297	→	0.281	0.160	→
	通用设备制造业	0.799	0.681	→	0.71	0.490	→	0.567	0.334	→
	专用设备制造业	1.194	1.067	→	1.051	0.926	→	1.255	0.987	→
	汽车制造业	**	3.094		**	3.710		**	11.480	→
	铁路、船舶、航空航天和其他运输设备制造业	2.013	1.092	→	2.654	1.048	→	5.343	1.145	→
	电气机械和器材制造业	0.827	0.691	→	0.809	0.569	→	0.669	0.393	→
	计算机、通信和其他电子设备制造业	2.079	1.395	→	2.017	1.179	→	4.192	1.644	→
	仪器仪表制造业	1.826	1.453	→	1.276	1.107	→	2.33	1.608	→
	其他制造业	0.913	3.292	↑	0.502	1.789	↑	0.459	5.889	↑
	废弃资源综合利用业	0.243	0.067	→	0.548	0.074	→	0.133	0.005	→
	金属制品、机械和设备修理业	**	2.747		**	1.925	↑	**	5.288	↑
	电力、热力生产和供应业	2.68	1.944	→	5.378	7.821	↑	14.414	15.204	↑
	燃气生产和供应业	3.147	2.110	→	5.4	5.047	→	16.994	10.649	→
	水的生产和供应业	1.623	0.343	→	0.548	0.843	↑	0.889	0.29	→
天津	煤炭开采和洗选业	1.201	0.007	→	0.687	0.01	→	0.825	0	→
	石油和天然气开采业	5.963	4.454	→	7.604	9.442	↑	45.342	42.052	→
	黑色金属矿采选业	0.327	0.115	→	0.4	0.281	→	0.131	0.032	→

续表

地区	行业	区位熵 2010年	区位熵 2020年	区位熵 变化	比较劳动生产率 2010年	比较劳动生产率 2020年	比较劳动生产率 变化	综合评价 2010年	综合评价 2020年	综合评价 变化
天津	农副食品加工业	0.452	0.640	↑	0.583	0.43	→	0.263	0.275	↑
	食品制造业	1.213	1.435	↑	1.067	0.847	→	1.294	1.216	→
	酒、饮料和精制茶制造业	0.485	0.329	→	0.466	0.328	→	0.226	0.108	→
	烟草制品业	0.187	**		0.706	**	↑	0.132	**	
	纺织业	0.119	0.433	↑	0.071	0.183	↑	0.008	0.080	↑
	纺织服装、服饰业	0.617	0.083	→	0.232	0.021	→	0.143	0.002	→
	皮革、毛皮、羽毛及其制品和制鞋业	0.115	0.137	↑	0.045	0.030	→	0.005	0.004	→
	木材加工和木、竹、藤、棕、草制品业	0.094	0.145	↑	0.066	0.050	→	0.006	0.007	→
	家具制造业	0.472	0.833	↑	0.254	0.281	↑	0.12	0.234	↑
	造纸和纸制品业	0.507	0.842	↑	0.457	0.766	↑	0.232	0.645	↑
	印刷和记录媒介复制业	0.446	1.010	↑	0.255	0.418	↑	0.114	0.422	↑
	文教、工美、体育和娱乐用品制造业	0.646	0.543	→	0.216	0.172	→	0.139	0.093	→
	石油、煤炭及其他燃料加工业	1.334	0.910	↑	5.77	2.521	↑	7.695	2.293	↑
	化学原料和化学制品制造业	0.784	1.150	↑	1.08	1.584	↑	0.847	1.822	↑
	医药制造业	1.033	1.687	↑	0.955	1.786	↑	0.986	3.013	→
	化学纤维制造业	0.055	0.033	→	0.085	0.042	→	0.005	0.001	↑
	橡胶和塑料制品业	0.838	1.206	↑	0.585	0.611	↑	0.49	0.737	↑
	非金属矿物制品业	0.333	0.588	↑	0.268	0.476	→	0.089	0.280	↑
	黑色金属冶炼和压延加工业	2.185	1.541	→	4.468	2.720	↑	9.762	4.193	→
	有色金属冶炼和压延加工业	0.667	1.096	↑	1.335	1.717	↑	0.891	1.883	↑

续表

地区	行业	区位熵			比较劳动生产率			综合评价		
		2010年	2020年	变化	2010年	2020年	变化	2010年	2020年	变化
天津	金属制品业	1.393	1.437	↑	1.11	0.790	↓	1.547	1.136	↓
	通用设备制造业	0.857	1.064	↑	0.761	0.766	↑	0.653	0.814	↑
	专用设备制造业	0.966	1.387	↑	0.85	1.203	↑	0.821	1.668	↑
	汽车制造业	**	1.308	↑	**	1.568	↑	**	2.051	↑
	铁路、船舶、航空航天和其他运输设备制造业	1.434	1.493	↑	1.89	1.432	↓	2.71	2.137	↓
	电气机械和器材制造业	0.633	0.978	↑	0.619	0.805	↑	0.392	0.787	↑
	计算机、通信和其他电子设备制造业	1.294	0.810	↓	1.255	0.684	↓	1.624	0.554	↓
	仪器仪表制造业	0.973	0.774	↓	0.68	0.590	↓	0.662	0.456	↓
	其他制造业	0.536	0.290	↓	0.295	0.157	↓	0.158	0.046	↓
	废弃资源综合利用业	1.355	1.312	↓	3.062	1.458	↓	4.149	1.913	↓
	金属制品、机械和设备修理业	**	0.925	↑	**	0.648	↑	**	0.600	↑
河北	电力、热力生产和供应业	0.606	0.737	↑	1.216	2.966	↑	0.737	2.186	↑
	燃气生产和供应业	0.839	1.846	↑	1.44	4.416	↑	1.208	8.153	↑
	水的生产和供应业	0.963	1.488	↑	0.325	3.655	↑	0.313	5.440	↑
	煤炭开采和洗选业	1.116	0.763	↓	0.638	1.004	↑	0.712	0.766	↑
	石油和天然气开采业	0.514	0.583	↑	0.655	1.237	↑	0.336	0.721	↑
	黑色金属矿采选业	6.110	3.088	↓	7.456	7.564	↑	45.558	23.356	↓
	农副食品加工业	0.874	1.161	↑	1.129	0.779	↓	0.987	0.904	↓
	食品制造业	0.845	1.162	↑	0.743	0.686	↓	0.628	0.797	↑
	酒、饮料和精制茶制造业	0.672	0.778	↑	0.645	0.775	↑	0.434	0.603	↑

续表

地区	行业	区位熵			比较劳动生产率			综合评价		
		2010年	2020年	变化	2010年	2020年	变化	2010年	2020年	变化
河北	烟草制品业	0.446	0.355	→	1.683	1.407	→	0.75	0.500	→
	纺织业	0.761	0.612	→	0.457	0.259	→	0.348	0.158	→
	纺织服装、服饰业	0.406	0.349	→	0.153	0.089	→	0.062	0.031	→
	皮革、毛皮、羽毛及其制品和制鞋业	1.762	2.202	↑	0.686	0.479	→	1.209	1.056	↑
	木材加工和木、竹、藤、棕、草制品业	0.464	0.817	↑	0.329	0.279	→	0.153	0.228	↑
	家具制造业	0.580	0.665	↑	0.313	0.224	→	0.182	0.149	→
	造纸和纸制品业	0.746	0.498	→	0.672	0.453	→	0.501	0.226	→
	印刷和记录媒介复制业	0.809	0.662	→	0.462	0.274	→	0.374	0.182	→
	文教、工美、体育和娱乐用品制造业	0.248	0.413	↑	0.083	0.131	↑	0.021	0.054	↑
	石油、煤炭及其他燃料加工业	1.167	0.989	→	5.052	2.743	→	5.898	2.714	→
	化学原料和化学制品制造业	0.695	0.843	↑	0.958	1.162	↑	0.666	0.979	↑
	医药制造业	0.893	0.941	↑	0.825	0.996	↑	0.737	0.938	↑
	化学纤维制造业	0.250	0.471	↑	0.385	0.595	↑	0.096	0.280	↑
	橡胶和塑料制品业	0.813	0.923	↑	0.568	0.468	↑	0.461	0.432	→
	非金属矿物制品业	0.904	0.891	→	0.725	0.722	→	0.655	0.643	→
	黑色金属冶炼和压延加工业	3.883	5.129	↑	7.942	9.052	↑	30.842	46.429	↑
	有色金属冶炼和压延加工业	0.298	0.293	→	0.596	0.458	→	0.178	0.134	→
	金属制品业	1.220	1.461	↑	0.972	0.803	→	1.185	1.173	→
	通用设备制造业	0.752	0.488	→	0.668	0.351	→	0.503	0.171	→
	专用设备制造业	0.771	1.261	↑	0.678	1.095	↑	0.523	1.381	↑

续表

地区	行业	区位熵			比较劳动生产率			综合评价		
		2010年	2020年	变化	2010年	2020年	变化	2010年	2020年	变化
河北	汽车制造业	**	0.942		**	1.130		**	1.065	
	铁路、船舶、航空航天和其他运输设备制造业	0.529	0.643	↑	0.697	0.617	→	0.369	0.397	↑
	电气机械和器材制造业	0.644	0.614	→	0.63	0.505	→	0.406	0.310	→
	计算机、通信和其他电子设备制造业	0.112	0.167	↑	0.109	0.141	↑	0.012	0.024	↑
	仪器仪表制造业	0.256	0.586	↑	0.179	0.446	↑	0.046	0.261	↑
	其他制造业	0.350	0.092	→	0.193	0.050	→	0.068	0.005	→
	废弃资源综合利用业	0.309	1.239	↑	0.697	1.377	↑	0.215	1.707	↑
	金属制品、机械和设备修理业	**	1.129	↑	**	0.791	↑	**	0.893	↑
	电力、热力生产和供应业	1.172	0.881	→	2.351	3.543	↑	2.755	3.121	↑
	燃气生产和供应业	0.370	1.980	↑	0.635	4.736	↑	0.235	9.380	↑
	水的生产和供应业	0.586	0.459	→	0.198	1.127	↑	0.116	0.517	↑

注：** 表示相关数据缺失。

向比较劳动生产率高的行业进行转移。另一方面，其他地区的各种生产要素在该地区向心力和吸引力产生的极化效应影响下，也会集聚到该地区，从而使该地区的该行业迅速发展，专业化水平（区位熵）不断提高，区位熵也开始不断增大。另外，专业化水平的不断提高，又会促进该地区劳动生产率的相对提高。反之，当一个地区劳动生产率低于全国水平，即比较劳动生产率较低时，该地区行业会逐渐萎缩。

从效率上来看，北京的农副食品加工业，食品制造业，酒、饮料和精制茶制造业，纺织业，纺织服装、服饰业，皮革、毛皮、羽毛及其制品和制鞋业，木材加工和木、竹、藤、棕、草制品业，家具制造业，造纸和纸制品业等行业的劳动生产率都呈现下降的趋势，但在医药制造业、汽车制造业和电力、热力生产和供应业方面都有明显提升。北京智能制造装备行业的资源优势集中体现为丰富的人力、科研和教育资源，清华大学、北京大学、北京航空航天大学、北京理工大学等高校以及中科院、机械工业行业的各大研究院所等科研机构均会集中于此，形成强大的科研体系。2016~2020年，北京工业增加值呈上升趋势，由2016年的3636亿元增加至2020年的4217亿元。战略性新兴产业增加值增速呈波动上升趋势。2020年，战略性新兴产业增加值增速为9.2%，战略性新兴产业增加值占地区生产总值的比重为24.8%，比上年提高1个百分点。北京的高端产业显现出发展韧性。

天津的煤炭开采和洗选业，黑色金属矿采选业，农副食品加工业，食品制造业，酒、饮料和精制茶制造业，纺织服装、服饰业，皮革、毛皮、羽毛及其制品和制鞋业，木材加工和木、竹、藤、棕、草制品业，文教、工美、体育和娱乐用品制造业，石油、煤炭及其他燃料加工业，化学纤维制造业，黑色金属冶炼和压延加工业，金属制品业，铁路、船舶、航空航天和其他运输设备制造业，计算机、通信和其他电子设备制造业，仪器仪表制造业，其他制造业，废弃资源综合利用业的劳动生产率呈现下降的趋势。

河北的食品制造业，烟草制品业，纺织业，纺织服装、服饰业，皮革、毛皮、羽毛及其制品和制鞋业，木材加工和木、竹、藤、棕、草制品业，家具制造业，造纸和纸制品业，印刷和记录媒介复制业，石油、煤炭及其他燃料加工业，橡胶和塑料制品业，有色金属冶炼和压延加工业，金属制品业，通用设备制造业，铁路、船舶、航空航天和其他运输设备制造业，电气机械和器材制造业，其他制造业的劳动生产率都呈现下降的趋势。

对于这些产业部门劳动生产率下降的原因及如何有效、科学地提高其劳动生产率是亟待解决的问题。出现下降也可能和地区的产业转型过程相关联。从综合评价结果来看，各地区的发展基本是和京津冀协同发展以来的定位和规划相吻合的。以河北为例，河北近年来依托钢铁产业优势，不断延伸产业链条，装备制造业发展强劲，内部结构由低端向高端持续迈进，产品由初加工向高附加值加快延伸，金属制品业、通用及专用设备制造业等行业层次不断提升，产品提档升级；汽车制造业，铁路、船舶、航空航天和其他运输设备制造业，电气机械和器材制造业，计算机、通信和其他电子设备制造业，仪器仪表制造业等行业不断发展壮大，成为继钢铁产业拉动工业增长的第二主力军。

2021 年，河北省规模以上工业装备制造业企业 5872 家，比 2012 年增加 2117 家，占全部规模以上工业单位总数的 36.4%，比 2012 年提高 6.0 个百分点；实现营业收入 12051.0 亿元，比 2012 年增加 3936.0 亿元，占全部规模以上工业营业收入的比重为 22.3%，比 2012 年提高 4.2 个百分点，2013~2021 年年均增长 4.5%，比全部规模以上工业快 2.4 个百分点；实现增加值占全部规模以上工业增加值的比重为 18.6%，比 2012 年提高 0.1 个百分点，2013~2021 年年均增长约 8.7%（见图 5-27），比全部规模以上工业快 3.4 个百分点①。

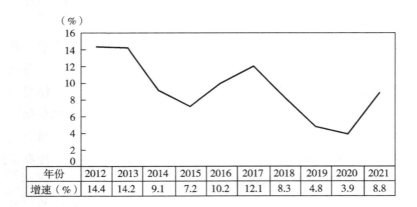

年份	2012	2013	2014	2015	2016	2017	2018	2019	2020	2021
增速（%）	14.4	14.2	9.1	7.2	10.2	12.1	8.3	4.8	3.9	8.8

图 5-27　2012~2021 年河北省装备制造业增加值增速

资料来源：河北省统计局网站。

---

① 《工业转型升级加快　发展韧性持续增强——党的十八大到二十大河北经济社会发展成就系列报告之四》，http://tjj.hebei.gov.cn/hetj/tjxx/101655889834442.html。

第二，存在区位熵和比较劳动生产率变化不一致的现象。一般来说，行业聚集的同时，总是伴随着比较劳动生产率的提高。但是，当区位熵达到一定程度（聚集导致的堵塞高成本）时，一个地区即使有较高的劳动生产率，也将可能发生行业萎缩。当区位熵达到聚集导致的堵塞高成本时，由于该地区该行业会受到诸如劳动力、交通运输、水、电等成本的提高以及环境承载能力饱和等各种限制，行业进一步发展将会受到制约。当该地区较高的生产率也无法弥补较高的生产成本时，出于保持竞争力的考虑，该行业的众多企业将会选择到低成本地区投资，由此便发生了行业转移。该地区行业的市场占有率和生产专业化程度比以前会削弱、下降，而其他转入地区随着此产业规模的扩大，劳动生产率开始上升，因此转出地该行业的比较劳动生产率就逐渐下降。

从表5-11可以看出，一种情况是一些地区某些行业区位熵上升的同时，并没有带来比较劳动生产率的上升而是下降，如北京的农副食品加工业，食品制造业，家具制造业；天津的农副食品加工业，食品制造业，皮革、毛皮、羽毛及其制品和制鞋业，木材加工和木、竹、藤、棕、草制品业，金属制品业，铁路、船舶、航空航天和其他运输设备制造业，计算机、通信和其他电子设备制造业；河北的食品制造业，皮革、毛皮、羽毛及其制品和制鞋业，木材加工和木、竹、藤、棕、草制品业，家具制造业，金属制品业以及铁路、船舶、航空航天和其他运输设备制造业。另一种情况是区位熵下降，比较劳动生产率上升，如河北的煤炭开采和洗选业，黑色金属矿采选业，电力、热力生产和供应业，水的生产和供应业。造成这种情况的可能原因是竞争压力使相关行业效率低下的部门逐渐从本地区向其他地区转移。

三、京津冀服务优势行业分析

（一）服务业行业基础分析

在对制造业内部各行业进行深入剖析后，有必要对服务业进行同样的分析，这样才能全面把握京津冀城市群各城市的产业结构。京津冀城市群经济基础和发展条件的差异导致服务业内部构成同样各有侧重，利用区位熵反映京津冀都市圈各城市服务业内部不同行业的相对聚集程度，并结合效率指标和产业产值比重，可以综合反映京津冀城市群三省份服务行业的优势所在。

计算结果如表5-12所示。可以看出，在京津冀城市群中，北京的信息传输、软件和信息技术服务业，金融业，科学服务业，文化体育娱乐业以及文化、体育和娱乐业区位熵大于 1.5，行业聚集优势明显。天津的金融业以及科学研究和技术服务业大于 1.5，但均低于北京。河北只有交通运输、仓储和邮政业的区位熵超过 1.5。

表 5-12　2019 年京津冀三地服务业区位熵比较

城市 行业	北京	天津	河北
批发和零售业	0.537	0.862	0.921
交通运输、仓储和邮政业	0.434	1.115	2.053
住宿和餐饮业	0.543	0.568	0.650
信息传输、软件和信息技术服务业	2.576	0.856	0.568
金融业	1.543	1.504	0.947
房地产业	0.669	1.057	0.980
租赁和商务服务业	1.423	0.914	0.648
科学研究和技术服务业	2.246	1.577	0.775
水利、环境和公共设施管理业	1.006	1.217	0.673
居民服务、修理和其他服务业	0.247	0.447	0.848
教育	0.838	1.039	0.984
卫生和社会工作	0.825	0.830	1.016
文化、体育和娱乐业	1.648	0.484	0.644
公共管理、社会保障和社会组织	0.608	0.640	1.276

如表 5-13 所示，从比较劳动生产率来看，北京的信息传输、软件和信息技术服务业，金融业，科学研究和技术服务业以及文化、体育和娱乐业显著高于天津和河北。天津的房地产业的比较劳动生产率高于北京和河北；批发和零售业，交通运输、仓储和邮政业，信息传输、软件和信息技术服务业，金融业，科学研究和技术服务业，居民服务、修理和其他服务业也比较高，但是批发和零售业、交通运输、仓储和邮政业，居民服务、修理和其他服务业的比较劳动生产率高于北京但低于河北，信息传输、软件和信息技术服务业，金融业，科学研究和技术服务业高于河北但低于北京。河北的批发和零售业，交通运输、仓储和邮政业以及居民服务、修理和其他服务业的比较劳动生产率比较高，而且显著高于北京和天津；金融业和房地产业也比较高，但是金融业明显低于北京和天津，房地产业

高于北京但低于天津。

表 5-13 2019 年京津冀三地服务业比较劳动生产率

行业 \ 城市	北京	天津	河北
批发和零售业	1.188	1.908	2.038
交通运输、仓储和邮政业	0.434	1.115	2.052
住宿和餐饮业	0.703	0.736	0.842
信息传输、软件和信息技术服务业	3.627	1.206	0.799
金融业	2.735	2.665	1.679
房地产业	1.773	2.801	2.598
租赁和商务服务业	1.351	0.867	0.615
科学研究和技术服务业	2.247	1.577	0.775
水利、环境和公共设施管理业	0.463	0.560	0.310
居民服务、修理和其他服务业	0.935	1.691	3.204
教育	0.320	0.397	0.375
卫生和社会工作	0.352	0.354	0.433
文化、体育和娱乐业	1.703	0.500	0.666
公共管理、社会保障和社会组织	0.280	0.295	0.588

综合区位熵和比较劳动生产率，可以计算得出京津冀城市群三地服务业各行业的比较优势。从表 5-14 可以看出，北京的信息传输、软件和信息技术服务业，金融业，科学研究和技术服务业以及文化、体育和娱乐业具有显著优势。天津的房地产业具有显著优势，金融业和科学研究和技术服务业也具有一定优势，但优势不如北京。河北的交通运输、仓储和邮政业，居民服务、修理和其他服务业具有显著优势；批发和零售业和房地产业也具有一定优势，但优势小于天津。由此可以看出，北京的服务业发展较快，河北的服务业发展还具有一定差距。

表 5-14 2019 年京津冀三地服务业各行业综合分析

行业 \ 城市	北京	天津	河北
批发和零售业	0.638	1.645	1.877

续表

城市 行业	北京	天津	河北
交通运输、仓储和邮政业	0.188	1.243	4.213
住宿和餐饮业	0.382	0.418	0.547
信息传输、软件和信息技术服务业	9.343	1.032	0.454
金融业	4.220	4.008	1.590
房地产业	1.186	2.961	2.546
租赁和商务服务业	1.922	0.792	0.399
科学研究和技术服务业	5.047	2.487	0.601
水利、环境和公共设施管理业	0.466	0.682	0.209
居民服务、修理和其他服务业	0.231	0.756	2.717
教育	0.268	0.412	0.369
卫生和社会工作	0.290	0.294	0.440
文化、体育和娱乐业	2.807	0.242	0.429
公共管理、社会保障和社会组织	0.170	0.189	0.750

利用区位熵和劳动生产率判断的是京津冀各城市服务业的优势，但并不能解决京津冀各城市发展方向的问题。同样可以结合 2019 年京津冀三地服务业各行业产值的比重（见表 5-15）来分析京津冀三地服务业的总体发展情况。

表 5-15　2019 年京津冀三地服务业各行业产值比重　　　　单位：%

城市 行业	北京	天津	河北
批发和零售业	9.684	15.550	16.611
交通运输、仓储和邮政业	3.476	8.926	16.434
住宿和餐饮业	1.832	1.917	2.193
信息传输、软件和信息技术服务业	16.216	5.391	3.574
金融业	22.185	21.620	13.617
房地产业	8.884	14.034	13.018
租赁和商务服务业	8.759	5.622	3.989
科学研究和技术服务业	9.581	6.724	3.305
水利、环境和公共设施管理业	1.111	1.345	0.743

续表

城市 行业	北京	天津	河北
居民服务、修理和其他服务业	0.792	1.433	2.715
教育	5.996	7.434	7.036
卫生和社会工作	3.475	3.499	4.282
文化、体育和娱乐业	2.528	0.742	0.988
公共管理、社会保障和社会组织	5.480	5.762	11.496

（二）服务业优势行业判断结果

为了形象地说明服务业的优势部门，从而确定城市实际所发挥的功能，依然采取比较优势和产值比重两项指标，通过四象限图反映服务业内部的专业化支柱行业、潜力型行业、竞争型行业和弱势型行业。

1. 北京服务业的发展情况

结合北京各服务业的产值比重可以看出，北京的专业化支柱行业包括（见图5-28）信息传输、软件和信息技术服务业，金融业，科学研究和技术服务业，租赁和商务服务业，房地产业。其中，信息传输、软件和信息技术服务业，金融业，科学研究和技术服务业优势明显，这三个行业是现代服务业的重要组成部分，也是推动北京服务业发展的优势行业。最新数据显示，2022年，这三个行业增加值同比分别增长6.4%、9.8%和1.8%，分别占全市GDP的19.7%、17.9%和8.3%，同比分别提高0.8个、1.7个和0.4个百分点①。

文化、体育和娱乐业的产值占比还比较小，属于潜力型行业。竞争性行业包括教育，公共管理、社会保证和社会组织。一般来说，随着经济的发展和科技的进步，服务业比重会在整个国民经济中不断提高，其内部结构也会不断升级。发达国家服务业发展趋势表明，若第三产业（服务业）第一层次（包括交通运输、仓储和邮政业，住宿和餐饮业，批发和零售业）比重高，则服务业内部结构处于较低层次。但随着国民经济的发展，人民生活水平不断提高，居民消费服务产品的比重增大，生产和生活服务业发展，服务业第二层次（包括金融业，房地产业，信息传输、软件和信息技术服务业，租赁和商务服务业）比重增长，预示着

---

① 《2022年经济解读系列——服务业篇》，https：//www.beijing.gov.cn/gongkai/gkzt/2022bjsjjyxqk/2022bjsjjyxqk07/202301/t20230119_ 2905897.html。

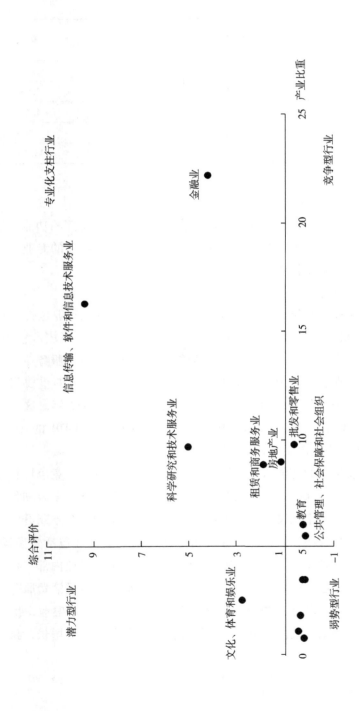

图 5-28 北京服务业行业类型分类

注：弱势型行业主要包括交通运输、仓储和邮政业，水利、环境和公共设施管理业，居民服务、修理和其他服务业，卫生和社会工作。

第三产业内部结构处于较高的水平。国民经济发展到工业化阶段后，服务业比重增大，商业交通部门国民经济比重降低。从北京第三产业内部各行业分布可以看出，北京第三产业已经处于较高水平。

现代服务业成为拉动北京经济增长的主引擎。2020 年，北京服务业实现增加值 3 万亿元，占地区生产总值的比重达到 83.8%，服务业税收贡献、吸纳从业人员占全市的比重均在 80% 以上；现代服务业实现增加值为 2.4 万亿元，占服务业增加值比重达到 79.6%，税收贡献、吸纳从业人员占服务业的比重也均在 80% 左右。

2. 天津服务业的发展情况

从图 5-29 可以看出，天津服务业结构不如北京服务业升级趋势明显。金融业，房地产业，批发和零售业，科学研究和技术服务业，交通运输、仓储和邮政业以及信息传输、软件和信息技术服务业具有比较优势且产值比重较高，为专业化支柱行业。其中，交通运输、仓储和邮政业，批发和零售业属于服务业第一层次。租赁和商务服务业，教育，公共管理、社会保障和社会组织并不具有比较优势，但产值和其他服务行业相比占有一定比重，为竞争型行业。其他行业则不仅不具有比较优势而且产值比重较低。因此，综合来看，天津服务业的实际发展仍在升级过程中，传统服务仍占有一定比重，服务业第二层次的生产和生活服务业部门正迅速发展。

3. 河北服务业的发展情况

从图 5-30 可以看出，河北的专业化支柱行业主要包括交通运输、仓储和邮政业，批发和零售业，房地产业和金融业，一半产业属于第一层次的产业。教育，公共管理、社会保障和社会组织，房地产业的产值虽然占有一定比重，但并不具有比较优势，是竞争型行业。居民服务、修理和其他服务业虽然具有一定比较优势，但产值比重较低，属于潜力型行业。因此，河北的服务业发展水平还比较低。随着河北工业化进程的加速，河北服务业结构还有待进一步升级优化。

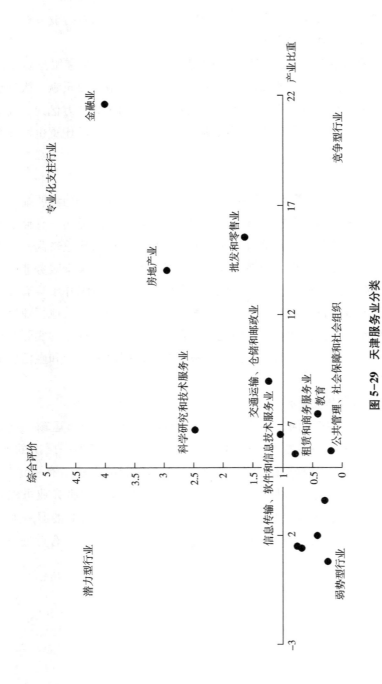

图 5-29 天津服务业分类

注：弱势型行业主要包括住宿和餐饮业、水利、环境和公共设施管理业、居民服务、修理和其他服务业、卫生和社会工作、文化、体育和娱乐业。

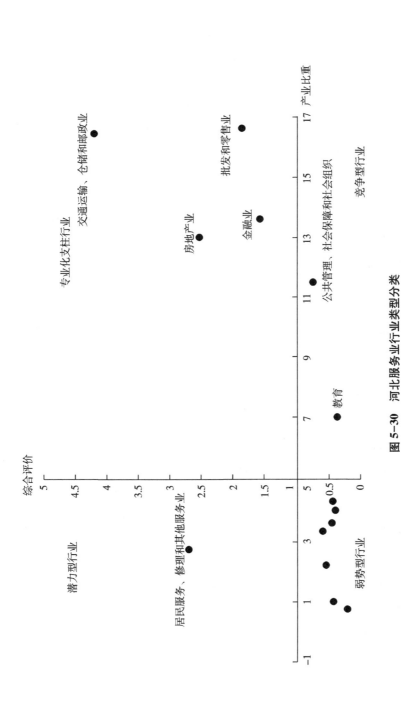

图5-30　河北服务业行业类型分类

注：弱势型行业主要包括住宿和餐饮业、信息传输、软件和信息技术服务业、租赁和商务服务业、科学研究和技术服务业、水利、环境和公共设施管理业、卫生和社会工作、文化、体育和娱乐业。

（三）服务业发展趋势判断

通过比较 2010~2019 年（河北省为 2013 年）服务业部门的区位熵、相对比较劳动生产率、产业综合评价值和产值比例，动态考虑服务业的发展趋势，可以对京津冀各城市服务业发展趋势作出整体判断。

第一，京津冀城市群服务业内部行业比较优势有所变化。从效率上来看，以下行业目前的相对比较生产率出现下降：北京的批发和零售业，交通运输、仓储和邮政业，住宿和餐饮业，信息传输、软件和信息技术服务业，房地产业，租赁和商务服务业，居民服务、修理和其他服务业；天津的批发和零售业，交通运输、仓储和邮政业，住宿和餐饮业，信息传输、软件和信息技术服务业，房地产业，租赁和商务服务业，居民服务、修理和其他服务业，文化、体育和娱乐业；河北的批发和零售业，交通运输、仓储和邮政业，住宿和餐饮业，信息传输、软件和信息技术服务业，金融业，居民服务、修理和其他服务业；等等。对于这些行业部门相对比较劳动生产率下降的原因及如何有效科学提高其劳动生产率是亟待解决的问题。从区位熵的变化可以看出，北京和天津的批发和零售业、租赁和商务服务业的区位熵有较大程度的下降，其他多个服务业的区位熵也有所下降，反映了以疏解北京非首都功能为"牛鼻子"的京津冀协同发展有据可依，并取得了初步的成果，在一定程度上改变了京津冀发展中北京"一家独大"的局面。从综合评价来看，河北服务业多个行业的综合评价提高，说明河北的服务业有较大程度的提高。

第二，存在区位熵和相对比较劳动生产率变化不一致的现象。从表 5-16 可以看出，一种情况是一些地区的某些行业区位熵上升的同时，并没有带来比较劳动生产率的上升反而下降了，如北京的信息传输、软件和信息技术服务业；天津的信息传输、软件和信息技术服务业，房地产业；河北的金融业等。这些行业的区位熵不断上升而相对比较劳动生产率却在下降。另一种情况是区位熵下降，比较劳动生产率上升，如北京的科学研究和技术服务业，文化、体育和娱乐业；天津的科学研究和技术服务业，水利、环境和公共设施管理业、教育；河北的科学研究和技术服务业。造成这种情况的可能原因是竞争压力使相关产业效率低下的部门逐渐从本地区向其他地区转移。

表5-16　2010年、2013年和2019年京津冀城市群重点服务部门相关数据比较

地区	行业	区位熵				比较劳动生产率				综合评价			
		2010年	2013年	2019年	变化	2010年	2013年	2019年	变化	2010年	2013年	2019年	变化
北京	批发和零售业	0.865		0.537	→	2.297		1.188	→	1.987		0.638	→
	交通运输、仓储和邮政业	0.609		0.434	→	0.734		0.434	→	0.447		0.188	→
	住宿和餐饮业	0.644		0.543	→	0.987		0.703	→	0.636		0.382	→
	信息传输、软件和信息技术服务业	2.238		2.576	↑	4.253		3.627	↑	9.520		9.344	↑
	金融业	1.455		1.543	↑	2.580		2.735	↑	3.753		4.221	↑
	房地产业	0.723		0.669	→	3.095		1.773	→	2.239		1.186	→
	租赁和商务服务业	2.005		1.423	→	2.001		1.351	→	4.011		1.923	→
	科学研究和技术服务业	2.734		2.246	→	2.095		2.247	↑	5.728		5.047	↑
	水利、环境和公共设施管理业	0.704		1.006	↑	0.224		0.463	↑	0.158		0.465	↑
	居民服务、修理和其他服务业	0.267		0.247	→	1.073		0.935	→	0.286		0.231	→
	教育	0.702		0.838	↑	0.212		0.320	↑	0.149		0.268	↑
	卫生和社会工作	0.697		0.825	↑	0.262		0.352	↑	0.182		0.290	↑
	文化、体育和娱乐业	1.933		1.648	→	1.459		1.703	↑	2.821		2.805	→
	公共管理、社会保障和社会组织	0.469		0.608	↑	0.212		0.280	↑	0.099		0.171	↑
天津	批发和零售业	1.250		0.862	→	3.317		1.908	→	4.146		1.645	→
	交通运输、仓储和邮政业	1.253		1.115	→	1.510		1.115	→	1.892		1.243	→
	住宿和餐饮业	0.800		0.568	→	1.226		0.736	→	0.982		0.418	→
	信息传输、软件和信息技术服务业	0.711		0.856	↑	1.350		1.206	→	0.960		1.033	↑
	金融业	1.119		1.504	↑	1.984		2.665	↑	2.219		4.009	↑
	房地产业	0.679		1.057	↑	2.904		2.801	→	1.971		2.960	↑

续表

地区	行业	区位熵				比较劳动生产率				综合评价			
		2010年	2013年	2019年	变化	2010年	2013年	2019年	变化	2010年	2013年	2019年	变化
天津	租赁和商务服务业	1.114		0.914	→	1.112		0.867	→	1.239		0.792	→
	科学研究和技术服务业	1.995		1.577	→	1.529		1.577	↑	3.050		2.486	→
	水利、环境和公共设施管理业	1.384		1.217	→	0.440		0.560	↑	0.609		0.682	↑
	居民服务、修理和其他服务业	1.358		0.447	→	5.464		1.691	→	7.417		0.757	→
	教育	0.712		1.039	→	0.215		0.397	↑	0.153		0.412	↑
	卫生和社会工作	0.687		0.830	↑	0.258		0.354	↑	0.177		0.294	↑
	文化、体育和娱乐业	0.752		0.484	→	0.568		0.500	→	0.427		0.242	→
	公共管理、社会保障和社会组织	0.498		0.640	→	0.224		0.295	↑	0.112		0.189	→
河北	批发和零售业		1.024	0.921	→		2.098	2.038	→		2.148	1.878	→
	交通运输、仓储和邮政业		2.416	2.053	→		2.362	2.052	→		5.706	4.213	→
	住宿和餐饮业		0.991	0.650	→		1.133	0.842	→		1.122	0.547	↑
	信息传输、软件和信息技术服务业		0.713	0.568	→		0.929	0.799	→		0.662	0.454	→
	金融业		0.741	0.947	↑		1.743	1.679	↑		1.291	1.590	↑
	房地产业		0.792	0.980	↑		2.293	2.598	↑		1.817	2.547	↑
	租赁和商务服务业		0.454	0.648	↑		0.435	0.615	↑		0.197	0.399	→
	科学研究和技术服务业		0.923	0.775	→		0.712	0.775	↑		0.658	0.601	→
	水利、环境和公共设施管理业		0.567	0.673	↑		0.208	0.310	↑		0.118	0.208	↑
	居民服务、修理和其他服务业		1.396	0.848	→		5.163	3.204	→		7.205	2.716	→
	教育		0.753	0.984	↑		0.260	0.375	↑		0.196	0.369	→
	卫生和社会工作		0.981	1.016	↑		0.430	0.433	→		0.422	0.440	↑

续表

地区	行业	区位熵				比较劳动生产率				综合评价			
		2010 年	2013 年	2019 年	变化	2010 年	2013 年	2019 年	变化	2010 年	2013 年	2019 年	变化
河北	文化、体育和娱乐业		0.561	0.644	↑		0.482	0.666	↑		0.271	0.429	↑
	公共管理、社会保障和社会组织		0.829	1.276	↑		0.364	0.588	↑		0.302	0.751	↑

注：由于河北的数据缺失比较严重，因此对河北 2013 年和 2019 年的变化进行了比较。

第三节　京津冀产业协同发展面临的问题与未来发展趋势

产业协同是京津冀协同发展战略中四个率先突破的重点领域之一，产业协同发展的广度和深度直接影响区域发展的质量与成效。京津冀协同发展背景下的产业协同就是要理顺京津冀三地产业发展链条，形成区域间产业合理分布和上下游联动机制，实现产业版图重构，基本按照北京"转"、天津"立"、河北"补"的方向进行，形成"疏得出、接得住、能发展"的空间发展格局。协同发展的关键在于各城市需要从被动承接产业转移，转变为依照自身优势和需求进行主动规划、主动选择、主动参与，并由此激发广大企业主体参与。京津冀协同发展战略实施九年来，三地立足各自资源禀赋与产业定位、转移承接，初步形成"2+4+N"的产业合作格局，北京城市副中心和雄安新区"两翼"产业不断集聚①。

一、京津冀产业协同发展面临的问题

通过对京津冀三地和各城市制造业和服务业的分析可以看出，京津冀三地产业发展呈现北京产业高端化趋势明显、天津先进制造业迅猛发展及河北产业转型升级成效显著的特点和趋势。北京全市一般制造、商贸物流和企业总部有序疏解，金融、研发等高端服务业对外开放水平迅速提高，北京城市副中心、雄安新区、大兴机场等平台很好地发挥了"磁力源"的作用，吸引先进产业要素加速向河北和天津布局落地，智能科技产业、先进制造业、专精特新"小巨人"企业等先进产业集群和优势产业链加速形成。尽管如此，在京津冀产业协同发展的过程中，还存在以下问题：

（一）功能定位不够清晰，差异化布局尚未形成

京津冀城市群城市之间的功能定位存在重叠，尽管不同城市都在寻求开展不同规模和层次的分工与合作，但在地方分权背景下，城市之间在要素乃至产品和

---

① 统计显示：9年来，天津累计引进北京企业投资项目超6900个，资金到位额超1.2万亿元；2014年以来，河北累计承接京津转入单位4.39万个，其中近80%为北京转入。

服务市场的激烈竞争就成为必然。在产业整合过程中忽视了区域内部的合作和共赢，缺乏对自身在区域发展中地位和作用的定位，也使该区域产业发展出现缺乏特点、行业集群度较低等问题。以制造业为例，河北黑色金属矿采选业和黑色金属冶炼及压延加工业两个行业营业收入在全国同行业稳居首位，这两个行业也是多个城市的支柱性产业，这些城市之间如何协同发展，产业的分工还需具体细化。

跨区域产业分工协作是都市圈产业发展空间格局优化的关键之举，迫切需要跨区域推动产业协同发展、错位发展。差异化的产业分工布局是影响各地的区域间资源流动的重要因素。如果资源流动不畅，则不利于产业链做长做大，形成规模效益，不利于城市群内资源在更大范围内有效配置和都市圈产业协同发展格局的形成。因而，城市群各城市要综合考量区域空间、资源禀赋聚焦不同产业，有差异地进行重点产业布局，形成有效的全域产业协同。

（二）京津冀三地跨区域产业链尚未真正形成

京津冀三地之间经济发展水平和产业结构落差较大，产业链合作的基础仍然有待加强。从产业内部结构来看，北京第二产业以高技术制造业和战略性新兴产业为主，河北钢铁、化工等传统产业仍占较大比重；北京服务业以金融、信息服务、科技服务等现代服务业为主，河北批发零售、交通运输、住宿餐饮三大行业占比较大。同时，津冀产业配套落后，尤其是高端配套环节不足，承接北京产业转化和产业化项目相对乏力。例如，小米28家智能硬件产业链配套公司中，10家在北京，成都、西安各1家，其余16家均位于长三角、珠三角地区，津冀地区尚无小米智能硬件产业链配套公司①。此外，京津冀三地无论是在创新投入还是在创新产出方面都存在较大差距，创新能力的落差在一定程度上拉大了产业梯度和产业发展间落差，导致三地在新产品研发、产品更新换代等方面参差不齐，也导致产业链条的各环节发展不均衡、接续难度大，制约了北京科技成果在津冀的落地转化。

（三）产业布局与城镇布局的空间耦合度有待提升

不同等级的产业转移过程就是城市等级结构与空间结构形成的过程，而空间结构形成过程是不断优化重组的过程。京津冀内部大城市过大、中等城市发育不

---

① 杨松，唐勇，邓丽姝. 北京经济发展报告（2021～2022）［M］. 北京：社会科学文献出版社，2022.

良、小城镇过小的问题突出，城市之间的交互作用比较弱。模糊又断层的城镇等级体系不利于承接上一级城市的产业转移，造成产业和创新要素在城市之间传导受阻，影响产业合理分布与梯度优势的发挥和完整跨区域产业链体系的构建①。京津冀城市群人才、技术等生产要素不能很好地形成各城市间竞争合作的对流关系，这使在京津冀协同发展过程中三地企业的投资热点地区主要集中于京津发展轴、京保石发展轴等区域。如何将产业轴的发展和城镇轴的发展结合起来，在政府主导的功能疏解的同时，加大市场自发的产业转移力量，在加快北京城市副中心和雄安新区建设的同时，增强保定、唐山等功能性区域中心的综合实力和辐射带动力，推动京津冀城市群由"双核"驱动向"多核"城市群格局转变，仍是京津冀面临和亟待破解的难题。

二、京津冀产业协同的未来发展趋势

（一）制造业数智化转型进一步加快

智能制造是引领制造业高质量发展的主攻方向，是推动制造业向质量型发展转变的主战场。未来，河北还需进一步提高数智制造水平，发挥本地优势，重点聚焦钢铁、石化、汽车制造等行业，提升制造业企业在自动化、数字化、智能化基础技术和产业支撑等方面的能力。北京和天津制造业要在保持现有经济效益的前提下，不断提升创新能力，以创新驱动实现制造业核心技术的自主化、产业技术的高级化和产业链的现代化。未来，北京还将继续着重发展"高精尖"产业，充分利用先进的数字技术，在京津冀协同发展中发挥引领作用②。

（二）数字经济进一步赋能京津冀产业协同发展

随着数字技术与传统产业渗透交融，以数字经济为代表的新兴经济成为京津冀协同发展的关键动力，助推三地初步形成"产业链—创新链—资金链—人才链"四链融合、协同发展的现代产业体系。目前，北京的数字经济发展水平整体处于国内领先地位，天津及河北各城市与北京在数字经济发展方面的差距仍然较大。未来，北京将通过数字经济标杆城市建设，进一步引领京津冀区域高标准建设一批数字城市先行示范区。河北不断增强与京津两地数字经济的合作与共享，加强数字技术方面人才的培育与引进，不断促进传统产业转型升级。未来，数字

① 于倩，尹德挺. 系统优化京津冀城市和产业空间布局［J］. 前线，2022（9）：64-67.
② 根据《北京市"十四五"时期高精尖产业发展规划》，北京市要大力构建高精尖经济结构，预计到2025年北京市高精尖产业营收规模将超过8.75万亿元。

技术与产业经济将进一步深度融合，数字经济将成为助推京津冀协同发展的重要动力源。

（三）现代化首都都市圈成为京津冀产业协同发展的助推器

现代化首都都市圈是建设京津冀世界级城市群的必经发展阶段。构建现代化首都都市圈已列入《国务院支持北京城市副中心高质量发展的意见》《京津冀产业协同发展实施方案》等重要文件①。经过这几年的协同发展，初步形成了由通勤圈、功能圈、产业圈组成的现代化首都都市圈。通勤圈是现阶段首都都市圈建设的重点，主要是促进环京地区深度融合，完善区域快线，加强公共服务配套，形成同城化效应。功能圈主要是促进京津雄联动发展。产业圈主要是促进节点城市强链补链，聚焦新能源和智能网联汽车、生物医药、工业互联网、氢能等重点产业链，形成紧密分工协作格局。2021年，北京企业对"通勤圈""功能圈""产业圈"的投资次数分别是2015年的2.4倍、2.2倍、2.1倍，三个圈层实现地区生产总值3.9万亿元，占京津冀地区生产总值的比重超40%。

通过对京津冀各城市优势产业的分析可以发现，石家庄、保定和廊坊的优势不断显现，未来，在现代化首都都市圈建设的带动下，这些节点城市充分发挥区位优势和产业优势，培育新的高技术优势产业部门，将会进一步畅通区域市场循环，强化资源要素聚集，有望成为京津冀城市群中的中心城市。未来，在现代化首都都市圈的支撑下，产业链、创新链、供应链的融合度和稳固度将不断提高，京津冀世界级城市群将加快构建。

第四节　本章小结

自京津冀协同发展战略实施以来，产业协同取得了显著成效。由于城市功能受产业结构变化的影响，城市功能通过产业结构来表现，因此城市特色功能由优势产业体现。为此，为了更好地分析京津冀城市功能和产业协同发展现状，本章利用区位熵、劳动生产率和产业份额判断了京津冀各城市制造业和服务业中的支

---

① 本书的理论基础部分已经详细论述过城市群与都市圈的联系与区别，都市圈是城市群中人口和经济密度最高、经济和社会活动最为密集、城市之间联系最为密切的区域，是引领经济发展、产业和消费升级的重要引擎，是我国城市群高质量发展、经济转型升级的重要抓手。

柱型行业、潜力型行业、竞争型行业和弱势型行业。研究表明，北京的优势制造行业集中在电力、热力生产和供应业，汽车制造业，医药制造业，计算机、通信和其他电子设备制造业等资本和技术密集型行业。天津则集中在黑色金属冶炼和压延加工业，石油和天然气开采业，汽车制造业，电力、热力生产和供应业，化学原料和化学制品制造业。河北其他城市多在黑色金属冶炼和压延加工业，黑色金属矿采选业，电力、热力生产和供应业，燃气生产和供应业等行业具有优势。因此，京津冀城市群由行业所体现出来的功能存在一定分工，北京制造业行业主要集中在资本和技术密集型行业；天津制造业同样含有资本和技术密集型行业特征；河北其他城市制造业也呈现高端化发展的趋势，但总体而言，多数城市制造业门类齐全，以资源型和基础型工业为主，仍然留有一定的上游化与初级产品痕迹。三地既有产业链合作的基础，也有产业同质化的问题，需要进一步明确分工格局。

在服务业方面，北京的专业化支柱服务业包括信息传输、软件和信息技术服务业，金融业，科学研究和技术服务业，租赁和商务服务业和房地产业，其中信息传输、软件和信息技术服务业，金融业，科学研究和技术服务业的优势显著高于租赁和商务服务业，房地产业。天津的专业化支柱服务业包括金融业，房地产业，批发和零售业，科学研究和技术服务业，交通运输、仓储和邮政业，信息传输、软件和信息技术服务业。河北的专业化支柱服务业包括交通运输、仓储和邮政业，批发和零售业，房地产业，金融业。由此可以看出，三地的服务业优势不尽相同，北京的产业高端化特征明显。

总体来说，京津冀各城市产业结构，尤其是制造业差异较大，说明京津冀城市功能互补性强，错位发展的空间较大。北京的生产性服务业，尤其是信息、科研等高端生产性服务业优势明显。因此，京津冀在产业链条衔接、优势产业互补方面有较大合作空间，各城市之间有利于形成完整的产业链。

第六章 京津冀人口发展现状与面临的挑战

第五章分析了京津冀协同发展背景下的产业发展现状。在京津冀协同发展上升为国家战略后，随着北京非首都功能的疏解，京津冀城市群尤其是北京的人口规模和分布发生了较大变化，北京的产业转型升级政策对人口规模产生了重要影响。本章将对京津冀人口现状进行分析，从而为分析京津冀协同发展背景下的产业与人口之间的关系奠定基础。

第一节 京津冀人口规模变化

一、京津冀人口总量稳步增长，占全国大陆人口比重相对稳定

"七普"数据显示，京津冀人口总量为11037万人，占全国大陆人口的比重为7.82%。与"六普"数据的10441万人相比，人数增加596万人，增长7.7%，占全国大陆人口的比重从7.79%微弱提升至7.82%。与我国另外两大城市群长三角和珠三角城市群相比，人口增长相对比较缓慢。长三角城市群十年人口增加1817万人，增长了11.6%，占全国大陆人口的比重为12.4%，比2010年提高了0.7个百分点。珠三角城市群"七普"人口总量为7801万人，十年增加了2183万人，增长幅度高达38.9%，占全国大陆人口的比重提高了1.3个百分点。在经济方面，京津冀GDP占全国GDP的8.5%，略高于人口占比，但与2010年相比，下降了2.1个百分点。而2020年，长三角城市群GDP为213259亿元，珠三

角城市群为 89523 亿元，均高于京津冀，且京津冀与长三角城市群的经济发展差距较大。中国三大城市群常住人口与 GDP 规模及比例如表 6-1 所示。

表 6-1　中国三大城市群常住人口与 GDP 规模及比例

主要城市群	年份	常住人口规模（万人）	常住人口占全国大陆总人口比重（%）	GDP 总量（亿元）	GDP 占全国大陆 GDP 比重（%）	定位
京津冀	2020	11037	7.82	86393	8.5	以首都为核心的世界城市群
	2010	11441	7.79	43732	10.6	
	2010~2020	596	0.03	42660.9	-2.1	
长三角	2020	17466	12.4	213259	21.0	建设面向全球、辐射亚太、引领全国的世界级城市群
	2010	15649	11.7	85641	20.8	
	2010~2020	1817	0.7	127617	0.2	
珠三角	2020	7801	5.5	89523	8.8	建设世界级城市群
	2010	5618	4.2	38028	9.2	
	2010~2020	2183	1.3	51495	-0.4	

注：珠三角城市群未包括中国香港和澳门。

资料来源：人口数据根据各省 2010 年的"六普"公报和 2020 年的"七普"公报；GDP 数据根据《中国统计年鉴》和各省份统计年鉴。

如图 6-1 所示，从三个地区的人口数量来看，北京常住人口规模呈现先上升后下降趋势，2011~2015 年人口持续快速增长，2016 年达到顶峰，2016~2017 年人口的增长速度明显减慢，增长数量明显减少。2016 年成为北京人口的"拐点"，2017 年北京人口首次出现负增长，之后持续下降，2021 年末为 2188.6 万人。其中，首都功能核心区人口较 2013 年减少 41.4 万人，中心城区常住人口占比为 50.1%，较 2013 年下降 9.5 个百分点。《京津冀协同发展规划纲要》提出，2020 年北京常住人口控制在 2300 万以内，使北京"大城市病"等突出问题得到缓解的目标得以实现。

天津人口数量在 2016 年之前呈上升趋势，但从 2017 年开始出现下降，2019 年和 2020 年略微有所上升，但 2021 年和 2022 年则连续两年净减少人口规模在 10 万人水平。2011~2020 年，河北人口和京津冀人口变化趋势大体相同，河北常住人口规模不断增加且随后增长速度放缓，2020 年为 7464 万人。但 2021 年河北人口为 7448 万人，减少 16 万人后，2022 年流失规模接近翻倍，达到 28 万人。

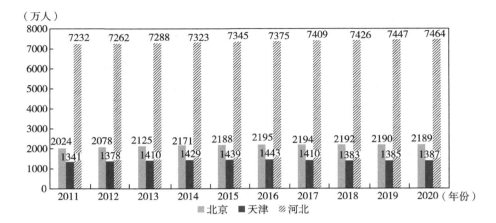

图6-1 京津冀常住人口变化

资料来源：国家统计局、北京市统计局、天津市统计局。

如图6-2所示，从户籍人口来看，2011～2020年，北京和天津户籍人口均缓慢增长。2020年，北京的户籍人口数是1376万人，在全国排名第四位，大约占常住人口的64%。

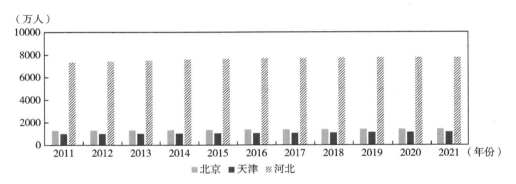

图6-2 京津冀户籍人口变化

资料来源：国家统计局、北京市统计局、天津市统计局。

二、京津冀城镇人口总数逐年递增，河北省城镇化效果显著

如图6-3和图6-4所示，2011～2020年，北京市城镇人口缓慢增长后趋于稳定，维持在1915万人左右；农村人口相对稳定，每年小幅减少，维持在275万人左右。天津市城镇人口基本比较稳定，2016年之前小幅上升，之后开始小幅下降，2020年为1175万人；农村人口持续小幅下降，2020年为212万人。河北省城镇人

口不断增加，七年增加 939 万人，占京津冀的比重从 53.9% 提升至 59.2%，同时农村人口不断减少至 2980 万人。近年来，河北省全国新型城镇化与城乡统筹示范区建设稳步推进。2019 年，改造老旧小区 2779 个，完成农村危房改造 7.7 万户，城镇化率比 2013 年提高 9.5 个百分点。北京和天津城市化水平保持稳定，河北在京津冀协同发展中城市化水平不断提高，区域发展差距进一步缩小。

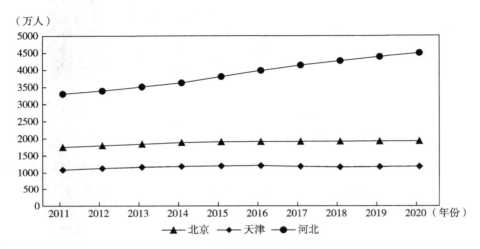

图 6-3 京津冀城镇人口变化

资料来源：历年《北京统计年鉴》《天津统计年鉴》《河北统计年鉴》。

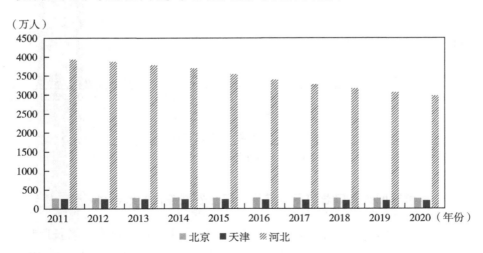

图 6-4 京津冀农村人口变化

资料来源：历年《北京统计年鉴》《天津统计年鉴》《河北统计年鉴》。

第二节 京津冀人口分布变化

一、北京人口密度下降，河北人口密度提升

从京津冀城市群的人口密度来看，人口高度集聚，密度居全国前列。近年来，随着北京非首都功能的疏解，京津冀城市群核心城市的人口密度开始下降，廊坊、石家庄、沧州等非中心城市的人口密度逐渐提升。从三省份来看，北京人口密度远高于全国其他省份，在 2021 年中国人口密度省份排名（含港澳台地区）中位居第四，2015 年末人口密度达到 1333 人／平方千米，且之后一直稳定在这一数值左右（见图6-5）。

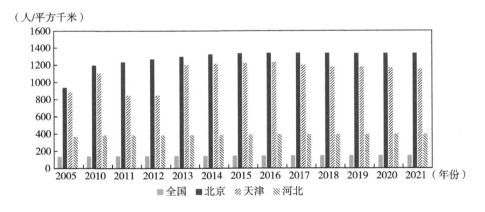

图6-5 京津冀三地与全国人口密度对比

资料来源：历年《北京统计年鉴》《河北统计年鉴》《天津统计年鉴》。

具体来看，如图6-6所示，2005～2021 年北京城市人口密度在 2016 年达到顶点，为 1337 人／平方千米，而后连续五年小幅下降。天津人口密度在 2013 年前变化较大，主要是 2011 年和 2012 年大幅下降；2013～2016 年逐年上升；至峰值 1227 人／平方千米后逐年下降，2021 年为 1151 人／平方千米，相较于 2016 年每平方千米减少了 76 人。河北人口密度稳中略升，基本保持在 394 人／平方千米左右。

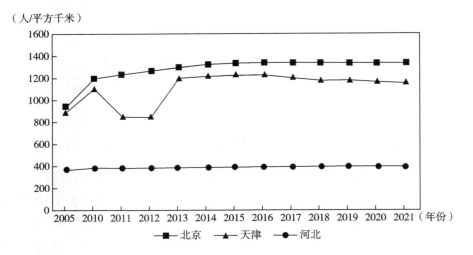

图 6-6　京津冀三地历年人口密度变化情况

资料来源：历年《北京统计年鉴》《河北统计年鉴》《天津统计年鉴》。

二、北京非首都功能的疏解效果显著，人口空间分布进一步优化

近年来，北京非首都功能的疏解效果显著，人口空间分布进一步优化。如表 6-2 所示，2020 年，在北京 16 个区中，常住人口在 200 万人以上的区增至 4 个，而 100 万人以下的区减少至 7 个，房山区、顺义区和昌平区人口大幅度增加。具体分区域来看，核心区（东城区和西城区）常住人口为 181.5 万人，占总人口数的 8.3%，与 2010 年相比，常住人口减少 34.7 万人，比重下降 2.7 个百分点。中心城区（东城区、西城区、朝阳区、丰台区、石景山区和海淀区）常住人口为 1098.8 万人，占总人口数的 50.2%，比 2010 年减少 72.8 万人，占全市常住人口的比重下降 9.5 个百分点。其他十区常住人口增加 300.9 万人，比重上升 9.5 个百分点，人口分布呈现郊区化发展趋势（见图 6-7）。

表 6-2　北京市各区人口规模分布情况

常住人口规模	数量		具体区域	
	2020 年	2010 年	2020 年	2010 年
200 万人以上	4	3	朝阳区、海淀区、昌平区、丰台区	朝阳区、海淀区、丰台区

续表

常住人口规模	数量		具体区域	
	2020 年	2010 年	2020 年	2010 年
100 万~200 万人	5	4	大兴区、通州区、顺义区、房山区、西城区	大兴区、通州区、昌平区和西城区
100 万人以下	7	9	东城区、石景山区、密云区、平谷区、怀柔区、门头沟区和延庆区	东城区、石景山区、密云区、平谷区、怀柔区、门头沟区、延庆区、房山区、顺义区

资料来源:《北京市 2010 年第六次全国人口普查主要数据公报》和《北京市第七次全国人口普查公报》。

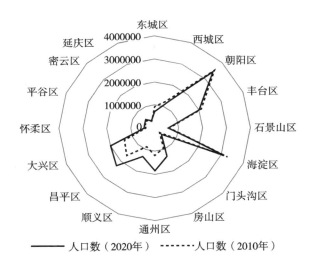

图 6-7 北京市各区"六普"和"七普"常住人口规模变化

资料来源:《北京市 2010 年第六次全国人口普查主要数据公报》和《北京市第七次全国人口普查公报》。

北京中心城区的常住人口都呈减少趋势,其原因主要是外来人口大量减少。户籍人口比较稳定,并有所上升。海淀区和朝阳区人口基数较大,因此人口变动情况较为突出,并且主要体现在外来人口的变化上。城市发展新区人口数量和占比则逐年上升,到 2020 年达到 874 万人,占比为 39.9%,比 2010 年增加了 270.8 万人,提高了 9.2 个百分点。此外,北京与环京地区的"北三县"、燕郊等地初步形成了"住在周边、业在北京"模式,成为北京人口的有力补充。根据全市通勤人员数据库来看,到 2021 年 11 月,北京环京地区通勤人员共约 92

万人，其中，"北三县"、燕郊占比最大。根据规划，未来，北京城市副中心与
"北三县"地区将要形成跨区域职住平衡，"工作在通州，居住在北三县"格局
将进一步加快形成①。

从人口密度来看，2021年核心区常住人口为181.2万人，其中东城区为
70.8万人，西城区为110.4万人，分别比2014年减少了20.4万人和20.8万人；
核心区常住人口密度由2014年的2.41万人/平方千米下降到2021年的1.96万
人/平方千米。2021年，中心城区常住人口为1098.8万人，与2014年相比减少
224.4万人，中心城区常住人口密度也由2014年的0.96万人/平方千米下降至
0.79万人/平方千米。而房山区、通州区、顺义区、昌平区以及大兴区人口密度
显著提高，尤其通州区人口密度提高最快，从2010年的1307人/平方千米提高
至2021年的2034人/平方千米。这说明，北京城市副中心的建设显著促进了人
口密度的提高，人口分布开始呈现明显的分散化和多中心化趋势，北京市正在由
单中心集聚向多中心的城市发展新格局转变。将图6-8和图6-9对比可以明显看
出，北京城六区和其他城区的人口密度存在显著差异。

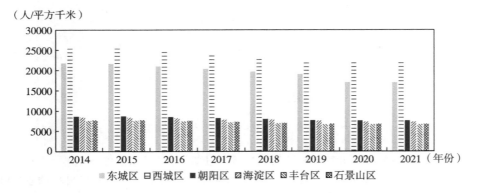

图6-8 北京城六区人口密度变化情况

资料来源：历年《北京区域统计年鉴》。

---

① 尹德挺，胡玉萍，吴军，等. 北京人口发展研究报告 [M]. 北京：社会科学文献出版社，2021.

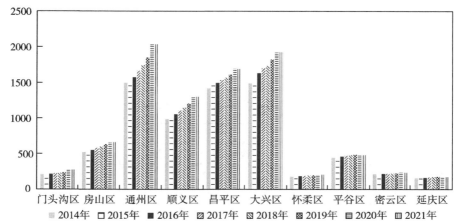

图 6-9 北京其他城区人口密度变化情况

资料来源：历年《北京区域统计年鉴》。

北京市人口空间分布均衡性的提高不仅表现在各区人口分布的变化上，还表现在人口分布与经济的协调性不断增强上。人口和经济重心变迁的关系是反映人口经济分布的重要指标。重心概念来源于物理学，是指区域空间中各个方向上的力量能够维持均衡的点，可以表示人口、经济等社会现象在特定区域内分布的平衡点。重心在区域内所处位置的不同反映特定指标在特定区域分布均衡状况的差异。借助 ArcGis 软件可以计算出北京 2010 年和 2020 年人口和经济重心的变动情况。从计算结果可以看出，北京的常住人口重心和经济重心的距离在逐渐缩短，与 2010 年相比，2020 年人口重心向东南方向移动了 664.5 米，经济重心向西北方向移动了 451.8 米，人口分布的均衡性有所提高。

三、河北省地级市人口规模差异明显

从人口数量来看，河北省地级市人口规模差异明显。如表 6-3 所示，从 2021 年末常住人口数量来看，河北省有两个城市超过 1000 万人，即保定市和石家庄市，邯郸市人口数量达到 936.69 万人，显著高于其他地级市，这三座地级市人口数量合计占河北省总人口数量的 43.09%。唐山市、沧州市和邢台市人口数量均在 700 万~800 万人，其余地级市人口数量少于 600 万人，秦皇岛市人口数量最少，仅为 313.43 万人。

从 2021 年末和"七普"河北省各地级市人口数量变动情况来看，受益于京津冀协同发展，廊坊市人口增长率最高，为 1.36%；受雄安新区快速发展影响，保定市人口增长率达 0.76%；除承德市和沧州市人口小幅增长外，其他地级市均出现人口流失情况，衡水市人口变动率为 -0.62%（见表 6-3）。

表 6-3　2021 年末河北省和"七普"各地级市人口数量变动情况

地级市	2021 年末常住人口		"七普"人口		人口变动	
	数量（万人）	排名	数量（万人）	排名	变动率（%）	排名
保定市	1152.45	1	1143.72	1	0.76	2
石家庄市	1120.47	2	1123.51	2	-0.27	6
邯郸市	936.69	3	941.4	3	-0.5	10
唐山市	769.7	4	771.8	4	-0.27	6
沧州市	730.4	5	730.08	5	0.04	4
邢台市	708.79	6	711.11	6	-0.33	8
廊坊市	553.82	7	546.41	7	1.36	1
衡水市	418.69	8	421.29	8	-0.62	11
张家口市	409.93	9	411.89	9	-0.48	9
承德市	333.63	10	335.44	10	0.35	3
秦皇岛市	313.43	11	313.69	11	-0.08	5

资料来源：《河北省 2010 年第六次全国人口普查主要数据公报》、《河北省第七次全国人口普查公报》和河北省各市的统计年鉴。

第三节　京津冀人口结构变化

一、人口老龄化程度加深，劳动年龄人口减少

京津冀地区的人口老龄化程度均居全国中等水平。"七普"数据显示，在 2020 年京津冀地区常住人口中，60 岁及以上和 65 岁及以上老年人口分别达到 2211.4 万人和 1534.6 万人，比重分别为 20.0% 和 13.9%，略高于全国平均水平

（18.7%和13.5%），远高于珠三角地区相应水平（9.5%和6.5%），略低于长三角地区相应水平（20.3%和15.1%）。2020年，天津市和河北省65岁及以上常住老年人口比重分别为14.8%和13.9%，略高于全国平均水平；北京市65岁及以上常住老年人口比重为13.3%，略低于全国平均水平[1]。

对于年龄结构，可以采用抚养比指标进行分析，其计算方式为：

老年人口抚养比=老年人口（65岁以上）/劳动适龄人口（15~64岁）

少年人口抚养比=少年人口（14岁以下）/劳动适龄人口（15~64岁）

从北京市来看，对比图6-10和图6-11可以看出，北京的人口老龄化状况与全国相比程度较轻，说明北京市对外来劳动适龄人口具有一定程度的吸引力。如图6-10所示，北京市老年人口抚养比在2014~2017年有增速加快的趋势，2017年达到最高值，2018年有较大幅度下降，2019年开始有所回升。由此说明，在人口疏解过程中，对劳动适龄人口的疏解力度大于对老年人口的疏解力度，因此人口老龄化加剧状况不可避免。北京市的少年人口抚养比变化相对比较平稳，在2017之前缓慢上升，在2017年之后小幅下降。可以看出，人口疏解政策没有对少年人口抚养比产生较大影响。通常来说，在人口疏解过程中，儿童往往会随劳动适应人口一起流动，因此增速较为缓慢。

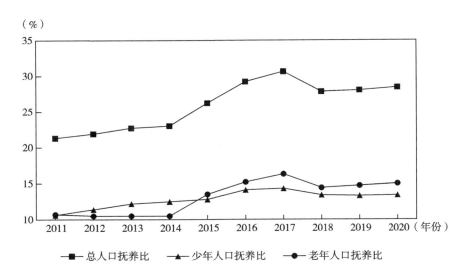

图6-10　北京市人口抚养比

① 尹德挺，胡玉萍，吴军，等. 北京人口发展研究报告［M］. 北京：社会科学文献出版社，2021.

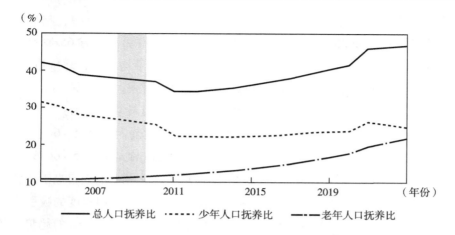

图 6-11 中国人口抚养比

资料来源：https：//www.macroview.club。

　　天津市的老年和少年人口抚养比相对比较平稳，老年人口抚养比在 2015 年和 2018 年有明显下降（见图 6-12）。而河北省老年人口抚养比持续增高（见图 6-13），少年人口抚养比在 2017 年后也不断增高，且总抚养比在 2018 年前后突破 45%，远高于北京市和天津市。河北省人口老龄化问题在京津冀最为突出，老年人口抚养比持续增加，2020 年达到 21.1。经济合作与发展组织（OECD）国家的数据显示，经济增长与人口老龄化程度表现为倒"U"形关系，当老年抚养比超过 17.5% 时，人口结构变动对经济增长的影响由正面转为负面。河北省老年抚养比已经超到 20%，人口结构变动对产业结构、劳动力结构、消费结构等的影响将会逐步显现。2020 年，河北省少年人口抚养比和老年人口抚养比分别达到 30.71% 和 21.14%，总抚养比上升到 51.85%，比全国总抚养比高 5.97 个百分点。在人口增速放缓、少年比重回升、老龄化加速的情况下，劳动年龄人口出现明显下降，河北省 15~64 岁人口为 4913.33 万人，占总人口的 65.85%，与"六普"数据相比，15~64 岁劳动年龄人口减少 470.95 万人。

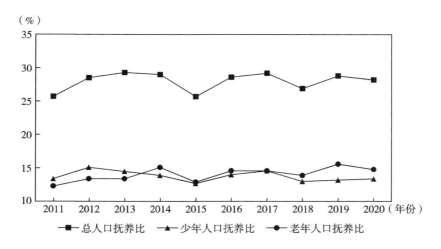

图 6-12　天津市人口抚养比

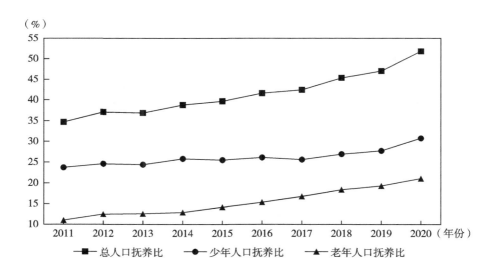

图 6-13　河北省人口抚养比

二、劳动力资源存在差异，河北省年轻就业人口占比低于全国平均水平

京津冀分年龄就业人口占比情况如图 6-14 所示，其中北京市 30 岁以下占比为 20.5%，30~39 岁占比为 37.4%，40~49 岁占比为 24.8%。从全国"七普"数据来看（见图 6-15），我国就业人口中 30 岁以下占比为 17.7%，30~39 岁占

比为 27.6%，40~49 岁占比为 25.1%，50~59 岁占比为 20.8%，60 岁以上占比
为 8.8%。北京市与天津市年轻人口占比较高，河北省年轻人口占比低于全国平
均水平，这说明河北省吸引年轻就业人口能力较弱。纵向来看，河北省劳动力数
量和比重呈下降趋势，但由于人口总量大，劳动力资源仍然比较丰富，因此短时
间内不会造成劳动力短缺。值得注意的是，劳动年龄人口自身结构老化等造成的
供给结构性矛盾可能会更加突出，数量型人口红利将会逐步消失。

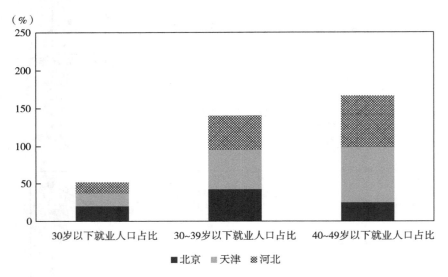

图 6-14 京津冀分年龄就业人口占比

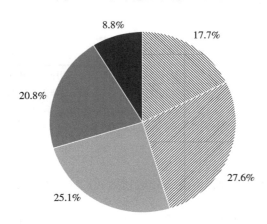

图 6-15 我国分年龄就业人口占比

结合产业结构来看，北京市和天津市年轻就业人口占比高与产业结构有密切关联。如图 6-16 所示，《中国人口普查年鉴 2020》披露的"七普"分项数据显示，从分行业 35 岁以下员工的年龄占比来看，我国信息传输、软件和信息技术服务业，文化、体育和娱乐业，科学研究和技术服务业，金融业这四大类行业的 35 岁以下就业人口占比较高，分别为 64.6%、51.5%、50.2%、49.2%。而这四个行业一直是多年来我国收入最高的三大行业。国家统计局 2022 年 5 月发布的数据显示，城镇非私营单位就业人员年平均工资最高的三个行业分别是信息传输、软件和信息技术服务业为 201506 元，科学研究和技术服务业为 151776 元，金融业为 150843 元，分别为全国平均水平的 1.89 倍、1.42 倍、1.41 倍。相比之下，35 岁以下从业人员占比较小的大类行业有农、林、牧、渔业，水利、环境和公共设施管理业，采矿业，建筑业等。

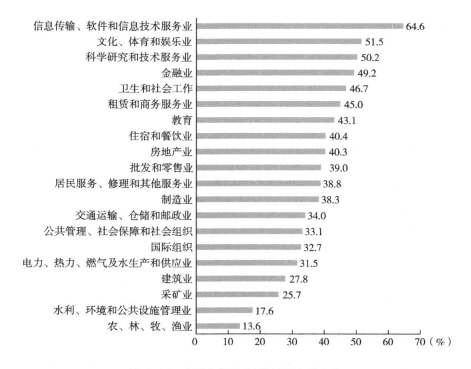

图 6-16 我国各行业 35 岁以下年龄占比

资料来源：《中国人口普查年鉴 2020》。

2014 年以来，北京市非首都功能疏解促进了北京产业转型升级，天津市和河北省精准有序承接。北京的制造业、批发和零售业等传统行业产值占比明显下降。相比于 2014 年，2020 年制造业、批发与零售行业的从业人员分别下降了 3.6 个和 0.9 个百分点。十年间，北京市三次产业常住就业人口比例由 5.0∶20.8∶74.3 变为 2.3∶16.7∶81.0。2021 年，第三产业法人单位从业人员中，从事租赁和商务服务业，信息传输、软件和信息技术服务业，科学研究和技术服务业以及金融业的人员合计占比为 48.3%，比 2012 年提高 9.3 个百分点①。

2011~2020 年，天津市信息传输软件和信息技术服务业、金融业、科学研究和技术服务业从业人员占比逐年上升，分别由 0.7% 增至 2.9%、由 1.6% 增至 4.4%、由 2.8% 增至 4.5%，分别提升了 2.2 个、2.8 个和 1.0 个百分点。未来，天津市与河北省就业人口年龄结构与产业结构调整与发展息息相关，信息传输、软件和信息技术服务业，文化、体育和娱乐业，科学研究和技术服务业等产业聚集将更加吸引年轻人就业。

第四节　京津冀居民收入与人口素质变化

一、居民生活水平显著提升

从京津冀总量来看，2022 年北京、天津、河北经济总量突破 10 万亿元，按现价计算，是 2013 年的 1.8 倍。这意味着，继长三角、珠三角之后，京津冀地区经济总量终于站上了"十万亿"的新台阶，成为中国第三个跨入这一门槛的城市群。同时，京津冀三地居民收入也在稳步增长。如图 6-17 和图 6-18 所示，2021 年京津冀三地全体居民人均可支配收入分别为 75002 元、47449 元和 29383 元，与 2012 年相比，年均名义增长分别为 7.9%、7.6% 和 8.6%。其中，城镇居民人均可支配收入分别增长 7.8%、7.4% 和 7.6%，农村居民人均可支配收入年均增速分别为 8.7%、7.8% 和 8.9%，均快于城镇居民。北京市居民人均可支配收入增长幅度最大，由 2012 年的 3.68 万元增加到 2021 年的 7.5 万元，年均实际

① 《凝心聚力谋发展，砥砺奋进启新程——党的十八大以来北京经济社会发展成就系列报告之一》，https：//www.beijing.gov.cn/gate/big5/www.beijing.gov.cn/ywdt/zwzt/xyesd/ssjc/202210/t20221008_ 2830025.html。

增长 6.1%，与经济增长基本同步。其中，城镇居民人均可支配收入由 4.0 万元增加到 8.2 万元，年均实际增长 6.0%，农村居民人均可支配收入由 1.5 万元增加到 3.3 万元，年均实际增长 6.9%，快于城镇居民 0.9 个百分点，城乡居民收入比由 2012 年的 2.62 万元缩小至 2021 年的 2.45 万元。河北省的人均可支配收入虽然也持续增长，但仍低于全国平均水平。

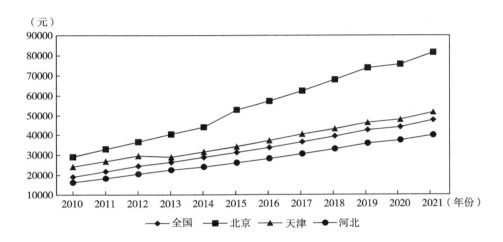

图 6-17　京津冀三地城镇居民人均可支配收入变化

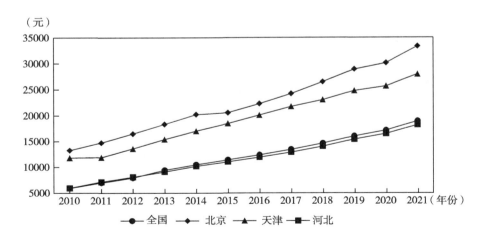

图 6-18　京津冀三地农村居民人均可支配收入变化

二、人口受教育程度不断提高

人口受教程度整体水平的提升意味着更优质的高素质劳动力供给，有利于缓解人口老龄化压力，同时为高质量发展提供了重要的人口支撑。高学历人才的聚集有利于促进区域创新发展，增强城市竞争力。京津冀地区整体人口素质的持续提高对加快转变经济发展方式、培育增长新动力和新的增长极、优化区域发展格局的意义十分重大，对京津冀发展成为"以首都为核心的世界级城市群、区域整体协同发展改革引领区、全国创新驱动经济增长新引擎"起到巨大的助推作用。

2011~2020 年京津冀三地大专及以上学历所占比例如图 6-19 所示。整体来看，京津冀三地的大专及以上学历人口占比都呈上升趋势。北京市大专及以上学历人口占比增长幅度最大，从 2011 年的 33.9%提高到 2020 年的 51.2%，提高了17.3%。天津市大专及以上学历人口占比缓慢增长，从 2011 年的 21.0%提高到2020 年的 29.1%，提高了 8.1%。河北省大专及以上学历人口占比增长速度也较为缓慢，从 2011 年的 5.3%提高到 2020 年的 11.6%，提高了 6.3%。

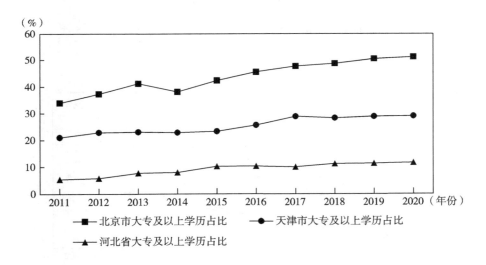

图 6-19　京津冀三地大专及以上学历人口占比变化

"七普"数据显示，北京市人口素质整体处于全国前列。2020 年，北京市 15岁及以上人口的平均受教育年限为 12.64 年，高于全国同期 9.91 年的平均水平；

每 10 万人拥有大学文化程度的人数为 41980 人，远高于全国每 10 万人拥有大学文化程度的人数（15467 人）；文盲率为 0.8%，远低于全国同期文盲率（2.67%）。

天津市 15 岁及以上人口的平均受教育年限为 11.29 年，高于全国同期平均水平；每 10 万人中具有大学文化程度的人数为 26940 人，高于全国每 10 万人拥有大学文化程度的人数；文盲率为 1.23%，低于全国同期文盲率。

河北省 15 岁及以上人口的平均受教育年限为 9.84 年，低于全国同期平均水平；每 10 万人中拥有大学文化程度的人数为 12418 人，低于全国平均水平；文盲率为 1.51%，低于全国同期文盲率。

第五节　京津冀三地的产业结构与就业结构的偏差分析

就业结构和产业结构的协调发展是衡量一国或地区经济健康发展的重要标准，两者的协调发展程度会对工业化进程产生重要影响。但就业结构在工业化初期通常滞后于产业结构的变动，然而从长期来看，就业结构和产业结构的变动趋同[1]。产业结构偏离度是衡量就业结构与产业结构之间协调性程度的重要指标，是指各产业产值的比重与相应的就业比重之间的差异程度，其计算公式为：

$$Y_i = \frac{C_i}{L_i} - 1, \quad i = 1, 2, 3 \tag{6-1}$$

其中，$i = 1, 2, 3$ 分别表示第一、第二和第三产业；Y_i 表示第 i 产业的结构偏离度；C_i 表示第 i 产业的产值占国内生产总值的比重；L_i 表示第 i 产业的就业人数占就业人员总数的比重。当结构偏离度等于 0（产值比重与就业比重相等）时，产业结构与就业结构处于均衡状态。但在现实条件下，受政策、体制机制壁垒等因素的影响，结构偏离度往往大于 0 或小于 0。产业结构偏离度越大，说明产业结构与就业结构的协调性越差；产业结构偏离度越接近于 0，说明就业结构

---

① 胡玉萍，尹德挺，吴军，等. 北京人口发展研究报告（2020）[M]. 北京：社会科学文献出版社，2020.

和产业结构越协调。产业结构偏离度大于0，即产业增加值比重大于该产业的就业比重，意味着该产业的劳动生产率高，仍可吸纳更多的劳动力就业；反之，结构偏离度为负数，即产值比重小于就业比重，意味着该产业的相对劳动生产率较低，但就业规模较大，存在劳动力流出的可能。当劳动力市场流动性增强、进入和退出某产业行政性壁垒减小时，劳动力资源逐渐得到优化配置，三次产业的结构偏离度将逐步趋近于零值。相关经验研究表明，随着经济的发展，大多数国家和地区的产业结构和就业结构偏离度经历了由高到低的过程，最后逐步趋近于0。

一、北京市产业结构与就业结构的偏差分析

如图6-20所示，北京市第二、第三产业就业结构偏离度线与第一产业结构偏离度线无重合点，且都在0上下波动，这意味着第二、第三产业就业偏离度相对较为合理，且整体上优于第一产业。具体来看，北京市第一产业的就业结构偏离度为负数，且随着时间的变化，产业结构与就业结构偏离度绝对值逐渐增大，2020年达到最大，为-0.91。这表明，北京市第一产业存在大量富余劳动力，劳动生产率偏低。受户籍管理制度、土地制度等影响，城乡区域劳动力要素配置不够合理，北京市农村仍然存在大量"隐性失业"。

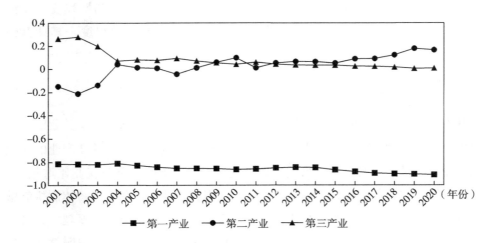

图6-20 北京市三次产业就业结构偏离度变化情况

资料来源：历年《北京统计年鉴》。

第二和第三产业就业结构偏离度线有交叉合抱趋势，整体围绕0波动，产业结构比较合理。整体来看，第二产业的就业结构偏离度呈现波动上升趋势，表明北京市第二产业具有较高的劳动生产率水平和强大的吸纳就业能力。2001~2003年，第二产业的就业结构偏离度为负值，即产值比重小于就业比重，说明该产业仍有富余劳动力。与此同时，第二产业的就业结构偏离度逐渐向0趋近，并于2004年转为正值。2005~2007年偏离度再次下降，2007年再次为负值。2008年转为正值之后开始逐年提升。2011年有一定幅度的下降，但仍然大于0，之后持续上升，2012~2015年接近于0，并在2015年之后超过了第三产业的产业结构偏离度且逐渐提高。由此说明，2016年之后北京第二产业的劳动生产率不断提高，仍有吸纳劳动力的空间。第三产业的就业结构偏离度始终为正值，并整体呈现缓慢下降并有趋于0的趋势。2001~2004年，第三产业就业结构偏离度逐渐下降并趋于0。2004年之后，偏离度整体比较平稳，并越来越趋于0。由此说明，北京市第三产业的产业结构与就业结构相对比较均衡。

　　如表6-4所示，具体到北京市各行业的产业结构偏离度，北京市产业结构与就业结构总体比较均衡。从表6-4可以看出，2020年北京市有11个行业产业的结构偏离度为负值，如建筑业，批发和零售业，交通运输、仓储和邮政业，住宿和餐饮业以及租赁和商务服务业等，说明这些行业的劳动生产率仍有待提高。批发和零售业、房地产业的偏离度下降幅度较大，批发和零售业的偏离度由正转负，并趋向于0，说明随着北京市非首都功能的疏解，批发和零售业向津冀地区转移，产业结构与就业结构趋向均衡，但仍有少量富余劳动力。房地产业的偏离度始终为正，并不断趋向于0，说明产业结构与就业结构趋向均衡。住宿和餐饮业的偏离度呈现先提升后下降的趋势，2020年的偏离度为-0.72，说明劳动生产率仍有待提升。居民服务、修理和其他服务业的偏离度也比较高，呈现不断浮动变化的趋势，2020年的偏离度为-0.69，说明劳动生产率仍有待提高。信息传输、软件和信息技术服务业以及金融业的产业偏离度大于0，并逐渐变小不断向0趋近，说明产业结构和就业结构逐渐趋于均衡。尤其是信息传输、软件和信息技术服务业2020年的偏离度为0.26，说明产业结构和就业结构更为均衡。

表6-4 北京市各行业的产业结构偏离度指数

行业	2008年	2009年	2010年	2011年	2012年	2013年	2014年	2015年	2016年	2017年	2018年	2019年	2020年
建筑业	-0.25	-0.25	-0.28	-0.34	-0.31	-0.33	-0.34	-0.36	-0.36	-0.39	-0.35	-0.33	-0.38
批发和零售业	0.88	0.83	1.04	0.88	-0.05	-0.06	-0.08	-0.18	-0.20	-0.22	-0.26	-0.30	-0.20
交通运输、仓储和邮政业	-0.42	-0.43	-0.44	-0.50	-0.51	-0.52	-0.52	-0.53	-0.50	-0.47	-0.48	-0.51	-0.60
住宿和餐饮业	-0.80	-0.82	-0.81	-0.82	-0.57	-0.58	-0.60	-0.56	-0.57	-0.60	-0.60	-0.59	-0.72
信息传输、软件和信息技术服务业	0.75	0.70	0.80	0.90	0.20	0.18	0.19	0.20	0.30	0.29	0.30	0.42	0.26
金融业	3.89	3.31	3.22	2.83	2.52	2.73	2.59	2.64	2.58	2.50	2.46	2.11	2.21
房地产业	0.81	1.10	0.72	0.55	0.67	0.55	0.47	0.50	0.53	0.54	0.33	0.24	0.28
租赁和商务服务业	-0.43	-0.45	-0.46	-0.29	-0.26	-0.26	-0.32	-0.41	-0.50	-0.52	-0.48	-0.49	-0.52
科学研究和技术服务业	-0.11	-0.11	-0.17	-0.14	-0.16	-0.15	-0.13	-0.15	-0.20	-0.21	-0.16	-0.22	-0.07
水利、环境和公共设施管理业	-0.53	-0.51	-0.51	-0.49	-0.46	-0.43	-0.40	-0.28	-0.25	-0.24	-0.35	-0.37	-0.39
居民服务、修理和其他服务业	-0.58	-0.64	-0.61	-0.58	-0.57	-0.59	-0.55	-0.61	-0.59	-0.60	-0.65	-0.60	-0.69
教育	-0.28	-0.29	-0.24	-0.22	-0.18	-0.17	-0.10	-0.06	-0.03	0.02	-0.10	-0.07	-0.16
卫生和社会工作	-0.26	-0.28	-0.23	-0.21	-0.14	-0.14	-0.10	-0.01	-0.01	-0.01	-0.03	-0.05	-0.18
文化、体育和娱乐业	-0.02	-0.10	-0.07	-0.03	0.01	-0.03	-0.02	0.05	0.06	0.04	-0.01	0.01	-0.19
公共管理、社会保障和社会组织	-0.10	-0.07	-0.07	-0.07	-0.08	-0.11	-0.17	0.03	0.09	0.14	0.13	0.07	0.12

注：受数据可得性所限，因此从2008年开始计算，采用的从业人员数据是法人单位的各行业从业人员数。

资料来源：历年《北京统计年鉴》。

二、天津市产业结构与就业结构的偏差分析

如图 6-21 所示，天津市第一产业的产业结构偏离度为负数。2000～2009 年，产业结构与就业结构偏离度绝对值逐年递增，2009 年达到最大，之后主要在 -0.8 上下浮动。2018 年绝对值开始递减，2020 年达到最小，为 -0.73。由此说明，天津市第一产业整体劳动生产率相对较低，仍然存在大量剩余劳动力，劳动力有转出的可能。天津市第二、第三产业结构偏离度呈螺旋结构，上下交错，但整体围绕着 0 浮动，即产值比重与就业比重相等，产业结构与就业结构处于相对均衡状态。具体来看，第二产业就业结构偏离度起伏较大，在 2000～2006 年和 2013～2019 年这两段时期基本呈上升趋势，表明在这期间天津市第二产业劳动生产率高，且仍可吸纳更多的劳动力就业，但是产业结构与就业结构偏离度绝对值也在增大。在 2008～2013 年与 2019～2020 年天津市第二产业的就业结构偏离度呈下降趋势，逐渐向 0 趋近，说明天津市第三产业的产业结构与就业结构较为均衡。天津市第三产业的就业结构偏离度在 2004～2020 年基本平稳且接近 0 值，同时均为正值，说明天津市第三产业的产业结构与就业结构较为均衡。

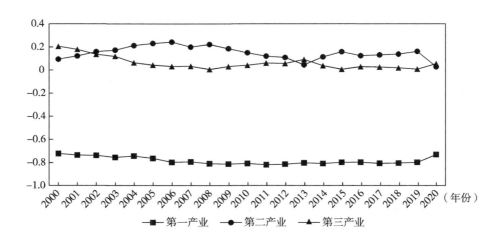

图 6-21　天津市三次产业就业结构偏离度变化情况

资料来源：历年《天津统计年鉴》。

由于数据所限，因此利用第四次经济普查数据来计算天津市 2018 年各行业就业结构偏离度指数，重点分析服务业的就业结构偏离情况。从图 6-22 可以看

出，在天津市的服务业中，只有金融业和房地产业偏离度指数大于 0，而且房地产业偏离度高达 3，劳动生产率最高。其他行业的就业结构偏离度指数均为负值，即增加值占比小于就业占比，表明劳动生产率偏低，存在劳动力流出的可能。其中，建筑业，租赁和商务服务业，教育，卫生和社会工作以及公共管理、社会保障和社会组织的就业结构偏离度指数的绝对值较大，说明劳动生产率有待提高。

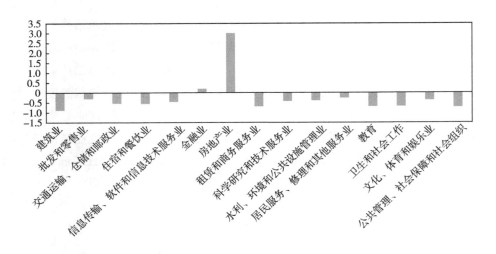

图 6-22　2018 年天津市各行业的就业结构偏离度指数

资料来源：《天津市第四次全国经济普查公报》。

三、河北省产业结构与就业结构的偏差分析

如图 6-23 所示，河北省的第一产业就业结构偏离度比较平稳，均为负值。2000～2017 年偏离度围绕-0.6 有所波动，2017 年之后偏离度的绝对值呈现小幅缩小的趋势，2020 年偏离度达到-0.52。由此说明，河北省第一产业劳动生产率偏低，仍然存在剩余劳动力，但近年来劳动生产率呈提高的趋势，有部分劳动者转移出去。这也反映了第一产业在河北省产业布局中的重要历史基础地位。但随着农业现代化进程的加快，更多的农业就业人员将从农业生产中解放出来。

河北省的第二产业和第三产业的就业结构偏离度均为正值，表明第二、第三次产业的劳动生产率较高。第二产业的就业结构偏离度指数在 2000～2015 年均

呈下降趋势，从 0.77 下降到 0.29，但从 2015 年之后又开始上升，2018 年达到

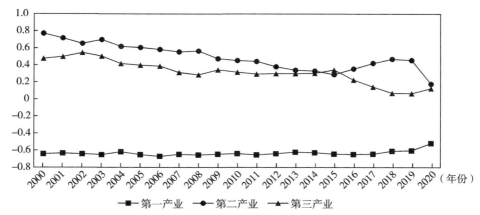

图 6-23 河北省三次产业就业结构偏离度指数变化情况

资料来源：历年《河北统计年鉴》。

0.47，2019 年又开始下降，2020 年下降幅度最大，达到了 0.13，越来越趋向于 0，产业结构和就业结构趋向均衡。同时也可以看出，随着河北省城镇化的持续发展，第二产业就业人员逐渐减少，但京津冀协同发展上升为国家战略之后，河北省的第二产业再次获得快速发展，就业呈现供不应求的现象，第二产业具有吸纳大量劳动力的空间和能力。

河北省第三产业的就业结构偏离度指数在 2015 年之前均小于第二产业，但第二和第三产业的偏离度差距逐渐缩小，说明第二、第三产业和就业结构更加均衡。2015 年第三产业的偏离度指数超过了第二产业，说明劳动生产率大于第二产业。陈刚等（2019）指出，全球金融危机以后，传统制造业就业净流出速度增加，但是新兴制造业就业净流入增速相对缓慢，导致制造业整体就业吸纳能力下降。同时，传统服务业就业吸纳能力下降，但是现代服务业受生产规模不足、对劳动者素质要求较高等因素影响就业吸纳能力不强，难以弥补传统行业就业吸纳能力的下降幅度，导致服务业整体就业吸纳能力下降。而在 2015 年之后，第三产业的偏离度指数迅速下降，第二产业再次超过第三产业，但在 2020 年又有所回升，与第二产业比较接近。

同样可以利用第四次经济普查数据计算河北省 2018 年各行业就业结构偏离度指数，如图 6-24 所示。河北省服务业就业结构偏离度指数的绝对值普遍较大，

显著高于北京和天津。其中，交通运输、仓储和邮政业，房地产业以及居民服务、修理和其他服务业三个行业的就业结构偏离度指数为正值，说明劳动生产率较高，仍有吸纳劳动力的空间。其他行业的就业结构偏离度指数均为负值，尤其租赁和商务服务业，科学研究和技术服务业以及水利、环境和公共设施管理业的偏离程度较大，说明有剩余劳动力转出的可能。

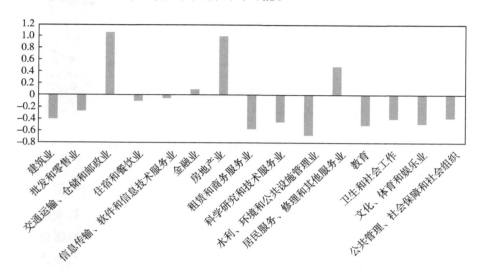

图6-24　2018年河北省各行业的产业结构偏离度指数

注：河北省的数据缺失严重，从河北省的统计公报中选取数据，只有2018年的各行业数据。

资料来源：《河北省第四次全国经济普查公报》。

第六节　京津冀三地未来人口发展面临的挑战

一、京津冀城市群人口总量呈现负增长

《世界人口展望2019》、《国家人口发展规划（2016—2030年）》、中国人口与发展研究中心等众多预测结果显示，中国人口总量大幅萎缩已是必然趋势，人口零增长甚至负增长预计在2030年左右出现。但从目前人口变化和新出生人口数据可以看出，该拐点将提前而至。最新数据显示，2022年末全国总人口为

14.1 亿人，比 2021 年末减少 85 万人，是 1962 年以来首次出现的负增长。在此背景下，京津冀人口继 2021 年减少 29.84 万人后，2022 年人口流失规模进一步扩大，达到 42.3 万人。北京在非首都功能疏解的影响下，尽管依然具有强大的吸引力，但人口总体呈少量流出态势，已连续六年常住人口"温和"负增长，2022 年人口减少最多，为 4.3 万人；天津则连续两年净减少人口规模在 10 万人水平；河北继 2021 年减少 15.84 万人后，2022 年流失规模接近翻倍，达到 28 万人。在河北减少的 28 万人中，自然负增长 12.7 万人，意味着还有 15.3 万人净流出；北京自然减少 0.1 万人，人口净流出规模则达到 4.2 万人。用"七普"和"六普"的常住人口差额，剔除 2010~2020 年河北常住人口的自然增长来近似表示河北常住人口的净流入（出）情况，河北常住人口净流出 128.21 万人。河北人口自然增长率在 2017 年前的大部分年份维持在 6‰以上，自 2018 年开始快速下降，在 2021 年首次出现负增长（见图 6-25）。

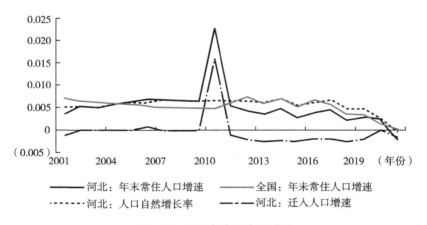

图 6-25　河北与全国人口增速

资料来源：长城证券产业金融研究院。

在《中国人口预测报告 2021》对中国人口总量的预测为高、中、低方案下，2050 年中国人口分别为 13.49 亿人、12.64 亿人、12.23 亿人，并分别在 2029 年、2021 年、2021 年达到峰值。结合 2022 年中国人口年人口负增长的现实，预计 2050 年人口总量将接近中、低方案预测下的 12.5 亿左右。京津冀的人口总量也可能呈下降趋势。由于北京与周边城市的迁移倾向关联度并不高，因此从北京离开的人口，更多流入长三角地区的上海、杭州、苏州和南京等地，以及粤港澳地区的深圳。而在长三角和珠三角地区，人口倾向于区域内部迁移。例如，从上海离开的人口，可能迁往苏杭；从佛山离开的人口，流向了广州、深圳和珠海①。因此，京津冀人口整体吸引力不足也可能会加重人口下降趋势。

二、京津冀城市群人才吸引力不足

从京津冀城市群人才的流入流出来看，2022 年京津冀人才流动虽然转为净流入趋势，但净流入占比非常低。当前，城市人才竞争日趋激烈，招引人才、留用人才及成就人才成为各城市人才竞争的主要议题。在全球化的背景下，科技与通信技术的发展，尤其是人工智能和自动化领域的技术进步，凸显了人才的核心价值，人才尤其是青年人才成为大国竞争的重要领域。当前，我国已有深圳、苏州、成都、郑州、合肥、贵阳、济南、淄博、东莞、珠海、保定等 40 多个城市发布了建设"青年友好型城市"或"青年发展型城市"的战略规划，并制定了多方面政策以吸引青年人才。对比国内外城市，京津冀的整体人才竞争力不高。泽平宏观发布的资料显示，2022 年长三角、珠三角人才持续集聚，京津冀人才虽然因为北京人才政策放宽松人才净流入占比增加而转为净流入趋势，但人才净流入占比仅为 0.5%，远远小于长三角和珠三角。而 2018~2021 年京津冀人才均为净流出，如图 6-26 所示。

北京市前几年因为非首都功能疏解严控人口，疏解产业，所以人才净流入占比逐年下降，直至 2020 年有所回升，2022 年继续创新高（见图 6-27）。这主要是因为 2021 年 7 月北京市人力资源和社会保障局印发了《北京市引进毕业生管理办法》，适用对象新增"毕业两年内初次就业"的毕业生，同时放宽年龄限制，本科从 24 岁增至 26 岁、研究生从 27 岁增至 30 岁，人才引进政策明显放松，促使北京人才流入占比提升。

从北京流入人才的来源地来看，2022 年人才向北京流入的主要城市合计占比为 33.3%，其中天津占比为 5.3%，说明北京对周边城市虹吸作用明显②（见图 6-28）。从北京流出人才的流向地来看，北京流出人才流向的主要城市合计占比为 41.1%，低于 2021 年的 43.2%。在京津冀协同发展背景下，北京周边城市群人才承接能力仍然较弱，在人才从北京流出的主要城市中津冀城市仅 2 个，仅占 9.2%，低于 2021 年的 13%，（见图 6-29）。

---

① 肖周燕、李慧慧. 中国主要城市群人口迁移倾向研究——基于百度指数的应用 [J]. 人口与经济，2021（4）：22-36.

② 根据智联招聘数据，2022 年北京市平均招聘薪酬为 13480 元/月，在重点城市中，仅次于上海。

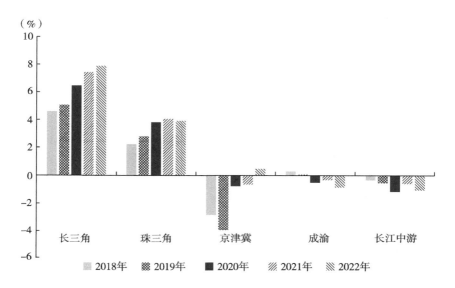

图 6-26 2018~2022 年京津冀人才净流入占比

资料来源：泽平宏观、智联招聘。

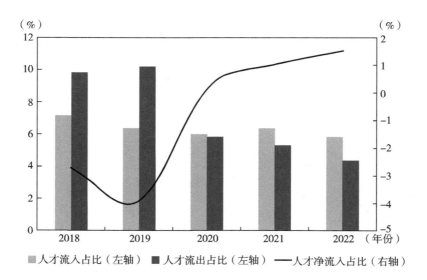

图 6-27 2018~2022 年北京人才流入流出占比情况

资料来源：泽平宏观、智联招聘。

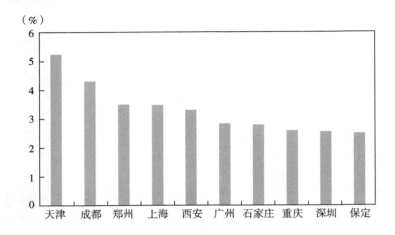

图 6-28　北京流入人才主要来源地占比

资料来源：泽平宏观、智联招聘。

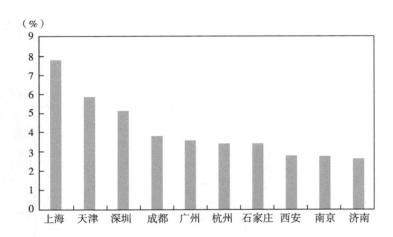

图 6-29　北京流出人才主要流向地占比

资料来源：泽平宏观、智联招聘。

从创新人才指数来看，河北的创新人才指数靠后，人才吸引力不足。如表6-5 所示，从《中国创新人才指数 2022》报告整体来看，北京综合得分为 97.67分，全面领先其余城市。但在中国 58 个得分较高的城市中，京津冀只有北京、天津、石家庄、保定和廊坊（见表 6-5）。其中石家庄和廊坊的人才环境也相对较好（见表 6-6）。因此，河北及京津冀整体的人才吸引力还有待加强。

表 6-5　中国 58 个城市创新人才指数综合得分

城市	所属省份	得分	城市	所属省份	得分
北京	北京	97.67	沈阳	辽宁	65.70
上海	上海	88.17	南昌	江西	65.51
深圳	广东	81.89	温州	浙江	65.41
广州	广东	77.28	哈尔滨	黑龙江	65.38
杭州	浙江	77.24	长春	吉林	64.94
南京	江苏	75.57	太原	山西	64.93
武汉	湖北	74.25	台州	浙江	64.55
苏州	江苏	73.83	昆朗	云南	64.45
成都	四川	71.49	兰州	甘肃	64.34
西安	陕西	71.30	金华	浙江	64.26
长沙	湖南	70.11	石家庄	河北	64.19
天津	天津	70.04	烟台	山东	64.10
无锡	江苏	69.89	贵阳	贵州	63.97
宁波	浙江	69.55	乌鲁木齐	新疆	63.87
合肥	安徽	68.48	泉州	福建	63.75
青岛	山东	68.38	中山	广东	63.72
东莞	广东	68.35	惠州	广东	63.40
珠海	广东	68.31	徐州	江苏	63.20
厦门	福建	68.18	江门	广东	63.14
济南	山东	67.97	潍坊	山东	63.04
郑州	河南	67.47	呼和浩特	内蒙古	62.89
常州	江苏	67.45	南宁	广西	62.79
重庆	重庆	67.25	海口	海南	62.67
福州	福建	66.68	银川	宁夏	62.66
佛山	广东	66.62	保定	河北	62.21
嘉兴	浙江	66.36	廊坊	河北	62.15
绍兴	浙江	66.25	西宁	青海	61.87
南通	江苏	66.24	肇庆	广东	61.70
大连	辽宁	66.09	临沂	山东	61.44

表6-6 京津冀5个城市创新人才指数分指标得分

城市	所属省份	人才规模	人才效能	人才环境
北京	北京	97.75	99.56	94.71
天津	天津	69.75	68.52	72.67
石家庄	河北	64.57	63.13	66.85
保定	河北	63.64	60.91	63.19
廊坊	河北	61.95	61.37	63.98

三、人口缩减与劳动力人口减少、少子化、深度老龄化叠加

第一，人口缩减会导致劳动力数量减少。2022年，京津冀人口规模进一步缩减，尤其河北人口规模降低幅度最大。在人口负增长的情况下，特别是劳动年龄人口的大量外流会直接造成劳动年龄人口比重下降和劳动力数量减少。而劳动年龄人口特别是育龄期劳动人口外流，会促使生育率降低，进一步加剧人口规模缩减和劳动年龄人口供给不足。

第二，人口老龄化进一步加深。"七普"数据显示，北京、天津和河北60岁及以上人口占比分别为19.63%、21.66%和19.85%，均高于全国平均水平（18.70%），如表6-7所示。其中，天津的老龄化程度超过20%。根据北京市老龄协会发布的《2022年北京市老龄事业发展概况》，2022年北京老年人口总量持续增加，占总人口的比重不断提升，高龄老年人继续增长，人口老龄化程度进一步加深。在北京常住人口中，60岁及以上人口为465.1万人，占总人口的21.3%，比2021年增加了23.5万人，增幅为5.3%，高于同期常住总人口增幅。百岁老年人共计1629人，比2021年增加了212人。北京市老年抚养系数也持续上升，为近十年增幅最大。

表6-7 主要地区人口老龄化程度国内对比

省份	人口数（万人）	老年人口数（万人）	老龄化程度（%）	老龄社会阶段	人均GDP（万元）	人均期望寿命（岁）	60岁及以上人口占比（%）	65岁及以上人口占比（%）
北京	2189	429.9	19.60	初级老龄社会末	16.49	82.40	19.63	13.30

省份	人口数（万人）	老年人口数（万人）	老龄化程度（%）	老龄社会阶段	人均GDP（万元）	人均期望寿命（岁）	60岁及以上人口占比（%）	65岁及以上人口占比（%）
天津	1387	300	21.70	深度老龄社会	10.16	81.79	21.66	14.75
河北	7461	1481	19.85	初级老龄社会末	4.85	76.17	19.85	13.92

资料来源："七普"数据。

如图6-30所示，对河北省14个地区人口老龄化程度进行对比可以看出，辛集、张家口、秦皇岛、唐山、承德、衡水、定州7个地区的60岁及以上人口占比超过了20%。"十四五"时期，我国将进入中度老龄化阶段，老龄化率将超过20%；2035年前后，将进入重度老龄化阶段，老龄化率将超过30%；2050年前后，老年人口将接近5亿人，占比达到36%左右，老年人口规模及比重相继达到峰值，人口老龄化进程将进一步加速。根据2020年10月河北省政府新闻办发布的《河北省养老服务发展报告》数据，河北老年人口规模还将持续扩大，2022~2032年将迎来老年人口快速增长高峰期。预计到2025年，河北省60周岁及以上老年人口将达到1893万人左右，占总人口比重超过24%；到2035年，河北省60周岁及以上老年人口将增加到2281万人左右，比重超过30%，将进入重度老龄化社会。

第三，少子化局面将更加严峻，劳动力补充不足。我国总和生育率于20世纪90年代初降至人口代际更替平衡（约2.1）以下，此后在较低水平上持续至今。2010年跌至"1.5"，已接近国际公认的"低生育率陷阱"，2020年更是跌至了"1.3"[1]。而京津冀三个地区的出生率较低，如表6-8所示。人口结构变动对产业结构、劳动力结构、消费结构等的影响将会逐步显现。

---

① 马茹，王宏伟，张静．基于2050年中国人口发展愿景的工程科技需求分析［J］．技术经济，2022，41（7）：73-82.

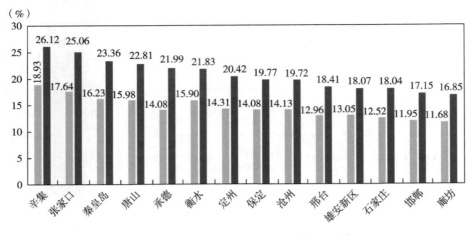

图 6-30　河北省各个城市老龄化程度

资料来源：《河北省第七次全国人口普查公报》。

表 6-8　2021 年 16 个省份的出生率（由低向高排）

省份	出生率（‰）	人口自然增长率（‰）
黑龙江	3.59	-5.11
上海	4.67	-0.92
吉林	4.70	-3.38
辽宁	4.71	-4.18
天津	5.30	-9.93
江苏	5.65	-1.10
新疆	6.16	0.56
内蒙古	6.26	-1.28
北京	6.35	0.96
重庆	6.49	-1.55
四川	6.85	-1.89
浙江	6.90	1.00
湖北	6.98	-0.88
山西	7.06	-0.26
湖南	7.13	-1.15
河北	7.15	-0.43

四、雄安新区要形成人口吸引源仍需要较长时间

雄安新区人口持续增长，京津冀人口重心由雄安新区边缘向东北移动至雄安新区内，但雄安新区还没有形成吸引源。"七普"数据显示，2020年雄安新区人口总量为121万人，与"六普"数据的106万人相比，人口增加15万人，占首都都市圈人口的比重由1.4%提高至1.7%。随着雄安新区承接北京非首都功能疏解和大规模开发建设的同步推进，交通设施不断完善，对外高速公路骨干路网"四纵三横"已经全面形成，城市活力与吸引力进一步得到提升。《雄安新区2021年大数据研究报告》显示，2021年雄安新区常住人口同比增长4.5%，总体保持着较为稳定的人口吸引力。雄安新区的城市功能区数量同比增长了20%，城市空间配套设施更加丰富，城市人口密度分布进一步合理。2021年，雄安新区相继发布《河北雄安新区居住证实施办法（试行）》《河北雄安新区积分落户办法（试行）》《关于加快聚集支撑疏解创新创业新人才的实施方案》，不断深化人口管理服务制度改革，在人才引进方面展示出巨大潜力。此外，通过京津冀城市群2010年和2020年人口重心的变化可以看出，京津冀人口重心由雄安新区边缘向东北移动至雄安新区内。这表明，雄安新区具备较强的平衡人口压力能力，是疏解首都人口的理想区域。尽管如此，雄安新区目前仍处于建设期，产业还没有构成吸引源，人口增长情况仍不容乐观。

第七节　本章小结

本章首先从人口规模、分布、结构及质量四个方面对京津冀的人口发展现状进行了分析。从人口规模变化来看，京津冀人口总量稳步增长，占全国大陆人口的比重相对稳定，城镇人口总数逐年递增，河北省城镇化效果显著。从人口分布变化来看，北京市人口密度下降，河北省人口密度提升，北京非首都功能的疏解效果显著，人口空间分布进一步优化，河北省地级市人口规模差异明显。从人口结构变化来看，人口老龄化程度加深，劳动年龄人口减少；劳动力资源存在差异，河北省年轻就业人口占比低于全国平均水平。从居民收入与人口素质变化来看，居民生活水平显著提升，人口受教育程度不断提高。

然后，对京津冀三地的产业结构与就业结构的均衡性进行了分析，分析结果表明：京津冀三地第一产业的就业结构偏离度为负数，整体劳动生产率相对较低，仍然存在大量剩余劳动力，其中北京第一产业的就业结构偏离更高。三省份第二产业和第三产业，尤其是第三产业的产业结构与就业结构都相对比较均衡，北京的第二产业劳动生产率不断提高，仍有吸纳劳动力的空间。从服务业的具体行业来看，住宿和餐饮业等多个行业的劳动生产率仍有待提高。天津的第二产业劳动生产率比较高，仍可吸纳更多的劳动力就业。从服务业具体行业来看，建筑业，租赁和商务服务业，教育，卫生和社会工作，公共管理、社会保障和社会组织等行业的劳动生产率有待提高。河北第二、第三产业产业结构和就业结构也趋向均衡，但随着京津冀协同发展上升为国家战略之后，城镇化快速发展，河北第二产业再次获得快速发展，劳动生产率不断提高，吸纳劳动力的空间和能力也不断提高。从服务业的具体行业来看，租赁和商务服务业，科学研究和技术服务业，水利、环境和公共设施管理业的产业结构和就业结构偏离程度较大，有剩余劳动力转出的可能。

　　未来，京津冀三地人口发展还将面临四个方面挑战：京津冀城市群人口总量呈现负增长；京津冀城市群人才吸引力不足；人口缩减与劳动力人口减少、少子化、深度老龄化叠加；雄安新区要形成人口吸引源仍需要较长时间。

第七章 京津冀城市群产业—人口— 空间耦合协调发展研究

产业、人口及空间是城市群发展中的有机构成要素，是影响城市群发展质量的重要因素。党的十九届五中全会指出，"十四五"时期要构建国土空间开发保护新格局，推动区域协调发展，推进以人为核心的新型城镇化。发展新型城镇化离不开城市产业、人口与空间的协调发展。在分析了京津冀城市群产业与人口的发展现状与趋势之后，需要分析产业与人口的协调情况。本章首先分析京津冀产业、人口与空间的耦合协调性，加入空间主要是希望能够体现城市的发展。下一章将重点对三大城市群的产业与人口的协调性进行比较研究。当前，京津冀协同发展已进入"爬坡过坎"的关键阶段，要"再上台阶"需要明确城市产业、人口与空间的发展水平及其协调关系。

第一节 产业、人口与空间协调发展的相关研究

既有文献从多角度对产业、人口与空间的关系及其对区域发展的影响做了大量研究。从研究内容上来看，这些研究大致可以分成以下三类：

第一，分析产业、人口或空间单一系统对区域发展的影响，如人口红利变化[1]、

---

[1] 瞿凌云. 未来人口老龄化趋势及其对潜在经济增速影响的估算 [J]. 上海金融, 2021（8）: 27-36.

产业结构演变①②以及空间资源开发与利用③对区域发展的影响。产业结构合理化对经济增长具有显著的促进作用④，京津冀一体化政策促进了经济高质量发展，但由于产业结构不合理使经济活力受到抑制。瞿凌云（2021）对未来人口老龄化趋势及其对潜在经济增速影响进行了估算，认为中国目前仍处于人口红利期，但随着人口老龄化的加剧，未来潜在经济增速仍将下滑。王思远等（2002）运用遥感技术和GIS技术对中国土地利用时空特征进行分析，发现空间土地的可持续利用可以促进区域经济的可持续发展。

第二，研究产业、人口、空间两两系统之间关系的演化及其对区域发展的影响。例如，人口老龄化和人口红利效应都能够促进产业结构的优化和升级⑤。人口迁移引起的人口经济重塑促进了城镇化的发展，空间动力机制是影响城市化发展的重要机制⑥。

第三，从产业、人口与空间的整体发展水平来研究其对区域协调发展的影响，如长三角、珠三角、京津冀及成渝等城市群或者江苏省、山东省等单一地区产业、人口空间的整体发展水平及其对城市群整体发展的影响（陈刚等，2020；赵川，2019；曾鹏和张凡，2017；朱江丽和李子联，2015）。

从研究方法来看，既有研究主要运用计量经济学模型、耦合协调度模型及地理空间分析等方法对区域产业、人口与空间系统之间的关系进行研究。刘锦和田银生（2018）通过建立向量自回归VAR模型对珠三角城市群发展进程中的"产业—人口—空间"交互影响机理进行了研究。肖周燕（2013）运用空间效应模型发现，中国人口与经济分布的不一致性存在较强空间聚集和空间依赖。李秋颖等（2015）通过建立耦合协调度模型分析了山东省人口城镇化和空间城镇化耦合协调发展状况与演进趋势。

随着区域的不断发展和研究的不断深入，产业、人口与空间在区域发展系统

①④ 干春晖，郑若谷，余典范．中国产业结构变迁对经济增长和波动的影响 [J]．经济研究，2011，46（5）：4-16+31.

② 韩雅清，左孝凡，李玉水，等．区域一体化战略对经济高质量发展的影响研究——以京津冀地区为例 [J]．资源开发与市场，2021，37（10）：1216-1222.

③ 王波，翟璐，韩立民，等．产业结构调整、海域空间资源变动与海洋渔业经济增长 [J]．统计与决策，2020，36（17）：96-100.

⑤ 郭岚，张祥建，李远勤．人口红利效应、产业升级与长三角地区经济发展 [J]．南京社会科学，2009（7）：7-14.

⑥ 赵果庆，吴雪萍．中国城镇化的空间动力机制与效应——基于第六次人口普查2869个县域单元数据 [J]．中国软科学，2017（2）：76-87.

中的重要性日益凸显，三者中任意一系统的发展都会影响其他两者系统的发展，从而影响整个区域的发展。因此，当前从三者整体水平来研究对区域发展影响的文献开始增多，也有部分学者将资源、环境等更多因素纳入区域发展这一复杂系统中，促进了对区域发展质量的研究。尽管如此，定量分析城市群产业、人口、空间系统之间协调程度的研究仍然比较欠缺。而自京津冀协同发展战略上升为国家战略以来，虽然京津冀协同发展在多个重点领域取得了重大进展，但京津冀协调发展程度仍有小幅下降趋势[①]，因此迫切需要分析影响京津冀协同发展的重要因素。本章通过构建京津冀城市群产业、人口空间耦合协调发展模型，运用系统耦合协调度和熵值法测算京津冀城市群产业、人口和空间的整体发展水平和耦合协调度，深入分析京津冀城市群产业、人口和空间耦合协调发展的时序特征和空间特征，从而找出影响京津冀协同发展的主要因素。

第二节　研究方法与数据来源

一、京津冀城市群产业—人口—空间的评价指标体系

根据指标选取的系统性、科学性、客观性和可操作性等原则，借鉴已有研究，本章建立了京津冀城市群产业—人口—空间评价指标体系。在产业指标方面，选取人均 GDP 表示城市经济发展水平；选取第一、第二、第三产业产值在地区生产总值中的比重及实际利用外资金额在地区生产总值中的比重来代表产业结构和对外资依存度；选取规模以上工业企业数来表征工业企业发展状况。

在人口指标方面，选取城市年末常住人口数量和人口密度来反映城市人口规模和人口密集度，选取第二、第三产业从业人员比重和城镇登记失业率来表示城市就业状况，选取城镇化率表示城镇化发展水平。

在空间发展方面，选取城市土地面积和建成区面积代表城市空间开发和建设情况，选取城市绿地面积代表城市环保绿化情况，最后选取人均城市道路面积和万人拥有公共汽车数量反映城市交通基础设施建设状况（见表7-1）。

---

① 刘洁，姜丰，钱春丽. 京津冀协调发展的系统研究［J］. 中国软科学，2020（4）：142-153.

二、数据来源

本章采用 2000~2020 年京津冀城市群中城市的相关数据，这些数据主要来自 2001~2020 年的《中国城市统计年鉴》《北京统计年鉴》《天津统计年鉴》《河北经济年鉴》，部分缺失数据通过对《中国统计年鉴》、河北各地市统计年鉴、国民经济和社会发展统计公报进行整理所得。

三、研究方法

本章将建立耦合协调度模型来测量京津冀城市群产业—人口—空间的协调发展现状。首先，要对数据进行标准化处理；其次，运用熵值法确定各评价指标的权重，并据此确定城市群产业、人口及空间的发展水平函数；最后，建立耦合协调度模型。

（一）初始数据的标准化处理

由于不同指标对产业、人口和空间有正向影响和负向影响之分，需要分别对其进行标准化处理。假设初始数据矩阵为 $X = (x_{ij})_{mn}$，$i = 1, 2, \cdots, n$；$j = 1, 2, \cdots, m$，其中，m 为指标个数，n 为城市个数，x_{ij} 为第 i 个城市的第 j 个指标值。正项指标和负向指标无量纲处理公式分别为：

$$x_{ij} = \frac{X_{ij} - \min\{X_j\}}{\max\{X_j\} - \min\{X_j\}}$$

$$y_{ij} = \frac{\max\{X_j\} - X_{ij}}{\max\{X_j\} - \min\{X_j\}} \tag{7-1}$$

其中，$\max\{X_j\}$ 和 $\min\{X_j\}$ 分别表示第 j 项指标的最大值和最小值，y_{ij} 表示经过标准化处理的指标值。为了避免部分指标值为 0 无法取对数，对指标进行平移处理，即

$$z_{ij} = y_{ij} + 0.5 \tag{7-2}$$

（二）评价指标权重的确定

本章采用熵值法来确定评价指标的权重。根据熵值法，每个系统第 j 个指标对应的熵值 e_j 为：

$$e_j = -k \sum_{i=1}^{n} (p_{ij} \times \ln p_{ij}) \tag{7-3}$$

其中，$k = \dfrac{1}{\ln m}$，$p_{ij} = \dfrac{z_{ij}}{\sum\limits_{i=1}^{n} z_{ij}}$，$i = 1, 2, \cdots, n$；$j = 1, 2, \cdots, m$。

熵值法权重的计算公式为:

$$w_j = \frac{1 - e_j}{\sum\limits_{j=1}^{m} e_j} \tag{7-4}$$

其中, 评价指标具体含义与指标权重计算结果如表 7-1 所示。

表 7-1　城市产业—人口—空间的指标体系

系统	指标	性质	权重
产业	人均地区生产总值(万元)	+	0.183
	工业企业数(个)	+	0.172
	第一产业占 GDP 的比重(%)	−	0.166
	第二产业占 GDP 的比重(%)	+	0.151
	第三产业占 GDP 的比重(%)	+	0.164
	对外开放程度(%)	+	0.164
人口	年末常住人口数量(万人)	+	0.199
	人口密度(人/平方千米)	+	0.193
	第二、第三产业从业人数所占比重(%)	+	0.204
	城镇登记失业率(%)	−	0.191
	城镇化率(%)	+	0.214
空间	城市土地面积(平方千米)	+	0.201
	城市建成区面积(平方千米)	+	0.216
	城市绿地面积(平方千米)	+	0.209
	人均城市道路面积(平方米)	+	0.179
	万人拥有公共汽车数量(辆)	+	0.195

(三) 城市发展水平函数的确定

根据具体指标的标准化值和权重, 可进一步计算城市 i 的发展水平函数, 记为 $F(U_t)$:

$$F_i(U_t) = \sum_{j=1}^{m} w_{ij} z_{ij} \tag{7-5}$$

根据产业、人口和空间的具体指标, 可以依次计算出产业发展水平函数 $F_i(U_{1t})$、人口发展水平函数 $F_i(U_{2t})$ 和空间发展水平函数 $F_i(U_{3t})$。其中, 城市综合发展水平等于产业、人口和空间发展水平的均值, 城市群综合发展水平等于 13 个城市发展水平的均值。

（四）耦合协调度模型的构建

1. 耦合度模型

耦合概念来源于物理学领域，耦合表示 2 个及 2 个以上的系统相互作用、相互影响的机制。借助耦合度模型，可以揭示城市群内部产业、人口和空间三者相互作用、相互影响的协同机制。以下为耦合度函数：

$$C_t = \left\{ \frac{f(U_{1t}) \times f(U_{2t}) \times f(U_{3t})}{\prod [f(U_{it}) + f(U_{jt})]} \right\}^{1/3} \tag{7-6}$$

其中，$i, j = 1, 2, 3$；$i \neq j$。C_t 表示耦合度，取值为 0~1；值越大，耦合作用越紧密，说明产业、人口和空间相互影响程度越高。

2. 耦合协调度模型

由于耦合度模型只能描述系统之间相互影响的程度，无法确定系统是高级耦合还是低级耦合，因此需要进一步借助耦合协调度模型，准确衡量系统之间的耦合协调状况，从而判断系统协调水平的高低。耦合协调度函数可表示为：

$$R_t = (C_t \times T_t)^{1/3} \tag{7-7}$$

其中，R_t 表示耦合协调度；T_t 表示综合评价指数，即

$$T_t = \alpha f(U_{1t}) + \beta f(U_{2t}) + \gamma f(U_{3t}) \tag{7-8}$$

R_t 值越大，表示系统之间是高水平耦合协调，在高水平上相互作用、相互影响。由于产业、人口和空间对城市群协调发展的作用同等重要，因此本章取 $\alpha = \beta = \gamma = 1/3$。同时，结合文献和耦合协调度大小，可以将京津冀发展阶段的判断标准定义为：当 $0 \leq R_t \leq 0.2$ 时，为严重失调阶段；当 $0.2 < R_t \leq 0.4$ 时，为轻度失调阶段；当 $0.4 < R_t \leq 0.5$ 时，为协调过渡阶段；当 $0.5 < R_t \leq 0.6$ 时，为初级协调阶段；当 $0.6 < R_t \leq 0.7$ 时，为中级协调阶段；当 $0.7 < R_t \leq 0.8$ 时，为良好协调阶段；当 $0.8 < R_t \leq 1$ 时，为优质协调阶段。

第三节　实证分析

一、京津冀城市群产业—人口—空间发展的时序特征

根据上述模型的计算，可以得出京津冀城市群 2000~2019 年综合发展水平

和耦合协调度的发展情况。如图 7-1 所示，京津冀城市群综合发展水平在 2014 年之后显著提高，2014 年之前呈现波动中上升的趋势。京津冀城市群整体发展趋势可划分为三个阶段：第一阶段（2000~2007 年），综合发展水平震荡上升；第二阶段（2008~2014 年），综合发展水平稳步缓慢提高；第三阶段（2015~2019 年），综合发展水平大幅提高。在此期间，综合发展水平在 2001~2002 年、2007~2008 年以及 2011~2012 年出现三次大幅下降，这主要是受宏观经济周期、国际环境及中国经济转型的影响（鲁继通和张晶，2017）。2001 年，我国正式加入世界贸易组织，国际资本开始大量涌入中国，京津冀城市群中的北京、天津作为中国重要的开放区，产业结构和工业经济发展受到了较大冲击，产业结构的变化影响了城市就业状况，进而对人口发展造成一定冲击。2008 年的国际金融危机使实际利用外资规模下降，造成投资缺口和大量失业，进而降低了人口发展质量。2012 年的第三次下滑是产业结构调整升级、注重生态环境保护的结果。同时，这段时期正是京津冀城市群内部发展动能转换、注重质量提升的新阶段。2014 年，京津冀协同发展正式确定为国家战略，有力推动了京津冀城市群综合发展水平的提高。由此可以看出，京津冀城市群整体发展水平的波动不仅受城市发展规划和政府顶层设计的影响，也受宏观经济周期和国际环境的影响。

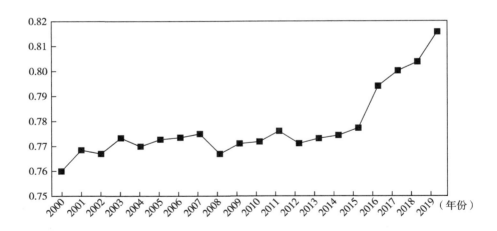

图 7-1　京津冀综合发展水平

通过对产业、人口与空间的发展水平进行比较可以看出各阶段城市群城市发展的主要动力。如图 7-2 所示，在第一阶段（2000~2007 年），京津冀城市群表现为以人口发展为主导。这一阶段，虽然人口发展水平在 2003 年有所下降，但仍然显著高于产业和空间发展水平。从三大系统的得分来看，人口与产业的发展水平逐渐接近，但与空间的发展水平差距不断拉大。在第二阶段（2008~2014年），产业发展水平超越人口发展水平，成为推动城市群发展的主要动力，同时空间发展水平逐渐提高，推动城市群发展的作用逐步显现。而受美国次贷危机影响，这期间的失业人数增多，人口发展呈现波动下降的趋势。城市基础设施的发展使空间发展水平不断提高，与产业和人口发展水平间的差距不断缩小。2015~2019 年，人口、产业和空间尤其是产业发展显著提高。这得益于战略性新兴产业的迅速发展，使产业发展水平增幅高于人口和空间，产业系统继续成为推动京津冀综合发展水平提高的主要动力。

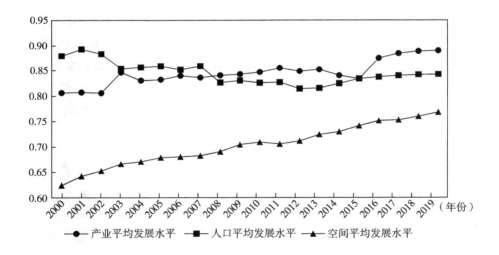

图 7-2　京津冀产业、人口、空间发展水平

从图 7-3 可以看出，2000~2019 年，京津冀城市群产业、人口与空间耦合协调度不断提高，基本实现了由中低级耦合协调发展阶段向中高级耦合协调发展阶段转变，但仍未达到高级耦合协调发展阶段。结合产业、人口与空间两两之间耦合协调度的变化（见图 7-4）可以看出，2000~2007 年，京津冀城市群产业与人口耦合协调度基本保持平稳，并显著高于产业与空间和人口与空间的耦合协调度。同时，产业与空间、人口与空间的耦合协调度不断提升，和产业与人口耦合协调度之间的差距逐渐缩小，这一阶段较低的空间发展水平阻碍了城市群整体耦

合协调度的提升。2008~2013 年，产业与空间耦合协调度显著提升，超过了人口与空间的耦合协调度。2014~2019 年，产业、人口和空间两两之间的耦合协调度大幅提升。产业与人口、产业与空间的耦合协调度增长较快，但人口与空间的耦合协调度增长较慢，产业的快速发展推动了城市群整体耦合协调度的提升，而人口水平的缓慢增长则阻碍了整体耦合协调度的进一步提升。

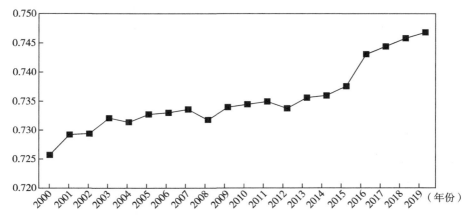

图 7-3　京津冀产业—人口—空间耦合协调度

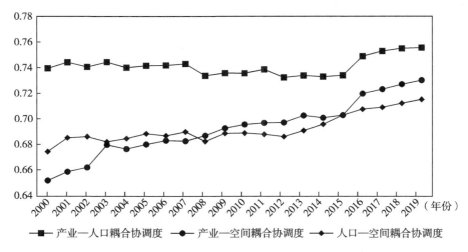

图 7-4　京津冀产业、人口、空间两两系统耦合协调度

综合以上分析可以得出：京津冀城市群第一阶段表现为以人口发展为主要动力的发展模式。随着我国正式加入世界贸易组织，国际资本大量涌入，资本催生了大批工业企业，创造了大量工作岗位，人口综合发展水平不断提高。第二阶段

表现为以产业为主要动力的发展模式。美国次贷危机引发的全球金融危机使国际资本投资长期在低水平徘徊，我国能够利用的外资资金不断减少。在此背景下，政府加大宏观经济调控力度，增加基础建设投入来填补外资的投资缺口，推动了城市第二、第三产业的发展，也推动了城市空间的开发利用，使产业与空间耦合协调度大幅提升，但产业与人口耦合协调度和人口与空间耦合协调度提升并不明显。这意味着人口发展水平的下降仍然是阻碍京津冀城市群协调发展的主要原因，而产业和空间的快速发展也未能带动人口发展水平的提升。在第三阶段中，随着京津冀协同发展战略正式成为国家战略，京津冀城市群产业、人口、空间三大系统进入有序协调发展阶段，但人口发展仍需进一步推进。

二、京津冀城市群产业—人口—空间发展的空间特征

从京津冀城市群内部各城市的综合发展水平来看，京津冀城市群呈现出以北京和天津为核心的空间发展特征，北京和天津的综合发展水平远远高于河北其他地市。如图 7-5 所示，与 2000 年相比，2019 年京津冀地区中各个城市的综合发展水平均有一定幅度提高，其中北京涨幅最为明显。同时，京津冀城市群中的两大核心城市——北京与天津的差距在逐渐扩大，2000 年北京和天津的综合发展水平相差 0.045，2019 年两者差距增加到了 0.166，翻了 3.6 倍。这主要是由于天津在对外开放程度方面远逊于北京，失业率方面略高于北京，而绿地面积的增长速度也低于北京。

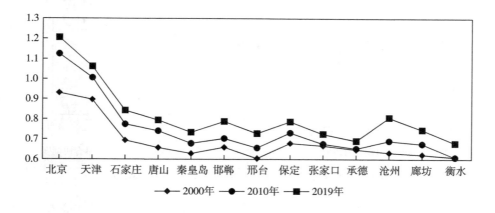

图 7-5　京津冀各城市综合发展水平

如图 7-6 所示，从京津冀城市群内部各城市的产业、人口、空间发展水平来看，在产业发展方面，北京和天津的产业发展较为完善，产业结构和体系较为合理，保定、唐山、廊坊的产业发展水平明显提高。2000 年，北京、天津产业发展水平较高，都超过了 0.9；石家庄、承德、张家口、秦皇岛、唐山、廊坊、沧州、衡水和邯郸的产业发展水平差距不大，都位于 0.6~0.7；衡水、邢台较低，城市之间的发展差距较小。2019 年，京津冀城市群的产业空间分布继续维持了两个中心的趋势，同时城市之间的产业发展水平差距扩大。除天津以外的城市均有不同幅度提升，而天津不增反降，主要原因在于其对外开放程度急剧下滑，但仍然高于除北京外的其余城市，说明北京和天津的产业结构、综合经济实力仍然较高。北京产业发展水平在 2019 年和 2010 年变化不大的主要原因在于北京通过非首都功能疏解转移了大量工业企业，使工业企业数显著下降。而其余城市不同幅度的提升则体现出城市群中核心城市的集聚和辐射作用，沧州、唐山和廊坊距离京津较近，加上自身基础设施完善，很好地承接了京津的转移产业，产业发展水平不断提高。石家庄和保定产业发展水平提高幅度也比较大，这从第五章产业协同现状的分析中也可以得到印证。

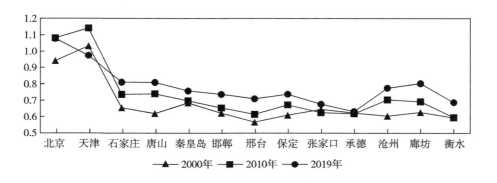

图 7-6　京津冀各城市产业发展水平

如图 7-7 所示，在人口发展方面，京津冀城市群各城市的人口发展水平总体上都有提高。北京和天津的人口发展水平最高，石家庄、邯郸和保定的人口发展水平次之。张家口、承德、衡水三个城市涨幅较低，主要是因为与其他城市相比，第二、第三产业从业人数比重及城镇化率较低，同时失业率较高。这说明，这三个城市的市民化进程有待加强，就业形势有待改善。

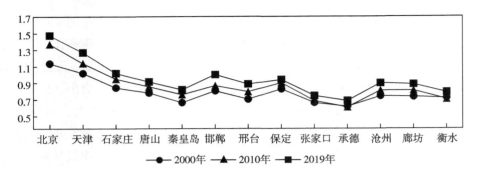

图 7-7　京津冀各城市人口发展水平

如图 7-8 所示，在空间发展方面，13 个城市均有不同程度的上涨。其中，北京、天津两个城市的上升幅度最大，主要是因为城市道路基础设施完善，人均城市道路面积保持领先；而廊坊涨幅最小，主要是因为城市建成区面积和绿地面积增长较慢，万人拥有公共汽车数量较少，说明城市空间资源开发不充分，环境保护和城市绿化有待提高，交通基础设施有待完善。沧州涨幅较高，说明城镇化建设取得巨大进步。

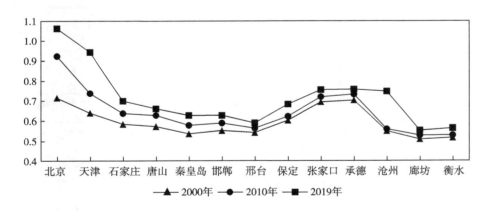

图 7-8　京津冀各城市空间发展水平

进一步对 2000 年和 2019 年京津冀城市群各城市产业—人口—空间的耦合协调度进行比较（见表 7-2）可以看出，各城市耦合协调度有较大提升，大多数城市都从中级协调阶段转向了良好协调阶段。2000 年，京津冀城市群中北京、天津和石家庄的产业—人口—空间的耦合协调度最高，为良好耦合协调水平，其他城市都处于中级协调阶段。2019 年，北京和天津依然保持着最高耦合协调水平，进入了优质协调阶段，其余城市为良好协调阶段。总体来看，京津冀城市群的产业—人口—空间耦合协调度有小幅增长，北京和天津仍然是城市群的两个中心，并且逐渐形成沿京津唐和京保石发展轴蔓延的协调发展格局。

表 7-2 京津冀城市产业、人口、空间系统耦合协调度变化情况

模式	年份	耦合度 (0.8，1]	耦合度 [0.7，0.8)	耦合度 [0.6，0.7)	耦合度 [0.5，0.6)
产业—人口—空间耦合协调度	2000		北京、天津、石家庄	唐山、秦皇岛、邯郸、邢台、保定、张家口、承德、沧州、廊坊、衡水	
	2019	北京 天津	石家庄、唐山、秦皇岛、邯郸、邢台、保定、张家口、承德、沧州、廊坊、衡水		
产业与空间协调度	2000		北京、天津	张家口、承德	石家庄、唐山、秦皇岛、邯郸、邢台、保定、沧州、廊坊、衡水
	2019	北京 天津	石家庄		唐山、秦皇岛、邯郸、邢台、保定、张家口、承德、沧州、廊坊、衡水
人口与空间协调度	2000	北京	天津	石家庄、唐山、邯郸、保定、张家口、承德、沧州	秦皇岛、邢台、廊坊、衡水
	2019	北京 天津	石家庄、唐山、邯郸、保定	秦皇岛、邢台、张家口、承德、沧州、廊坊、衡水	
产业与人口协调度	2000	北京 天津		石家庄、唐山、秦皇岛、邯郸、保定、张家口、沧州、廊坊、衡水	邢台、承德
	2019	北京 天津	石家庄、唐山、秦皇岛、邯郸、邢台、保定、沧州、廊坊	张家口、承德、衡水	

通过分析京津冀三大系统两两间耦合协调度变化情况发现，2000年以来，各城市不同系统两两间耦合协调度发生了较大变化。自2000年以来，京津冀协调发展模式变化呈现以下特点：一是产业与空间系统间的发展失衡性加剧。2000年，仅北京和天津处于良好协调阶段，张家口和承德处于中级协调阶段，其他城市均处于初级协调阶段，发展水平整体偏低。到2019年，各城市产业与空间耦合协调度差异化有很大变化，北京和天津迈入了优质协调发展阶段，石家庄直接从初级协调阶段跃升至良好协调阶段，张家口和承德则跌入初级协调发展阶段，表现出典型的非均衡发展特征。二是人口与空间系统间的耦合协调度稳步提升。2000年，京津冀13个城市的人口与空间在初级、中级、良好和优质协调发展阶段分布数量为"4、7、1和1"，整体处于初中级协调发展阶段。到2019年，人口与空间在初级、中级、良好和优质协调发展阶段分布数量已变为"0、7、4和2"，整体处于良好协调发展阶段。值得注意的是，除北京一直处于优质协调阶段外，其余城市均提升了一个层级。三是产业与人口系统间的耦合协调度实现了由中级协调发展阶段向良好协调发展阶段的过渡。2000年，除北京和天津处于优质协调阶段，邢台和承德处于初级协调阶段外，其他9个城市均处于中级协调发展阶段。到2019年，京津冀进入良好协调发展阶段的城市已过半，北京和天津仍处于优质协调发展阶段，邢台提升了两个层级，直接从初级协调阶段步入了良好协调阶段。

第四节　本章小结

本章通过构建京津冀城市群产业—人口—空间发展评价指标体系，运用系统耦合协调度和熵值法测算京津冀城市群2000～2019年产业、人口和空间的整体发展水平和耦合协调度，得出以下结论：从时序上来看，京津冀城市群产业—人口—空间发展水平和耦合协调度总体呈上升趋势，尤其是在京津冀协同发展上升为国家战略之后耦合协调度显著提高，而人口与空间的耦合协调度成为制约城市群耦合协调发展的重要影响因素。从空间上来看，京津冀城市群内部产业—人口—空间耦合协调度不断提高，北京和天津已达到优质协调发展阶段，河北其他城市均上升到良好协调发展阶段，且石家庄、保定、廊坊和沧州等城市综合发展水平和耦合协调度都有显著提高，逐渐形成以北京、天津为中心，沿京保石和京津唐发展轴蔓延的协调发展格局。其中，各城市产业—人口耦合协调度提升最快；产业与空间系统间的发展失衡性加剧，北京和天津迈入了优质协调发展阶段，石家庄直接从初级协调阶段跃升至良好协调阶段，而张家口和承德跌入初级协调发展阶段，表现出典型的非均衡发展特征。

第八章 我国三大城市群产业— 人口耦合协调发展比较研究

第七章分析了京津冀产业—人口—空间的耦合协调发展情况，为了更好地了解京津冀产业与人口协调发展情况在我国主要城市群中的发展程度，需要对我国主要城市群的产业—人口协调发展情况进行比较研究。自《国家新型城镇化规划（2014~2020年）》规划建设19个城市群以来，我国通过实施一系列区域重大战略，正逐步形成全方位、多层次、多形式的区域联动格局，有效缩小了区域间的差距，促进区域经济发展格局不断优化。《中华人民共和国国民经济和社会发展第十四个五年规划和2035年远景目标纲要》明确指出，要重点发展京津冀、长三角和珠三角等城市群，增强经济和人口承载能力，加快打造引领高质量发展的第一梯队。党的十九届六中全会决议进一步强调，要实施区域协调发展战略，推进京津冀协同发展、长江经济带发展、粤港澳大湾区建设及长三角一体化发展。

长三角、珠三角和京津冀三大城市群已发展成为我国经济最具活力、开放程度最高、吸纳外来人口最多的地区，在推动我国城镇化体系建设的过程中起了重要支撑和引领作用。作为国家级城市群，这三大城市群是我国最主要的人口和经济集聚地。"七普"数据显示，京津冀、长三角和珠三角城市群人口总量分别占全国大陆人口的7.82%、12.37%和5.53%，经济规模总量也超过了全国总量的40%，发挥了全国经济压舱石、高质量发展动力源及改革试验田的重要作用。尽管如此，由于我国城乡经济发展差距仍然较大，城乡公共服务发展仍然不平衡，城乡二元结构弊端仍然存在，所以虽然区域发展差距有所缩小，但是区域发展不平衡、不协调问题尚未得到根本改变。其中，产业、人口是城市群发展中的有机构成要素，这三大系统的协同发展是影响区域高质量发展的重要方面，因此通过分析三大城市群产业、人口的综合发展水平及协调关系，判断影响产业、人口耦合协调的关键因素，有助于进一步认识我国三大城市群的协同发展现状和京津冀在三大城市群中的协调发展程度，从而解决城市群发展过程中出现的发展不平衡问题，对于实现区域高质量协调发展具有重要意义。

第一节　长三角、珠三角和京津冀三大城市群发展概况

一、长三角、珠三角和京津冀三大城市群的范围

长江三角洲地区是发展历史悠久、全国社会经济发展水平较高、经济实力较为雄厚、潜力很大的发展区域之一，其以不到4%的国土面积，集中了超过12%的人口，并创造出中国近1/4的经济总量，是中国社会经济发展的核心区域。长三角城市群是沿海经济带与沿长江产业带的重要交会点，对于推动中国经济国际化、加快工业化和现代化、迈向全球价值链中高端具有重要带动作用。2019年发布的《长江三角洲区域一体化发展规划纲要》指出，长三角城市群包括上海、江苏、浙江和安徽全域（面积为35.8万平方千米），以上海、南京、无锡、常州、苏州、南通、扬州、镇江、盐城、泰州、杭州、宁波、温州、湖州、嘉兴、绍兴、金华、舟山、台州、合肥、芜湖、马鞍山、铜陵、安庆、滁州、池州、宣城27个城市为中心区（面积为22.5万平方千米），辐射带动长三角地区高质量发展，如表8-1所示。

表8-1　三大城市群及其包含城市

城市群	包含城市
长三角	上海、南京、无锡、常州、苏州、南通、盐城、扬州、镇江、泰州、杭州、宁波、温州、嘉兴、湖州、绍兴、金华、舟山、台州、合肥、芜湖、马鞍山、铜陵、安庆、滁州、池州、宣城
珠三角	广州、深圳、佛山、东莞、惠州、中山、珠海、江门、肇庆
京津冀	北京、天津、石家庄、唐山、秦皇岛、邯郸、邢台、保定、张家口、承德、沧州、廊坊、衡水

珠三角城市群位于广东省的腹地，是中国发展较早的区域之一，是南方对外开放的门户，是辐射带动华南、华中和西南发展的龙头，包括广州、佛山、肇庆、深圳、东莞、惠州、珠海、中山、江门 9 个城市。珠三角城市群同处于广东一个省，文化相近，且区域面积较小，各城市间距离近且交通便利，产业协同度较高。珠江三角洲汇集了广东 70% 的人口，创造了全省 85% 的 GDP，是亚太地区最富活力的区域之一。2019 年，珠三角城市群增加了香港地区、澳门地区两个特别行政区，升级为粤港澳大湾区。但由于珠三角九市与港澳地区的行政体制及经济体制存在显著差异，需要区分两种制度体制下的不同影响机制，因此本章仍然选取珠三角城市群中的九个地级市的耦合协调度进行研究。

京津冀城市群是中国北方经济规模较大、较具活力的地区，包括北京、天津两大直辖市，以及河北的张家口、承德等 11 个地级市，共 13 个城市。2020 年，总面积与长三角相近的京津冀城市群 GDP 总量为 8.6 万亿元，在全国占比为 8.5%，地均产出 0.39 亿元。2020 年末，京津冀人口总量为 1.15 亿人，与长三角同样较为接近，但与 2010 年相比人口增量仅为 596 万人。在京津冀各城市中，只有保定和石家庄人口数量超过 1000 万人，其他次级城市发展明显不足，与核心城市之间还存在比较大的差距，中心城市对周边城市的带动作用有待加强。

二、长三角、珠三角和京津冀三大城市群的经济发展比较

人均 GDP 和单位国土面积是衡量区域经济发达水平和城市化水平的重要指标。从表 8-2 的对比分析可以看出，就城市群地区生产总值而言，珠三角和长三角城市群的经济发展水平高于京津冀城市群。就城市群总面积而言，京津冀城市群具有压倒性优势，其总面积高达 403763 平方千米，长三角城市群为 359198 平方千米，而珠三角城市群却只有 54769 平方千米。但是从人口来看，虽然京津冀城市群拥有绝对大的国土面积，其常住人口规模却低于长三角城市群。根据以上统计数据可以看出，京津冀与长三角城市群在规模上大体相当，珠三角城市群只有以上两个城市群一半的规模，但三大城市群的人均地区生产总值接近。21 世纪以来，珠三角城市群经济发展虽然在 2010 年后受全球金融危机及我国经济发展周期"三期叠加"的影响，经济增速有所降低，但其整体发展依然走在全国前列，生产总值持续增加。

表8-2 三大城市群2020年相关指标对比

指标	长三角城市群	珠三角城市群	京津冀城市群
地区生产总值（万元）	2447135300	895239314.5	863931800
总面积（平方千米）	359198	54769	403763
人均地区生产总值（元）	110261.46	101256.09	105022.56
第一产业占GDP的比重（%）	4.08	1.75	4.86
第二产业占GDP的比重（%）	39.47	39.96	27.92
第三产业占GDP的比重（%）	56.44	58.29	67.22
年末常住人口数量（万人）	23539	7824	18504
职工平均工资（元）	120454	102152	95745

资料来源：根据《中国城市统计年鉴2021》整理得到。

具体到产业结构可以看出，京津冀城市群仍有较高的第一产业占比，为4.86%，这一水平高于长三角城市群（4.08%）和珠三角城市群（1.75%）；对于第二产业占比，京津冀城市群的水平（27.92%）低于长三角城市群（39.47%）和珠三角城市群（39.96%）；但反观第三产业占比，京津冀城市群的水平（67.22%）却高于长三角城市群（56.44%）和珠三角城市群（58.29%）。从职工平均工资来看，京津冀城市群（95745元）低于长三角城市群（120454元）和珠三角城市群（102152元）。以上分析表明，京津冀城市群的经济发展水平低于珠三角城市群和长三角城市群，京津冀城市群的产业结构呈现出较大的分化，即第一和第三产业较高，而工业化程度明显低于长三角城市群和珠三角城市群。

第二节 三大城市群产业—人口耦合协调发展的评价方法

一、评价指标体系的确定

本章在遵循系统性、科学性、层次性和可操作性原则的基础上，参考已有研究中的评价指标体系，并充分考虑三大城市群实际的发展情况，从数据的可获取性和便于比较的角度，构建了三大城市群产业—人口评价指标体系，如表8-3所示。产业指标选取人均GDP、社会消费品零售总额、地方财政收入和社会固定资产投资表示城市经济发展水平；第二、第三产业占GDP的比重和产业结构高级化表示产业结构。产业结构高级化指标用第三产业产值与第二产业产值的比值来衡量。根据克拉克定律，随着经济发展水平的提高，产业重心会逐渐由第一产业向第二、第三产业转移，故选取第三产业与第二产业的比值进行衡量。

人口指标体系选取年末常住人口数量、外来人口和人口密度来反映城市人口规模和人口密集度，选取城镇单位就业人员、从业人员平均工资和城镇登记失业率来反映城市就业状况。小学在校学生数反映人口结构。小学在校学生人数既代表着年轻人口潜力，也代表着背后的家庭，一定程度上反映了城市中、青年群体数量，能够反映城市的活力状况。65岁人口数主要衡量人口老龄化程度。

表8-3 指标体系的构建

系统	指标	性质
产业	人均地区生产总值（万元，X_1）	+
	工业企业数（个，X_2）	+
	第一产业占GDP的比重（%，X_3）	−
	第二产业占GDP的比重（%，X_4）	+
	第三产业占GDP的比重（%，X_5）	+
	对外开放程度（%，X_6）	+
	产业高级化程度（X_7）	+
人口	年末常住人口数量（万人，X_8）	+
	人口密度（人/平方千米，X_9）	+
	第二、第三产业从业人数所占比重（%，X_{10}）	+
	城镇登记失业率（%，X_{11}）	−
	城镇化率（%，X_{12}）	+
	职工平均工资（元，X_{13}）	+
	小学在校生人数（万人，X_{14}）	+

二、数据来源

本章采用2000~2020年长三角、珠三角和京津冀三大城市群中城市的相关数据，这些数据主要来自 2001~2021 年的《中国城市统计年鉴》和地方统计年鉴，部分缺失数据通过对《中国统计年鉴》、各地市统计年鉴、国民经济和社会发展统计公报进行整理得到。由于数据的单位和计量存在较大差异，因此需要对数据进行标准化处理。

三、研究方法

（一）耦合协调度测算

1. 标准化处理

由于不同指标对产业、人口有正向影响和负向影响之分，因此需要分别对其进行标准化处理。假设初始数据矩阵为 $X = (x_{ij})\ mn$，$i = 1, 2, \cdots, n$；$j = 1, 2, \cdots, m$。其中，m 为指标个数，n 为城市个数，x_{ij} 为第 i 个城市的第 j 个指标值。正项指标和负向指标无量纲处理公式分别为：

$$x_{ij} = \frac{X_{ij} - \min\ \{X_j\}}{\max\ \{X_j\}\ - \min\ \{X_j\}} \tag{8-1}$$

$$y_{ij} = \frac{\max\ \{X_j\}\ - X_{ij}}{\max\ \{X_j\}\ - \min\ \{X_j\}} \tag{8-2}$$

其中，$\max\ \{X_j\}$ 和 $\min\ \{X_j\}$ 分别表示第 j 项指标的最大值和最小值，y_{ij} 表示经过标准化处理的指标值。为了避免部分指标值为 0 无法取对数，对指标进行平移处理，即

$$z_{ij} = y_{ij} + 0.5 \tag{8-3}$$

2. 权重计算

根据熵值法，每个系统第 j 个指标对应的熵值 e_j 为：

$$E_j = -k \sum_{i=1}^{n} (p_{ij} \times \ln p_{ij}) \tag{8-4}$$

其中，k，p_{ij}，$i = 1, 2, \cdots, n$；$j = 1, 2, \cdots, m$。

熵值法权重的计算公式为：

$$W_j = \frac{1 - e_j}{\sum_{j=1}^{m} e_j} \tag{8-5}$$

3. 城市发展水平函数的确定

根据具体指标的标准化值和权重，可进一步计算城市 i 的发展水平函数，记为 $F(U_i)$，表示为：

$$F_i(U_t) = \sum_{j=1}^{m} w_{ij} z_{ij} \tag{8-6}$$

根据产业、人口的具体指标，可以依次计算出产业发展水平函数 $F_i(U_{1t})$、人口发展水平函数 $F_i(U_{2t})$。其中，城市综合发展水平等于产业、人口发展水平的均值，城市群综合发展水平等于各个城市群的城市发展水平的均值。

4. 耦合协调度模型的构建

（1）耦合度模型。耦合概念源自物理学领域，耦合表示 2 个及 2 个以上的系统相互作用、相互影响的机制。借助耦合度模型，可以揭示城市群内部产业、人口相互作用、相互影响的协同机制。以下为耦合度函数：

$$C_t = \left\{ \frac{f(U_{1t}) \times f(U_{2t})}{f(U_{1t}) + f(U_{2t})} \right\}^{1/2} \tag{8-7}$$

其中，i，$j=1$，2，3；$i \neq j$；C_t 表示耦合度，取值为 0~1，值越大，耦合作用越紧密，说明产业、人口相互影响程度越高。

（2）耦合协调度模型。由于耦合度模型只能描述系统之间相互影响的程度，无法确定系统是高级耦合还是低级耦合，因此需要进一步借助耦合协调度模型，准确衡量系统之间的耦合协调状况，从而判断系统协调水平的高低。耦合协调度函数可表示为：

$$R_t = (C_t \times T_t)^{1/2} \tag{8-8}$$

其中，R_t 表示耦合协调度，T_t 表示综合评价指数，即

$$T_t = \alpha f(U_{1t}) + \beta f(U_{2t}) \tag{8-9}$$

R_t 值越大，表示系统之间是高水平耦合协调，在高水平上相互作用、相互影响。由于产业、人口对城市群协调发展的作用同等重要，因此本章取 $\alpha = \beta = \gamma = 1/3$。同时，结合文献和耦合协调度大小，城市群发展阶段的耦合协调评价标准定义如表 8-4 所示。

表 8-4　耦合协调度评价标准

R_t 范围	等级
$0 \leq R_t \leq 0.2$	严重失调阶段
$0.2 < R_t \leq 0.4$	轻度失调阶段
$0.4 < R_t \leq 0.5$	协调过渡阶段

续表

R_t 范围	等级
$0.5 < R_t \leq 0.6$	初级协调阶段
$0.6 < R_t \leq 0.7$	中级协调阶段
$0.7 < R_t \leq 0.8$	良好协调阶段
$0.8 < R_t \leq 1$	优质协调阶段

注：由于三大城市群的城市比较多，因此这里对耦合协调度标准的设定比第七章更加细致一些，但总体表征的发展阶段是一致的。

（二）灰色关联分析法

产业—人口系统是一个复杂开放系统，系统内产业、人口诸要素相互作用、相互反馈的过程就是产业—人口耦合的过程，两个子系统相互协调、相互融合共同构成一个高效的复合生态系统。为了更好地分析影响该系统整体性的关键因素，本章构建多维灰色关联动态模型，测算灰色关联系数，进一步揭示影响各城市群产业、人口相互耦合的主要因素。具体测算步骤如下：

首先，确定特征序列和因素序列，并进行初值化处理：记城市群耦合协调度为特征序列，将此特征序列和各影响因素序列分别表示为 $R_i(t)$ 和 $X_i(t)$（$i=1, 2, \cdots, 16; t=2000, 2001, \cdots, 2019$）。将特征序列和每个因素序列中的各数据除以本序列中的第一个数据，得到初值化后的特征序列和因素序列分别为 $R'_i(t)$、$X'_i(t)$（$i=1, 2, \cdots, 16; t=2000, 2001, \cdots, 2019$）。

其次，计算关联系数：

$$\gamma_i[R'_i(t), X'_i(t)] = \frac{\min_i \min_t |R'_i(t) - X'_i(t)| + \rho \max_i \max_t |R'_i(t) - X'_i(t)|}{R'_i(t) - X'_i(t) + \rho \max_i \max_t |R'_i(t) - X'_i(t)|}$$

$$(8\text{-}10)$$

其中，ρ 为分辨系数，参照经验做法取值为 0.5。

最后，计算关联度：

$$\gamma_i(R'_i, X'_i) = \frac{1}{n}\gamma_i[R'_i(t), X'_i(t)]$$

$$(8\text{-}11)$$

第三节 三大城市群产业—人口耦合协调发展评价结果与分析

一、三大城市群产业—人口发展的时序特征

基于耦合协调度模型，对中国三大城市群产业—人口的综合发展水平及耦合协调度进行测算。测算结果表明，中国三大城市群及城市群内部不同省份产业—人口的耦合协调度在整体上呈螺旋式上升的发展态势，但协调发展水平仍存在差异。如图 8-1 所示，三大城市群的发展整体上可以划分为四个阶段：第一阶段为 2000~2002 年。长三角人口增量、经济规模居前，产业创新实力领先，其综合发展水平呈现逐年上升的趋势；而京津冀的综合发展水平呈现一种缓慢下降的趋势；珠三角凭借毗邻港澳的区位优势，在产业领域起步较早，相较于长三角和京津冀，已具备一定的发展规模，其产业—人口的综合发展水平呈现波动中上升的趋势。第二阶段为 2003~2014 年。长三角与珠三角的综合发展水平整体变化一致，京津冀发展水平最低。第三阶段为 2015~2017 年。长三角的产业—人口综合发展水平高于珠三角和京津冀的综合发展水平，珠三角和京津冀的综合发展水平基本持平并且呈现稳步上升的趋势。第四阶段为 2018~2020 年。珠三角的综合发展水平明显上升，高于长三角和京津冀的综合发展水平，而京津冀各城市还处在一个磨合阶段，其在各自的结构、规模等方面仍然需要提高匹配度。

从各城市群来讲，对于长三角而言，2001 年中国加入 WTO 后，市场化与经济全球化进程为长三角一体化发展带来了新的发展机遇。2018 年长三角一体化上升为国家战略后，长三角地区多条轨交线开工和正式运营，涉及南京、苏州、上海等长三角主要城市，打通了各个城市的空间格局，城镇化率、城市绿地面积以及人均城市道路面积明显增加，促使长三角产业—人口综合发展水平在 2019 年明显提高。2018 年以来，长三角区域合作办公室成立，《长三角地区一体化发展三年行动计划（2018—2020 年）》通过，常设工作机构设立和保障机制不断完善，形成决策层、协调层和执行层的"三级运作、统分结合"的合作框架，在城市层面有专门的城市经济协调会，推动长三角区域一体化发展协同机制建立

起产业、空间与市场等多层面构架，构建多层次、宽领域区域协同机制，形成自上而下和自下而上相结合的区域合作组织框架。

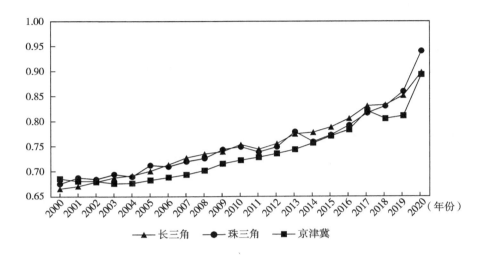

图 8-1　三大城市群产业与人口综合发展水平

对于珠三角而言，其综合发展水平在 2011 年和 2014 年呈现明显的下降趋势。广东省与福建省在 2014 年成立了自由贸易试验区，对外开放对产业结构和产业空间发展产生了较大冲击，产业结构的变化也对就业结构产生直接影响，进而影响人口结构变化，珠三角城市群的发展动力放缓，导致产业、就业和空间发展受到较大影响。2020 年，珠三角产业—人口综合发展水平大幅提高。

京津冀综合发展水平在 2017 年明显上升，2018 年有所回落，2019 又开始回升，2020 年大幅提高。2014 年京津冀协同发展被正式确定为国家战略以来，京津冀三省份通关一体化改革①在全国率先实施，北京通州、天津武清、河北廊坊三地试点合作，签署了人才合作框架协议，推出了人才绿卡、鼓励企事业单位间科研人员双向兼职等十多项先行先试政策，促使京津冀人口密度和城镇化率上升，有力地推动了京津冀城市群综合发展水平的提高。2017 年，《京津冀人才一

① 通关一体化，简单来说就是"多地通关，如同一关"，它被称为"改革开放以来海关最具革命性的变革"。一体化指的是有的企业在此地，但是货物的进出口可能在另外一个城市，原来海关的分布是按照属地化的，一个地方的海关自身是一个独立的监管体系。实现通关一体化以后，企业可以自主地选择申报、纳税、验放地点和通关模式，以往需要在多关办理的手续可以在一个海关办理，进一步简化了手续。

体化发展规划纲要》印发实施，并且京津冀三地对雄安新区建设给予了大力支持，雄安新区加快发展，京津冀城镇登记失业率明显下降，促使京津冀综合发展水平迅速提高。总体来看，京津冀三地结构不断优化，改革开放动力不断增强，协同效应初步显现。

从图8-2可以看出，三大城市群产业—人口耦合协调度基本实现了由良好协调发展阶段向优质协调发展阶段的转变。长三角产业—人口的耦合协调水平一直处于稳步上升态势，珠三角的耦合协调度呈现波动中上升的趋势。到2020年，长三角、珠三角、京津冀的耦合协调度均处于优质协调发展阶段。尤其京津冀城市群2020年耦合协调度大幅提升，协调水平与长三角接近。京津冀协同发展上升为国家战略后，三省份协同发展进程加快，三地之间的互联互通更加紧密。随着疏解北京非首都功能和"高精尖"经济结构的构建，北京人口首次出现负增长，环京部分地区人口增加，城乡差距、区域差距不断缩小，京津冀协同发展取得了显著成果，产业—人口耦合协调度逐年上升。

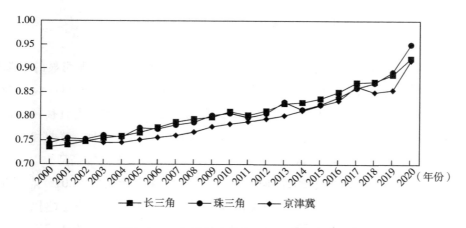

图8-2 三大城市群产业—人口耦合协调度

二、三大城市群产业—人口发展的空间特征

（一）长三角城市群

如图8-3所示，2000~2010年长三角各城市的耦合协调度增长比例与2010~2020年基本持平。长三角城市群除了上海，还有多个头部二线城市，内部的融合度比较高。长三角城市群内部密切的产业分工和经贸联系，日益紧密的产业合

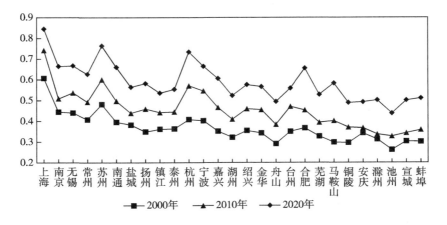

图8-3　长三角各城市产业—人口耦合协调度

作和产业联盟关系，以及不断加强的劳动力流动、资本流动、信息流动，推动着政府之间通过跨行政区划的协商和合作机制，不断支持和实现区域发展的一体化。近年来，长三角城市群地区差距持续缩小，经济联系更加活跃，区域产业分工合作水平进一步提升，市场整合度不断提高，科技创新能力显著增强，基础设施及基本公共服务水平明显改善。

从空间角度来看，整个城市群呈"W"形。其中，安庆、池州、蚌埠等城市的耦合协调度明显提高，这得益于安徽省近年来对主动融入区域一体化的重视和注重自身产业和人口的发展。《安徽省新型城镇化规划（2021—2035年）》提出要"深入实施以人为核心的新型城镇化战略，积极构建'一圈一群一带'联动发展、大中小城市和小城镇协调发展的城镇化发展格局，促进更多农业转移人口融入城市，高品质打造宜居、宜业、宜游城市，推进城市治理体系和治理能力现代化，充分释放城镇化拉动内需的巨大动能，在高质量发展中促进共同富裕"。基于安徽省历史人文厚重、区位优越、交通便捷、生态良好、科创资源富集等的多方优势，再加上国家重大战略叠加，安徽省在全国发展格局中从"总量居中、人均靠后"开始转变为"总量靠前、人均居中"[1]。

---

① 近年来，安徽省大力推动战略性新兴产业提质扩量增效，截至2021年底，安徽省有一半的上市企业和80%的国家级专精特新"小巨人"企业都来自战略性新兴产业。此外，安徽省加速建设人才强省，从"招贤"到"育能"，多管齐下构筑创新"第一动力"，促进了多个城市的高质量发展。以合肥为例，合肥市各类人才总量超200万人，其中经认定的高层次人才1.5万人，在合肥服务的院士有138位，连续五年入围"魅力中国——外国专家眼中最具吸引力的中国城市"榜单。

从城市群内部来看，如图 8-3 所示，上海的产业—人口的耦合协调度最高，为 0.84，远高于苏州、杭州和合肥，是唯一一个超过 0.8，进入优质协调阶段的城市。苏州和杭州的耦合协调度超过了 0.7，处于良好协调阶段。南京、无锡、常州、南通、宁波、嘉兴和合肥的耦合协调度超过了 0.6，处于中级协调阶段。安庆、舟山、铜陵和池州的耦合协调度最低，仅高于 0.4，处于协调过渡阶段。

耦合协调度低的主要集中在安徽省的城市。从实际来看，虽然安徽省近年来发展迅速，但是安徽省的全省经济规模还不够大，省辖市发展差距还在逐步扩大。过去，安徽省作为经济欠发达的省份，容易受沿海经济发达地区的"虹吸"，大量优质要素流向经济发达地区，特别是皖北、皖西等经济欠发达地区，"虹吸"现象长期得不到扭转，出现了"虹吸固化"问题。近年来，这些地区的对外交通条件已得到根本性的改善，但建成的交通干线却成为欠发达地区优质要素外流的便捷通道，又加重了"虹吸固化"问题。尽管安徽现在已经成为国内制造业大省，但还存在产业创新能力不强、产业结构不合理，以及高端、高质量产品和服务供给不足的问题。进入 21 世纪以来，安徽省人才队伍快速增长，但人才流失也很严重，导致全省人才不足，特别是科技领军人才不足，仍然面临集聚人才的难题①。

上海市注重产业与人口的空间分布与协同发展，产业—人口的耦合协调度持续提高。尤其上海市注重推进大都市圈的建设，上海大都市圈虽然人口与经济高度集聚，但已形成以上海为核心，各要素紧密流动，经济上各自完整独立却又密切关联的多中心功能圈。为加强产业统筹布局，推动产业和区域有序发展、错位竞争，促进各区及重点区域聚焦主导产业，弥补产业和空间之间的信息不对称，打造区域产业品牌，2022 年上海市人民政府发布了《上海市产业地图（2022）》，进一步完善了上海市现代服务业、先进制造业总体空间布局，优化调整了上海市各区的重点产业定位，增加了五个新城、南北转型、虹桥国际中央商务区、临港新片区、长三角生态绿色一体化发展示范区等国家和上海市战略区域产业定位和空间布局，细化了三批特色产业园区发展重点。尤其五个新城建设的提出，是上海在中心城区面临发展空间约束的情况下，实现突破的重要举措。在长三角一体化的大背景下，五大新城的建设将成为上海连接长三角的重要纽带。

① 曾凡银，等. 长三角构建新发展格局研究报告（2021~2022）［M］. 北京：社会科学文献出版社，2022.

专栏 8-1

上海市五大新城的建设

随着人口的增长，上海市逐渐要在行政管辖边界范围内寻找新的突破，逐渐建成和江苏、浙江邻近的一些重要城市连片发展的都市圈。上海市五大新城的选址定位为嘉定、青浦、松江、奉贤、南汇，主要是因为这些新城的地理位置处在都市圈范围之内，相对来说开发强度比较低、发展空间比较大。与此同时，该区域在过去的发展中积累了一些自己的产业特色，如嘉定的汽车产业、奉贤的大学城，而青浦和南汇又分别处在国家交给上海市的长三角一体化示范区和上海自贸区新片区临港新城这样的任务之下。嘉定、青浦、松江、奉贤、南汇五个新城构成一个环绕上海中心城区的半环，除了南汇是临港的一部分，其他几个新城都是和江苏、浙江的近沪区域连接，和上海周边的城市——太仓、昆山、嘉善、平湖、海盐都会形成协同发展的产业链联结。这五个新城除了产业上的格局特色，分布也比较均衡，对中心城区人口和产业压力形成缓冲，有利于构建多中心城市的格局。

上海市五大新城的建设按照"产城融合、功能完备、职住平衡、生态宜居、交通便利"的要求和独立的综合性节点城市定位，运用最现代的理念，集聚配置更多教育、医疗、文化等优质资源，建设优质一流的综合环境，着力打造成为上海产业高质量发展的增长极、"五型经济"的重要承载区和产城融合发展的示范标杆区，以在长三角城市群中更好地发挥辐射带动作用。《"十四五"新城产业发展专项方案》提出，到 2025 年，新城基本构建特色鲜明、协同发展的产业体系，形成一批千亿级产业集群，产业规模实现大幅跃升，国内外一流企业、高端人才加速集聚，在全市及长三角产业格局中的显示度进一步提升。南汇新城按照临港新片区产业规划，产值达到 5000 亿元，年均增长不低于 25%，其他 4 个新城年均增长 6% 以上，力争 8% 以上，高端产业人才加快集聚，力争新增产业人才超过 50 万人。

五大新城构建形成新城高端产业发展带，与全市产业布局协同发展，形成服务支撑上海、联动辐射长三角的产业格局。服务支撑上海，发挥新城增量空间优势，承接中心城区产业、创新、教育、文化、人才等资源导入，实现城市功能的互补和赋能，为提升全市能级和核心竞争力提供有力支撑。

资料来源：《关于本市"十四五"加快推进新城规划建设工作的实施意见》。

（二）珠三角城市群

如图 8-4 所示，2010~2020 年珠三角城市群各城市的耦合协调度增长比例明显高于 2000~2010 年。其中，广州、深圳、东莞及珠海的耦合协调度提高幅度最大。珠三角城市群作为全国改革开放的"排头兵"，邻接香港国际金融中心，市场化起步比长三角城市群早，市场机制相对更完善，经过长期演进，更容易实现经济资源的空间优化配置。目前，深圳专注于科技创新，珠三角城市群其他城市专注于高端制造，形成了良好的城市专业化分工体系[①]。但目前，珠三角城市群内部各城市产业人口耦合协调度仍然差距显著。

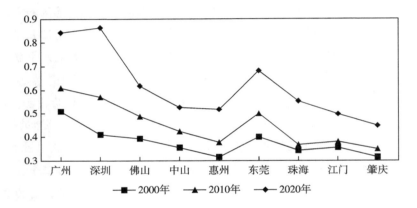

图 8-4 珠三角各城市产业—人口耦合协调度

从图 8-4 可以看出，九个城市可以分为三个梯队：第一梯队是深圳和广州，两个城市的耦合协调度都超过了 0.8，处于优质协调阶段，其中深圳的耦合协调度提高幅度最大；第二梯队是佛山、中山、东莞、惠州及珠海五个城市，东莞和佛山的耦合协调度超过了 0.6，处于中级协调阶段，东莞已接近 0.7，其余三个城市的耦合协调度在 0.5~0.6，处于初级协调阶段；第三梯队是江门和肇庆两个城市，耦合协调度在 0.4~0.5，处于协调过渡阶段。可以看出，珠三角城市群逐步形成了以广州、深圳、东莞为轴心，以惠州和佛山为两翼的中高水平协调发展经济带。

---

① 刘建党，唐杰，梁植军. 长三角珠三角城市人口和经济规模分布特征比较研究——基于齐普夫定律的视角［J］. 城市问题，2018（1）：17-25.

专栏 8-2

珠三角的"千亿镇街"

近年来，随着广东加快推进"百县千镇万村高质量发展工程"，镇域经济、县域经济迎来加快发展的重大机遇，"镇能量"被进一步激发，促进了城乡融合发展，推动了珠三角区域协调发展水平。广东经济强镇集中在珠三角，佛、莞称雄。在 2022 年全国综合实力千强镇的前 100 名中，广东有 29 个镇入选，占比接近 30%。其中，东莞 15 个、佛山 9 个、珠海 3 个、中山和广州各 1 个，形成梯队式成长格局。不仅如此，在"千亿镇街"的背后，还有一个更加庞大的"准千亿"方阵。经初步统计，目前珠三角的镇街中，GDP 处于 600 亿~1000 亿元的超过 10 个，分布在广州、深圳、佛山、东莞等地。它们是广东镇域经济的中流砥柱，未来几年有望陆续挤进千亿行列。

2022 年，佛山市顺德区北滘镇 GDP 破千亿元，成为继狮山镇后广东第二个、全国第四个 GDP 超千亿元的经济强镇。北滘镇是中国家电制造业重镇，拥有全球规模最大、最齐全的白色家电全产业链和小家电产品集群。尽管区域面积不大，但北滘镇"集结"了佛山仅有的两家"世界 500 强"企业——美的和碧桂园。此外，北滘镇规模以上工业企业达到 408 家，存量高新技术企业达到 420 家，本地及控股上市企业达到 14 家，商事主体也达到了 3 万户，这些都十分有效地为区域经济发展打下"基底"。

综观珠三角各地壮大镇域经济的做法可以看出，诞生众多"千亿镇街"的关键因素在于三个方面：一是强制造。珠三角的经济强镇普遍都是工业强镇，无论是已跻身千亿"俱乐部"的狮山镇、北滘镇，还是冲刺千亿目标的长安镇、虎门镇，都是以制造业见长。各城镇持续发力制造业，为实体经济提供硬支撑。二是重协调。既注重第一、第二、第三产业的协调，也重视产业形态特别是传统产业与新兴产业的协调发展，还重视城镇与乡村的协调、经济发展与民生事业的协调。三是优环境。镇域经济发展离不开"大环境"和"小气候"，只有为经营主体创造良好的营商环境才能制胜未来。而做到这三点不仅促进了城镇产业的发展，而且进一步促进了产城融合，提高了产业与人口的协调度。

> 虽然镇处在我国行政单元的底层，但是对于推动城乡融合发展起着至关重要的作用。千亿镇的建设充分发挥了城市带动农村的优势，通过改善农村基础设施、提高农民收入水平、优化公共服务等举措，实现城乡居民的均等化福利，减少城乡发展差距，促进城乡资源的优化。
>
> 资料来源：《珠三角多地冲刺"千亿镇街"一批 GDP 超 700 亿元镇加快进阶跃升》，南方日报。

（三）京津冀城市群

如图 8-5 所示，从京津冀城市群整体来看，2010~2020 年耦合协调度增长比例明显高于 2000~2010 年。可以看出，京津冀协同发展的国家战略对于推动京津冀各城市的产业人口协调度具有重要作用。

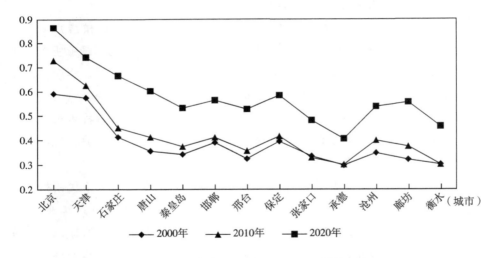

图 8-5　京津冀各城市产业—人口耦合协调度

从各个城市的综合发展水平来看，以北京和天津为核心的空间发展特征有所变化，河北省各城市的耦合协调度提升幅度逐渐加快。2010~2020 年石家庄、保定、唐山、邯郸、沧州和廊坊的耦合协调度提升幅度较大。尤其石家庄和保定的提升幅度最大。在京津冀城市群中，北京的产业—人口耦合协调度最高，已接近 0.9，处于优质协调阶段。天津的耦合协调度为 0.74，处于良好协调阶段。石家庄和唐山的耦合协调度介于 0.6~0.7，处于中级协调阶段，其中唐山的耦合协调度刚刚达到 0.6。秦皇岛、邯郸、邢台、保定、沧州和廊坊的产业—人口耦合协调度介于 0.5~0.6，处于初级协调阶段，其中保定的耦合协调度为 0.58，已接近中级协调阶段。廊坊、保定和沧州位于京津南侧，具有得天独厚的区位优势，在京津冀协同发展背景下综合发展水平快速提高。张家口、承德和衡水的耦合协调度最低，介于 0.4~0.5，处于协调过渡阶段。

第四节　三大城市群产业—人口耦合协调度影响因素分析

为了更好地分析影响城市群产业—人口耦合协调度的影响因素，以 2020 年三大城市群的耦合协调度为参考序列，以对应的众多影响因素指标值为比较序列进行灰色关联分析。根据灰色系统理论，关联系数越大表明两个系统发展的关联程度越紧密，产业与人口耦合即表现为融为一体、紧密相关，两个系统耦合度越高。如表 8-5 所示，将三大城市群各指标的灰色关联度进行对比可以发现：

第一，就各指标而言，其灰色关联度都在 0.5 以上，属于中度关联，表明评价指标体系中的指标均对三大城市群产业—人口耦合协调度影响较大，长三角、珠三角、京津冀三大城市群耦合协调度影响比较多源。这些因素综合作用导致三大城市群耦合协调水平的差异性。

第二，通过对指标灰色关联度对比分析发现，在众多的指标中，三大城市群的第一产业占 GDP 的比重、城镇化率和职工平均工资三个指标都在各个城市群的平均值以上，成为区域耦合协调发展的"公共因子"。第一产业占比和职工平均工资反映了产业结构和经济状况，城镇化率反映了城市的发展情况，从这方面也可以看出，影响城市群产业人口耦合协调性的主要因素也是影响城市群人口聚散两条驱动路径的主要因素。

第三，从各城市群来看，对于长三角城市群而言，第三产业占 GDP 的比重、年末常住人口数量、城镇化率、职工平均工资四项指标对产业人口耦合协调度的影响更大。而对珠三角城市群而言，年末常住人口数量、人口密度及小学在校生人数是影响珠三角城市群产业—人口系统耦合协调的主要指标，由此可以看出，

表8-5 相关年份耦合协调度（R_i）与其影响因素（X_i）的灰色关联度值

影响因素	长三角（R_i）					珠三角（R_i）					京津冀（R_i）				
	2000年	2005年	2010年	2015年	2020年	2000年	2005年	2010年	2015年	2020年	2000年	2005年	2010年	2015年	2020年
X_1	0.87	0.83	0.85	0.85	0.84	0.74	0.78	0.78	0.82	0.77	0.82	0.82	0.82	0.84	0.83
X_2	0.89	0.78	0.74	0.86	0.85	0.82	0.83	0.74	0.78	0.71	0.88	0.85	0.86	0.87	0.84
X_3	0.79	0.77	0.84	0.88	0.85	0.76	0.78	0.77	0.81	0.76	0.80	0.84	0.88	0.90	0.84
X_4	0.82	0.73	0.74	0.74	0.75	0.70	0.65	0.60	0.61	0.62	0.76	0.72	0.74	0.76	0.72
X_5	0.83	0.69	0.81	0.86	0.86	0.75	0.74	0.76	0.85	0.77	0.82	0.79	0.81	0.83	0.82
X_6	0.84	0.75	0.72	0.71	0.73	0.63	0.65	0.65	0.72	0.68	0.82	0.78	0.80	0.81	0.78
X_7	0.78	0.64	0.77	0.83	0.81	0.75	0.70	0.73	0.82	0.72	0.84	0.82	0.79	0.78	0.76
X_8	0.82	0.72	0.78	0.83	0.86	0.77	0.83	0.80	0.81	0.84	0.86	0.85	0.88	0.87	0.83
X_9	0.84	0.77	0.81	0.85	0.78	0.82	0.76	0.78	0.78	0.91	0.82	0.83	0.87	0.87	0.73
X_{10}	0.80	0.77	0.79	0.84	0.72	0.65	0.73	0.70	0.74	0.76	0.74	0.73	0.78	0.80	0.76
X_{11}	0.80	0.76	0.78	0.85	0.78	0.64	0.79	0.64	0.74	0.71	0.79	0.76	0.81	0.80	0.78
X_{12}	0.85	0.83	0.82	0.88	0.88	0.75	0.79	0.75	0.55	0.77	0.81	0.82	0.87	0.87	0.84
X_{13}	0.85	0.79	0.82	0.87	0.89	0.76	0.83	0.78	0.80	0.76	0.81	0.81	0.82	0.84	0.85
X_{14}	0.77	0.71	0.72	0.73	0.77	0.62	0.73	0.76	0.75	0.80	0.71	0.75	0.77	0.78	0.71

人口系统的发展对于珠三角城市产业人口耦合协调度的贡献更大。近年来，珠三角城市群推动城区常住人口300万人以上的城市基本取消重点人群落户限制、促进农业转移人口等非户籍人口在城市便捷落户等措施极大地促进了人口系统的发展，从而进一步促进了产业与人口的协调发展。工业企业数、第一产业占GDP的比重、城镇化率和职工平均工资是影响京津冀城市群产业—人口系统耦合协调的主要指标，这和河北省的发展情况高度相关。

第五节　本章小结

2015年以来，京津冀协同发展、粤港澳大湾区建设、长三角一体化发展和成渝双城经济圈建设相继上升为国家战略。通过推动区域一体化发展促进经济高质量发展，成为我国经济发展的重要战略，为深化区域一体化发展指明了方向，也为区域一体化发展提供了强有力的保障。这一时期，区域一体化发展取得明显成效，中国区域一体化发展格局进入全面推进阶段。本章通过耦合协调度模型，测算了我国三大城市群产业—人口耦合协调度的时空演化特征，研究发现：

三大城市群的耦合协调度整体呈现上升趋势，京津冀城市群2015年之后产业—人口耦合协调度显著提升，尤其是2020年大幅提高。虽然整体上各城市群产业—人口耦合协调度不断提高，但城市间差距仍然明显，地区之间发展仍不平衡。总体来看，当前长三角已形成多中心的发展格局，但珠三角多中心格局还不够凸显，京津冀则还没有形成多中心发展格局。在京津冀城市群中，河北石家庄和保定产业—人口耦合协调度提升幅度较大。三大城市群处于不同发展阶段，且资源禀赋、地理区位、产业结构等条件不尽相同，使各城市群产业—人口的关联效应存在一定差异。但总体来看，产业结构、城镇化率和工资水平是影响城市群产业—人口耦合协调度的主要因素，也是影响城市群人口聚散两条驱动路径的主要因素。

从三个城市群来看，中心城市的产业—人口耦合协调度普遍比较高，未来仍然需要发挥中心城市的辐射带动作用，通过空间优化，进一步推进资源的优化平衡配置，引导人口等要素资源在中心城市的郊区新城及外围不同规模的大中小城市和小城镇间合理分布，提升中心城市和城市群的经济和人口承载力，推动区域向更高阶段和更协调的城市群发展。

第九章 京津冀城市群产业与人口
发展协调性不足的主要成因

京津冀协同发展上升为国家战略以来取得了显著的阶段性成果，尤其是在非首都功能疏解、交通一体化、产业转移与升级、生态环境治理及创新发展等多个领域取得了重大进展。疏解非首都功能成效显著，北京逐渐由单中心空间结构向多中心空间结构转变；产业结构优化并趋于高端化，分工格局日趋明朗；互联互通稳步推进，开放发展格局逐渐显现。通过对京津冀产业与人口耦合协调性的计算以及与长三角和珠三角产业与人口耦合协调性的对比可以看出，虽然京津冀产业与人口的协调性在不断提高，但是城市群内各城市差距显著，不均衡的问题凸显。造成这一问题有不同层面的原因，本章将从直接成因、壁垒成因和制度成因三个层面进行分析①。

第一节 影响京津冀城市群产业与人口发展
协调性的直接成因

京津冀产业与人口不协调主要表现为各城市产业与人口协调性不均衡，差距显著。不均衡、不协调是我国城市群发展中普遍存在的问题，京津冀城市群尤为明显。产业与人口发展不协调有以下四个方面的直接成因：

---

① 需要说明的是，我们在本书中的直接成因和制度成因分析、总结方式和用词都与既有研究是有区别的。之所以这样，不仅因为本书的创新之处在于从体制机制层次分析城市群产业与人口协调性不足的成因，也因为我们认为既有研究没有区分问题、直接成因、制度成因这样的层次，大多将它们混为一谈，这样既辨析不清问题，也很难系统整理制度层面的不足。

一、京津冀地区经济差距较大

首要且可以作为充分条件的直接成因是京津冀地区经济差距较大。京津冀协同发展战略实施以来，区域经济发展水平显著提高。从总体来看，2005~2020年京津冀三地人均GDP逐年上升。但三省份在资源禀赋、产业基础及发展方式方面的巨大差异，导致三地间在经济总量方面仍有较大差异，且呈现逐年扩大之势。河北地区人口基数庞大，其人均GDP与北京、天津的人均GDP仍相差较大，区域经济发展极不平衡。

如图9-1所示，河北与北京的人均GDP差距呈先降后升趋势，北京与河北的人均GDP比值由2005年的3.67下降至2012年的2.91，随后上升至2018年的3.40；河北与天津的差距相对较为平稳，基本保持在2.17左右，偶尔有小幅起伏，2018年之后呈小幅缩小趋势；北京与天津的人均GDP差距较小，波动也比较小，比值稳固在1.5左右，但2013年之后有扩大之势，2020年的比值为1.62。此外，在京津冀经济发展水平差距的基础上，三地财政收入规模的差距也显而易见，河北的地方人均财政收入始终不及北京的20%、天津的45%。例如，在2020年，河北与北京的人均财政收入比值为19%，河北与天津的人均财政收入比值为41%，北京、天津和河北三地的GDP占京津冀的份额分别为41.7%、16.3%和42.0%。

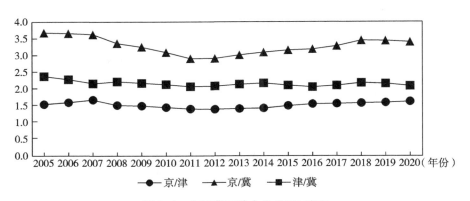

图9-1　京津冀三地人均GDP差距

资料来源：历年《北京统计年鉴》《天津统计年鉴》《河北统计年鉴》。

二、北京有疏解而少辐射

从北京自身来看，北京人口分布的均衡性有所提高，但人口经济分布仍不协调。借助 ArcGis 软件可以计算出北京 2010 年和 2020 年人口和经济重心的变动情况，北京常住人口重心和经济重心的距离逐渐缩短，与 2010 年相比，2020 年人口重心向东南方向移动了 664.5 米，经济重心向西北方向移动了 451.8 米，人口经济分布的均衡性有所提高。

尽管北京常住人口重心和经济重心的距离有所缩短，但北京各区的经济人口系数①差距仍然较大。从图 9-2 可以看出，核心区在人口逐渐减少的情况下经济

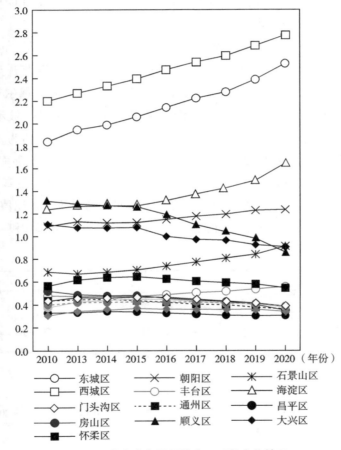

图 9-2　北京市各区经济人口系数变化情况

资料来源：人口数据来源于《北京市第七次全国人口普查公报》；GDP 数据来源于《北京区域统计年鉴 2021》。

---

① 关于经济人口系数的内涵，我们曾在《从人口分布的不均衡性看北京"城市病"》（刊发于《中国发展观察》2013 年第 5 期）中进行过详细论述。

活力不降反增，说明核心区人口创造力具有较强的比较优势，经济实现更高质量的发展。海淀区和石景山区的经济人口系数同样增长较快，但几个人口增加较快的新城经济人口系数却比较低（远低于1），尤其是通州作为北京副中心城市，在人口增长速度显著提升的情况下并没有带来经济活力的快速提升。而顺义区在人口显著增加的情况下经济人口系数反而大幅下降，说明人口的增加并不是必然会促进经济活力提升，只有实现人口与产业的协同发展，才能更好地提高人口的经济产出。北京新城在协同推进人口与产业的均衡分布方面仍有较大的提升空间和潜力。

专栏 9-1

发达国家的经济人口系数

总体来看，发达国家区域人均差距长期较小，关键在于各类要素在市场机制下充分流动，进而在集聚中走向平衡。在美国，区域人均差距长期较小，地区人口份额与经济份额变化比较一致。2021年，美国50个州中有45个州的经济——人口比值在0.7~1.3，人口合计占比约90.3%，其中21个州的经济——人口比值在0.9~1.0。而在2021年，我国31省份中只有19个省份经济——人口比值在0.7~1.3，人口合计占比仅64.7%，其中北京、上海在2.2以上，甘肃、黑龙江在0.6以下。从都会区来看，1910~2015年，美国都会区人口比重从28.4%增至85.6%，人口向大都会区化集聚态势明显。2015年，5万~25万人、25万~100万人、100万~500万人、500万人以上都会区经济——人口比值分别为0.75、0.84、1.09、1.26，差异较小。

在日本，人口随产业持续向东京圈、大阪圈、名古屋圈"三极"集聚。1973年左右开始转为向东京圈"一极"集聚，三大都市圈人口——经济比值逐渐趋近于1.0。日本三大都市圈土地面积合计3.8万平方千米，占日本总面积的10.2%，当前的经济份额、人口份额分别为56%、52%。在20世纪70年代日本经济增速换挡以前，因三大都市圈收入水平较高且经济持续集聚，人口大规模流入。1955年，东京圈、大阪圈、名古屋圈GDP占全国的份额分别为23.8%、15.3%、8.6%，人口占比分别为17.3%、12.3%、7.7%，经济——人口比值分别为1.38、1.24、1.12。到1973年，三大都市圈GDP占比分别增至29.1%、16.9%、

9.4%，人口分别达到 2607 万人、1636 万人、918 万人，占比分别达到 23.9%、15%、8.4%，经济—人口比值分别为 1.22、1.13、1.12。

1973 年之后，名古屋圈、大阪圈人口迁入基本停滞，主要依靠自然增长。1983 年 4 月，日本颁布了《技术聚集城市法》，明确规定必须在三大经济圈外建设技术聚集城市，欠发达地区的技术开发活动增多，产生了创新扩散效应，促进了区域经济的协调发展。此外，日本还投入大规模的财政力量支持欠发达地区的高速公路、信息系统等基础设施的建设，以此为区域协调发展的突破口。2014 年，东京圈、大阪圈、名古屋圈经济份额分别为 32.3%、13.9%、9.9%，人口分别为 3592 万人、1836 万人、1132 万人，占比分别为 28.3%、14.4%、8.9%，经济—人口比值分别为 1.14、0.96、1.11，形成了相对平衡的区域发展格局。

在德国，区域协调发展政策上升到基本法高度，16 个区域的人均差距较小，16 个州 2000~2015 年的人均 GDP 变异系数从 0.32 缩小至 0.27。德国联邦政府将区域协调发展上升到基本法高度，规定保证人们"生活价值和生活条件的同一性"，其中财政平衡政策是联邦政府促进区域协调的主要手段。早在 19 世纪 70 年代，《联邦财政平衡法》规定通过纵向与横向的转移支付制度实现各州各地区财力的均等。2006 年，德国根据欧盟的《地区补贴指南》制定了五年"扶持区域图"，为落后地区的新工商业项目、经济基础设施建设，以及制定地区发展方案、产业集群管理机构等非投资类项目提供补贴与资助，以确保资金最大程度地支持落后地区的发展。根据德国统计局数据，2000~2015 年，德国 16 个州的人均 GDP 变异系数从 0.32 波动至 0.27，区域间较平衡发展。

资料来源：《任泽平：南北差距根本上是市场化程度的差距》，金融界。

从北京对周围城市的辐射来看，北京对周边节点城市仍然缺少经济发展的辐射带动作用，城市群和都市圈群效应均不足，空间结构仍需优化。从紧密度应该最高的首都都市圈来看，河北六市在首都都市圈中的经济人口系数除唐山外均处于较低水平，并且除了保定和廊坊，其他四个城市都不同程度地有所降低（见表9-1）。从人口比重来看，除廊坊人口比重提高外，其他五市的人口比重都有所降低。因此，在调控措施使北京人口不增的情况下，北京并未同步带动环京地区人口量级提升，北京周边城市人才吸引力和承接能力亦较弱。

表 9-1　首都都市圈内河北六市经济人口系数变化

地区	人口比重		经济比重		经济人口系数	
	2020 年	2010 年	2020 年	2010 年	2020 年	2010 年
唐山	0.106	0.107	0.102	0.121	0.961	1.127
保定	0.127	0.158	0.047	0.057	0.373	0.359
张家口	0.056	0.062	0.023	0.027	0.400	0.436
承德	0.046	0.049	0.022	0.025	0.476	0.502
沧州	0.100	0.100	0.052	0.061	0.521	0.606
廊坊	0.075	0.062	0.046	0.037	0.622	0.608

在首都都市圈中，北京周边城市没有形成城市群中应有的中小城市的人口经济聚集，北京—天津—河北间的城市协作尚存在问题。从整个都市圈来看，北京有疏解但少辐射，对周边节点城市的辐射带动作用依然不足，没有形成像长三角、珠三角那样的城市群内部大中小城市合理分工，都市圈缺乏城市之间的群效应。当前，京津冀城市群即使在经济规模上已经具有世界级体量，在基本要素的拥有上也已经具备了世界级城市群的素质，但在经济发展与功能分工上，与国外世界级城市群仍存在较大差距。

三、河北人口发展不充分

京津冀经济与人口重心距离逐渐扩大，人口分布与经济发展仍不协调。"七普"数据显示，在京津冀城市群中，北京和天津常住人口总量占比小幅增加，从2010年的31.2%上升至2020年的32.4%。但河北常住人口总量占比从2010年的68.8%下降至2020年的67.6%，下降了1.2个百分点。天津常住人口从2010年的1293万人增长至2020年的1387万人，人口增加94万人，十年增长7.2%。具体分区域来看，与北京类似，天津中心城区人口所占比重与2010年"六普"数据相比下降4.30%，环城四区（东丽区、西青区、津南区和北辰区）人口所占比重提高8.60%，滨海新区人口所占比重下降4.27%，远郊五区人口所占比重下降0.03%。人口密度自2017年开始不断下降，2020年下降至1163人/平方千米。

河北常住人口增加275.6人，增长3.84%，增长速度较为缓慢。其中，廊坊、石家庄、保定、邯郸和沧州人口增加数量较多，廊坊常住人口增速最快，10年增长25.4%。张家口、承德和衡水常住人口为负增长，张家口负增长人口数最多，增速为-5.2%。河北各市人口密度差异较大，石家庄和唐山人口密度达到6491人/平方千米和 7006 人/平方千米，而衡水和廊坊人口密度只有 1615 人/平方千米和 2194 人/平方千米。与北京、天津核心区 2 万以上的人口密度相比，差距更是显著。

河北人口分布与经济的协调性可以通过人口和经济重心的变迁进行说明。人口和经济重心变迁的关系是反映人口经济分布的重要指标。重心概念来源于物理学，是指区域空间中各个方向上的力量能够维持均衡的点，可以表示人口、经济等社会现象在特定区域内分布的平衡点。重心在区域内所处位置的不同反映出特定指标在特定区域分布均衡状况的差异①。从经济和人口重心来看，京津冀人口重心从 2010 年的（38.93°N，116.12°E）移动到 2020 年的（38.94°N，116.13°E），总体向东北方向移动了 1.137 千米。而经济重心由 2010 年的（39.20°N，116.53°E）移动到 2020 年的（39.31°N，116.47°E），整体向西北方向移动了 13.407 千米，经济重心与人口重心距离进一步扩大，且经济重心移动距离显著高于人口重心。这意味着北京方向城市的经济发展对经济重心的影响比较大，对人口重心有一定影响，但影响较小。

四、创新能力差距较大

近年来，京津冀三省份的区域创新分工、联系与协同能力不断增强，但由于科技创新资源分布高度不均衡，北京科技创新资源富集，导致三省份之间尚未形成创新驱动产业转型升级的合力。京津冀三省份的科技创新能力差距较大，所处等级层次差别较明显。

随着北京加快建设具有全球影响力的全国科技创新中心，北京创新能力迅速提高。根据 Jones Lang LaSalle IP 的评价结果，北京在全球创新能力较强。根据《中国区域创新能力评价报告 2022》②和《中国区域科技创新评价报告 2022》③的评价结果，北京在我国的区域创新能力和区域科技创新能力评价中均较强。2022 年，北京 R&D 人员数为 33.6 万人/年④；万人 R&D 研究人员数为

---

① 张耀军，柴多多. 京津冀人口与产业空间演变及相互关系——兼论产业疏解可否调控北京人口 [J]. 经济理论与经济管理，2017（12）：102-109.

② 《中国区域创新能力评价报告 2022》从知识创造、知识获取、企业创新、创新环境、创新绩效评价五个一级指标对区域创新能力进行评价。

③ 《中国区域科技创新评价报告 2022》从科技创新环境、科技活动投入、科技活动产出、高新技术产业化和科技促进经济社会发展五个方面，选取了 12 个二级指标和 43 个三级指标，对全国及 31 个省份科技创新水平进行测度和评价。《中国区域科技创新评价报告 2022》侧重于对区域科技创新的评价；《中国区域创新能力评价报告 2022》更为全面，是对区域这个创新能力的评价。

④ 2020 年数据，下同；R&D 指科学研究与试验发展。

115.2 人/年，是全国平均水平的 6.8 倍。R&D 经费投入强度达到 6.44%，遥遥领先；万人科技论文数为 36.2 篇，遥遥领先；发明专利拥有量为 33.6 万件，位居前列；技术市场输出技术成交额为 6316.2 亿元，占全国总额的 22%。

京津冀协同发展提高了北京创新成果的溢出效应，但是三地之间的差距仍然较大。而且在全国范围内，京津冀多个数值占全国的比重呈下降趋势。例如，在技术市场成交额上，即使天津、河北在区域内的比值分别从 2011 年的 8.1%、1.3%上升到 2020 年的 13.7%、7.0%，与北京之间的差距减小，津冀与京之间的差距还是很大（见图 9-3）。而从区域和全国层面来看，京津冀技术市场交易额在 2013 年和 2020 年分别为 2085.91 亿元和 7960.68 亿元，2020 年提高近四倍。但从全国层面来看，2013 年，京津冀区域的技术市场成交额占全国的技术市场成交额高达 43.79%，但 2020 年降到了 28.18%（见图 9-4）。

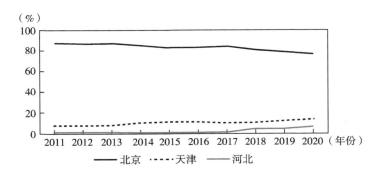

图 9-3　京津冀三地技术市场交易额在区域内的占比

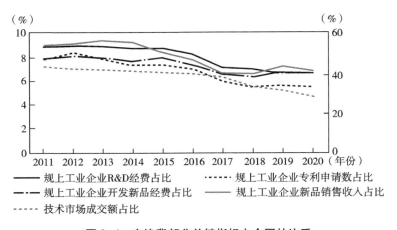

图 9-4　京津冀部分关键指标占全国的比重

《中国区域科技创新评价报告 2022》显示，天津综合科技创新水平较 2021 年有所提高。河北科技意识指数、科技活动产出水平指数和环境改善指数也得到提高。但《中国区域创新能力评价报告 2022》显示，2022 年，北京区域创新能力仍较高，天津有所提高但河北下降，而长三角整体水平较高。

综上所述，以上四个方面的问题直接导致京津冀城市群人口与产业发展不协调。但之所以会产生这四个方面的问题，还需要从更深层次寻找原因。长期以来，京津冀区域发展不均衡，既有自然条件、发展基础等因素的影响，也有行政干预所带来的各种隐性壁垒的约束。如今，京津冀协同发展进入"爬坡过坎、攻坚克难"的关键阶段，要进一步促进京津冀城市人口与产业协调发展并非易事，主要在京津冀城市群人口聚散的驱动路径①中存在三个方面的壁垒。

第二节　影响京津冀城市群产业与人口发展协调性的壁垒成因

根据第二章城市群人口聚散的驱动机制的分析，城市群人口聚散的驱动路径可分为由资源环境决定的内在驱动路径和政策导向、由公共服务水平等主导的外在驱动路径。都市圈强调城市之间经济联系的紧密度和交通的通达性，因此都市圈人口聚散的驱动力量主要来源于经济因素和交通因素（或者说公共服务因素）两个方面。在经济因素方面，城市群内各城市资源环境、区位要素所形成的功能定位和政府产业发展政策促进了各地区产业结构升级与布局变化，再加上职住功能的改变和城市社会文化与生态功能的提升，影响了城市群的空间结构，从而影响人口的流动和分布。在公共服务方面，随着城市群的发展，劳动力和资本要素流动逐渐增强，以"人"的需求为中心的公共服务的共建共享逐渐成为吸引人口的重要因素。基础设施的完善性、交通运输的通达性、优质医疗和教育资源的可获得性以及社会保障的一体化程度都成为人口疏解与承接的刚性因素。根据上述分析，当前京津冀城市群产业与人口发展的协调性仍有待提高，京津冀城市群存在人口结构—产业发展—城市协作困境。这主要是因为京津冀城市群存在行政壁垒、规划壁垒和

---

① 在理论基础中，第二章详细论述了城市群人口聚散的驱动机制。

发展壁垒三大壁垒，导致城市群人口聚散的驱动机制不顺畅。而且，京津冀城市群行政色彩过浓，难以体现市场经济条件下人口流动的动力特征。

一、行政壁垒

京津冀城市群涉及北京、天津两个直辖市和河北省，虽然在京津冀协同发展战略的推进下，三省份协同发展机制逐步落实，但始终没有突破行政区划和属地化管理原则限制的掣肘，跨区域合作难度依然较大，行政区经济仍然明显。在京津冀城市群内，由于首都的特殊性，使三地行政区等级差异较大，行政区域利益特征更为明显，区域合作与摩擦并存。在政府主导型的制度变迁进程中，地方政府虽然在合作过程中能够形成一些共识，但政府间的合作仍不够顺畅，经济协调和沟通渠道不畅，生产要素不能完全自由流动，经济社会的协同发展就很难达到。例如，在区域发展思维模式的约束和利益分配的影响下，各地区盲目追求产业链高端部分，没有充分考虑自身的区位优势和产业发展的比较优势，导致基础薄弱的地区一方面高端产业发展不起来，另一方面又没有在发挥自身优势的基础上做好产业链的互补，造成市场分割和产业同构，使城市之间竞争大于互补，发展薄弱地区人口向中心城市流出。

不仅如此，行政壁垒还严重影响了京津冀城市群尤其是首都都市圈交通的通达性。京津冀三地之间的高速路上设有重重关卡，为近百万环京通勤人员的通勤之路增添了很多障碍。尤其近两年在新冠疫情的影响下，这种阻碍更加明显，使环京城市之间的交通成本极为高昂，大多数城和城之间的时间已不满足"1小时通勤圈"的要求，多数人门和门之间的时间在2小时以上，严格来说已经形不成长期稳定的都市圈吸引力了。2023年北京交通发展研究院发布的《2022北京通勤特征年度报告》显示，2022年，北京中心城区平均通勤距离为13.2千米、耗时50分钟；环京地区进京通勤者平均通勤距离约43.0千米，通勤耗时一般在1.5~2小时；进京通勤规模庞大的北三县平均通勤距离约为36.3千米，通勤耗时约为1小时47分钟；北京与环京区通勤交换进出比为4.2∶1。

而在上海大都市圈内，上海与周边城市之间，以跨城通勤为表征的城际联系几乎无障碍，一体化程度不断加强。例如，在交通运输网络方面，上海与苏州之间的铁路、公路等全面联通，通勤联系强度不断提高。新一轮《上海市交通发展白皮书》显示，上海中心城平均通勤时间控制在45分钟以内，形成"30-45-60"新城出行圈（30分钟内部通勤并联系周边中心镇，45分钟到达近沪城市、中心城和相邻新城，60 分钟衔接国际枢纽），极端通勤（超过 60 分钟）人口比例进一步降低。《2022 长三角城市跨城通勤年度报告》显示，上海市域的总体流入、流出通勤比为 2.14，上海中心城区的总体进出比值达到 3.56。如图 9-5 所示，苏州是流入上海市域及中心城区跨城通勤者的最主要居住地，通勤规模分别占 89.23% 和 95.44%。从区县层面测算，自 2018 年长三角一体化发展上升为国家战略以来，昆山、太仓和苏州城区稳居流入上海市域的前列。2022 年，昆山、太仓和苏州城区分别占流入上海市域总量的 68.78%、12.95% 和 4.76%。上海市域流出通勤者的主要工作地为昆山、太仓和平湖，其流出量分别占总量的 56.21%、17.91% 和 8.06%。

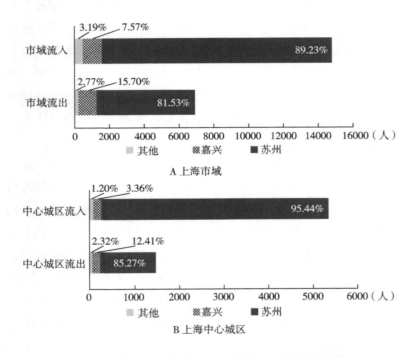

图 9-5　长三角各地级市与上海的流入流出通勤规模

资料来源：《2022 长三角城市跨城通勤年度报告》，http://www.shplanning.com.cn/home/news/detail/id/305.html。

二、规划壁垒

行政区之间的行政壁垒往往也导致规划壁垒。虽然京津冀自上升为国家战略以来，已经从多层面出台了多方位的规划，既有整体层面的《京津冀协同发展规划纲要》，也有地区层面的《北京城市总体规划（2016 年—2030 年）》《河北雄安新区总体规划（2018—2035 年）》《北京城市副中心（通州区）国民经济和社会发展第十四个五年规划和二〇三五年远景目标纲要》等，还有针对生态环境、交通一体化及产业协作升级等方面的专项规划，但目前主要缺少能够从整体性和系统性角度进一步明确各城市功能定位、提高北京与环京各城市以及河北各城市紧密度及通达性的都市圈规划。

都市圈是位于中心城市和城市群之间层级的城镇化空间形态，是城市群协同发展的先行区。自 2019 年国家发展改革委发布《国家发展改革委关于培育发展现代化都市圈的指导意见》之后，国家发展改革委先后批复了南京、福州、成都、长株潭、西安、重庆、武汉及沈阳等都市圈发展规划。2022 年 9 月 28 日，上海、江苏、浙江三地政府联合发布了《上海大都市圈空间协同规划》。上海大都市圈是继南京、重庆之后第三个跨省域的都市圈，并且跨了三个省级行政区，包括上海、无锡、常州、苏州、南通、宁波、湖州、嘉兴、舟山在内的"1+8"市域行政区域。培育发展一批同城化程度高的现代化都市圈，将成为"十四五"时期及未来完善城镇化空间布局的重要抓手之一。作为区域发展的增长极，都市圈也是吸纳流动人口的主体空间。都市圈更强调中心城市的核心地位及地域上的圈层结构，强调中心城市与周边城市具有紧密的通勤关系及人在都市圈内流动所产生的各种需求。因此，都市圈人口与产业更容易实现协调发展，对促进城市群人口与产业的协调发展具有更为重要的意义。

从对京津冀城市群人口与产业的分析以及协调度计算结果中可以看出，石家庄、保定、廊坊和沧州是在协同发展背景下产业与人口发展较快的城市，京津冀亟须发展良好的节点城市带动区域整体发展，都市圈是推动京津冀城市群的重要抓手。北京在《关于北京市 2022 年国民经济和社会发展计划执行情况与 2023 年国民经济和社会发展计划的报告》中提出将加快构建具有首都特点的现代化经济体系，着力构建现代化首都都市圈，深入推动京津冀协同发展。但目前，首都都市圈内各量级城市功能差异化并不显著，核心城市与周边中小城市之间的互补效应不足，人才和资本要素仍然集聚于北京和天津，很难向河北流动，虹吸效应在一定程度上大于辐射效应，正外部性不显著。在疏解北京非首都功能过程中，由于北京周边城市的地区功能和产业结构协同性不足，造成大量北京企业和人才流向长三角和珠三角地区，使中心城市要素成本快速上升，而周边中小城市又明显发展不足。因此，北京及周边城市的发展亟须都市圈层面的规划来引领发展，且京津冀城市群只有一个北京都市圈也是不够的，还需要天津、石家庄等都市圈的协同发展。

三、发展壁垒

发展壁垒是影响城市群实现"规模借用"和"功能借用"的重要影响壁垒，不利于城市群人口与产业的协调发展及一体化发展，京津冀城市群的发展壁垒主要体现在以下方面：

首先，京津冀城市群内各城市基础设施梯度落差较大。以交通基础设施建设为例，高密度的路网对于充分发挥中心城市的辐射功能具有重要影响。虽然随着京津冀地区交通一体化进程不断深化，运输服务水平明显提升，"四纵四横一环"综合运输大通道基本形成，交通网络化格局持续优化，但是京津冀地区交通发展仍不平衡。京津冀不仅人均区际和城际快捷交通（航空、高铁、城际快轨）、人均城市道路面积、人均城市轨道交通以及规模以上港口泊位数等低于长三角和粤港澳大湾区水平，而且在首都都市圈内北京没有与周边形成多中心的发达网络格局，小空间的城际轨道连接严重不足，区域轨道交通网络覆盖不够。尤其市域（郊）铁路水平低，难以支撑中心城区与郊区和周边城市的城际交通出行[①]。即便在市郊铁路建设相对较好的北京，2020年底市郊地铁运营里程新增125.6千米，达到400千米[②]，但和东京都市圈市郊铁路2013年5000千米长度相比，仍有很大差距。

其次，公共服务共享存在壁垒。在城市群的发展过程中，公共服务资源在空间上呈现圈层化递减特征，在时序上滞后于人口流动，再加上行政区划分割，内外圈层间落差更为显著，已成为制约都市圈高质量发展的主要因素。在首都都市圈内，京津冀三地公共服务供给能力差异较大，资源分布极不平衡，教育文化、医疗卫生、生活服务等公共服务资源向北京、天津城市核集聚，越向外围的圈层，公共服务供给数量越少，水平越低。河北整体的社会公共服务资源基础薄

---

① 在上海都市圈内，上海与周边城市的基础设施同城化不断提高。通过12306 App可以看到，一天内苏州到上海的列车可达258趟，从最早2：29到最晚22：55；无锡到上海的列车可达237趟，从最早0：54到最晚23：08；昆山到上海的列车可达129趟，从最早6：32到最晚22：30。而北京到周边很多城市还未通铁路，即便交通紧密度高的北京到天津一天也只达到137趟列车，北京到固安有9趟列车，北京到廊坊有27趟列车，北京到燕郊只有2趟列车（普通列车）。

② 《2021年北京市交通发展年度报告》。

弱，尤其是优质公共服务资源更为稀缺。2020 年，北京、天津每 10 万人高校生人数分别达到 5393 人和 4430 人，而河北仅有 2700 人。北京、天津每千人拥有的卫生技术人员分别为 12.61 人和 8.22 人，而河北仅为 6.96 人。从人均公共财政预算教育事业费来看，虽然 2020 年河北一般公共预算教育经费比 2019 年增长 4%，高于北京 0.097% 的增长率，但北京小学、初中、普通高中及普通高等学校人均公共财政预算教育事业费分别是河北的 2.94 倍、3.16 倍、3.7 倍和 4.79 倍。

公共服务资源的差异不仅存在于京津冀三地之间，还存在于各城市内部，即便是公共服务资源丰富的北京，各区之间分布也很不均衡。根据《北京公共服务发展报告（2020~2021）》对北京 16 个区公共服务绩效的综合评价，东城区和西城区的公共服务水平一直较高，且相对均衡。朝阳区、海淀区、丰台区和石景山区四个中心城区的公共服务水平存在较大差异，各区在部分维度具有一些优势，但也存在个别短板。而北京城市副中心和平原新城总体排名靠后，几乎没有较为明显的优势。除了空间分布上的不均衡，公共服务资源外溢还表现出时序上的滞后。因为公共品之间存在竞争性和随之而来的歧视性供给，所以公共服务资源从中心向外围的溢出通常滞后于人口溢出。由于户籍制度以及公共服务业建设和生长周期长等因素，因此地区间公共品供给的总量和结构存在很大差距，公共服务共享仍然存在壁垒。

最后，京津冀三地经济紧密度低。从整体来看，京津冀城市群人口—产业—空间综合发展水平在 2014 年之后显著提高①，但城市间经济联系不均衡。城市群经济联系方向与人口流动方向基本一致，呈现典型的"中心—外围"梯度扩散特征。城市间的经济联系强度与中心城市的发展水平呈正相关，与城市间的距离呈负相关。北京和天津位于京津冀区域经济中心地位，城市群经济联系主要集中在北京、天津、唐山和廊坊地区，其他城市间经济联系并不紧密②。与此同时，京津冀对北方经济的辐射能力亟待提升。以物流运输为例，根据《中国都市圈发展报告2021》对全国货物运输量数据的分析显示，2010 年，北京、天津、河北、江苏、山东、上海相对紧密的整体，形成东部沿海货物—经济联系体；2017 年，

① 刘洁，姜丰，栗志慧．京津冀城市群产业—人口—空间耦合协调发展研究［J］．中国软科学，2021（S1）：171-178.

② 崔万田，王淑伟．京津冀区域经济联系强度与网络结构分析［J］．技术经济与管理研究，2021（4）：117-121.

北京、天津依托天津港与首都机场基础设施，形成了相对封闭的货物—经济联系体，而河北与江苏、山东地区联系更加紧密，京津作为北方物流货运枢纽被发展更为迅速的其他沿海地冲淡。综上所述，京津冀区域整体的集聚效应远大于溢出效应，京津冀各城市的经济要素仍在快速向北京和天津聚集。再叠加基础设施梯度落差和公共服务共享的壁垒，增加了城市群人口—产业—城市协同阻力，不利于人口产业合理分布。

第三节　影响京津冀城市群产业与人口发展协调性的制度成因

我国的城市发展受到许多体制性因素的影响，这些体制性因素形成了我国城市发展特殊的动力机制。因此，影响京津冀城市群产业与人口发展协调性的原因还具有许多我国特有的体制性成因。京津冀城市群存在的三大壁垒阻碍了人口聚散的驱动路径，影响了产业与人口的协调发展。三大壁垒及其所产生的问题在京津冀协调发展中普遍存在，普遍存在的问题必定有制度成因。严格来说，造成壁垒的原因不止于制度，如有的属于发展中的问题：行政资源投入有限，相关工作基础薄弱，管理水平不高；有的则属于目前条件下通过体制机制建设可以解决的问题。总结起来，产生三大壁垒的成因既与管理水平和管理力度有关，也与管理体制机制有关。但随着京津冀区域行政资源投入水平和管理水平的不断提高，这些问题是可以通过完善相关体制机制得到改善的。因此，京津冀产业与人口发展协调性不足的原因可以归因到体制和机制层面——体制方面"不全"和机制方面"不顺"。

考虑到体制机制成因虽然是根本性的但常常是间接的，因此这方面的研究需要首先明晰体制机制与三大壁垒及其所产生问题之间的关系：主要从影响京津冀城市群产业与人口协调发展的首要直接成因——京津冀地区经济差距较大出发可以发现，这种现象的背后与三地协调合作机制、财税制度协商机制、公共服务的常态化供给机制和干部考核机制等制度有密切关系（见图9-6）。以下就分别对这些方面的制度与三大壁垒及其所产生问题的关系展开分析。

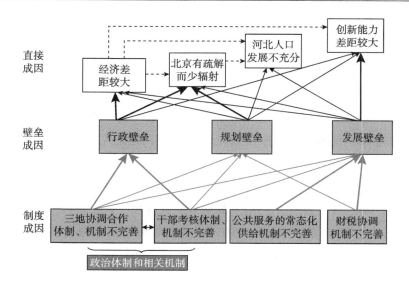

图9-6　影响京津冀城市群人口与产业协调性的直接成因、
壁垒成因与制度成因的对应关系

注："三大壁垒"上面的实线表示直接成因，"三大壁垒"下面的实线表示制度成因，虚线表示直接成因之间的相关性。线条越粗，说明其越是主要因素。另外，三地协调合作机制、干部考核机制属于政治体制范畴。

一、体制方面"不全"

体制方面"不全"，表现为没有形成统筹且能使参与京津冀三方实际有职有责的管理体制。

京津冀协调发展的管理体制的变迁取决于客观约束和主观管理理念，政治经济体制和行政资源约束是决定管理体制的客观约束，管理理念和目标是主观理念。其中，决策者的主观管理理念是京津冀协调发展管理体制"定型"的决定性因素，而客观约束则是外因，必须通过内因才能起作用——客观约束要先使主观管理理念改变，决策者的主观管理理念才会直接影响体制的发展方向甚至发展路径。

从京津冀区域管理体制的变化可以看出，在2014年以前，虽然也一直存在京津冀三地合作的呼声，但由于长期以来以行政区划划分区域利益而形成的传统观念，三地决策主体的利益不同，因此很难形成真正的合作。这首先是和我国城市的等级特点分不开的。我国的城市等级分明，分为直辖市、副省级城市、地级市、县级市及镇级城市。在一个大城市行政区内，还有诸多行政级别较低的小城市。但在同一个行政区内，这些城市之间有相互的行政隶属关系。而城市公共服务水平取决于城市的行政级别，行政级别越高，通过行政手段而非市场手段集中的行政资源越多，公共服务水平也就越好。城市之间或者是行政区域之间的公共服务差别也被相应地通过户籍制度固化起来。在中国众多发展区域中，京津冀区域的空间布局是比较特殊的，地域广阔的河北将京津两个城市全面包围。在中国的行政等级制度下，这种空间结构决定了京津冀区域内的三个地区及诸多城市间在行政功能和地位上存在天然鸿沟。北京是国家首都、中央机构所在地，天津是直辖市，河北的 11 个城市都是地级市，因此在城市层面京津冀横跨了三个行政等级。行政等级的差异必然导致行政权力的不同，而行政权力的差异必然直接影响市场与政府作用的有效发挥。一是造成市场环境不同。不同行政等级的城市所能提供的制度环境是不同的，不同的制度环境导致市场竞争机制在地区间发挥作用的程度是不同的，因而必然影响要素回报率，进而影响要素流动方向，导致区域发展的不平衡持续加剧。这种情况并非市场机制没有正常发挥作用，而是主观原因导致的市场分割使不同地区间市场运行效率产生差异。二是造成地区间的互动不顺畅。政府间行政等级的不对等必然导致地区间的互动缺乏平等行政主体交流中的正常作用和反馈机制，更多的是一种行政传导。在这种情况下，处于较低行政等级的地方政府较多地拥有执行权而缺少主导权，因而压制了个别地方政府积极性的发挥，要实现真正意义上的府际合作很困难。在政府主导型的制度变迁进程中，地方政府间的合作不顺畅，经济社会发展的协同就很难达到①。

京津冀协同发展上升为国家战略之后，国家层面的相关部委成为协同治理的主导推动者，牵头编制了一系列综合性区域规划，并且对北京的相关功能进行疏解。规划虽然统一了区域战略目标，但约束体系、权责关系仍不明确，发挥的引导作用强于统筹作用。地方政府间为了实现协同发展，已开展多种合作，但制度化的突破仍然不足。虽然京津冀目前在中央和地方分别成立了协同发展领导小组，但这种地方层面的协同发展领导小组仍然是以行政区划为单元设立的，本质上还是独立而非融合的。在实际发展中，各地区之间仍然存在从自身的局部经济

① 王坤岩，臧学英．以体制机制创新深入推动京津冀协同发展［J］．中国发展观察，2019（Z1）：74-76+93.

利益和发展利益出发，各自为政，相互竞争的情况，导致三地间产业结构同质化。此外，目前的区域治理模式，基本止于对地级市的发展定位，而对区县等基层政府如何参与区域协同治理考虑相对不足。社会力量的参与，虽有一定的基础，但处于起步阶段，总体参与尚不充分①。

这种地域分割、各自为政的情况使当前各决策主体对京津冀协同发展的终极目标存在认识上的偏差，使京津冀协同发展战略在实施过程中过于没有将短期目标和长期目标系统结合②，造成京津冀的行政壁垒、规划壁垒和发展壁垒，使三地地区经济发展差距较大，北京的辐射作用难以发挥。从短期角度来看，京津冀协同发展战略的目标是，通过非首都功能目标下的产业转移和产业协同发展，来缓解首都所面临的"大城市病"难题。但是，从长远视角来看，京津冀协同发展战略的根本目标是，通过开展先行先试政策推广试点、开展产业转型升级试点、开展生态文明建设先行试点、开展科技金融创新试点，建立京津冀的创新共同体系、形成区域协同创新中心，通过对落实创新驱动发展的"成功示范区"的全面建设，最终在中国的北方区域打造一个具有全球影响力和辐射力的创新型经济增长极和世界级城市群。在目前的区域治理模式下，有些地区的决策主体尤其是县级区域的地方政府更加容易关注短期目标，忽略了京津冀协同发展的长期目标。

二、机制方面"不顺"

机制方面"不顺"，如京津冀三地协调合作机制、财税制度协调机制、公共服务的常态化供给机制等方面还不完善。

首先，京津冀三地协调合作机制不完善是阻碍京津冀协调发展的重要原因。京津冀三地的行政级别不对等，使三地的行政权力不同，从而直接影响市场与政府作用的有效发挥。京津冀目前的管理体制主要是以政府职能部门为载体，在不同领域分别建立专项小组，各类小组采取国家部委牵头、市级政府为主体、专家参与的模式。这种体制下的协调合作主要是由上至下的纵向合作，缺少自发的横向合作与互动平台。在政府主导型的制度变迁进程中，地方政府虽然在合作过程

① 苏黎馨，冯长春. 京津冀区域协同治理与国外大都市区比较研究［J］. 地理科学进展，2019，38（1）：15-25.

② 祝合良，叶堂林，张贵祥，等. 京津冀蓝皮书：京津冀发展报告（2018）［M］. 北京：社会科学文献出版社，2018.

中能够达成一些共识，但政府间的合作仍不够顺畅，经济社会发展的协同就很难达到，造成京津冀三地经济差距和创新差距较大，同时影响人口从北京向河北、天津流动，导致人口分布不均衡。

其次，财税协调机制不完善。一是当前京津冀三地政府在建立横向财税协调体制方面的直接对接相对较少，导致政策执行中虽形成一些共识，但实际落地的协调机制仍需完善。二是京津冀政府间的财权与事权不匹配。公共产品合理平等、产业结构协调均衡是京津冀协同发展的需要，为承接北京、天津的外迁企业，创新、产业基础最薄弱的河北就承担了最大的发展压力，环保责任也更多地向河北倾斜。但在当前的三地政府转移支付政策体系中，占据最大比例的税收返还采取"基数法"，这种方式的直观效果就是收入越高，返还越多，激励效应就相应越大，不仅没有缩减三地之间的收入差距，反而进一步使京津冀政府间财力不平衡加大。具体来说，在京津冀一体化进程中，发展和建设责任更重的河北在现有转移支付体系中反而税收返还较少，形成了财权和事权的不对称现象。如果这种地方财政收入分配上的"马太效应"继续存在，现有保障京津协同创新的转移支付体系可能会适得其反。三是京津冀三地建立了各自的税收优惠政策，对创新的认定标准不统一、税收优惠待遇不协调。如果缺乏创新驱动基础的河北在三地协同发展的过程中没有与之配套的税收优惠政策，可能只能单纯实现京津地区产业转移，而无法推动三地真正意义上的协同创新和优势互补，从而造成区域创新能力差异大，产业定位重合。

最后，公共服务的常态化供给机制不完善。受经济发展水平的制约，京津冀三地的财政实力相差悬殊，京津冀政府间财力不平衡，进一步阻碍了京津冀整体基本公共服务的均等化进程。虽然三地政府发布了一系列区域性公共服务标准，但制定的标准大多是推荐性标准，各地区之间缺乏有效的衔接和相应配套措施。此外，京津冀地区公共服务供给者主要还是政府，尚未形成政府、市场和社会组织共同参与的多元供给模式。在公共服务均等化方面，财政供给多以"项目式"配置为主要方式，还没有形成常态化的公共服务均等化供给机制①，产生了京津冀的发展壁垒，使京津冀三地公共服务差距难以在短期内缩小。

———————

① 祝合良，叶堂林，张贵祥，等．京津冀发展报告（2018）：协同发展的新机制与新模式［M］．北京：社会科学文献出版社，2018.

第四节　本章小结

京津冀产业与人口的不协调主要表现在京津冀城市群内部各城市产业与人口协调性差距显著，不均衡的问题凸显。造成这一问题有三个不同层面的原因：直接成因、壁垒成因和制度成因。直接成因主要表现在四个方面：京津冀地区经济差距较大；北京有疏解而少辐射，城市群和都市圈群效应均不足；河北人口发展不充分，京津冀人口分布与经济发展仍不协调；创新能力差距较大，不利于产业协同和人口流动。而产生这四个方面问题的主要原因是京津冀城市群存在的行政壁垒、规划壁垒和发展壁垒三大壁垒阻碍了人口聚散的驱动路径，影响了产业与人口的协调发展。三大壁垒的成因既与管理水平和管理力度有关，也与管理体制机制有关。但这些问题，随着京津冀区域行政资源投入水平和管理水平的不断提高，是可以通过完善相关体制机制得到改善的。因此，京津冀产业与人口发展协调性不足的原因可以归因到体制和机制层面——体制方面"不全"和机制方面"不顺"：没有形成统筹且能使参与京津冀三方实际有职有责的管理体制；京津冀三地协调合作机制、财税制度协商机制、公共服务的常态化供给机制和干部考核机制等方面还不完善。

第十章 促进京津冀城市群人口与产业协调发展的政策建议

本章基于对京津冀城市群产业与人口现状和趋势的分析，根据城市群人口聚散的驱动机制，在借鉴长三角城市群先进经验的基础上，从破壁垒、改革体制机制等方面入手，提出可以促进京津冀产业与人口协调发展的政策建议。在京津冀协同发展已进入攻坚克难的阶段，以系统思维破壁垒，拆藩篱，改革完善相关体制机制对京津冀人口与产业协调发展具有重要意义。

第一节 破壁垒，拆藩篱，多措并举共促京津冀城市群人口与产业协调发展[①]

一、加强顶层设计，编制都市圈空间协同规划，破除行政壁垒和规划壁垒

都市圈是城市群内部以超大特大城市或辐射带动功能强的大城市为中心、以1小时通勤圈为基本范围的城镇化空间形态。一般来说，城市群包括两个及以上都市圈，都市圈则由若干不同规模的城市组成。都市圈战略正是破除行政壁垒，实现生产要素自由流动的潜在途径。京津冀城市群内城镇等级存在断层，缺少发展较为充分的节点城市，缺少都市圈规划和建设，亟须加强都市圈建设，以都市

---

① 事实上，破壁垒的过程常常会涉及体制机制的改善。为了与壁垒及体制机制层面的成因相对应，在破壁的措施中重点对空间结构和发展等方向性的发展措施进行分析，涉及体制机制层面的对策都将在下一小节体制机制改革措施中进行论述。

圈一体化发展推动京津冀城市群产业与人口协调发展。

2022年2月，《北京市国土空间近期规划（2021年—2025年）》正式获批，明确北京要加快建设现代化首都都市圈，持续推进合作领域和跨界地区的协同发展水平。现代化首都都市圈是京津冀城市群明确的首个都市圈，是促进京津冀空间结构和布局优化、建设成为世界级城市群的重要着力点。加快建设现代化首都都市圈，需要发挥北京"一核"辐射带动作用，明确都市圈内各城市的功能定位和梯次布局，以快捷高效的现代化交通体系为支撑，构建通勤便捷、功能互补、产业配套的圈层结构，促进首都都市圈人口经济合理分布。但现代化首都都市圈的建设仅靠北京是不够的，目前亟须从首都都市圈空间协同规划出发，加强市场的力量，破除省级壁垒，拆除藩篱，疏通首都都市圈人口聚散驱动路径中的堵点，促进大城市内部合理发展，助推首都都市圈健康发展及城市群产业与人口的协调发展。

都市圈不是传统的行政区，而是现代经济社会功能区[①]，在交通网络建设、生态环境保护及社会治理等方面，经常需要跨行政区划进行规划建设。首都都市圈规划的编制涉及多个不同的主体，不仅包括北京、天津两个直辖市，河北省及其六个城市，还包括相关县级行政单元及跨界地区镇级单元（如河北燕郊镇），以及各市发展改革委、交通委和生态环境局等相关部门，必须突破行政壁垒的障碍，从区域一体化发展的高度来进行高质量的整合规划。规划编制的过程也是不同主体之间互相博弈和竞合发展的过程，需要打破行政区界限，理顺跨界地区关系，统筹考虑不同利益主体的多方诉求，增强体制机制的耦合性和互补性，加强综合集成创新，最大限度凝聚发展力量。可以说，规划的编制过程一定程度上要比规划结果更为重要。近年来，上海已经联动周边地市共同编制了《上海大都市圈空间协同规划》，并进一步推动了跨界地区的实践探索和协同发展[②]。京津冀也需要都市圈中观层面的规划，围绕北京"四个中心"的发展定位，向北京城市副中心和雄安新区下放更多行政权，促进北京城市副中心和雄安新区和周边地区一体化发展。同时，通过多主体参与的深度同城化发展，充分发挥北京的辐射效应，提高新城的综合承载力，形成"都市圈—中心城市—中小城市（镇）"的多层级区域空间发展模式，持续提升现代化首都都市圈的可持续发展能力，引

① 陈宪．上海都市圈发展报告·第一辑：空间结构［M］．上海：格致出版社，上海人民出版社，2021.

② 熊健．上海大都市圈蓝皮书（2020-2021）［M］．上海：上海社会科学院出版社，2021.

导人口在大、中、小城市构成的都市圈范围内合理分布，从而促进产业与人口发展程度更加协调，助推京津冀城市群高度一体化发展。

在首都都市圈建设的同时，还要进一步规划天津都市圈和石家庄都市圈，加强石家庄的经济发展水平，提升其对人才、企业等经济要素的集聚能力，使之尽快成为京津冀的第三极。通过首都经济圈、天津都市圈和石家庄都市圈的一体化发展，不断加强区域合作，同时推动雄安新区高标准建设、高效能管理、高质量发展，打造北京市的"反磁力中心"，并防止出现新的"虹吸效应"，促进京津冀产业与人口发展更加协调发展①。

二、优化人口发展战略，打破规划壁垒，促进京津冀人口高质量发展

首先，加强对新时代人口发展规律的把握，顺应人口发展潮流，树立与时俱进的人口发展新理念。把握新时代人口发展的历史方位和阶段性特征，坚持以价值体系为指引、以制度体系为规范、以保障体系为条件不断完善人口治理格局。

其次，紧密围绕新时代人口发展新趋势，前瞻性地优化人口发展战略目标及其制度设计。制定人口发展战略研究要明确不同阶段人口发展面临的主要矛盾和风险，通过短期、中期、长期发展目标为人口发展打造良好的社会环境和政策体系。紧随人口发展新转向推进人口政策调整、完善配套措施，始终坚持以"提质量、促均衡"作为人口发展战略的出发点和落脚点，推动社会经济高质量发展。对于北京而言，应像纽约都市圈一样②，在解决不平衡不充分发展过程中把握多元社会群体诉求，将人口发展政策从核心城市人口总量控制目标向都市圈整体统筹、核心城市中心城区与郊区差异化的控制策略转变，并在这个过程中践行人人共享的发展理念。

再次，围绕人口发展核心议题，运用人口治理思维提高治理效能。从第六章的分析中可以看出，京津冀三地的第一产业劳动生产率还比较低，存在隐形失业和人口转出的可能。而从第五章产业的分析中也可以看出，河北多个城市的多个产业的比较劳动生产率还比较低。因此，今后要在人口结构嬗变中完善生育、就业、养老等重大政策和措施，在人口城镇化过程中不断通过制度创新释放农业劳动力转移的潜在空间，发挥劳动力市场比较优势，挖掘第二次人口红利。转变传

① 肖金成，李博雅. 京津冀协同：聚焦三大都市圈［J］. 前线，2020（8）：59-65.
② 我们将在第十三章中对纽约都市圈第四次规划的"以人为本"的理念进行详细论述。

统人口工作机制，充分协调个人、企业、社会组织和政府部门等主体，构建多层次的社会支持体系。

最后，加快人口数据资源平台建设，研判京津冀人口发展新动向。人口发展战略研究作为跨学科、综合性研究，需要优质的数据平台、优秀的人才智库、优厚的社会资源作为支撑。专门的人口数据平台的搭建有利于加强人口数据资源整合，弥补人口数据缺失的短板，为人口发展战略研究夯实基础。专业化人才队伍和创新性人口分析技术方法有利于进一步提升人口发展预测的精准度，有利于在常态化的研究中把握人口发展动向、及时积极应对人口问题。

三、培育新的城市增长极，打破发展壁垒，缩小发展差距

与长三角城市群相比，京津冀城市群内部缺少类似南京和杭州的次中心城市和众多充满活力的中小城市。要建设定位清晰、梯次布局、协调联动的都市圈，就需要注重提升都市圈内次中心城市和中小城市的功能。因此，加快建设北京城市副中心和雄安新区，提高平原新城、石家庄、保定、廊坊及沧州等节点城市的综合承载力，培育新的城市增长极，打破发展壁垒，缩小发展差距。

首先，加快建设北京城市副中心和雄安新区，提高平原新城综合承载力，加强平原新城与中心城区、北京城市副中心及生态涵养区的协同发展，促进首都都市圈产业与人口协调发展。作为北京新的两翼，北京城市副中心与雄安新区在承接疏解北京非首都功能中都承担着重要使命，需进一步完善功能疏解承接机制，加快实施一批国家重大科技项目和应用示范项目，进一步深化"两区"建设、国际科技创新中心建设、数字经济与国际消费中心城市建设，加快推进第二批市属行政事业单位有序迁入和环球影城二期建设，提高副中心整体就业吸引力，深入推进产业和人口合理布局。同时，还要加快建设通州区与北三县一体化高质量发展示范区，在规划管理、投资审批、财税分享、要素自由流动、公共服务及营商环境等方面探索协同创新路径。

另外，"一翼"雄安新区作为北京非首都功能疏解集中承载地，是促进首都都市圈人口连绵分布的重要区域。雄安新区与周边地区一体化发展新格局是促进京津冀世界级城市群建设的关键环节。目前，雄安新区与北京中心城区、北京城市副中心的重点产业发展方向存在一定程度的雷同，因此需要进一步明确产业发展与布局方向，实现与北京城市副中心错位承接功能疏解。要支持雄安新区构筑

承接中央机构的政策平台，深入探索央地融合发展新模式①。加快推进能够承接北京非首都功能疏解的重大标志性项目，加快建设新型基础设施，高起点建设产业发展高地，促进雄安新区与北京、保定及廊坊等周边城市协同发展，形成联系紧密、高度一体化的都市化区域，增强产业和人口聚集力。

平原新城是首都面向区域协同发展的重要战略门户，是承接中心城区适宜功能和服务保障首都功能的重点地区，是北京未来的新增长极。要加快建设成为高新技术和战略性新兴产业集聚区和产业链中的关键枢纽型节点，推动平原新城与中心城区、北京城市副中心及生态涵养区的协同发展。系统集成土地、住房、人口、投融资等"一揽子"政策在平原新城落地，创新园区管理服务、腾退空间利用及科技成果转化等体制机制，增强新城自我"造血"功能，激发新城发展内生动力，提高平原新城的人口承载力。只有北京人口经济实现合理分布，才能更快地推进首都都市圈一体化发展。

其次，进一步促进河北保定、廊坊及沧州等节点城市产业高质量发展，提高节点城市的综合承载力。从产业与人口的发展分析可以看出，石家庄、保定、廊坊和沧州等城市作为节点城市已初具雏形，产业与人口不断发展壮大。因此，在产业发展方面，要进一步培育优势产业集群，依托经济开发区围绕实施"强链、建链、延链、补链"，发挥"链主"企业龙头作用，促进产业链上下游整体配套协同发展。石家庄、廊坊等经济开发区依托生物医药、数字经济等主导优势产业，保定、沧州经济开发区等重点围绕成车配套、整机组装、关键设备等优势产业围绕产业链加强合作，通过"链"上发力，推进区域特色产业发展壮大，引领区域高质量发展。加快推进石家庄、保定、邯郸、唐山、秦皇岛、沧州六个国家物流枢纽承载城市建设；持续完善唐山、石家庄两个国家物流枢纽和保定、秦皇岛两个国家骨干冷链物流基地服务功能；依托大兴国际机场临空经济区，推进物流上下游高端资源向廊坊聚集，增强快递企业在廊坊乃至河北形成集聚效应，加快打造全国现代商贸物流重要基地，全面提高现代商贸物流产业发展水平。

在人口发展方面，一方面，要把握市辖区城区和县城区人口快速增长的趋势，创造明显的人口规模优势，继续享有"人口红利"，促进经济高质量发展，成为区域增长的核心动力。另一方面，把握城市不同区域人口特征，推动城市空

---

① 叶振宇．"十四五"时期雄安新区与周边地区加快构建一体化发展新格局的思考［J］．河北师范大学学报（哲学社会科学版），2022，45（2）：113-118.

间优化和品质提升。一是以常住人口规模为重要参照，统筹安排产业发展、市政基础设施建设和公共服务；二是动态监测主城区人口密度和人口数量，评估人口承载能力，引导人口合理布局，提高城市宜居性；三是提高城市治理水平，着重优化超级街道、新建街道的治理机制，推动资源、管理、服务向街道社区下沉，完善公共服务设施建设；四是关注不同街区老龄化水平，提高深度老龄化街区的设施建设标准，满足养老服务需求。

再次，持续推进城市群交通网络互联互通，加快推进都市圈"通勤圈"一体化发展，改善核心城市与中小城市之间的交通联系，构建综合、绿色、安全、智能的立体化、现代化交通体系。在公共交通基础设施建设方面，通过多种途径提高城际铁路线网覆盖率，加快建设快速交通网，提高互联互通水平，形成内联外通的大运力快捷运输通道。协调推进京唐城际、城际铁路联络线一期建设，加快推进城市轨道平谷线建设，研究利用京九线、京哈线、京广线等向环京地区提供通勤服务的可行性。在1小时"通勤圈"内，优化北京到周边城市尤其是北京城市副中心与北三县的公交线路，共建区域快速公交走廊，推进厂通路等跨界道路建设，完善轨道交通换乘枢纽体系。要加速交通服务同城化，推动检查站优化设置，减少交通障碍，减免副中心和平原新城到中心城区的高速路费用，加强点对点的通勤能力，促进交通节点有效衔接。大力推进都市圈城际铁路、市郊铁路的公交化跨区域运营，提升城际旅客联程运输服务，不断提高"通勤圈"的通勤效率。完善城乡客运班线与城市公交对接，实现城乡客运班线的公交化运营。此外，还要以大城市和铁路枢纽为节点，推进水铁联运、空铁联运与公铁联运等，加快形成区域性综合交通枢纽①。

最后，聚力培育中小城市"专精特新"企业，带动中小城市快速发展，引导创新创业人才在都市圈内高度集聚，促进都市圈和城市群产业与人口均衡发展。首都都市圈中行业龙头企业（尤其是高科技企业和国企）的总部主要集聚在北京和天津两大中心城市，"专精特新"企业的发展有利于都市圈内中小城市（镇）的城市化发展，与中心城市的城市化实现互补性平衡，由此减弱中心城市的"虹吸效应"，有效助推都市圈一体化和共同富裕的实现。德国、意大利及日本等国家的"隐形冠军"企业主要集中在小城镇，促进了小城镇的可持续发展。例如，腕表品牌朗格公司位于偏僻的格拉苏蒂镇，既带动了格拉苏蒂小镇经济的

---

① 赵鹏军. 破解京津冀交通一体化难题的七个抓手［J］. 前线，2021（1）：63-66.

发展，又推动了德国手表这一细分行业在世界格局中的兴起。中国一些经济强大的区县往往也是由一批"专精特新"企业带动发展起来的，这些企业的蓬勃发展促进了资源从大城市向中小城市（镇）转移，形成渗漏效应。从河北202家国家级专精特新"小巨人"企业的分布来看，"小巨人"企业地域分布数量基本和地域经济总量一致。因此，可以发挥各类京津冀合作平台的桥梁作用，通过有力有效举措，吸引京津科技资源，聚焦先进制造业产业集群，促进产业链中的龙头企业与"专精特新"中小企业跨界融合，突破研发、生产制造和市场营销壁垒，提高产业链上下游协作配套水平，培育新的经济增长点，从而促进中小城市和中心城市的协同发展。以公共服务均等化为目标，突破发展壁垒，推进京津冀城市群、都市圈、中心城市和中小城市高质量发展，促进人口合理分布。

四、以公共服务均等化为目标，突破发展壁垒，推进都市圈和城市群人口与产业协调发展

首先，通过制定都市圈和城市群基本公共服务一体化专项规划或者行动方案等方式，尽快形成首都都市圈、天津都市圈和石家庄都市圈基本公共服务一体化的任务单、时间表和路线图。建立清单制度，按照规划和标准每年对都市圈各城市基本公共服务一体化的实现程度进行测评，并将测评结果纳入干部考核体系。推进都市圈中心城市和中小城市高质量发展，促进人口合理分布。

其次，加快推进北京公共服务均衡发展，提升首都都市圈公共服务一体化程度。在北京城市副中心，坚持补短板与提质量同步推进，高质量规划建设管理副中心基本公共服务设施，重点统筹推进一批市属优质教育资源和医疗资源向北京城市副中心转移疏解，同时向北三县纵深布局。对于平原新城，有序引导中心城区教育、医疗等公共服务资源向平原新城精准转移，编制实施平原新城公共服务补短板项目清单，在加快推进名校分校和三甲医院新院区建设的基础上，注重优质教师和医务人员的培养，加大核心区优秀人才到平原新城的轮岗力度，对到平原新城轮岗、挂职、交流的医护人员、研究人员、教师等专业技术人员累计工作满一定年限的，加大培养支持力度。在生态涵养区，坚持生态环境保护与农民生活改善相协调，健全城乡一体的公共服务体系。

再次，加快提高雄安新区公共服务水平，创新人才引进机制，有效吸引北京人口转移，促进周边地区人口向雄安新区集聚。未来，雄安新区将是一座以外来人口为主的城市，如何吸引、留住外来人口特别是高层次人才是促进雄安新区发展的重要因素。目前，为系统帮扶雄安新区提升公共服务能力，北京与雄安新区共同实施了基础教育提升、医疗卫生发展、职业培训创新三大工程。在公务服务硬件设施建设完成之后，人才的引进与培养将是持续提升公共服务软实力的重中之重。一方面，北京要继续深化与雄安新区公共服务的对接支持，开展人才长期交流与公共服务资源的共建共享；另一方面，要同时注重人才的外部引进和内部培养。在大力实施"引人聚才"计划，加强政策引导的同时，增强高水平人才的内部培养能力。要建设相适应的体制环境和优质公共服务体系，通过高校、科研机构及培训机构等多元主体的力量，构建基于内部培育与外部引进的双驱动的人才体系，充分发挥市场与政府的双重作用，创新雄安新区的产学研模式，构建人才基地。此外，还要继续完善以居住证为载体的公共服务提供机制，实行积分落户制度。优化构建多元化的住房保障体系，打造宜居宜业、可持续发展的现代化新城，从而增强人口吸引力。

最后，完善优质公共服务共建共享制度，构建都市圈和城市群内常态化、多层次的区域利益平衡和对话谈判机制，不断完善转移支付制度，建立财力协调机制，大力加强节点城市的公共服务水平建设，提高节点城市基本公共服务对疏解非首都功能过程中迁移人口的吸引力和贡献度。

第二节　从系统角度完善体制机制推进京津冀城市群产业与人口高质量发展

造成京津冀城市群产业与人口协调性不足的直接成因和产生三大壁垒更深层的原因在于制度成因，因此需要从更底层的体制机制方面进行改进。没有体制机制的统筹改革，即便地方政府再努力建设产业园区、增加公共交通设施等技术性手段和行政性手段，都难以真正促进城市群的协调发展。城市群不是简单的"一群城市"，而是在相互协同、互补与共赢的复杂系统，因此需要从系统的角度完善京津冀体制机制，消除制度性障碍，畅通城市群人口聚散机制，引导要素合理配置，促进京津冀产业与人口协调发展，推进京津冀城市群高质量发展。

一、京津冀城市群的系统特征

从系统论角度来看，京津冀协同发展是一个由北京、天津及河北三个空间子系统组成的具有一定功能结构的复杂系统。该系统由人口、经济、社会和生态环境等功能子系统构成，它们相互作用、相互联系并相互制约，并通过各种信息、技术、人员和能源进行流通与交换。各个空间子系统在区域协调机制的作用下，通过开展分工协作，保持利益平衡，促使各功能子系统相互配合、相互协作，实现京津冀区域创新、协调、绿色、开放与共享发展，从而推进实现京津冀整体协同发展的最终目标。系统的整体性是系统最重要的特点，是系统在整体上具有其组成部分所没有的性质，系统整体性的外在表现就是系统功能。因此，京津冀协同发展最重要的功能是促进系统的经济、社会、人口、生态环境等各功能子系统之间的相互作用，实现各功能子系统的有机整合，从而提高该城市群的总体竞争力。

京津冀城市群发展系统是一个典型的复杂巨系统，具有动态性、开放性、自组织性和他组织性。自组织性表现在没有外界因素的干预下，各子系统通过相互作用在空间、时间和功能等方面走向有序，并不断向更高层次进行演化发展。但由于北京和天津在资金、技术和人才等方面具有资源优势，市场化发展水平较高，吸引着区域的人流、物流和信息流等，使其成为京津冀地区的增长极，极化效应不断加强[①]，区域发展不平衡，很难发挥京津冀城市群的整体性。

京津冀协同发展上升为国家战略之后，该系统的组织性逐渐增强。京津冀协同发展的远期目标是，到 2030 年首都核心功能更加优化，京津冀区域一体化格局基本形成，也就是要实现京津冀城市群系统的整体功能。京津冀协同发展国家战略的实施就是要通过改变系统的演化机制，加强区域内部整合，并持续从外界输入资金、原材料、劳动力和信息等，扩大其负熵流，提升系统的协调性和有序度，使系统不断涌现出新的性质，逐渐走向新的均衡。因此，京津冀系统的协调发展对于系统的整体性功能的实现具有重要的影响。习近平总书记也曾强调："坚持协调发展，就是要重点促进城乡区域协调发展，促进经济社会协调发展，促进新型工业化、信息化、城镇化、农业现代化同步发展，在增强国家硬实力的

---

① 曾珍香，段丹华，张培．基于复杂系统理论的区域协调发展机制研究——以京津冀区域为例[J]．改革与战略，2008（1）：97-99+122.

同时注重提升国家软实力，不断增强发展整体性。"因此，本节重点从系统的角度提出京津冀体制机制的改革完善，促进京津冀产业与人口协调发展，从而促使京津冀系统整体功能的实现。

二、促进京津冀产业与人口协调发展的系统工程管理体系改革

基于前述对问题、壁垒和制度成因的分析，京津冀管理体制机制改革应在以下三个方向着力：系统、规范和高效。靠单一的改革某项体制机制不足以促进京津冀协同深入发展，应从系统角度和系统思维进行改革，并用系统工程去解决问题，建立并完善将决策主体、实践主体和京津冀协同发展建设统一起来的社会系统工程管理体系。

（一）建立京津冀协同发展的社会系统工程管理体系①

京、津、冀本身是三个独立的行政区域，具有各自的决策主体，具有不同的发展目标、要素市场、资源禀赋和制度环境，是三个独立的复杂系统。京津冀协同发展就是要打破京津冀各自原有的发展轨迹，使三个独立的子系统与外部环境、三个子系统之间相互作用、相互影响，从而使三个子系统有机整合，系统内经济、社会、人口、生态环境等各功能子系统之间相互作用，体现出京津冀系统的整体性。要体现出这个整体性，促进京津冀发展的协调性，实现京津冀协同发展，既需要理论创新，也需要制度创新，还需要产业创新与技术创新等，即要实现综合集成创新，因此它具有跨地域、跨部门、跨层次、跨领域的特点。京津冀协同发展是一个系统工程，在组织管理上可以采用总设计师和总指挥两条指挥线的社会系统工程管理体系（见图11-1和图11-2)②。

如图11-1所示，对于京津冀协同发展系统（第一平面Ⅰ），主要是确定京津冀协同发展的顶层设计。顶层设计对于京津冀协同发展具有重要的影响。习近平总书记《在北京市考察工作结束时的讲话》中曾强调京津冀协同发展"必须进行顶层设计，用顶层设计指导、引领、推动合作"。并在谈到改革开放时提出："全面深化改革是一项复杂的系统工程，需要加强顶层设计和整体谋划，加强各项改革关联性、系统性、可行性研究。"

① 刘洁，姜丰，钱春丽．京津冀协调发展的系统研究［J］．中国软科学，2020（4）：142-153.
② 于景元．从系统思想到系统实践的创新——钱学森系统研究的成就和贡献［J］．系统工程理论与实践，2016（12）：2993-3002.

·267·

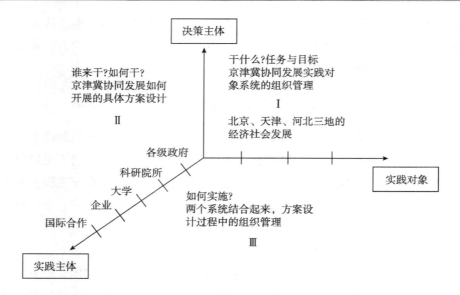

图 11-1 京津冀协同发展的系统工程管理体系框架

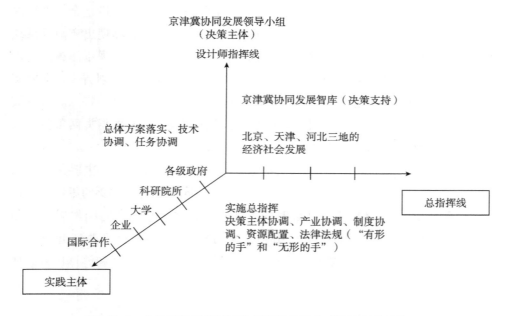

图 11-2 京津冀协同发展两条指挥线的社会系统工程管理体系

在这一象限，首先是从整体上研究和解决京津冀如何协同发展，确定京津冀协同发展的总体目标和整体实现方案，这就涉及京津冀协同发展系统的系统结构、系统环境和系统功能。完成这项工作需要有一个设计实体，即总体设计部。总体设计部由熟悉京津冀协同发展系统的各方面专业人员组成，并由知识面较为宽广的专家（称为总设计师）负责领导。这个设计部是研究主体，可以称为京津冀协同发展智库，对京津冀协同发展的总体目标、总体方案和实施总体方案的方案进行研究，研究成果提交领导小组进行审批，起决策支持作用。京津冀协同发展领导小组是京津冀协同发展中的决策主体，审批京津冀协同发展的总体目标、总体方案和实施总体方案的方案，确定京津冀协同发展的顶层设计。由此，顶层设计的科学性得以加强。

总体设计部不是简单地只从京津冀角度确定其发展目标，而是要与国家经济社会发展大环境相结合，将京津冀协同发展系统作为国家这个更大系统的组成部分进行设计，同时把它作为若干分系统有机结合的整体来设计，对每个分系统的要求，都要从实现整个系统协调的角度来考虑。总体设计部对分系统之间的矛盾、分系统与系统之间的矛盾，都首先要从总体目标的要求出发来协调和解决。因此，需要首先确定京津冀协同发展的总体目标。

从长期来看，京津冀协同发展是国家经济社会发展中的子系统，京津冀城市群要通过协同发展成为具有较强国际竞争力和影响力的重要城市群，在引领和支撑全国经济社会发展中发挥更大的作用。从短期来看，则是要缓解首都"大城市病"，区域内发展差距趋于缩小，初步形成京津冀协同发展、互利共赢的新局面。对于不同阶段的发展目标，京津冀协同发展智库对京津冀协同发展的总体目标、方案和实施总体方案的方案的研究都需要准确把握京津冀短期和长期发展目标的平衡和及时转换，京津冀协同发展领导小组在进行决策时也要强化和突出改革思路的阶段性变化。

京津冀协同发展智库是以科学研究为基础，运用综合集成的方法将专家体系，数据、信息与知识体系以及计算机体系有机结合起来，形成一个高度智能化的人机结合与融合体系。这个体系具有综合优势、整体优势、智能和智慧优势。它能把人的思维、思维的成果、人的经验、知识、智慧，以及各种情报、资料和信息集成起来①。这一系统研究的总体方案和总体实施方案涉及京津冀协同发展

---

①　于景元. 从系统思想到系统实践的创新——钱学森系统研究的成就和贡献［J］. 系统工程理论与实践，2016（12）：2993-3002.

的各种体制机制。这些体制机制不是对原有的区域合作和发展机制进行修补，而是要重新构建一整套系统科学的区域协同发展新体制新机制。这套体制机制既要着眼于京津冀协同发展全局和未来发展目标，又要有切实的可操作性从而推动区域协同深入发展。研究系统要重点设计政府沟通与合作机制、资源共享机制、市场一体化机制、财税协调机制及生态补偿机制等。

目前，虽然参与研究京津冀协同发展的科研院所和高校较多，研究成果也在逐渐增加，但研究总体比较分散，研究力量相对于行政力量来说比较薄弱。而且在京津冀协同发展中，由于三地政府行政等级不对等，使地方政府间的联系更多的是一种行政传导，缺乏正常的沟通合作机制和反馈机制。在这种情况下，单纯依靠顶层设计和政府行政力量来推进首都产业外移及京津冀产业协同发展，容易形成对政府干预发展模式的路径依赖。同时在协同发展过程中，低行政等级的地方政府拥有更多的执行权而缺乏决策权和主导权，积极性很容易受到压制，很难真正实现府际合作。因此，亟须建立一个强大的研究主体，一方面对京津冀协同发展起决策支持作用，另一方面对京津冀三地政府间的沟通和反馈起调节作用。在京津冀协同发展智库中，要保证研究人员和政府部门中的专家都来自于京津冀三地，并占相似比例席位，政府部门中的专家在此没有行政权力，保证其在研究过程中保持中立态度，真正发挥专家的智力支持作用。

对于第二个平面Ⅱ，主要是将第一象限中所确定的总体方案设计和总体方案的实施方案具体化，并落实到各实践主体，即京津冀三地各级政府及其所辖的科研院所、大学、企业及国际合作主体等。在这一象限，这个系统主要是优化资源配置，将京津冀协同发展总体方案和总体实施方案落实到各实践主体，这就会涉及各实践主体尤其是三地各级政府之间的协调性。因此，这一象限特别需要按照京津冀协同发展智库研究的体制机制设计，理顺各实践主体之间的关系，建立京津冀三地协调合作机制。在总体方案的落实过程中，如果遇到问题要及时反馈给智库，进行总体方案的修订。

第三象限Ⅲ是京津冀协同发展的执行系统，是按照京津冀协同发展的实施方案开始执行，并由京津冀协同发展总指挥负责。总指挥是由京津冀协同发展领导小组任命的，具有一定权力，在京津冀协同发展过程中行使指挥权。在这一象限，是在总指挥的领导下，根据第一象限给出的总体方案和总体实施方案由京津冀三地各级政府及其他实践主体来组织人力、物力及财力等资源对京津冀协同发展进行具体实施。

在具体执行过程中，一定会遇到很多问题。如果属于总体方案方面的问题，需要向总设计师反馈，由总设计师领导的智库来研究解决。如果属于资源配置、人财物调度等方面的问题，则需要找总指挥来解决，总指挥也解决不了就需要由京津冀协调发展领导小组出面解决。由此形成了京津冀协同发展系统中的两条线：一是总设计师负责的设计师指挥线；二是总指挥负责的总指挥指挥线。这两条线是相互协调和协同的。设计师指挥线以科学为基础，力求决策科学化、民主化和程序化。总指挥指挥线以法律、法规和权力为基础，力求决策和决策执行的高效率和低成本。两个体系无论是在结构、功能和作用上，还是在体制、机制和运作上都是不同的，但又是相互协调和协同的，两者优势互补共同为京津冀决策主体服务。当这两条线出现矛盾的时候，由京津冀协同发展领导小组进行协调。

　　（二）完善京津冀协调发展的相关机制

　　系统工程管理体系的第二象限主要是将京津冀协同发展的总体方案和总体实施方案落实到各实践主体中，各实践主体之间的协调性将会对方案的落实产生重要的影响。因此，第二象限会涉及各实践主体间的各种机制建设，如协调合作机制、财税协调机制及市场一体化机制等。

　　1. 完善京津冀三地协调合作机制

　　对于协调合作机制，由于京津冀三地决策主体地位的差异性，使决策主体间的沟通与协作具有较高的制度成本，难以真正实现合作协同，因此京津冀地区需要协调中央与地方，地方内部省、市、县不同层级以及相同层级之间的复杂关系。

　　首先，强化"京津冀协同发展领导小组"的决策领导地位，推动京津冀协调发展中的战略性规划和解决协调发展中遇到的重大问题，尤其是解决总设计指挥线和总指挥指挥线之间的矛盾，推进京津冀协同发展顺利实施。

　　其次，充分发挥京津冀协同发展智库的协调作用。京津冀协同发展智库是独立于三地政府而又与三地政府紧密联系的，对政策的研究与制定都是以协同发展的公共利益最大化为目标的。智库要充分发挥地区协同发展的积极性，根据不同地区不同领域的政策需求制定不同的政策措施，并且要积极为三地政府搭建横向合作与互动平台，促进三地政府构建常态化、多层次的区域利益平衡和对话谈判机制。

　　再次，建立并不断完善地方政府间的合作机制，推动地方政府间的交流与合作。一是搭建地方政府间的对话交流平台，建立多方政府利益诉求表达机制，使各地方政府享有公平公正的表达机会。二是建立基于多方利益整合的地方政府协商合作机制，尤其要考虑京津冀中小城市地方政府的话语权，促进地方政府间的理性合作①。三是加快形成具有梯度的产业链条和有效的产业衔接机制，提高高端要素资源集聚能力。通过产业转移、对接和产业链延伸深化京津冀区域内部分工，强化不同区域的比较优势，从而实现区域产业深度合作，并形成区域协调机制②。发挥"有为政府"和"有效市场"的合力，完善协调合作机制和市场一体化机制，形成具有梯度的产业链条和有效的产业衔接机制，推动河北产业转型升级，促进城市群产业链与创新链的融合发展。要支持重点产业承接平台建设，推动应用场景和技术项目合作，共建新能源汽车、工业互联网等上下游衔接的产业链和供应链体系。

一方面，选择在高技术产业发展方面具备一定基础的城市，比如燕郊、沧州和保定，结合城市区位优势和产业优势条件，将其培育打造成为都市圈内新的关键节点城市。推动北京相关产业的技术成果向关键节点城市流动，并通过融入新的创新型产业部门，提升节点城市的产业链与创新链融合度。例如，对于燕郊，要充分发挥其突出的区位优势，通过"飞地"形式加强产业园区合作，突出园区特色，在协作体制、财税转移和指标流转等方面积极探索，不断将共建产业合作园推向新高度。要积极融入北京城市副中心自贸试验区建设，建立自贸试验区协作区，加强错位互补、联动发展，全方位、多领域、深层次对接融入北京城市副中心。燕郊还可以借鉴昆山的先进经验，推出与北京实现跨区域通用通兑的科技创新券，燕郊企业可直接购买北京科技服务资源，北京服务机构可直接在当地兑现燕郊财政扶持资金，促进创新资源在两地自由流动，并为京郊两地人才科创合作提供空间，进一步推动燕郊与北京的同城化发展，促使人口合理分布。

另一方面，充分发挥冬奥会的集聚效应和溢出效应，以赛事举办地北京奥林匹克核心区、首钢地区、延庆区和张家口崇礼区为核心节点，依托冬奥场馆和产业园区，大力推动体育产业、文化休闲和冰雪旅游融合发展，打造区域赛事会展聚集地和建设全民健身引领地，推动延庆、张家口实现转型发展和跨越发展，为持续带动首都都市圈和城市群区域一体化长远发展注入新动力。

① 刘洁，苏杨，魏方欣. 基于区域人口承载力的超大城市人口规模调控研究［J］. 中国软科学，2013，274（10）：147-156.

② 王坤岩，臧学英. 以体制机制创新深入推动京津冀协同发展［J］. 中国发展观察，2019（3/4）：74-76+93.

最后，为促进京津冀产业协同发展，构建现代化产业体系，要探索建立重点产业链"链长制"，正确处理好政府与市场的关系，发挥链长的组织优势和协调能力，强化政府在产业发展方向定位和产业政策引导方面的作用，重视发挥产业链内市场主体的积极性和主动性，横向做好延链、补链、固链工作，在延长产业链的同时实现安全可控，纵向有针对性地实施强链战略和技术创新战略，加强联合攻关和推广应用，推动产业链集群式发展[1]。

2. 探索建立新的财税协调机制

虽然在五年的协同发展中，京津冀已初步建立了财税制度创新机制以及北京对河北和天津对河北的横向财政转移支付制度，但京津冀的财政能力差距仍然较大，财税协调机制尚未完善，因此需要不断探索建立新的财税协调机制。

一是在当前横向转移支付制度的基础上，继续创新京津冀区域内横向财政转移制度，增加京津对河北的财政转移支付方式，完善京津两市向河北省的横向财政转移支付制度，向人均财力水平低的区域增加财政转移份额，促进基本公共服务的均等化。二是建立纵向财政转移支付制度，增加对乡镇地区基础设施和公共产品投入等一般性转移支付的比例，夯实协同发展的基础。三是不断完善京津冀联合税收经济分析机制，以搭建京津冀税收经济分析数据共享平台为抓手，加强税制改革研究，充分发挥税收经济分析"导向标"作用，助力京津冀协同发展。四是建立京津冀区域协同发展财税政策实施效果评价机制，将评价结果应用于财税政策的修订与完善，从而不断提高京津冀区域性公共产品的供给水平和质量。五是建立合理的税收分享机制。京津冀三地目前的经济发展水平有着较大的差异，在三地协同发展、协同创新的过程中，要想实现真正意义上的协同，均衡、科学的税收分享方案是必要的。可以借鉴中关村海淀园区与其在河北省的产业园区的税收分享经验：一方面，地方政府间利益分配应当注重效率，在创新发展的过程中，不同的产业、区域对税收有着不同的贡献，对于税收贡献大、创新资金转化率高的区域，应当分配更多的税收收入；另一方面，地方政府间利益分配应当注重公平，向发展较为落后、创新动力不足的地区分配更多的财政资金。

3. 完善市场一体化机制

由于京津冀三地要素市场存在显著差异，不利于三地产业与公共服务的协同

① 武义青，冷宣荣，田晶晶. 推动京津冀产业链合作向更深层次拓展——京津冀产业协同发展九年回顾与展望 [J]. 经济与管理，2023，37（3）：1-8.

发展，不利于人口的自由流动，对转移产业的可持续发展具有重要影响，因此亟须建立完善的市场一体化机制。一是建立统一、公开的市场准入体系，并建立政府"负面清单"制度，完善各级政府权力清单和责任清单。去除关键要素在京津冀地区流动的体制机制障碍因素，清理阻碍区域市场统一和公平竞争的地方性规章制度。在此基础上，建立区域统一的市场准入规则和市场运营环境，促使资源合理配置和自由流动。二是构建全面、规范和高效的区域一体化市场运行机制。从规则制度共建、市场信息互通、流通设施互联及市场监管共治等方面，推进市场一体化协同发展机制，加速区域要素市场一体化的建设①。三是探索柔性人才使用机制，建立统一的人才认定机制，促进人才一体化建设；完善公共服务的常态化供给机制及干部考核机制。

4. 完善公共服务的常态化供给机制

一是将公共服务配置逐渐从按行政等级配置向按常住人口规模配置转变，推进社会保险体系对接，逐步实现社会保障"一卡通"，完善住房规划和用地供应机制，推动居住证互认，探索跨行政区开发建设保障性住房。二是建立高层次的医疗、教育和科技人才弹性共享机制，探索柔性人才使用机制，建立统一的人才认定机制和一体化人才保障服务标准，推动"三地"人才在医疗和科技领域进行重大疑难问题的联合攻关，建立重大科技成果人员异地挂职、授课机制等。三是加快实现外来人口积分落户同城化累计互认。四是推动"三地"建立统一的就业信息发布平台。建立健全失业登记、岗位推荐和就业指导服务体系。五是增加健康、养老、家政等服务多元化供给，鼓励城市联建共建养老机构，加快城市设施适老化和无障的改造，推动博物馆、剧院和体育场馆等共建共享。

5. 完善干部考核机制

构建区域协同导向的新型政绩考核机制去除"唯GDP论"，在考核中树立区域导向、绿色导向、差异化导向。一是实行区域导向的政绩考核。缩减GDP、财政收入等经济考核指标，对产业转移、生态保护、交通一体化、公共服务一体化等方面的指标予以考核，要将京津冀区域作为一个整体，打破"辖区人"观念和"一亩三分地"的思维定式，改变单纯考核地方发展成效的做法。二是实行差异化绩效考核依照功能分区建立差异化的政绩考核机制。按照功能区各自的功

①　王坤岩，臧学英．以体制机制创新深入推动京津冀协同发展［J］．中国发展观察，2019（3/4）：74-76+93.

能定位，在考核体系中实行基础性考核标准和个性化考核标准相结合的模式，赋予部分体现功能区特征的考核指标以较高的权重，适当降低其他常规性指标的权重。

第三节　本章小结

本章基于对京津冀城市群产业与人口现状和趋势的分析，根据城市群人口聚散的驱动机制，在借鉴长三角城市群先进经验的基础上，从破壁垒、改革体制机制等方面入手，提出可以促进京津冀产业与人口协调发展的政策建议。在京津冀协同发展已进入攻坚克难的阶段，以系统思维破壁垒、拆藩篱，改革完善相关体制机制对京津冀人口与产业协调发展具有重要意义。对于破壁垒，可以通过四个方面来促进京津冀城市群人口与产业协调发展：一是加强顶层设计，编制都市圈空间协同规划，破除行政壁垒和规划壁垒，以都市圈一体化发展推动京津冀城市群产业与人口协调发展。二是优化人口发展战略，打破规划壁垒，促进京津冀人口高质量发展。三是加快建设北京城市副中心和雄安新区，提高平原新城、石家庄、保定、廊坊及沧州等节点城市的综合承载力，培育新的城市增长极，打破发展壁垒，缩小发展差距。四是以公共服务均等化为目标，突破发展壁垒，推进都市圈和城市群人口与产业协调发展。而对于底层的制度成因，京津冀管理体制机制改革应在以下三个方向着力：系统、规范和高效。靠单一的改革某项体制机制不足以促进京津冀协同深入发展，应从系统角度和采用系统思维进行改革，并用系统工程去解决问题，建立并完善将决策主体、实践主体和京津冀协同发展建设统一起来的社会系统工程管理体系。并进一步探索建立新的财税协调机制、完善市场一体化机制、公共服务的常态化供给机制及干部考核机制。

第三篇

专题报告

为了支撑总报告的判断并对总报告进行补充，本书设置了三个专题报告，分别为"城市群促进产业与人口协调发展的国际经验借鉴""长三角城市群主要城市产业与人口协调发展研究""基于区域经济—人口分布协调性的京津冀协同发展质量评价"，从国际经验（美国波士华城市群和日本太平洋沿岸城市群的先进经验）、国内经验（长三角城市群产业与人口协调发展的经验借鉴）及京津冀协同发展评价（增加了反映人口经济分布的区域经济—人口布协调偏离度指数）三个方面对主报告进行支撑，以更好地呈现京津冀协同发展背景下的区域产业与人口协调发展格局。

第十一章 城市群促进产业与人口协调发展的国际经验借鉴

在世界经济格局调整中，世界主要五大城市群①均以科技创新为核心竞争力，通过发展规划的不断完善、基础设施的互联互通、产业的分工协作等实现人口与产业的高度集聚，并逐渐崛起成为各国提升经济实力、参与国际竞争的主要平台。第十章对长三角城市群在促进产业与人口协调发展中的经验进行了总结，这些经验在发达国家成熟的城市群中亦有体现。本章将通过对美国波士华城市群和日本太平洋沿岸城市群的发展经验进行总结来进一步补充论述。

第一节 城市群的基本情况

一、美国东北部大西洋沿岸城市群

美国东北部大西洋沿岸城市群亦称为波士顿—华盛顿城市群［Boston-Washington；简称波士华城市群（Bos-Wash）］，是公认的六大世界级城市群之首。该城市群由波士顿（电子城）、纽约（金融城）、费城（军工城）、巴尔的摩（钢铁城）、华盛顿（政治中心）五大主要城市和伍斯特、普罗维登斯、斯普林菲尔德、哈特福、纽黑文、特伦顿、威明尔顿等40多个中小城市组成，几乎囊括了

---

① 世界五大城市群主要是指以纽约为核心的美国东北部大西洋沿岸城市群、以芝加哥为核心的五大湖城市群、以东京为核心的日本太平洋沿岸城市群、以伦敦为核心的英伦城市群、以巴黎为核心的欧洲西北部城市群。

所有的美国东北部大城市及部分南部城市。城市群北起缅因州、南至弗吉尼亚州，跨越 10 州绵延约 965 千米，宽 48~160 千米，总面积约 13.8 万平方千米，占美国总面积的 1.5%。人口 6500 万人，占美国总人口的 22.5%，城市化水平达到 90% 以上（人口规模相当于上海加周边 8 市的 7070 万人）。2016 年，城市群 GDP 达到 4 万亿美元（约合人民币 26 万亿元），占全美 GDP 的比例超过 20%。美国波士华城市群的发展沿革如表 11-1 所示。

表 11-1　美国波士华城市群的发展沿革

时期	20 世纪 30 年代之前（城镇化率<55%）	20 世纪 30~50 年代（城镇化率为 55%~65%）	20 世纪 50 年代以后（城镇化率>65%）
特点	城市间自由竞争，尚无明显协同	核心城市向外延伸腹地形成都市圈，各都市圈之间研发与制造优势互补形成协同	城市群多元化发展，各有特色又彼此借力，实现"1+1>2"
城市分工	纽约依托港口优势（不冻港、深水港）和通过伊利运河连接五大湖区，逐渐发展成为金融贸易中心，兼顾服装、印刷、皮革等制造业 波士顿商贸受到纽约挑战，转而发展劳动密集型和资本密集型制造业，包括纺织、皮革、服装 费城褪去金融中心光环，重点发展机械制造、炼化等产业，是美国的工业中心	受用地、成本等因素影响，纽约、波士顿等核心城市制造业向周边扩散转移 费城都市圈依托良好的制造业基础，和纽约都市圈的研发链相协同，相邻都市圈形成产业梯度布局 在"二战""冷战"推动下，华盛顿军事订单涌入高校资源丰富的波士顿，助推技术集聚，向周边扩散，形成电子等高新产业带	各大都市圈定位差异化，纽约为金融商贸、波士顿为高科技、费城为制造、华盛顿为政治 波士顿集聚大量本地技术，吸引来自本地及纽约的风投资金，形成云状协同，催化高新产业 纽约集聚波士顿等地高端人才、技术、资金、信息，形成云状协同，打造世界级金融、经济中心

不同城市间要素流动壁垒相对较低。例如，美国不存在户籍制度，避免了由此产生的就业、入学、医疗等问题，从而加速了人口流动

二、日本太平洋沿岸城市群

日本太平洋沿岸城市群由东京都市圈、大阪都市圈和名古屋都市圈组成，集聚日本 80% 以上的金融、教育、信息和研发机构。土地面积为 3.5 万平方千米，占日本国土面积的 6%，人口近 7000 万人，占总人口的 61%。核心城市东京是日本政治、经济、文化和交通中心。该城市群发挥东京核心辐射作用，依托新干线等陆路走廊连接，是以外向型高端制造为支柱的世界级城市群。日本太平洋沿岸

城市群的发展沿革如表 11-2 所示。

表 11-2　日本太平洋沿岸城市群的发展沿革

时期	20 世纪 60 年代之前 （城镇化率<70%）	20 世纪 60~80 年代 （城镇化率为 70%~75%）	20 世纪 80 年代以后 （城镇化率>75%）
特点	大规模工业化和城市化，城市群尚无明显协同	核心城市向外辐射扩散，都市图内部各自协同	东京极化加强，其他都市圈对东京依赖提升，都市圈之间合作更加密切
城市分工	钢铁、机械、石油化工、家电、汽车等工业在京滨、阪神、中京等工业地带迅速发展 人口迅速向东京、大阪、名古屋等大城市集中	以东京都市圈为例，受成本、土地资源的影响，东京都心制造业、部分科研职能等向周边的横滨、千叶、埼玉、筑波等地转移，依托关东平原的广阔腹地纵深形成梯度布局，打造链状协同	东京进一步集聚金融、商贸、企业总部等高端职能，形成云状协同，打造世界级金融、科技中心——日本经济向服务化和国际化转型，大型企业开始全面国际化，东京具有的政治、金融、国际信息交流、技术、人才等资源的规模化优势，使大阪银行大量贸易公司、制造业总部迁往东京 部分企业在东京和大阪、名古屋之间形成总部和制造的产业分工，实现城市群资源的有效利用

第二节　城市群促进产业与人口协调发展的经验总结

一、以都市圈一体化发展促进城市群产业与人口协调发展

国内外城市建制属性的不同，使对超越城市行政区域边界形成的"圈""群"等概念，在理解上存在质的区别[①]。从实际空间发展形态来说，日本太平洋沿岸城市群和美国东北部大西洋沿岸城市群都是巨型的城市群。城市群发展的硬核在于都市圈的一体化发展。城市群的都市圈最大的特点是圈内城市之间存在密切互动关系，不同城市形成一个有机整体，整体的作用大于各个个体作用之

---

① 当前，国内外研究普遍采用都市圈、城市群（国内为主，存在混用）、大都市区、城市区域、超大城市区域、城市功能区（Functional Urban Area）等概念，没有国际统一标准。

和，能够更好地发挥引领作用。日本太平洋沿岸城市群的核心组成是日本三大都市圈，即东京都市圈、大阪都市圈和名古屋都市圈。此外，该城市群还包括三大都市圈外的日本太平洋沿岸其他城市。该城市群的具体范围为从千叶向西，经过东京、横滨、静冈、名古屋，直到京都、大阪、神户等地区。美国东北部大西洋沿岸城市群是由纽约、波士顿、费城和华盛顿四个都市圈组成的世界上最大的都市连绵带。这些都市圈人口与产业高度集聚，并且辐射作用明显，各级城市之间的交通和物流联系畅通，形成了庞大的立体城市群网络，促进了城市群区域总体实力、国际竞争力的全面提高。

如表 11-3 所示，东京都市圈在 1.35 平方千米的面积上集聚了大约 3600 万人口，人口占全国的 1/3，2020 年 GDP 总量达 15200 亿美元，也大约占全日本GDP 的 1/3。纽约都市圈 2020 年人口约为 2300 万人，是公认的世界经济之都，也是全美乃至全球的金融服务中心，对世界的金融、证券和外汇市场均具有不可替代的影响作用。纽约具有投资效益高、基础设施完善等优势，形成了其独有的非同寻常的吸引力、引领力、辐射力和带动力，有力地引领、辐射、带动了整个城市群区域经济一体化的快速发展。

表 11-3　世界五大都市圈的人口、面积及职能等比较

名称	职能	范围	面积（万平方千米）	人口大约数（2020 年）（万人）
伦敦都市圈	金融、商业、文化和政治中心	大伦敦地区及邻近 11 个郡	1.10	2670
纽约都市圈	经济、金融、艺术文化中心	纽约州、新泽西州和康涅狄格州的部分区域，共 31 个县	3.40	2300
东京都市圈	金融、文化、时尚及政治中心	东京都、埼玉县、千叶县、神奈川县	1.35	3600
巴黎都市圈	政治、经济、文化和商业中心	巴黎大都市区与周边 4 省	1.20	1200
首尔都市圈	政治、经济、文化和科技中心	仁川特别市、京畿道及周围一些小城市	1.10	2500

资料来源：陈宪．上海都市圈发展报告·第一辑：空间结构［M］．上海：格致出版社，上海人民出版社，2021.

从这些都市圈的演化过程来看，大致都表现为从单极集聚向多极分散发展的趋势，其空间形态呈现从单中心空间结构向多中心空间结构演变的过程，体现了有机疏散的经典理念。在空间演化过程中，它们也都经历了无序蔓延、郊区化与再集聚阶段。各国政府都试图通过规划调整，引导产业、人口等各种要素在更广阔的地域内合理布局，以带动区域的协调发展，增强大城市辐射区域的能力和大城市的整体竞争力，实现城市群高度协同发展。

二、城市功能定位与产业分工明确，形成了紧密的分工协作关系

在城市群内，核心城市的差异化优势与清晰定位是形成多元化良性互动格局的关键。以核心城市都市圈为单位，根据区域资源禀赋的不同，形成产业差异化布局，可以激活整个城市群的经济活力，使其不至于陷入低水平重复竞争和资源浪费的困境。如表 11-4 所示，美国东北部大西洋沿岸城市群内的各主要都市圈功能定位明确，城市之间形成了紧密的分工协作关系，有着各自占优势的产业结构和产业部门，形成了较为完善的产业层级结构和分工格局。纽约是全球金融中心和专业服务管理控制中心；华盛顿作为美国首都，是政治中心和国防科技研发中心；波士顿是美国的高科技中心和世界高等教育中心；费城作为历史文化名城，是重要的教育和经济中心。同时，该城市群内港口密布，各城市港口分工有序：纽约港是商港，以集装箱运输为主；费城港主要从事近海货运；巴尔的摩港是矿石、煤和谷物的转运港；波士顿港是以转运地方产品为主的商港，并兼有海港的性质。波士顿—华盛顿城市群内，在共同市场的基础上，各种生产要素在城市群中自由流动，促使人口和经济、政治、文化、社会活动更大规模地集聚，形成了城市群巨大的整体效应和更强的发展势能，有力地促进了城市群区域经济的一体化发展。

表 11-4　美国东北部大西洋沿岸城市群内四大都市圈的发展定位和主导产业

名称	纽约都市圈	华盛顿都市圈	波士顿都市圈	费城都市圈
发展定位	全球金融中心、全球专业服务管理控制中心、全球文化中心	美国首都、政治中心、国防科技研发中心	美国重要的高科技中心、世界高等教育中心	历史文化名城、重要的教育中心和经济中心
主导产业	金融业、专业服务业、科技服务业、都市产业、文化产业	公共服务、国防军工、电子信息生物技术服务	生物科技产业、金融业、商业服务业、信息技术产业	金融服务业、医疗健康、生物科技、信息技术、旅游、钢铁、造船、炼油

都市圈内外的良好产业分工，促进了城市群产业与人口及人才的协调发展。以纽约都市圈为例，纽约都市圈以高校、金融等资源优势发展生物技术和医药制造，普林斯顿大学、罗格斯大学等多家著名院校，为生物技术研发提供了丰富的资源与人才储备，因而围绕纽约形成了高密度的生物技术人才分布。纽约作为金融中心，有大量的金融资源，医药和生物技术的融资需求也容易得到满足。而费城作为工业制度，有良好的制造业基础，为发展医疗器械制造提供了资源支撑。通过基于资源禀赋的差异化定位，纽约都市圈和费城都市圈形成了优势互补。

在太平洋城市群中，各城市之间形成了多样性定位和良好的协同关系。东京是日本的政治、经济、文化、金融中心，其主导产业主要为金融、保险、总部经济、印刷、电器机械设备等。名古屋是工业城市，其主导产业为汽车、机械、钢铁、石化。大阪是区域性经济中心，其主导产业为机电、医药等高新技术产业。在东京都市圈内，神奈川县横滨市作为日本最大的港口，与川崎市共同支撑东京都市圈的创新发展；千叶县拥有成田国际机场等基础设施，集聚了冶金、石油、机械等重工业；埼玉县则以制造业和物流业为主导，汽车制造和电子产业较为发达。在经历了长期的发展后，东京集聚了各类高端要素资源，打造出云状协同环境，为名古屋、大阪的制造业提供了国际化研发、总部、人才支持；东京周边、大阪、名古屋等城市联动东京，形成链状协同。

三、注重规划引领，优化区域环境

大城市化的一个重要特征是城市人口规模的巨大化。在空间演化过程中，各都市圈和城市群都经历了无序蔓延、郊区化与再集聚阶段。各都市圈都注重统筹规划，以规划引领不断优化区域环境。如表11-5所示为应对城市群发展过程中产业与人口集聚带来的一系列问题和挑战，纽约都市圈编制了四次规划并实施，具有如下几个典型特点：一是区域范围跨纽约、新泽西和康涅狄格三个州，是典型的跨行政区域的功能型都市圈；二是区内核心城市纽约的发展愿景成为纽约都市圈规划愿景的重要引领；三是为应对动态变化的挑战，聚焦核心议题，纽约市总体规划和纽约都市圈规划都经历了不断调整的过程。尤其2017年发布的第四次区域规划主题为"让该地区为我们所有人服务"（Making the Region Work for All of Us），聚焦"重建公共机构"（Creating and Recreating Public Institutions），以实现"公平、繁荣、健康和可持续发展"四大核心目标，规划理念从"以物质空间为主"转变为"以人为本"，推动区域经济增长与人人共享发展相结合。

表 11-5　四版纽约都市圈规划对比

	第一次区域规划	第二次区域规划	第三次区域规划	第四次区域规划
时间	1929 年	1968 年	1996 年	2017 年
主题	《纽约及其周边地区的区域规划》（The Regional Plan of New York and Its Environs）	未明确提出	《危机挑战区域发展》（A Region at Risk）	《共同区域建设》（Making the Region Work for All of Us）
规划时限	至 1965 年	至 2000 年	至 2020 年	至 2040 年
规划范围	三州，22 县，1.43 万平方千米	三州，31 县，3.3 万平方千米	三州，31 县，3.3 万平方千米	三州，31 县，3.37 万平方千米
发展背景	第一次世界大战后，城市爆炸式增长	第二次世界大战后，城市再度繁荣，城市向郊区蔓延	20 世纪末，纽约国际金融中心地位受到威胁，社会出现分化环境质量下降	气候变化、财政不确定性和经济机会下降
规划初衷	以更为广阔、综合的视野来管理城市的土地利用	应对城市郊区化蔓延	为获得国际竞争力	愿景导向，应对发展问题与挑战
规划思路	十大策略：农业空间管控、交通体系、功能疏解、建筑限制、公共开放空间、机场建设、工业布局、卫星城建设、财产税减少、放弃高层建筑	核心理念：再集聚五大策略——建立新的城市中心、塑造多样化住宅、改善老城区服务设施、保护城市未开发地区生态景观、实施公共交通运输规划	三大理念：经济、环境、公平；五大策略：绿化、中心、机动性、劳动力、管理	四大远景：公平、健康、繁荣、可持续；四类行动：管理、交通、气候变化、可负担性

资料来源：熊健. 上海大都市圈蓝皮书（2020-2021）［M］. 上海：上海社会科学院出版社，2021.

对于人口与产业集中过程中产生的各种城市问题，东京都市圈通过七次都市圈建设规划进行了统筹调整。20 世纪 50 年代以来，日本先后于 1958 年、1968 年、1976 年、1986 年和 1999 年先后制定了五轮"首都圈整备规划"，核心目标主要是致力于解决区域经济一体化过程中的空间结构、功能布局和因人口、资源和城市功能过度密集所引发的各类区域性问题。2009 年，"首都圈整备规划"更名为"首都圈广域地方规划"。2016 年，又完成了第二版"首都圈广域地方规划"。每一次规划的具体内容和要解决的主要问题如表 11-6 所示。"2016 版规划"对标纽约、伦敦等更为先进的全球城市及区域，提出了体现"以人为本"的目标愿景，主要应对防灾减灾、提升国际竞争力、应对严重老龄化社会等核心

表11-6 日本其次区域规划变化主要内容

时间	第一次区域规划 1958年	第二次区域规划 1968年	第三次区域规划 1976年	第四次区域规划 1986年	第五次区域规划 1999年	第六次区域规划 2009年	第七次区域规划 2016年
主题	新城和业务核都市	一极集中	"多中心圈层"发展	提升区域整体竞争力	打造环状据点城市群	都市再生计划	精致首都圈
规划时限	至1975年	至1975年	至1985年	至2000年	至2015年	2020年，展望至2050年	2025年，展望至2050年
规划范围	1都+3县	1都+7县	1都+7县	1都+7县	1都+7县	1都+11县	1都+11县
发展背景	日本战后经济逐步恢复	日本经济高速增长	石油危机影响，经济中速增长	日本经济泡沫不断增大，土地与股市价格爆发式增长	经济泡沫崩塌	中国等东亚地区经济快速增长；日本经济温和增长，首都圈经济、就业状况在恶化	经济下滑，广域首都圈创造了日本80%以上增量，经济中心功能向东京聚集
规划初衷	解决东京都无序扩展，人口、产业快速集聚，"大城市病"等问题	缓解人口规模突破规划限制，产业与功能向东京都集聚，绿带政策失效的局面	避免人口、经济、政治功能向东京都"一极集中"	杜绝政务管理、企业管理、生活服务等职能活动向东京多中心城市集聚外溢	应对功能"一极集中"、自然灾害威胁、老龄化凸显、"空心化"等问题	应对即将到来的全球化竞争：生育率下降，老龄化社会，全球变暖等挑战，同时满足公众日益增长的安全及安保意识对生活方式多元化的需求	应对人口下降，出生率下降，劳动力短缺，高龄化等危机，巨大灾害威胁，日本政治、食品、水、能源等制约，ICT技术快速进步等挑战
规划思路	抑制大城市无序蔓延，设立绿化带，建设卫星城	缩小地区差异，推动科研、教育外迁，设立近郊整备区，设立多功能卫星城镇	抑制大城市过快发展，振兴地方城市，打造区域多中心城市复合体	按圈层进行功能分工，构建自立型都市圈，推动管理功能外溢	提高区域竞争力，促进可持续发展，围绕据点城市形成分散型网络格局	五大目标引领：提升国际竞争力，4200万人区域的美丽发展，强有力的抗灾发展，保护和创造良好的环境，形成积极交流与合作更加活跃的地区	三大目标引领：成为人口与文化聚集的创意区域，建设高品质、高效率、精细化的"精品都市圈"，打造生包容、面向对流的地区，空间理念：构建"对流型"广域首都圈

注："1都"为东京都，"3县"为东京都邻近的埼玉县、神奈川县及千叶县，"7县"为邻近3县及外围的山梨县、群马县、枥木县、茨城县。"1都11县"是在"1都7县"基础上增加静冈县、长野县、新潟县、福岛县4县。

资料来源：马璇、张振广. 东京广域首都圈构想及对我国大都市圈规划编制的启示 [J]. 上海城市规划，2019（2）：41-48.

问题。而在规划的演变过程中，东京都市圈经历了政府政策从引导功能向区域疏解转向增强东京的城市竞争力，功能和人口重新向区部集聚的转变（见图 11-1），经历了"先推进首都圈发展，再引导中心区再强化过程"的演变过程。

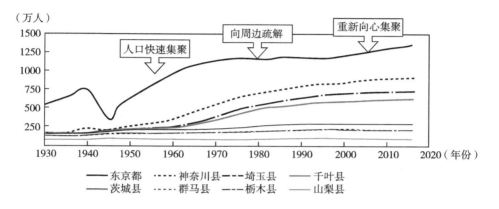

图 11-1　东京都市圈一都七县人口规模演变情况

资料来源：北京市城市规划设计研究院。

四、体制机制角度各城市促进产业与人口协调发展的主要经验总结

东京、纽约及其他国际大都市在促进产业与人口协调发展方面有诸多类似之处。从体制机制角度来看，主要体现在规划管理的权威、优质公共资源配置的均衡和上下级政府关系的合理等方面。

（一）加强跨区域的规划协调

东京和纽约都有一个跨区域的协调机构或组织形式，类似于"大都市规划委员会"。例如，东京都市圈并非一个独立的行政区，在首都圈的规划和建设中，由国土厅（现国土交通省）下属的大都市整备局负责。除编制大都市圈发展规划外，大都市整备局还负责协调与土地局、调整局等部门的关系。纽约成立了区域规划协会及纽约大都市区委员会等，对区域城市发展和规划进行协调。都市圈的规划权力集中在规划委员会，委员会来进行统一的研究、安排具体工作，从而较好地实现了区域内的资源整合和产业合理布局。通过跨区域的规划，构建起多中心的城市群布局，并根据大城市的发展规律，维持大城市的开放性、流动性、多样性和异质性，促进了大城市及以此为核心城市的城市体系各成员城市的合作与发展，推动了城市群（都市圈）内各城市的协调发展。

需要注意的是，这些都市圈的规划，通常由国家层面的机构进行编制。除这两个城市外，其他国家的大都市区在规划管理上，也通常由中央政府负责。例如，韩国政府设立了跨辖区的超级机构——"首都地区管理委员会"，委员会对首都圈范围内各行政区申请新项目拥有最终审查决定权，并由国务总理任委员长，由财政部部长和建设交通部部长任副委员长，同时由相关部委长官任委员，保证了各项规划措施的落实。

（二）通过立法确立规划的权威性

除了提高规划层次，各城市在实施规划方面采取了立法的形式，以强化规划的权威性。例如，日本从法律上界定了首都圈的范围和发展方向。随后，又相继颁布了《首都圈市街地开发区域整备法》《首都圈建成区限制工业等的相关法律》《首都圈近郊绿地保护法》《多极分散型国土形成促进法》等多部法律法规。此外，首尔作为韩国的首都，在制定规划之外，也制定了一系列的法律，以保障规划实施。从20世纪60年代开始，韩国政府不断完善首都圈发展的法律制度框架。针对20世纪60年代首尔已经出现的规模膨胀现象，韩国先后于1964年和1970年出台了《大城市人口防止对策》和《关于抑制首都圈人口过度集中基本方针》。1976年，韩国政府修改了《地方税法》，规定在首都圈新建或扩建工厂将以5倍的高额收取登记税、取得税和财产税。1978年，韩国政府颁布了《工业布局法》。1982年，又颁布了《首都圈整备施行规划法》，根据不同地区的要求实施不同程度的限制与分散政策。

（三）发挥政府调控作用，促进公共资源的均等化配置

市场机制在提高效率的同时，也导致人口及生产要素向大城市高度集中，由此产生"城市病"问题，这是市场失灵的表现。对此，需要发挥政府宏观调控的作用，通过引导公共资源与服务合理配置，控制人口和资源向大城市的过度集中，从而充分发挥中心城市的辐射作用。在操作模式上，包括引导城市空间沿交通干线或以相对集中建设新城等形式，完善新城综合服务职能，减少通勤人口，将新城建设成为承载人口的重要区域。例如，东京、纽约等城市在公共资源配置方面，都努力避免优质资源的过分集中，特别是教育资源配置方面，根据国家及地方政府相关立法，促进教师在区域之间的流动，实现教育质量的均等化。在住房保障方面，则通过在中心城区大规模地建设小户型公共住房，解决低收入群体的住房问题。

（四）体制因素使管理组织结构更加扁平

规划引导是国际大城市促进产业与人口协调发展的主要手段，因此规划的科学性和规划实施情况意义重大。规划制订及实施等与一系列的体制机制因素密切相关，包括行政管理、政府上下级关系及规划管理等。

从国外大城市的行政管理体制及政府上下级关系来看，东京、伦敦等大城市下辖的区（市）都具有地方自治性质，拥有高度的自治权，并且对上级政府不是完全的从属关系，这种管理体制一方面保证了地方事权与财权的相对统一，另一方面在此条件下的区域规划编制及实施过程都经过了充分的协调、沟通，因而有利于规划实施。例如，东京都下辖23个特别区，这些特别区拥有类似其他国家自治市等级的行政地位，与东京都政府之间并不是完全的上下从属关系，而是拥有非常高度的自治权，但为了解决都与区之间纵向或各特别区之间横向的联络与协调问题，还设有都区协议会等机关处理相关事务。特别区的行政首长为区长，民意机关为区议会，区长和区议会议员都是由该区居民直接以投票方式选举产生的。而纽约大都市圈区域规划的工作组织结构更加呈现"平行"的模式，项目委员会中各个领域的部门之间为平行合作关系。同时，纽约大都市圈规划架构的直接参与主体更加复合多元，商业精英、社区领袖、各领域专家均可成为纽约区域规划协会成员，更加呈现出西方自由市场经济模式的特征。从规划管理体制来看，由于东京、伦敦及纽约等大城市区都不是完整意义上的独立行政区域，而是包含数个独立行政区的跨区的城市群区域，因此这些区域规划通常都由国家层面的机构统筹规划编制和实施；各城市都将立法，以保障规划的地位，规划不能轻易改动，也保障了规划实施的落实。

第十二章 长三角城市群产业与人口协调发展的经验借鉴

第八章对我国三大城市群产业—人口耦合协调发展现状进行了比较分析，测试结果表明，长三角城市群产业—人口耦合协调度处于较高水平，而且已经形成多中心的发展格局。2023 年 1 月 16 日中国发展研究基金会发布的《新基建与城市群高质量发展报告》显示，在一体化协同发展水平上，长三角城市群取得长足的进步，在全国 12 个城市群中名列第二。长三角城市群覆盖上海、江苏、浙江和安徽，共有 41 个城市，辖区面积超过 35 万平方千米，常住人口达到 2.3 亿人，GDP 超万亿元的城市达到 8 个，是全国规模最大的城市群。从人口规模来看，长三角城市群共有超大城市 1 个、特大城市 2 个、I 型大城市 5 个、II 型大城市 14 个，是中国经济最发达、人口最集聚、城市群之间协同发展最充分的地区之一。长三角城市群的主要城市先后都经历了产业结构调整升级、产业区域布局、人口急剧增加与疏导分流，甚至人口控制等发展阶段，并积累了宝贵的经验，为国内其他城市群尤其是京津冀城市群提供了借鉴与参考。

第一节 长三角城市群政策发展的三个阶段

长三角城市群的发展从源头算起已有 40 年，中间经过多次变化与调整，有学者将其演变过程概括为三大阶段。

一、第一阶段——上海经济区协调发展的初步尝试

长三角城市群的发展最早可以追溯到 1982 年。当时，为了探索经济区域协调发展和经济网络建设思路，国务院发布了《关于成立上海经济区和山西能源基地规划办公室的通知》（以下简称《通知》）。《通知》提出要开展上海经济区试点并筹备成立国务院上海经济区规划办公室，并明确了上海经济区的范围，包括上海，江苏的苏州、无锡、常州和南通以及浙江的杭州、嘉兴、湖州和宁波，共九个地市。3 个月后，办公室成立，又将浙江的绍兴加入进来，共 10 个地市。

随后，上海经济区先后进行了三次扩容：①1984 年 10 月，上海经济区第一次扩容，由 10 个地市扩展到上海、江苏、浙江和安徽全部地市。安徽被纳入上海经济区，而且江苏和浙江两省由部分地市变成全部地市。②1984 年 12 月，第二次扩容，纳入江西，由原先三省一市扩大成四省一市。③1986 年 8 月，第三次扩容，纳入福建，上海经济区的范围变成五省一市。同时，山东虽然没有被正式纳入上海经济区，但鉴于其华东地区的地理属性，也积极参与上海经济区活动，这时的上海经济区基本上等同于华东六省一市。

随着范围的不断扩大，协调沟通的难度越来越大，整体实施效果不是很理想。再加上其他原因，1988 年 6 月，中央宣布停止经济区试点活动，撤销专门的办公室，长三角一体化发展的初步尝试告一段落。

二、第二阶段——两省一市的长三角城市群

上海经济区政策试点被终止后，历史的车轮驶入 20 世纪 90 年代，沿海扩大开放，上海浦东大开发如火如荼地展开，长三角城市群各区域协调发展需求越来越强烈。1992 年 6 月，相关部门和城市在北京召开了"长江三角洲及长江沿江地区经济规划座谈会"。会后，建立了长江三角洲城市协作部门主任联席会议制度，作为协调区域发展的正式机制。这一机制在 1997 年进行了升级，由联席会议升级为长江三角洲城市经济协调会。

长江三角洲城市协作部门主任联席会议所涉及的城市最初包括上海、杭州、宁波、湖州、嘉兴、绍兴、舟山、南京、镇江、扬州、常州、无锡、苏州、南通 14 个城市。1996 年，泰州成为地级市，自动加入，长三角城市群增加到 15 个城市。2003 年，浙江台州加入，构成了 16 个城市的基本格局。

2008 年，长三角城市群协调机制得到认可。当年 9 月 7 日，国务院印发

《国务院关于进一步推进长江三角洲地区改革开放和经济社会发展的指导意见》，明确提出长江三角洲地区包括上海、江苏和浙江，并首次提出把长江三角洲地区建设成为亚太地区重要的国际门户、全球重要的先进制造业基地及具有较强国际竞争力的世界级城市群。

随后，长三角城市群进行了又一次扩容。2010 年 6 月 7 日，国家发展改革委发布了《国家发展改革委关于印发长江三角洲地区区域规划的通知》，将长三角城市群的范围扩展到江苏、浙江全境，长三角城市群由 16 个城市扩容到包含江浙沪的 25 个城市。但为了有所区别，国家发展改革委的文件将原先 16 个城市称为长三角城市群的核心区。

三、第三阶段——三省一市的长三角城市群概念形成

2008 年前后，"泛长三角"的概念被提出且掀起了广泛的研讨。"泛长三角"不仅包括上海、江苏、浙江部分地市，也包括安徽的部分地市。这一讨论也得到了官方的响应，安徽的合肥、马鞍山也参与了长江三角洲城市经济协调会，且在官方规划中提到将长三角城市群从核心城市群向"泛长三角"辐射带动。

2014 年，长三角城市群迎来一次重要突破，国务院发布了《国务院关于依托黄金水道推动长江经济带发展的指导意见》。在该意见中，合肥同南京、杭州一起被确定为长江三角洲城市群"副中心"，安徽的下属城市第一次被拉进长三角城市群的政策范围。2016 年 6 月，国家发展改革委、住房和城乡建设部联合印发了《关于印发长江三角洲城市群发展规划的通知》，安徽成为大赢家，有 8 个城市被纳入长三角城市群范围。这 8 个城市为合肥、芜湖、马鞍山、铜陵、安庆、滁州、池州、宣城。与此同时，浙江的温州、丽水、衢州以及江苏的徐州、淮安、连云港、宿迁共 7 个城市被从规划文件中去掉，不再作为长三角城市群的规划对象。这样，长三角城市群就由江浙沪两省一市的 25 个地市演变成江浙皖沪三省一市的 26 个城市。

2018 年，长三角区域一体化战略上升为国家战略。2019 年 12 月，党中央、国务院正式印发了《长江三角洲区域一体化发展规划纲要》，长三角城市群再次扩容，规划范围为上海、浙江、江苏、安徽三省一市全域的 41 个城市。这次规划也规划了长三角区域一体化的中心区、生态绿化一体化发展示范区、中国（上海）自由贸易试验区新片区等概念和功能。

长三角城市群经过三个阶段的政策变迁，由第一阶段的上海经济区到第二阶

段的两省一市 25 个城市，最终扩展到三省一市 41 个城市。

第二节　长三角城市群主要城市的 GDP、人口与都市圈

一、长三角城市群主要城市的 GDP 产值

在长三角城市群的 41 个城市中，2022 年 GDP 过万亿元的城市达到 8 个，分别是上海、苏州、杭州、南京、宁波、无锡、合肥、南通，其中江苏有 4 个城市，浙江有 2 个城市，安徽有 1 个城市。另外，江苏的常州、江苏的徐州和浙江的温州 2022 年 GDP 分别达到 9500 亿元、8400 亿元和 8000 亿元，预计 3~4 年会跻身万亿元城市行列。由此可以预见，不久的将来，长三角城市群将会有 11 个 GDP 过万亿元的城市，从而成为中国经济版图上最亮眼的城市群。2022 年长三角城市群主要城市的 GDP 数据如表 12-1 所示。

表 12-1　2022 年长三角城市群主要城市的 GDP 数据

城市	GDP 产值（亿元）	增长情况（%）
上海	44652.80	−0.20
苏州	24077.30	5.98
杭州	18753.00	4.03
南京	12220.62	2.63
宁波	15704.30	3.50
无锡	14003.24	8.80
合肥	12013.10	3.60
南通	11379.60	3.00
常州	9550.10	3.50
徐州	8457.80	3.20
温州	8029.80	3.70

资料来源："七普"。

二、长三角城市群主要城市的人口变化情况

长三角城市群是我国人口密度最集中的区域之一。"七普"显示，截至 2020 年末，长三角城市群常住人口超过 2.3 亿人，占全国人口的比重达到 16.7%，人口密度为 656 人/平方千米，是全国平均水平的 4.5 倍。2010～2020 年，长三角城市群的常住人口增加了 1961 万人，年均增长 0.87%。近 10 年来，长三角城市群 41 个城市的人口增减持续分化，常住人口增加的有 28 个市，杭州在人口增速方面拔得头筹，10 年间增加了 323.56 万人，累计增长 37.19%。增速排在前 10 名的城市分别是杭州、苏州、合肥、上海、宁波、金华、南京、无锡、嘉兴和常州。从常住人口规模来看，长三角的三个城市人口超过千万人，分别是上海、苏州和杭州。另外，13 个城市人口超过 500 万人，其中温州、宁波、合肥、南京和徐州常住人口都超过了 900 万人。剩下的 23 个城市常住人口均超过了 100 万人。长三角城市群"七普"常住人口规模前 10 名如表 12-2 所示。

表 12-2　长三角城市群"七普"常住人口规模及增长变化

城市	常住人口规模（人）	10 年增长情况（%）
上海	24870895	8.00
苏州	12748262	21.88
杭州	11936010	37.19
温州	9572903	4.94
宁波	9404283	23.56
合肥	9369881	25.65
南京	9314685	16.38
徐州	9083790	5.91
阜阳	8200264	7.90
南通	7726635	6.08

三、长三角城市群的六大都市圈

长三角城市群虽然取得了快速发展，但仍然不太均衡。从省际层次来看，上海作为长三角的中心城市，发展水平处于绝对领先地位，江苏和浙江作为经济发达省份紧随其后，安徽则相对落后一些。从城市层次来看，除上海外，江苏的苏

州、无锡、南京、南通和常州经济发展迅猛，苏北的城市经济发展规模（除徐州外）相对偏小一些；浙江整体发展水平较高，但西南方向的丽水、衢州等地市发展相对缓慢一些。合肥在安徽异军突起，成为近 10 年长三角城市群乃至全国的亮眼新星，芜湖近年来发展也比较迅速，但规模相对偏少，安徽的其他地市相比于江浙沪的主要城市经济发展水平相对滞后。

相同区域内城市经济发展的不平衡会自然而言地产生经济辐射现象，即经济发展水平和现代化程度较高的地区与经济发展相对落后的地区之间产生资本、技术、人才及其他市场要素的流动。正如上述所言，长三角城市群虽然是我国经济最发达的区域，但其内部城市之间发展并不平衡，自然会发生经济辐射现象。经济辐射的自然结果就是形成以若干个中心城市为核心的都市圈。基于地理位置、政策引导及历史上的经济联系，长三角城市群形成了六大都市圈。这六大都市圈分别是上海都市圈、南京都市圈、杭州都市圈、苏锡常都市圈、宁波都市圈、合肥都市圈。六大都市圈的地理位置、人口数量和成员城市具体如表 12-3 所示。

表 12-3　长三角城市群中的六大都市圈

都市圈	GDP 总量（万亿元）	人口总量（万人）	城市个数	成员城市（地级市以上）
上海都市圈	12.6	7743	9	上海、苏州、无锡、常州、南通、嘉兴、宁波、舟山、湖州
南京都市圈	6.6	5043	8+2	南京、镇江、扬州、淮安、马鞍山、滁州、芜湖、宣城、（常州的溧阳、金坛）
杭州都市圈	4.4	3621	6	杭州、湖州、嘉兴、绍兴、衢州、黄山
合肥都市圈	3.4	3920	7+1	合肥、淮南、六安、滁州、芜湖、马鞍山、蚌埠、桐城（县级市）
苏锡常都市圈	4.6	2549	3	苏州、无锡、常州
宁波都市圈	2.2	1718	3	宁波、舟山、台州

资料来源：国家基础地理信息中心和各地统计局。

都市圈规划已成为协调区域经济空间布局与人口分布的有效政策工具。2021年 2 月，国家发展改革委批复了《南京都市圈发展规划》，这是全国首个由国家发展改革委批复的都市圈规划。南京都市圈除了南京以及江苏的扬州、镇江和淮安外，还有安徽的滁州、马鞍山、芜湖和宣城。规划在基础设施互联互通、都市圈协同创新、城市间产业分工协作、高水平开放合作、统一市场建设、生态环境共保联治、城乡融合发展等方面都做了相应的政策设计，为下一步的区域协同发展与人才流动创造了条件。2022 年 9 月，上海、江苏、浙江联合印发了《上海大都市圈空间协同规划》。这是全国首个跨区域、协调性的国土空间规划，规划范围包括上海、江苏的 4 个城市（苏州、无锡、常州、南通）和浙江的 4 个城市（湖州、嘉兴、宁波、舟山）。规划在区域发展目标、产业重点、交通枢纽建设、碳排放教育与碳金融制度创新等方面做了较为详细的政策设计，为未来区域协调发展乃至人才有序流动与合理分布奠定了良好的政策基础。另外，江苏苏锡常都市圈发展行动方案、合肥都市圈规划等也都先后出台，可以说长三角都市圈的规划为区域经济发展、产业布局和人才流动奠定了很好的政策基础。

第三节　长三角城市群六大都市圈中心城市产业与人口发展情况

长三角城市群六大都市圈的中心城市分别是上海、南京、杭州、合肥、苏州和宁波。在国内，这 6 个城市无论是在经济规模还是在产业影响力方面都具有举足轻重的地位。上海是四大直辖市之一，GDP 总额一直稳居全国第一。南京、杭州、合肥分别是苏浙皖三省的省会城市，随着各省强化省会城市在省内的重要性，资源禀赋会越来越好。苏州多年来稳坐国内地级市 GDP 的首把交椅，制造业发达。宁波则是国内著名的制造业基地和重要港口，经济实力不容小觑。

一、上海市产业与人口发展

上海处于中国南北海岸线中部，地处长江、黄浦江、钱塘江三条河流入海口，具有沿江沿海的极佳地理位置，是长江经济带的龙头城市。上海经济发达，是我国的国际经济中心、国际金融中心、国际贸易中心、国际航运中心和国际科技创新中心。上海市域区划面积为 6340.5 平方千米，下辖 16 个区，传统中心城区包括黄浦区、徐汇区、长宁区、静安区、普陀区、虹口区、杨浦区及浦东新区的外环内城区（浦东外环线以内的城区）。截至"七普"，上海常住人口为24870895 人，外省市来沪常住人口为 10479652 人，占比为 42.1%；中心城区人口为 6683712 人，占比为 26.9%。

（一）上海市产业发展及规划

上海市的产业发展及规划与国家的定位密切相关，大致经历了三个阶段：

（1）工业立市发展阶段（1949 年至 20 世纪 80 年代初）。1949~1956 年，上海确立了生产型城市的目标，这与当时党的七届二中全会确立的我国由农业国向工业国转变的奋斗目标密切相关，这时大力发展加工制造业就成了必然选择。1956 年，上海进入"充分利用、合理发展"阶段，即充分地利用上海的工业潜力，合理地发展上海的工业生产。截至 1958 年，上海除了采矿业，工业门类范围涵盖了 155 个，并实现了快速发展。随后，上海提出要发展"高、大、精、尖"类工业，后来去掉"大"，重点发展"高、精、尖"类工业，进而提出重点建设工业生产基地和科研基地。截至 1966 年，上海工业所需的 87 种工业成套设备中，78 种已能自己制造，还形成和建设了一批填补国内空白的新工业部门。这一发展方针的长期坚持与实践帮助上海奠定了在全国的经济地位基础。同时随着经济规模的扩大，近郊工业化和卫星城的发展模式等也逐渐提了出来并落地实践，上海先后开发了 9 个近郊工业区和 7 个卫星城。

（2）"一龙头三中心"的城市建设阶段（20 世纪 80 年代初到 2012 年左右）。改革开放以后，尤其是从 1981 年开始，上海开始反思"新形势下上海要往何处去"。1984 年，上海城市发展战略研讨会，提出了上海要从工业生产基地向多功能中心城市转变的观点。会议上形成的共识最终被中央采纳。1986 年，国务院批准了上海城市总体规划，为 20 世纪 90 年代上海大发展做好了铺垫。20 世纪 90 年代初上海浦东开发成为国家战略后，1992 年党的十四大报告将上海定位为"一个龙头、三个中心"：浦东开发开放，经济中心、金融中心、贸易中心。这个时期，工业也开始同步调整，低端、低值、高耗能、高污染的工业企业逐渐被淘汰，工业布局逐渐由中心城区转向外围区县，到 1993 年工业外围区县的工业产值逐渐超过中心城区，中心城区的工业逐渐退出，第三、第二、第一产业结构和产业布局调整逐渐展开。随着城市的重新定位，产业结构比例也逐渐发生变化。2011 年，上海第三产业增加值超过第二产业增加值；2022 年，上海第三产业占比为 76.8%。

（3）五大中心四大功能定位下的产业发展新阶段（2012 年至今）。2012 年，上海提出了创新驱动、转型发展的新思路。随后，上海又提出了五大中心四大功能的新城市定位。这五大中心就是前面所提到的国际经济中心、国际金融中心、国际贸易中心、国际航运中心和国际科技创新中心；四大功能是指全球资源配置、科技创新策源、高端产业引领和开放枢纽门户。在新的城市功能定位下，上海的产业结构又进行了新一轮调整。工业领域中，上海的产业结构向战略性新兴产业转移，确立了三大先导产业分别和六大高端产业，三大先导产业分别是集成电路、生物医药和人工智能；六大高端产业分别是电子信息、生命健康、汽车、高端装备、先进材料、时尚消费品产业。上海的战略性新兴产业发展势头良好，2022 年相关产业的工业增加值已占到上海规模以上工业增加值的 43% 以上。服务业是近年来固定资产投资和吸引外资的重点，也是扩大开放的重点。上海排名前三的服务业是金融、信息传输以及软件和信息技术服务业。在服务业发展规划中，上海重点关注的是生产性服务业。上海希望通过强化生产性服务业与先进制造业的深度融合，推动上海经济高质量发展。上海市各区重点产业分布如表 12-4 所示。

表 12-4　上海市各区重点产业分布

区县	新兴主导产业
黄浦区	金融、专业服务、商贸文旅
徐汇区	人工智能、生命健康、文化创意
长宁区	在线新经济、航空服务、时尚创意
静安区	时尚消费、专业服务、数据智能
普陀区	智能软件、研发服务、科技金融
虹口区	航运服务、资产管理、节能环保服务
杨浦区	在线新经济、科技服务、现代设计、文化创意
浦东新区	集成电路、生物医药、人工智能、航空、高端装备、汽车、金融服务、航运服务、信息服务、文化创意
闵行区	高端装备、航空航天、人工智能、生物医药
宝山区	邮轮、新材料、机器人、智能硬件、生物医药
嘉定区	汽车、智能传感器、物联网、高性能医疗设备、精准医疗
金山区	新材料、信息技术、高端智能装备、生命健康
松江区	智能制造装备、工业互联网、新一代信息技术、生物医药、旅游影视
青浦区	信息技术、现代物流、会展旅游、北斗导航
奉贤区	生命健康、新能源物联网汽车
崇明区	现代绿色农业、生态旅游、船舶、海洋工程装备

（二）上海市人口增长及区域分布变化

中华人民共和国成立以后，上海人口增长较快，可分为三个时期：①第一激增期是 1953～1964 年。中华人民共和国成立以后，随着社会秩序的稳定，工业快速恢复与迅速发展，上海人口也快速增长，10 多年人口增加了 416 万人，增长率为 74.35%。这个时期的人口增长受统计范围的影响，原先归江苏管辖的宝山、嘉定等区于 1958 年划归上海，导致人口激增。②第二激增期是在 20 世纪 90 年代。浦东开始开发开放，"三个中心"建设带来新的产业机会，短短 10 年，上海人口增加了 300 万人。③第三激增期是 2000 年之后的 10 年。中国加入 WTO 之后，外向型经济开始发力，中国成为世界工厂，上海优越的地理位置带来绝佳的发展机会，10 年人口增加了 661 万人。经过这三个时期的人口大发展，"六普"上海市常住人口已达到 2302.66 万人。

2010 年之后，上海采取人口控制措施，进入减缓增长期，2010～2020 年人口增加了约 185 万人。同时，伴随着产业调整和产业布局，上海人口的空间布局也呈现出"外增内减"的趋势，中心城区人口"七普"比"六普"减少了 30.25 万人，浦东新区和郊区人口增加了 251.43 万人，中心城区人口密度每平方米下降了 1045 人，浦东新区和郊区的人口密度每平方米增加了 356 人。从人口规模来看，浦东新区常住人口超过 568 万人，10 年间增加了 64 万人。闵行、宝山、松江、嘉定的常住人口都很多，也都是非传统中心城区。上海在采取控制人口规模的同时，不但加大力度采取措施吸引高层次人才，还先后出台了《关于深化人才工作体制机制改革促进人才创新创业的实施意见》（2015 年）、《关于进一步深化人才发展体制机制改革加快推进具有全球影响力的科技创新中心建设的实施意见》（2016 年）、《上海加快实施人才高峰工程行动方案》（2018 年）。2022 年上半年新冠病毒肆虐，6 月新冠疫情刚刚缓和后，上海就启动了"海聚英才"系列活动，制定了 9 条推动高校毕业生就业创业的九大行动，涉及"五大新城"落户政策、留学人员落户、外籍人才引进等。

在协调产业区域布局与人口合理分布方面，"五大新城"专门落户政策是一大特色。2017 年底，国务院批准了《上海市城市总体规划（2017—2035 年）》。该规划提出重点建设嘉定、青浦、松江、奉贤、南汇五大新城，在优化市域空间布局的同时，发挥在长三角城市群的辐射带动作用。2021 年，五大新城建设全面发力，为了助力五大新城的发展，上海为五大新城落户制定了专门政策，放宽了落户限制，2021 年底曾推出研究生属地就业即落户的政策，条件极为宽松。

随后，政策也在不断细化、调整，包括居转住的年限、落户积分的加分设置等，力图将重点所需人才吸引到新城，实现产业与人口的协同发展。

二、杭州市产业与人口发展

杭州是历史文化名城，有 2200 年的建城史，是中国八大古都之一。杭州市域面积为 16596 平方千米，下辖 13 个区县，分别是上城区、下城区、西湖区、江干区、滨江区、拱墅区、萧山区、余杭区、临安区、富阳区、淳安县、桐庐县、建德市，其中上城区、下城区、西湖区、拱墅区南部属于老城区。近年来，随着电子商务、移动互联网相关产业的发展，杭州经济快速崛起，2022 年杭州 GDP 达到 18753 亿元。杭州人口也增长迅猛，2022 年杭州常住人口已达 1220.4 万人，是近年来全国人口流入最多的城市之一，是典型的网红城市。

（一）杭州市产业发展与区域布局

中华人民共和国成立之初，杭州为典型的农业城市，第一产业比重为 56.1%，第三产业比重为 29.1%，第二产业基础十分薄弱，比重仅为 14.8%。20 世纪 50~70 年代，杭州跟全国绝大多数城市一样，大力推进工业化建设，第二产业比重迅速提升。1980 年，第二产业比重达到历史性高位 62.4%。进入 20 世纪 80 年代，第三产业比重开始上升，第一产业持续下降，第二产业缓慢下降。2009 年，杭州第一、第二、第三产业的比重分别为 3.7%、46.3%、50.0%，第三产业的比重占据半壁江山。2016 年，杭州 GDP 过万亿元且第三产业比重超过 60%。2022 年，杭州第一、第二、第三产业的比重分别为 1.8%、30.0%、68.2%，第三产业已接近 70%。

具体深入到产业内部，中华人民共和国成立之初，农业基本上是以单一的种植业为主，随后则实现了农、林、牧、渔的全面发展，党的十八大以后尤其是乡村振兴战略实施以来，杭州第一产业朝着休闲农业、观光农业、绿色农业、都市农业等现代新型农业发展，优势特色产业产值达 80% 以上。第二产业在中华人民共和国成立之初基本上以手工业为主，生产分散，设备落后。改革开放之前，国家重点发展重工业，杭州虽然也有发展，但成效有限。改革开放之后，杭州的民营经济开始发力，纺织、服装、化纤等轻工产业发展迅速，成为杭州的主要产业。2000 年之后，随着阿里巴巴落户杭州，电子商务、软件与信息服务业、信息技术服务收入、云计算与大数据产业、物联网产业等发展迅猛，杭州正在全力建设"全国数字经济第一城"。结合自身资源禀赋优势，在"十四五"规划中，杭州将文化产业、休闲旅游、金融服务、生命健康、高端装备制造列为五大支柱产业。

（二）杭州市人口增长与政策分析

中华人民共和国成立初期杭州的户籍人口是288.1万人，1953年第一次人口普查杭州的人口为303.13万人。1970年，杭州人口增加到421.9万人，增加了约120万人。1970~1980年，杭州人口增加到526.05万人，增加了约105万人。1980~1990年，杭州人口增加到583.21万人，增加了约55.16万人，这段时间杭州人口增长相对缓慢。进入20世纪90年代之后，杭州的经济开始发力，人口增长恢复了常态，2000年杭州市人口达到687.87万人，10年间共增加了105万人左右。进入21世纪，杭州经济开始崛起，人口增加迅猛，2010年杭州人口达到870.04万人，10年间增加了182.17万人，远超历史同期人口增长规模。2010~2020年，随着杭州互联网经济、数字经济的崛起以及创业环境的改善，杭州外来人才大量涌入，人口快速增长，2020年杭州人口达到1196.5万人，10年间增加了326万人，再创历史新高。

近10年来，杭州人口猛增，除了良好的创业与就业环境、宜居的自然与人文环境，宽松、低门槛、极具吸引力的人才政策也是一个重要原因。2021年之前，大专以上学历的只要在杭州当地就业就可以落户；之后，有所收紧；但2023年后再次放开。硕士研究生以上学历的可以先落户再就业；技能人才落户和投靠落户的刚性要求也在逐渐放宽。全面放开县域落户政策，桐庐、建德、淳安三县市只要有合法稳定居所或合法稳定就业就可登记落户。在放宽落户条件的同时，杭州市加大了对高层次人才的引进奖励（补贴）。被认定为高层次人才之后，在租房补贴（或人才公寓）、购房补贴、房源倾斜、子女入学、公积金贷款额度、子女服务落户等方面可以享受优惠政策。除了杭州市本级的政策支持，下辖各区县也针对各类人才尤其是应届毕业生推出了1万~10万元不等的安家补贴。可以说，这些优惠措施大大吸引了人口的流入。

在人口空间分布上，杭州的人口重心与经济重心变化存在着关联关系。许冰沁（2018）利用2010~2016年杭州的人口数据与经济发展数据进行研究，得出的基本结论是：杭州经济重心与人口重心的移动方向都呈现向北的趋势，发展态势类似。经济中心更偏向城市西部发展，这跟杭州的政府规划不谋而合。人口重心位于经济重心的西南方向，迁移幅度小于经济重心，这说明人口的空间分布有一定的滞后现象。两类重心的空间重叠性不断增强，两个重心在不断积聚，空间耦合性有增强趋势，这也验证了人口分布跟随产业布局移动的基本结论。

三、南京市产业与人口发展

南京地处中国东南沿海，长江下游地区，有近 2500 年的建城史和近 500 年的建都史，享有"六朝古都""十代都会"的美誉，是我国八大古都之一，也是国务院命名的首批 24 个历史文化名城之一。南京的面积为 6587.02 平方千米，下辖 11 个区，分别是玄武区、秦淮区、鼓楼区、建邺区、雨花台区、栖霞区、浦口区、六合区、江宁区、溧水区、高淳区。其中，玄武区、秦淮区、鼓楼区、建邺区、雨花台区是传统老城区。南京作为经济大省的省会城市，近年来经济发展迅猛，2021 年 GDP 达到 16355.32 亿元。南京科教发达，高等院校有 68 所，其中"双一流"高校有 13 所，两院院士超过 80 人，仅次于北京、上海。"七普"显示，南京常住人口为 9314685 人，但已有新闻报道，2021 年南京常住人口突破千万人，达到 1031.22 万人。

（一）南京市产业发展与区域布局

南京是中国东部地区重要的综合性工业基地，电子、化工、汽车和一批有地方特色产品为主导的综合性工业体系，其中电子产业和化工产业曾在相当长的时间内在全国位居前列。全国第一个专业电子管厂、国产第一辆轻型载货汽车、国内第一家磷肥厂、国内最先进的客货轮都诞生在南京。重工和化工产业曾在很长的时间内为南京的支柱产业。随着城市的转型，南京的支柱产业也在悄悄地改变，像全国绝大多数城市一样，"三进二退"的现象也在南京上演。第三产业的比重在持续上升，第二产业的比重在下降。2008 年，南京的第三产业占比首次突破 50%，南京工业化时代基本结束，服务业时代开启。随后，服务业占比持续提升，2021 年南京的第三产业占比为 62.1%，第二产业占比则下降到 36.1%。同时，在第二产业内部的传统制造业，尤其是重工和化工产业都有较大幅度地下降，战略性新兴产业，如工业机器人、锂电池、新能源汽车、智能电商则出现了快速增长趋势。南京市的 GDP "变轻""变新"了。

近年来，南京尤其注重创新驱动。2021 年，南京获批建设引领性国家创新型城市，深入实施创新驱动发展战略和制造强市战略，锻造国家战略科技硬核力量，全力打造"2+2+2+X"的创新产业体系，着力提升软件和信息服务、智能电网两大优势产业，这两个产业被评为国家先进制造业集群，做强集成电路和生物医药两大先导产业，着力突破智能制造、新能源汽车等潜力产业，积极布局未来网络与通信、基因技术、储能与氢能等产业新赛道，引领经济走上高质量发展之路。

在区域空间规划上，南京提出了"一核三极"的空间布局概念，即以江南老城区为主核，将江北新城定位为主城拓展极，将紫东地区定位为创新引领极，将南部片区定位为新兴增长极。兼顾传统优势产业和战略性新兴产业，重点支持八大产业，即软件和信息服务业、人工智能、新医药与健康、新能源汽车、智能电网、集成电路、智能制造装备和轨道交通。这八大产业的区域分布情况如表12-5所示。

表 12-5　南京市重点支持产业区域分布情况

区域	主导产业
六合区	高端装备制造、绿色智能汽车、节能环保新材料、文化旅游健康
浦口区	集成电路、交通装备、人工智能、文化旅游健康
鼓楼区	集成电路、高端商务商贸软件和信息服务、文创旅游
建邺区	智能制造、金融业、科技服务业、人工智能
雨花台区	智能制造装备、轨道交通软件和信息服务、人工智能
高淳区	新医药与生命健康、新材料高端装备制造、文化旅游健康
江北新区	新医药与生命健康、高端装备制造、新材料、集成电路、新金融
栖霞区	新一代信息技术、绿色智能汽车、高端装备制造、新医药与生命健康、人工智能和数字经济
玄武区	集成电路、软件和信息服务、文化旅游、高端商务商贸
秦淮区	物联网、软件和信息服务文化商贸旅游、人工智能
江宁区	绿色智能汽车、高端装备制造、新医药与生命健康、新一代信息技术、软件和信息服务
溧水区	绿色智能汽车、临空产业、文化旅游健康

资料来源：中商产业研究院。

（二）南京市人口发展

从人口总量来看，第一次全国人口普查显示，南京市户籍人口为100.7万人，刚刚突破百万大关。中华人民共和国成立后，因社会稳定和经济建设需要，南京人口开始持续增长，到20世纪70年代人口普查时，南京户籍人口已增长到360万人，20年人口增长了3.6倍。1982年南京常住人口为449.11万人，1990

年增长到 516.81 万人。2000 年南京人口达到 614.8 万人，10 年增加了约百万人，随后进入了人口快速增长期，2010 年南京人口增加到 800.8 万人，短短 10 年人口增加了 186 万人。随后人口增长趋于下降，"七普"显示，南京人口增加到 932 万人，10 年增加了 130 多万人。

从人口的空间分布来看，人口高度聚集于中心城区和经济发达区域，江宁区人口接近 200 万人，浦口区、栖霞区、六合区、鼓楼区人口都近百万人，市中心的建邺区、玄武区、秦淮区虽然人口规模没有前述区县多，但区域面积小，人口密度反而更大。相比较而言，溧水区和高淳区是南京的远郊区县，均远离南京市中心城区，处于南京境内南缘，人口最少，人口规模低于 50 万人。南京的人口梯次分布比较明显，人口规模与经济实力基本呈正相关。

四、合肥市产业与人口发展

合肥，简称"庐"或"合"，古称庐州、庐阳、合淝，安徽省会。合肥地域是中华文明的重要发祥地之一，因东淝河与南淝河均发源于此而得名，有 3000 余年的建城史，有 2100 余年的县治、1400 余年的府治历史。截至 2022 年，合肥共辖 4 个区、4 个县，代管 1 个县级市，分别是瑶海区、庐阳区、蜀山区、包河区、长丰县、肥东县、肥西县、庐江县、巢湖县级市，城市面积为 11445.1 平方千米。2021 年，合肥 GDP 达 11412.8 亿元，连续六年每年跨越一个千亿台阶，常住人口达到 946 万人，很快就会跨进千万城市的行列。

合肥被风投界称为"最牛风投城市"，成为最敢"赌"的城市。合肥 20 年前还是一个名不见经传的城市，通过一次次大胆的产业引进，实现了 20 年增长 30 倍的神话，并于 2020 年成功跨入万亿城市俱乐部之列。合肥在科技引进上的大胆举措最早可以追溯到 1969 年。当年，国家决定将中国科技大学等 13 所大学进行分流，中科大先后找江西、河南和湖北等省洽谈，均遭到拒绝，最终合肥市勇敢地接了下来。当年中国科技大学在合肥落地生根，为今天合肥高新技术产业的发展奠定了人才和技术基础。

合肥引进新兴产业的经典案例首推 2008 年引进京东方。当时，受国际金融危机的影响，京东方在成立之初面临市场、资金等多方面的压力，经营十分困难，合肥毅然投资 200 亿元为京东方建造 6 代线，而当年合肥的财政收入只有 300 多亿元。合肥帮助京东方建成国内第一条高世代生产线，助力京东方快速成长，使其成为可以与三星、夏普齐名的国际企业，也使合肥一举成为国内面板产能最大的积聚发展区，并形成了完整的产业链。在蔚来汽车资金链快要断裂的时候，合肥投资 70 多亿元为蔚来汽车续命。后来，蔚来汽车成功翻盘，又回购了合肥的股权，不仅给合肥带来了真金白银的回报，还助力合肥完善了新能源汽车的产业链。通过持续地产业投资，合肥已拥有新能源及汽车、光伏产业、智能家电、大数据及人工智能、集成电路及电子信息等优势产业。2023 年以来，合肥战略性新兴产业增长率一直高于规模以上工业增长率，战略性新兴产业产值占比已超过一半。

合肥市政府一贯高度重视产业与人才的引进，近年来出台了一系列产业政策，吸引了大量人才。近五年来，产业、人才与城市功能定位相关的政策如表12-6 所示。

表 12-6　合肥市近五年产业发展、园区规划及人才引进相关政策

政策类型	政策名称	出台日期
产业政策	《合肥市人民政府办公室关于加快工业设计产业发展的实施意见》	2020 年 7 月 31 日
	《合肥市人民政府办公室关于进一步推进建筑产业化发展的实施意见》	2019 年 8 月 29 日
	《合肥市人民政府关于进一步促进光伏产业持续健康发展的意见》	2018 年 9 月 17 日
	《合肥市人民政府办公室关于印发合肥市进一步促进光伏产业高质量发展若干政策的通知》	2022 年 6 月 14 日
	《合肥市人民政府办公室关于印发合肥市加快推进生物医药产业高质量发展若干政策的通知》	2022 年 6 月 10 日
	《合肥市人民政府办公室关于印发合肥市加快推进集成电路产业发展若干政策的通知》	2022 年 5 月 31 日
	《合肥市人民政府办公室关于印发合肥市"十四五"金融业规划的通知》	2022 年 3 月 31 日
	《合肥市人民政府办公室关于印发合肥市"十四五"现代服务业发展规划的通知》	2022 年 3 月 8 日
	《合肥市人民政府办公室关于印发工业互联网创新发展实施方案（2022—2025 年）的通知》	2022 年 2 月 9 日
	《合肥市人民政府办公室关于印发合肥市持续推进建筑业高质量发展若干政策的通知》	2021 年 9 月 29 日
	《合肥市人民政府关于修改〈关于加快新能源汽车产业发展的实施意见〉部分条款的通知》	2021 年 2 月 23 日
	《合肥市人民政府办公室关于促进合肥市建筑业高质量发展的实施意见》	2020 年 12 月 30 日

续表

政策类型	政策名称	出台日期
产业政策	《合肥市人民政府关于加快新能源汽车产业发展的实施意见》	2020 年 11 月 13 日
	《合肥市人民政府办公室关于修改〈关于进一步推进建筑产业化发展的实施意见〉部分条款的通知》	2020 年 2 月 26 日
	《合肥市人民政府关于加快推进新一代人工智能产业发展的实施意见》	2019 年 4 月 18 日
人口政策	《合肥市人民政府办公室关于支持高校毕业生来肥就业创业的意见》	2021 年 12 月 27 日
	《合肥市服务人才发展若干政策（试行）》	2022 年 6 月 16 日
园区规划及功能定位	《合肥市人民政府办公室关于印发"城市大脑"建设方案的通知》	2021 年 5 月 6 日
	《合肥市人民政府关于印发中国（安徽）自由贸易试验区合肥片区建设实施方案的通知》	2021 年 2 月 5 日
	《合肥市人民政府关于印发〈安徽合肥线上经济创新发展试验区实施方案（2020—2025 年）〉的通知》	2020 年 8 月 10 日
	《合肥市人民政府关于印发〈合肥建设国家新一代人工智能创新发展试验区实施方案（2020—2023 年）〉的通知》	2020 年 5 月 19 日

（一）合肥市产业规划及空间布局

合肥传统上是四区四县一代管县级市，但在实际规划中，蜀山区又细化出经开区、高新区和政务区，包河区又细化出滨湖区，瑶海区又细化出新站区，实际上相当于有九个区。合肥在未来区域空间方面的总体格局规划为：中心引领、两翼齐飞、多极支撑、岭湖辉映、六带协同，赋予不同区域不同定位及发展规划。此规划的具体含义为："中心引领"就是高品质、高水平建设城市核心区，构建"一核四心"钻石型城市公共活动中心体系，推动肥东、肥西、长丰等远郊区县与市区一体化发展。"两翼齐飞"是指西部以高新区、经开区为引擎，统筹新桥科创、大科学装置集中区、运河新城、合庐产业新城等为支点的西部增长翼；东部以高铁新站高新区、东部新中心为引擎，联合肥东产业新区、合巢产业新城等为支点的东部增长翼，构建合肥东西部均衡发展的新局面。"多极支撑"是指提升巢湖城区、长丰县城、庐江县城的发展水平和承载能力，打造三个城市副中心，使其达到中等城市规模。"岭湖辉映"是指以巢湖为核心，以江淮分水岭为屏障，构建全域生产、生活、生态融合发展格局。"六带协同"则是指发挥合肥作为中心城市的带动作用，协同提速建设合六、合淮蚌、合滁、合芜马、合安、合铜六大发展带。

在新发展格局的指导下，不同区域被赋予不同产业定位，进而引导产业合理分布均衡发展。四个老城区（瑶海区、庐阳区、蜀山区和包河区）重点是转型升级，但各有侧重。瑶海区升级的重点产业是物联网产业、现代服务业、建筑业、文创产业和大健康产业。庐阳区升级的重点产业则是现代金融、商贸、建筑业、数字经济、智能制造、大健康等产业，同时建设好大科学装置集中区。蜀山区包括政务区，重点建设总部经济、文化创意、电子商务及节能环保产业。包河区包括滨湖区，则升级的重点产业为新能源汽车及车联网产业、金融产业和文化创意产业。

在核心老城区转型升级的同时，合肥聚焦战略性新兴产业，重点发力4个开发区。其中，高新区瞄准人工智能、量子信息、生物医药和光伏新能源；经开区则聚焦集成电路、新能源及智能网汽车、高端制造装备、生物医药、智能家电等；合肥新站高新区则重点发展新型显示、智能制造、集成电路；安巢经开区则重点关注高端制造、新材料、新能源和文化旅游等。肥东、肥西、长丰、庐江等县域及巢湖市则结合自身资源禀赋发展特色优势的产业资源。

（二）合肥市人口发展与人才引进政策

伴随着 GDP 的快速增长，合肥的人口规模也实现快速增长。"七普"显示，合肥常住人口达到937万人，10年增长了191万人。在长三角城市中，人口规模由"六普"的第七位上升到第六位，超过了南京等城市。合肥城区常住人口已达到512万人，迈入特大城市行列。合肥拥有大学以上文化程度的人口达到247万人，在长三角城市中位居第四，仅次于上海、杭州和南京。在区域空间分布上，三大开发区（高新区、新开区、高铁新站高新区）人口实现翻番，从"六普"的58万人增长到129万人，增长了124%，反映出开发区产业发展势头良好，吸引人才进驻，实现了产业与人口的协调发展。

合肥近年来战略性新兴产业的迅速发展、人口数量的增长及人口质量的持续提升，与合肥一系列优惠性、创新性的人才引进政策密不可分。合肥的人才引进政策有如下特点：

（1）精细划分人才层次并设计有针对性、极具吸引力的人才引进政策。2018年，合肥出台人才政策20条。在人才政策20条中，将人才的层次划分为国内外顶尖人才、国家级领军人才、省级领军人才、市级领军人才、产业紧缺人才、青年人才、国际化人才。针对这些人才需求，在助力打造事业平台、创新人才管理机制、营造适宜的人才生态环境等方面制定了一系列有针对性、极具吸引力的人才引进政策。

（2）人才政策具有整合式和集成创新的特点。2022 年，合肥出台了服务人才发展的若干政策，该政策的特点是"集成创新"，即通过整合以往存在于各部门的多项人才政策，形成"一本通"，为各类高层次人才、副高以上专业人才、高技能人才和高校毕业生，制定一系列普惠制、特殊性的人才政策，服务人才工作、生活全过程。上述若干政策实现了三个转变，即从部门角度转向人才角度，更从人才需求角度考虑政策设计；从多出口转变为一出口，解决了政策部门化、政策碎片化的问题；从一次性转向持续性，全周期地让人才享受到政策红利。

（3）为高层次人才提供更加个性化、创新性的优惠措施。2022 年，合肥出台了支持"科大硅谷"建设若干政策。该项政策共有 30 条，在高层次人才引进上制定了更加个化、创新性的优惠措施。具体有：①双落户政策，允许高层次人才在高校和新型研究机构签订聘用协议，实行双落户，并为双落户的人才提供增量经费支持。②为高层次人才创业提供启动条件支持及其办公场所与个人居住的租房支持。③创新人才评价方式，给予注册在"科大硅谷"符合条件的企业、新型研发机构自主评价人才名额，经同行评议通过后享受合肥的相关人才政策。④加大对"高精尖缺"人才补贴力度。⑤提供"一站式"人才服务，实行人才优惠"一键式"落地。

可以说，上述人才政策为合肥战略性新兴产业发展、创新型城市建设奠定了坚实的人才基础。

五、苏州市产业与人口发展

"上有天堂，下有苏杭"。苏州是我国著名的历史文化名城，始建于公元前 514 年，已有 2500 年的建城史。苏州地理位置优越，位于长江三角洲的中部，东接上海，南接浙江省，西边是太湖，北边是长江，城市总面积为 8657 平方千米。苏州下辖五个区、四个县级市，五个区分别是姑苏区、虎丘区、吴中区、相城区和吴江区；四个县级市为张家港、常熟、昆山和太仓。另外，设有苏州工业园和苏州高新区。苏州号称地表最强地级市，2022 年苏州 GDP 达到 23958 亿元，仅次于北京、上海、深圳、重庆、广州。与其他城市产业集聚在中心城区不同，苏州具有工业门类齐全、实力雄厚的县域经济。2022 年，苏州的昆山、张家港、常熟、太仓四个县级市分居全国百强县的前列，尤其是昆山 2022 年 GDP 达到 5006 亿元，已连续 18 年位居全国百强县之首。

（一）苏州市产业发展与空间分布

目前，苏州的产业空间总体规划概括为"一核一带双轴、一湖两带一区"的整体格局。其中，"一核一带双轴"是指以历史老城区为核心，在苏州工业园区发展城市新中心，积极培育高新区、吴江区等区域性创新中心，以沿江绿色发展带、沪宁创新发展轴和通苏嘉创新发展轴为两轴，构建多中心、网络化的发展格局。"一湖两带一区"是指主要围绕着水做文章，以太湖、运河、长江、水乡湖荡区以及与之相通的生态廊道构建，打造绿色农业生态。

苏州产业经济发展有两个均衡特点：一个是区县经济发展比较均衡；另一个是工业和服务业发展相对均衡。各区县经济发展比较均衡，共有 14 个国家级的开发区，分布在 9 个下属区县，具体分布情况及产业发展重点如表 12-7 所示。

表 12-7　苏州主要产业园区区域分布与产业重点

市（区）	开发区	主导产业
张家港市	张家港创业区	新能源、半导体材料、智能高端装备和生物医药
	张家港经济技术开发区	智能装备、再制造、机器人、绿色能源和照明、智能电网、芯片
常熟市	常德经济技术开发区	钢铁、造纸、化工、港口物流、汽车、大数据、新能源、新材料
	常德高新技术产业开发区	汽车及核心零部件、先进装备制造、新一代信息技术、现代服务业
太仓市	太仓经济技术开发区	新能源、新材料、重大装备、石油化工、轻功造纸、精密机械、电子信息、现代物流
昆山市	昆山经济技术开发区	电子信息、充电显示、精密机械、装备制造、民生轻工
	昆山高新技术开发区	信息技术、生命健康、智能制造、先进计算、生物医药
相城区	相城经济技术开发区	工业互联网、智能制造、先进材料、数字城市、数字金融
虎丘区	苏州国家高新技术开发区	大数据、云计算、物联网、航空航天、高端装备、新能源、生物医药等
	苏州浒墅关经济技术开发区	精密机构、新型建材、电子资讯、精细化工、物流仓储等
吴中区	苏州太湖国家高新技术开发区	文化旅游、特色农业、观光农业、创意新经济等
	吴中经济技术开发区	电子信息、精密机械、生物医药、精细化工、新型材律、新能源

续表

市（区）	开发区	主导产业
姑苏区	苏州工业园区	新一代信息技术、高端装备制造、生物医药、纳米技术应用、人工智能、现代服务业
吴江区	吴江经济技术开发区	装备制造、科技研发、生物医药、食品制造、电子信息

资料来源：中商产业研究院。

　　苏州的工业和服务业发展相对比较均衡。苏州是传统的工业强市，2022 年第二产业增加值为 11521.4 亿元，GDP 占比为 48.1%；第三产业增加值为 12244亿元，GDP 占比为 51.1%，第三产业 GDP 只比第二产业高 3 个百分点。未来，苏州还将以均衡发展为主，工业板块围绕生物医药和高端医疗器械、航空航天、信息通信与显示、集成电路、新能源、新材料、高端状态、汽车及零部件、节能环保、软件和信息产业、高端纺织与服装 11 个先进制造业集群发力。服务业则聚焦金融服务、信息技术服务、研发设计、检验检测认证、知识产权、节能环保、供应链管理、人力资源管理、商务服务 9 个生产性服务业集群发展，进一步形成工业和服务业共同强市的发展格局。

　　为了推动区域均衡发展以及第二产业和第三产业的均衡发展，苏州近年来连续出台了一系列发展措施，具体如表 12-8 所示。

表 12-8　近年来苏州市产业发展与城市功能布局政策一览

政策类型	政策名称	出台日期
产业政策	《苏州市推进数字经济时代产业创新集群发展领导小组办公室关于印发苏州市培育发展高性能功能纤维材料产业创新集群行动计划（2023—2025 年）的通知》	2022 年 11 月 16 日
	《苏州市推进数字经济时代产业创新集群发展领导小组办公室关于印发苏州市会计审计评估行业高质量发展三年行动计划（2023—2025 年）的通知》	2022 年 12 月 19 日
	《苏州市推进数字经济时代产业创新集群发展领导小组办公室关于印发苏州市设计服务产业创新发展三年行动计划（2023—2025 年）的通知》	2022 年 12 月 29 日
	《苏州市推进数字经济时代产业创新集群发展领导小组办公室关于印发苏州市现代商贸业高质量发展三年行动计划（2023—2025）的通知》	2022 年 12 月 19 日

续表

政策类型	政策名称	出台日期
产业政策	《苏州市推进数字经济时代产业创新集群发展领导小组办公室关于印发苏州市先进金属材料产业创新集群行动计划（2023—2025年）的通知》	2022年12月9日
	《苏州市推进数字经济时代产业创新集群发展领导小组办公室关于印发苏州市纳米新材料产业创新集群行动计划（2023—2025年）的通知》	2022年12月9日
	《苏州市推进数字经济时代产业创新集群发展领导小组办公室关于印发苏州市工业软件产业创新集群行动计划（2023—2025年）的通知》	2022年12月12日
	《苏州市推进数字经济时代产业创新集群发展领导小组办公室关于印发苏州市人工智能产业创新集群行动计划（2023—2025年）的通知》	2022年12月9日
	《苏州市推进数字经济时代产业创新集群发展领导小组办公室关于印发苏州市新能源产业创新集群行动计划（2023—2025年）的通知》	2022年12月9日
	《苏州市推进数字经济时代产业创新集群发展领导小组办公室关于印发苏州市数字金融产业发展三年行动计划（2023—2025年）的通知》	2022年12月2日
	《市政府办公室关于印发苏州市推动新兴服务业高质量发展2025行动计划的通知》	2022年8月17日
	《市政府办公室关于印发苏州市康养产业高质量发展行动计划（2022—2025年）的通知》	2022年7月22日
	《苏州市人民政府关于印发苏州市生物医药产业创新集群建设实施方案的通知》	2022年5月19日
	《苏州市推进数字经济时代产业创新集群发展的指导意见》	2022年1月5日
城市功能布局	《市政府办公室关于印发苏州市"十四五"新型城镇化规划的通知》	2021年12月7日
	《澄湖地区协同发展规划》	2022年12月10
	《苏锡常都市圈发展行动方案（2022—2025年）》	2002年6月29日
	《〈苏州市国土空间总体规划（2021—2035年）〉公示稿》	2021年9月2日
	《苏州工业园区国土空间总体规划（2021—2035年）草案公示》	2022年12月21日
	《苏州工业园区吴淞湾未来城桑田岛及苏州东站片区控规公示文件》	2022年10月24日

（二）苏州市吸引人才的政策

"七普"显示，苏州人口规模达到 1275 万人，是江苏第一个过千万人的城市。与"六普"相比，10 年间苏州人口增加 229 万人，无论是增量还是增速均位居江苏省首位。发达的制造业、雄厚的经济实力、明显的创新优势、良好的营商环境和优厚的人才引进政策是苏州吸引人才的关键。苏州打造"苏式"人才服务品牌，营造"苏式"爱才氛围，吸引高层次人才落户。相关政策为：

（1）人才引进政策的体系化、信息化建设。对已有 50 多项人才政策进行制度化梳理，形成有逻辑、有层次的人才引进政策体系，各部门联动、市区联动，统一政策平台，登录"苏 SHOW 才"平台即可实现个性化匹配、便捷式申报。

（2）重点加强高层次人才引进。苏州按照"一人一策"的方式加强高层次人才引进，结合产业发展重点，苏州在高层次人才上加大力度，团队最高奖励可达 5000 万元，个人奖励额度可达到 500 万元，特殊人才采用上不封顶的政策，个性化定制。苏州将人才引进奖励、创业资金融资支持、住房优惠措施、子女安置等统筹起来，形成整合式的人才引进策略。苏州加大海外人才的引进工作，为外国人在苏发展及留学归国人员创造良好的工作、创业环境。

（3）营造"苏式"爱才氛围，"引进来"并"留下来"。苏州在人才引进上采用了很多柔性关爱措施，引进来不是重点而是新的起点，让引进的人才爱上苏州，感受苏州深厚的文化底蕴和人文气息。苏州相关部门组织了一系列苏州文化之旅，组织引进的人才及家庭成员参观苏州的各个文化地标与景点，让引进的人才深入了解苏州，爱上苏州，从而更愿意扎根苏州发展自己的事业。

六、宁波市产业与人口发展

宁波是长三角南翼的重要经济中心城市，也是国家历史文化名城，我国古代著名的河姆渡文化遗址就坐落在宁波。宁波还是世界著名港口城市。截至 2022 年，宁波舟山港的货物吞吐量连续 14 年居全球首位，集装箱吞吐量达到 3300 多万箱。宁波具有非常强的经济实力，2022 年 GDP 达到 15704 亿元。宁波的市域面积为 9816 平方千米，下辖六区、二县、二县级市，六区分别是海曙区、江北区、镇海区、北仑区、鄞州区和奉化区，二县分别是宁海县和象山县，二县级市分别是余姚市和慈溪市。宁波的老城区是海曙区、江北区和合并了江东区的鄞州区。截至 2022 年，宁波常住人口达到 961.8 万人，也将很快成为千万人口的超级城市。

（一）宁波市的产业发展及区域布局

宁波制造业发达，是工业和信息化部首批公布的国家工业运行重点联系城市。截至 2022 年，宁波规模以上工业企业超过一万家，位居浙江省之首。宁波共有 110 家工业企业在国内外资本市场上市。宁波不仅规模以上工业企业多，工业门类也比较齐全，在 41 个工业大类中，宁波工业企业涵盖了 35 个大类。从规模以上企业的规模区域分布来看，慈溪市最多，为 2073 家；余姚市、鄞州区、北仑区和海曙区规模以上企业数量分别为 1475 家、1446 家、998 家和 841 家。整个工业企业的分布相对均衡，即使是排名末位的江北区，也有 403 家企业。

在规模优势的基础上，宁波向高质量发展迈进，致力于建设国家级制造业高质量发展示范区，重点建设世界级的产业集群，目前宁波已提出了"246"万千亿级产业集群规划。其中，"2"是指打造绿色石化、汽车制造 2 个万亿级产业集群；"4"是指打造高端装备、电子信息、新材料、软件及服务业 4 个 5000 亿级产业集群；"6"是指元器件、智能家电、时尚纺织、文体用品、生物医药、节能环保 6 个千亿级的产业集群。宁波工业发展的"246"规划重点在五个产业园区进行布局。北部前湾新区以汽车产业、高端装备和新材料为主；东部临港片区以海港大工业为主，如绿色石化等；南部南湾新区以生物医药、航空航天产业为主；位于主城区的甬江科创走廊则以新材料和高端装备为主；另一个位于主城区的临空经济示范区则以国际贸易、物流、临空制造和工业互联网为主。近年来，宁波围绕核心产业政策加大政策支持力度，具体政策如表 12-9 所示。

表 12-9　2020~2022 年宁波市重点产业发展政策

政策类型	政策名称	出台日期
产业政策	《宁波市人民政府办公厅关于加快推进制造业高质量发展的实施意见》	2020 年 12 月 18 日
	《宁波市人民政府办公厅关于印发宁波市加快发展重点领域新兴产业十条政策举措的通知》	2020 年 8 月 20 日
	《宁波市人民政府办公厅关于印发宁波市推进产业基础高级化实施方案（2021—2025 年）的通知》	2021 年 12 月 29 日
	《关于印发〈宁波市促进光伏产业高质量发展实施方案〉的通知》	2021 年 12 月 23 日
	《宁波市加快重点领域新兴产业及战略性新兴产业发展专项资金管理办法》	2020 年 12 月 31 日
	《关于印发〈宁波市制造业创新中心管理办法（试行）〉的通知》	2021 年 12 月 29 日

续表

政策类型	政策名称	出台日期
产业政策	《关于印发〈关于强化生产端和贸易端联动 加快培育发展整机装备产业的意见〉的通知》	2021 年 9 月 23 日
	《宁波市经济和信息化局 宁波市财政局关于印发〈宁波市加快集成电路产业发展的若干政策〉的通知》	2021 年 6 月 18 日
	《宁波市经济和信息化局 宁波市财政局关于印发〈宁波市制造业高质量发展专项资金管理办法〉的通知》	2020 年 6 月 18 日
	《宁波市制造业高质量发展领导小组办公室关于印发〈宁波市加快推进服务型制造发展的实施意见〉的通知》	2021 年 3 月 26 日
	《关于发布〈宁波市"246"万千亿级产业集群和前沿产业投资导向目录（2021 年本）〉和〈宁波市重点培育产业链投资导向目录（2021 年本）〉的通知》	2021 年 4 月 15 日
	《宁波市汽车产业集群发展规划（2021—2025 年）》	2022 年 1 月 24 日
	《宁波市高端装备产业集群发展规划（2021—2025 年）》	2022 年 1 月 24 日
	《宁波市关键基础件产业集群发展规划（2021—2025 年）》	2022 年 1 月 24 日
	《宁波市智能家电产业集群发展规划（2021—2025 年）》	2022 年 1 月 24 日

与苏州产业结构近似，宁波作为传统工业强市，第二产业和第三产业增加值规模相当，第三产业略微领先于第二产业。2022 年，宁波第二产业实现增加值为 7413.5 亿元，增长 3.2%；第三产业实现增加值为 7908.8 亿元，增长 3.8%。第二产业与第三产业的 GDP 占比分别为 47.2% 与 50.4%，第三产业领先于第二产业 3.2 个百分点。

在巩固传统制造业优势的同时，宁波也在大力发展服务业。2020 年，宁波提出了"3433"的服务业倍增发展计划。第一个"3"是指做强现代贸易、现代金融和现代物流这 3 个五万亿级产业；"4"是指做优文化创意、科技及软件信息、旅游休闲和商务服务 4 个五千亿级产业；第二个"3"是指做精健康养老、餐饮服务、房地产租赁及物业服务 3 个五百亿级产业；第三个"3"是指做深运动健身、高端培训、家庭服务 3 个细分行业。可以说，与苏州重点加强生产性服务业的发展思路不同，宁波是将生产性服务业与生活性服务业一起抓，双管齐下，共同发展。

（二）宁波市人口发展与人才引进

强劲的经济实力吸引着人口流入。"七普"结果显示，2010~2020 年，宁波常住人口增加了 1798594 人，增长 23.65%，年均增长率为 2.15%。在数量增加的同时，人口的质量也有了显著提高，每 10 万人中拥有大学文化程度的由 10333 人上升为 17838 人，文盲率则由 3.83%下降为 1.55%。

从各区人口分布来看，慈溪"七普"人口为 182.95 万人，与"六普"相比，10 年增加了 36.7 万人，增长率为 25.1%。其次是鄞州区，"七普"人口为 160.96 万人，10 年增加 36.6 万人，增长率为 29.47%。随后依次是余姚市（125.4 万人）、海曙区（104.13 万人）、北仑区（82.94 万人）、宁海县（69.59 万人）、奉化区（57.75 万人）、象山县（56.77 万人）、镇海区（51.05 万人）、江北区（48.89 万人）。与其他城市人口高度集中在中心城区相比，宁波人口分布相对均衡。宁波市各区县 GDP 排名与人口规模排名（2020 年）如表 12-10 所示。

表 12-10　2020 年宁波市各区县 GDP 规模与人口规模

区县名称	GDP 规模（亿元）	人口规模（万人）
鄞州区	2266.1	160.96
北仑区	2020.5	82.94
慈溪市	2008.3	182.95
余姚市	1220.7	125.4
海曙区	1201.2	104.13
镇海区	1030.1	51.05
奉化区	685.8	57.75
宁海县	722.6	69.59
江北区	666.7	48.89
象山县	563.0	56.77

从表 12-10 可以看出，宁波市的 GDP 规模与人口规模大致相当。

近年来，宁波市在人才引进上下足了功夫。早在 2016 年，宁波市就制定并发布了《关于深化实施海外高层次人才和高端创业创新团队引进"3315"计划的意见》。2017 年以后，又先后推出了"泛 3315"计划和"3315 资本引才计划"，将人才范围扩大到城市经济新领域和资本引才模式。2018 年，又推出了《关于加快推进开放揽才产业聚智的若干意见》《关于宁波市集聚全球青年才俊打造青年友好城的实施意见》。2022 年，发布《关于加强和改进新时代人才工作加快建设世界重要人才中心和创新高地战略支点城市的若干意见》，出台人才政策 30 条，围绕全方位地构建宁波人才谱系、改革人才评价制度与授权松绑制度、发挥高校在人才建设上的平台作用、优化重点平台的聚才效应、打响"宁波五优，人才无忧"的服务平台以及创建智能化人才工作机制体系等方面，全面升级本市的人才引进政策。

第四节 长三角城市群主要城市产业与
人口协调发展的经验总结

一、都市圈同城市化成为推动长三角产业与人口协调发展乃至城市群一体化的核心引擎

长三角一体化发展上升为国家战略后，以都市圈建设为代表的区域化协同发展正在加速推进，都市圈同城市化成为推动长三角产业与人口协调发展乃至城市群一体化的核心引擎。都市圈是城市群内部以超大特大城市或辐射带动功能强的大城市为中心、以"1 小时通勤圈"为基本范围的城镇化空间形态。《长江三角洲城市群发展规划》显示，长三角共有上海、南京、杭州、合肥、苏锡常、宁波六大都市圈。六大都市圈都非常注重规划引领，其中《南京都市圈发展规划》是全国首个国家层面批复的都市圈规划，明确了南京都市圈的四大定位，即具有重要影响力的产业创新高地、长江经济带重要的资源配置中心、全国同城化发展样板区、高品质宜居生活圈，标志着南京都市圈建设上升到新的战略高度。

《上海大都市圈空间协同规划》是由上海市人民政府、江苏省人民政府及浙江省人民政府联合印发的，目标愿景是建设卓越的全球城市区域，使其成为更加竞争力、更可持续和更加融合的都市圈。尤其上海大都市圈并不是一个传统意义上的通勤圈，而是以地理邻近性为基础、以功能紧密关联性为核心，并兼顾行政治理的完整性，由上海与周边 8 个城市共同构成的多中心城市区域。都市圈发展的核心在于功能一体化，关键在于产业一体化，基础在于要素一体化。从长三角城市群来看，都市圈中心城市的核心功能各不相同，各城市的产业导向也不尽一致，但各都市圈都确定了其产业定位和发展重点，不断通过一体化推进要素的自由流动，从而推动产业与人口协调发展乃至城市群一体化。

二、城市功能重新定位与产业结构调整及优化升级相结合

城市功能的定位会对产业的选择、人口的布局等产生非常重要的影响。处于长三角城市群六大都市圈的核心城市都非常重视城市功能定位，并根据城市的新功能进行产业结构调整与优化升级。上海最早完成工业化过程，将五大中心（国际经济中心、国际贸易中心、国际金融中心、国际航运中心、国际科技创新中心）作为城市新定位，其产业布局也围绕这五大中心展开。杭州则以国家自主创新示范区、国家双创示范基地为载体，充分发挥数字经济的优势，着力推进战略性新兴产业发展和高附加值服务业。南京发挥科教文卫资源丰富、交通枢纽的优势地位，着力建设引领型国家创新城市建设，加大在国家重点实验室以及基于传统产业优势的战略性新兴产业。合肥、苏州、宁波也都充分发挥自身的禀赋优势，对城市功能进行重新定位，并打造与城市功能定位相适应的产业结构与优化升级方向。

三、重视产业政策的引导作用与优化城市布局规划

长三角城市群六大都市圈的核心城市都非常重视发挥产业政策对经济发展的引导作用。每确定一个重点发展产业，几乎都会出台一个配套的产业发展政策，用政策来引导产业发展。但这六大城市都或多或少地存在"大城市病"，中心城区发展空间开发殆尽，交通拥堵等现象普遍存在，为了实现更均衡的发展，都存在城市空间优化布局的问题。城市空间优化布局的基本导向就是对中心城区进行疏解，经济活动向近郊、远郊逐渐辐射，规划和建设近郊和远郊新的工业园区、城市新城、卫星城，利用基于级差地租而形成的生产成本、生活成本的优势吸引产业的有序转移与人员的合理流动。一方面，疏解中心城区的功能，改善中心城区的工作生活品质；另一方面，提高城市近郊与远郊的经济发展水平，实现城市不同区域的均衡发展。

四、发挥城市间的协调机制及都市圈核心城市的辐射带动作用

在整体层面上，长三角城市群本身有着很好的协调机制，通过定期制的会议机制解决彼此发展中关切的问题，并协调不同资源在城市间的流动问题。在都市

圈层面上，这六大城市在规划过程中也非常注重各自的协调机制建设。上海2035年规划将苏州、无锡、常州、南通、嘉兴、宁波、湖州纳入自己的都市圈范围。杭州将湖州、嘉兴、绍兴、衢州、黄山纳入自己的都市圈范围。南京则将镇江、扬州、淮安、马鞍山、滁州、芜湖、宣城，以及常州的溧阳、金坛，纳入自己的都市圈范围。合肥虽然是后起之秀，但在城市规划中也明确将淮南、芜湖、六安、滁州、马鞍山、蚌埠及桐城纳入都市圈范围。这些都市圈核心城市都在尝试建立各自的协调机制，从而推动区域经济的一体化均衡发展及人口合理布局。

五、重视高层次人才的引进

党的二十大报告指出"人才是第一资源"，要深入实施"人才强国战略"。长三角城市群的六大核心企业都非常重视人才的引进尤其是高层次人才的引进工作。六大城市中，除了上海受限于超大规模人口并对人口数量进行控制，其他五个城市对人口流入普遍持欢迎态度。包括上海在内，都非常重视高层次人才的引进工作，普遍的做法为：对高层次人才引进待遇不封顶，一人一策，特殊人才特殊对待；围绕重点产业引进人才；对分散的人才政策进行系统梳理，形成整合式、分层次的人才政策体系；打造有个性的人才服务品牌，对人才提供"一站式、一键式"便捷服务；将人才的引进、使用、培养与发展有机贯穿起来，全周期服务；加大海外人才尤其是海外高层次人才的引进。以产引人，以人兴产，通过人才引进政策与产业发展政策的良性互动壮大地方经济发展。

第五节　本章小结

长三角城市群是产业—人口协调度较高的城市，在一体化协同发展水平上也取得长足的进步，各城市发展相对均衡。长三角城市群的主要城市先后都经历了产业结构的调整升级、产业区域布局、人口的急剧增加与疏导分流，甚至人口控制等发展阶段并积累了宝贵的经验，能够为国内其他城市群尤其是京津冀城市群提供借鉴与参考。长三角城市群经过上海经济区协调发展的初步尝试、两省一市的长三角城市群及三省一市的长三角城市群三个阶段的政策变迁，由最初阶段的上海经济区到第二阶段的两省一市25个城市，最终扩展到三省一市41个城市。

本章通过对长三角城市群主要城市的 GDP、人口与都市圈进行分析，重点分析了上海、杭州、南京、合肥、苏州及宁波产业与人口发展的过程，总结出长三角城市群主要城市产业与人才协调发展的经验：城市功能重新定位与产业结构调整及优化升级相结合；重视产业政策的引导作用与优化城市布局规划；发挥城市间的协调机制及都市圈核心城市的辐射带动作用；重视高层次人才的引进。

第十三章　基于区域经济—人口分布协调性的京津冀协同发展质量评价

总报告分析了京津冀产业与人口的耦合协调发展情况。为进一步分析在产业与人口协调发展基础上京津冀的协同发展趋势，本专题报告在中国社会科学院建立的京津冀协同发展指标体系的基础上增加了反映人口经济分布的区域经济—人口分布协调偏离度指数，从创新、协调、绿色、开放、共享五个方面综合对2012～2020年京津冀城市群协同发展的成效进行评价，从多个维度呈现京津冀产业与人口的协调发展状况。

第一节　京津冀协同发展评价体系构建的研究回顾

目前，对于京津冀协同发展评价指标体系构建的研究，主要体现在京津冀整体协同发展的指标体系构建和某一领域或某一产业协同发展的指标体系构建两个方面。对京津冀整体协同发展指标体系的研究，近几年开始逐渐增多，最具代表性的是由首都经济贸易大学的研究团队发表的《京津冀蓝皮书：京津冀发展报告（2017）》和《京津冀蓝皮书：京津冀发展报告（2018）》以及中国社会科学院京津冀协同发展智库京津冀协同发展指数课题组发表的《基于新发展理念的京津冀协同发展指数研究》。这两者研究的主要贡献和不同点如表13-1所示。

表 13-1　两个研究团队的主要贡献和侧重点

研究团队	主要贡献	研究方法	研究的不同点
《京津冀蓝皮书：京津冀发展报告（2017）》和《京津冀蓝皮书：京津冀发展报告（2018）》的首都经济贸易大学研究团队	首次提出"京津冀协同发展指数"概念	构建发展指数、协同指数、生态文明指数、人口发展指数和企业发展指数五个监测指标体系，主要采用层次分析法进行测度	每个指数均对京津冀三地进行测度，并把人口和企业作为两个重要变量来进行监测
中国社会科学院京津冀协同发展智库京津冀协同发展指数课题组	构建了一个综合的协同发展指数和五个发展协同指数	构建创新、协调、绿色、开放和共享发展 5 个协同发展指数，并合成一个综合的区域协同发展指数	无论是五大协同发展指数还是区域协同发展指数，均将京津冀作为一个整体区域进行评价

2018 年起，国家统计局开始每年发布与北京市统计局和中国区域经济学会联合研究的京津冀区域发展指数。该指数同样是基于"创新、协调、绿色、开放、共享"五大发展理念构建而成的，包括五个分指数和一个京津冀区域发展总指数。与中国社会科学院研究不同的是，在五个分指数的计算中，二、三级指标有所不同，而且三级指标不再采用均等权重的形式，而是采用专家打分方法赋予权重。该项研究得出的协调发展指数和中国社会科学院研究得出的结果都显示，京津冀协调发展有积极变化①。而且中国社会科学院的研究还表明，京津冀区域协调发展指数存在波动，2012~2013 年曾出现过下滑，并于 2014 年开始回升。

此外，还有学者基于新发展理念但运用不同方法对京津冀协同发展情况进行评价。张杨和王德起（2017）从系统理论出发，运用复合系统协同度模型构建了京津冀五个发展子系统的协同度定量化模型，对 2005~2010 年、2010~2015 年和 2005~2015 年京津冀协同发展总体协同度进行了测度。在局部协同发展评价方面，既有研究主要运用层次分析法、主成分分析、熵值法及模糊综合评价等方法对某一领域或某一产业协同发展进行评价。其中，金浩和李娜（2016）构建了京津冀区域经济系统的协同度模型，将京津冀区域经济系统划分为经济结构、科技创新、生态环境、社会资源四个子系统，运用复合系统协同度模型对京津冀区域

① 数据来自国家统计局网站：http://www.stats.gov.cn/xxgk/sjfb/zxfb2020/202212/t20221230_ 1891327.html。

经济系统的协同发展程度的变化趋势及成因进行了分析。总体而言，各评价结果基本表明，近年来协同发展程度逐渐上升，但地区之间具有差异，而且协调度和均衡度还有待提高。京津冀地区局部协同发展评价的代表性研究如表 13-2 所示。

表 13-2　京津冀地区局部协同发展评价的代表性研究

研究对象	作者	研究方法	主要结论
京津冀共享发展水平	赵培红等（2018）	构建京津冀共享发展水平指标体系	从加强顶层设计、作出有效制度安排、促进公共服务均等化、推进产业转移、精准扶贫缩小收入差距、实现生态环境共治共享六个方面促进京津冀共享发展水平提高
京津冀地区各城市和各行业的产业发展状况	刘怡等（2017）	区位熵灰色关联度分析法	各地因地制宜发展特色产业，实现产出高效与环境友好并举；强化京津冀产业协同发展机制，加强津冀承接平台建设；加强中央政府统筹，建立基于平等互信关系的利益协调机制
京津冀协同创新水平	孙瑜康和李平（2017）	构建协同创新指数	促进创新要素特别是人才要素的流动、构建官产学研多元主体协同创新模式、加强创新链与产业链对接等政策建议
京津冀城市群地级城市发展质量	李磊和张贵祥（2015）	构建城市群城市发展质量评价指标体系	建立跨区域城市协调、基本公共服务合作对接、基础设施一体化建设、区际间生态协同发展机制，实现城市群内体制机制的协同
京津冀区域经济协同发展问题	谷立霞等（2015）	DEA 方法	完善顶层设计，完善基础设施要素，增进三地经济的联系度；推动公共服务体系建设，大力发展金融业，建立省际间贸易统计体系，构建区域产业链

这些研究从不同角度对京津冀的协同发展进行了多方面评价与研究，但指标评价体系中较少有学者考虑产业与人口的协同发展，尤其缺少对产业与人口协同发展的定量分析。由于京津冀协同发展的核心是北京非首都功能的疏解，人口疏解是其重要的成果体现，因此产业与人口的协同发展应当成为衡量京津冀协同发展的一个重要指标。既有研究中，大多数学者仅对产业协同或人口发展分别进行分析。京津冀蓝皮书构建了人口发展指数，主要通过人口活力、人口结构和生命质量三个方面进行测量，没有考虑人口分布和人口与产业的协同发展。在中国社会科学院建立的京津冀协同发展指标体系中，创新、协调、绿色、开放、共享五大发展指数都没有考虑人口因素。因此，本书在建京津冀协同发展指标体系时，

在中国社会科学院的评价指标体系的基础上增加了对产业与人口的协同性的测度，从而从新发展理念方面对京津冀协同发展的效果进行评价。

第二节 京津冀协同发展的评价指标体系

一、指标体系的构建原则

为了能够以直观、准确的方式反映京津冀协调发展的效果，本书以"创新发展、协调发展、绿色发展、开放发展、共享发展"新发展理念对京津冀发展进行全方位评价。因此，坚持以下四个原则来构建发展指数：

第一，坚持可预见性原则。对京津冀地区实施高效全面测评，通过测评发现京津冀三地区区域发展的问题苗头、主要矛盾和政策实施影响效果等，以对现阶段的政策效果进行评定。同时，指数结果可以为当地各级政府的相关政策性工作提供参考。

第二，坚持问题导向性原则。能够分析出北京、天津、河北在发展过程中的最突出的问题，并分析关键问题。适当选择问题的目标指标，以解决首要突出问题，发挥协同发展问题的前瞻作用。

第三，坚持实践性的原则。在指标的选取过程中，我们将选取代表性高、可操作强的指标，充分考虑真实含义和大数据采集的难易程度，采用可操作性、实用、便捷、科学合理的测算方法进行测算，确保指数结果能够真实反映京津冀协同发展的真实情况。

第四，坚持整体与部分相结合的原则。本书充分考虑了不同行政区域的不同政策，坚持整体与局部相结合的原则，区域一级指标的体系与北京、天津、河北三地的发展指标体系相结合，既要充分重视三地区的整体协调发展，又要体现三地的创新发展、协调发展、绿色发展、开放发展和共享发展的整体水平。

二、指标体系的研究设计

本书从新发展理念出发，根据新发展理念确定研究的一级指标，形成创新发展指数、协调发展指数、绿色发展指数、开放发展指数和共享发展指数，然后再将五大协同发展质量指数合成一个综合的京津冀区域发展质量指数，侧重于衡量"京津冀协同发展"的阶段效果。同时，根据各地区的实际情况及数据可得性因素，具体指标体系如表13-3所示。

表13-3 京津冀区域发展质量指数评价指标体系

理念层	目标层	指标层	指标类型
创新发展	创新投入	研发支出占GDP的比重	+
	创新人才	每万人R&D人员数（人/万人）	+
	创新效率	发明专利数/研发支出（件/万元）	+
	创新劳动生产率	单位从业人员创造的GDP	+
协调发展	地区差距	人均GDP的地区差距：变异系数	−
	城乡差距	城乡收入差距	−
	公共服务差距	人均财政预算支出的地区差距：变异系数	−
	区域经济—人口分布协调偏离度	区域经济—人口分布协调偏离度指数（HD）	−
绿色发展	能源消耗	单位GDP的能源消耗量（吨/万元）	−
	大气治理	PM2.5年平均浓度（微克/立方米）	−
	资源利用	单位工业增加值耗水量（元/立方米）	−
	生态建设	生态建设与保护支出占GDP的比重	+
开放发展	贸易开放	进出口额占GDP的比重	+
	外资企业发展	外资企业主营业务收入/工业主营业务收入	+
	高速公路和铁路网密度	高速公路和铁路里程长度/区域面积	+
	外资依存度	实际利用外资金额占GDP的比重	+
共享发展	收入差距	地区收入差距：加权变异系数	−
	教育经费支出	人均教育经费支出	+
	卫生水平	每千人卫生技术人员数	+
	GDP含金量	居民人均收入占人均GDP的比重	+

注：此表为京津冀区域发展质量指数评价指标体系。"+"代表此指标为正向指标，"−"代表此指标为逆向指标。

（一）创新发展指标

随着经济社会的不断发展，"大众创新、万众创业"已经成为国家推动创新的重要政策。因此，本书在创新发展指标体系中设立了创新投入、创新人才、创新效率和创新劳动生产率四个指数目标层，以充分反映京津冀创新发展的实际情况。具体的各个目标层为：①创新投入：选择研发支出占 GDP 的比重作为衡量创新投入的指标。②创新人才：选择 R&D 人员数占总人口的比重作为衡量创新人才的指标。③创新效率：选择发明专利数占研发支出的比重作为衡量创新效率的指标。④创新劳动生产率：选择单位从业人员创造的 GDP 作为衡量创新劳动生产率的指标。

（二）协调发展指标

自京津冀协同发展以来，协调发展问题一直备受关注。由于京津冀区域内的中心城市与其外围中小城镇在发展水平或发展阶段上存在较大差异，地区发展差距过大成为影响京津冀协同发展的重要因素，因此增强京津冀区域的协调性对于推进京津冀协同发展具有重要意义。这里着重对这一指标的设计做一下说明。

在构建京津冀协调发展评价指标体系的研究中，学者们主要从发展差距的角度来选取评价指标。正如文献综述中所述，既有研究在所构建的京津冀协同发展评价指标体系和协调发展评价指标体系中均未考虑人口分布以及人口与产业的协同发展情况。但由于京津冀协同发展的战略核心和首要任务是北京非首都功能的疏解，人口疏解是其重要成果体现，因此人口合理分布的实现程度应当是衡量京津冀协同发展的一个重要指标。

人口合理分布的"理"包括"协调""同步""定向"三方面含义。"协调"指的是经济规模与人口规模在空间分布上协调，人口分布与资源环境承载力和经济社会发展协调。"同步"指的是经济社会发展与人民生活质量提高相关且同步，经济社会发展的成果能充分、及时地被最广大人民群众在日常生活中分享。"定向"指的是人口流动的方向确定，空间上，由农村向城市的转移；产业上，由农业向工业和服务业的转移。在这三层含义中，"协调"是最重要的"理"，并且经济规模与人口规模在空间分布上的协调是首要"协调"[①]。因此，人口合理分布的实现程度可以通过人口—经济分布的协调状况来衡量。为此，除了发展差距指标，本专题特意构建了区域经济—人口分布的协调偏离度指数来衡量京津冀人口合理分布的实现程度。

用 G_i（$i=1$，2，…，n）表示一个国家 n 个一级行政区（在我国可以理解为

---

① 关于这一结论，我们曾在论文《中国人口分布合理性研究——基于发展方式角度》（《人口研究》2011 年第 1 期）中进行过详细论证。

31 个省份）的国内生产总值。这是一个总量指标，体现了经济的整体实力。因此，一国的国内生产总值可以表示为：

$$G = \sum_{i=1}^{n} G_i \qquad (13-1)$$

同时，用 P_i 表示该行政区相应的人口数量。这也是一个总量指标，体现了人口的总体数量。因此，一国的国内人口总量可以表示为：

$$P = \sum_{i=1}^{n} P_i \qquad (13-2)$$

通过上述两个总量指标，我们可以分别计算出表示规模的两个类似指标。其一，衡量某区域的经济规模，即该国某行政区（也可以是城市）的生产总值占比为：

$$g_i = \frac{G_i}{G} \qquad (13-3)$$

其二，衡量某区域的人口规模，即该行政区的人口占全国的比重为：

$$p_i = \frac{P_i}{P} \qquad (13-4)$$

显然，g_i 和 p_i 都是相对值，在这里可作为某个国家某个行政区（或者城市）的经济规模和人口规模的衡量标准。以这两个衡量规模的指标为基础，我们可以通过两者的比值，来衡量该区域内经济规模和人口规模之间的协调程度。这个指标可以标记为 GPR_i，则：

$$GPR_i = \frac{g_i}{p_i} \qquad (13-5)$$

因此，可以认为 GPR_i 是一个衡量协调度的相对指标，其比值有着一定的现实意义：当 $GPR_i > 1$ 时，说明该区域经济集聚度高于人口集聚度，经济规模大于人口规模，人口相对不足；当 $GPR_i < 1$ 时，说明该区域经济集聚度低于人口集聚度，经济规模小于人口规模，人口相对过剩。

进一步地，通过 GPR 指标与理想值 1 的关系我们可以发现（理想状态下，比值为 1 说明经济规模与人口规模完全吻合）：GPR 越偏离 1，表明从一国范围内看，该行政区的经济—人口分布协调度越差，其不均衡程度越高。不过，GPR 指标的问题在于难以从比较的角度反映这种偏离程度，也没有将行政区的不同权重体现出来（因为人口较多的城市的偏离度对整个国家的经济—人口分布的不协调程度影响更大，而 GPR 难以体现这种权重），这不利于准确衡量一个国家总体的经济——人口分布协调状况。因此，在 GPR 指标基础上，本专题构造能够评价国家整体经济规模与人口规模协调度的衡量指数，即"区域经济——人口分布协调偏离度指数"（HD 指数）。指标的具体构建如下：

HD 指数是为衡量区域经济——人口分布的协调性而专门构建的指数，则：

$$HD = \sqrt{\sum_{i=1}^{n} p_i (GPR_i - 1)^2} \tag{13-6}$$

其中，p_i 为区域内 n 个次一级行政区对应的人口数占整个区域人口的比重；GPR_i 为该区域 n 个次一级行政区地区生产总值和人口分别占整个区域比重的比值。

HD 指数类似于标准差，重在反映区域经济——人口分布与完全理想协调状态的偏离程度，其理论取值范围为 $[0, +\infty]$。假定一个区域人口在 $GPR_i = 1$ 的区域分布较为集中，随着 GPR_i 偏离 1，区域内人口比重递减。将 GPR_i 分布在（0.8~1.2）作为区域经济——人口分布较为协调的定性判断区间。那么，$HD <$ 0.30 为协调状态，$0.30 < HD < 0.40$ 为较协调状态，$0.40 < HD < 0.55$ 为较不协调状态，$HD > 0.55$ 为不协调状态。

除此之外，结合京津冀地区差距、城乡差距和公共服务差距来反映京津冀协调发展的现状。对于地区差距和公共服务差距，本专题采用人均 GDP 和人均财政预算支出的人口加权变异系数进行测算。人口加权变异系数法能够在考虑各区域人口规模的基础上反映京津冀在某一指标方面的总体均衡度及变化趋势，其数值越大，反映区域指标差别越大，其数学表达形式为[1]：

$$CV = \frac{1}{\bar{X}} \sqrt{\sum_{i=1}^{n} (X_i - \bar{X})^2 \frac{P_i}{P}} \tag{13-7}$$

其中，X_i 表示京津冀区域 i 地区中某指标，$\bar{X}$ 表示京津冀三地某指标的均值，P_i 表示 i 地区的总人口，P 表示京津冀区域的总人口。

由此，该指标体系的各个目标层为：①地区差距：选择人均 GDP 的人口加权变异系数测算作为衡量京津冀三地地区差距的指标。②城乡差距：选取京津冀三地区城乡居民收入差距作为衡量京津冀三地区城乡差距指标。③公共服务差距：选取人均财政预算支出的人口加权变异系数测算来衡量京津冀三地区公共服

① 叶堂林，毛若冲. 基于联系度、均衡度、融合度的京津冀协同状况研究［J］. 首都经济贸易大学学报，2019（2）：30-40.

务差距。④区域经济—人口分布的协调偏离度：采用 *HD* 指数进行衡量。

（三）绿色发展指标

本书在绿色发展指标体系中设置了能源消耗、大气治理、资源利用和生态建设四大目标层，具体为：①能源消耗：选取单位 GDP 的能源消耗量来衡量京津冀三地区能源消耗指标。②大气治理：选取 PM2.5 年平均浓度来衡量京津冀三地区大气治理指标。③资源利用：选取单位工业增加值耗水量来衡量京津三地区资源利用指标。④生态建设：选取生态建设与保护支出占 GDP 的比重来衡量京津冀三地区生态建设指标。

（四）开放发展指标

本书在开放发展指标体系中设置了贸易开放、外资企业发展、高速公路和铁路网密度、外资依存度四大目标层，旨在反映现阶段京津区域开放发展的程度和效果。具体的各个目标层为：①贸易开放：用京津冀区域间进出口额占 GDP 的比重来反映区域之间的贸易开放程度。②外资企业发展：用外资企业主营业务收入在工业主营业务收入中的比重来衡量京津冀地区外资企业发展程度。③高速公路和铁路网密度：用高速公路和铁路里程长度占区域面积的比重来衡量京津冀区域之间高速公路和铁路网密度。④外资依存度：用实际利用外资金额占 GDP 的比重来反映区域的外资依存度。

（五）共享发展指标

京津冀三地最突出的问题是区域发展水平不平衡，迫切需要通过协同发展补短板，实现发展成果共享，缩小区域之间的差距。在这一指标构建中，本书选取四个目标层次：收入差距、教育经费支出、卫生水平和 GDP 含金量，旨在体现北京、天津和河北共享发展的成效。具体的各个目标层为：①收入差距：通过加权变异系数核算，利用地区收入差距来反映京津冀现阶段的收入差距。②教育经费支出：选取人均教育经费支出作为标准，来衡量京津冀三地区教育经费支出指标。③卫生水平：选取每千人卫生技术人员数，来衡量北京、天津、河北的卫生水平指数。④GDP 含金量：选取京津冀地区居民人均收入占人均 GDP 的比重来衡量京津冀地区的 GDP 含金量。

第三节　指标体系的测算方法

以 2012 年京津冀的指标值为基数，通过时间变化反映京津冀地区创新、协调、绿色、开放和共享五大方面的发展指标变化趋势和整体区域间综合指标的变化趋势。

一、权重确定

通过制定等权重的方法，对经过标准化处理后的数据进行权重分析，把二级指标值相加得到一级指标值，从而得到五个相应的一级指标及京津冀区域发展质量综合指标。此外，对于人均 GDP 的地方差距、人均财政预算支出的地区差距、居民收入差距，本报告利用各地区的相关数据（以 2012 年为基期），用变异系数对相关数据进行计算。对于单位人员创造的 GDP、工业耗量占工业增加值比重等指标，利用各地区的地区生产总值数（以 2012 年为基期）进行平减。在汇总京津冀三地区的数据时，由于考虑每年的通货膨胀，故剔除物价影响。同时利用各地区的人口和 GDP 占比为权重，汇总京津冀地区的综合指标值。

二、数据的标准化

考虑所有指标数据可加性，首先需要对每一个指标指数进行标准化处理。由于京津冀协调发展指数的评价指标主要是看整个区域的纵向变化趋势，因此本专题借鉴中国社会科学院京津冀协同发展智库的计算方法，以 2012 年为基期做标准化处理，在标准化处理过程中，又分为正向指标和逆向指标。由于协调发展指数属于逆向指标，因此采用逆向指标标准化处理方式。

标准化处理方法如下：M_t 为某指标的测算值，为某指标 2012 年的测算值；P_t 为标准化后的指标值。

正向指标标准化处理为：

$$P_t = \frac{M_t}{M_{2012}} \tag{13-8}$$

逆向指标标准化处理为：

$$P_t = \frac{1}{M_t / M_{2012}} \quad (t = 2012, \cdots, 2020) \tag{13-9}$$

三、指标测算的数据说明

本专题的测算数据均来自国家统计局、京津冀三地区的统计局和省市相关部门公布的权威数据，主要来自 2013~2021 年《中国统计年鉴》《北京统计年鉴》《天津统计年鉴》《河北经济年鉴》等，包含了 2012~2020 年的相关数据。在数据测算过程中，根据数据的不同特性，本书又利用加权、平减的方法进行测算。

第四节　京津冀区域发展质量指数的结果分析

一、京津冀区域发展质量指数总体趋势

根据上述评价指标和计算方法，可以计算出京津冀区域发展质量指数，如图 13-1 所示。从图 13-1 可以看出，2012~2020 年，京津冀区域发展质量指数总体呈上升趋势，而且从 100 增加到了 134，增幅达到 34%，上升幅度较大，尤其是在 2014 年之后大幅提高。这说明，京津冀协同发展上升为国家战略，极大地推动了京津冀地区的综合发展。在战略执行初始时期，各地政府尚处在不断摸索的阶段，京津冀协同发展质量缓慢提高。而到了 2017 年，各种体制机制逐渐良性运行，协同发展开始加速，京津冀区域发展质量相比之前快速提升，一年增长了 7 个百分点，京津冀区域协同发展进入发力期，协同发展效果不断提升。

在分析协调发展的整体变化趋势之后，再来分析一下五大发展指数的具体情况。如图 13-2 所示，在五大发展指标中，共享发展指数、创新发展指数和绿色发展指数的上升幅度最大，九年来，三大发展指标分别同比上涨 33%、44% 和 78%。因此，在京津冀区域发展的过程中，共享发展、创新发展和绿色发展在京津冀协同发展过程中取得了快速进展，对京津冀协同发展起了重要的推动作用。表明，在京津冀协同发展战略进入实施阶段后，生态环境的联防联治成效明显，区域绿色发展水平明显提高，共享发展成效突出，创新投入产出效率显著。相比而言，京津冀区域发展指标中开放发展指数的增长幅度要小一些。九年来，开放

发展指数同比增长 21%。相比之下，协调发展指数则在发展过程中呈现略微下降趋势，并于 2020 年有所回升。由此说明，京津冀发展还不均衡，需要加强协调体制机制建设，推动政府顶层设计，破除三地行政体制区划的藩篱，构建高效的京津冀协调发展体系，实现三地发展过程中的利益协调，减少影响协调发展的壁垒，真正实现京津冀持续协调发展。

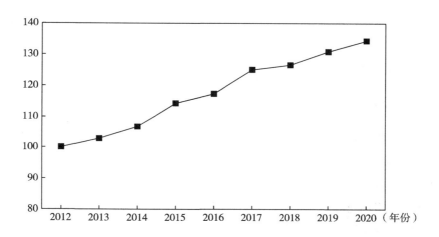

图 13-1　2012~2020 年京津冀区域发展质量指数

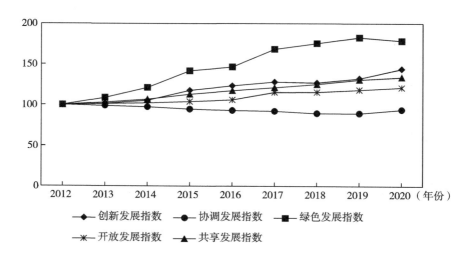

图 13-2　2012~2020 年京津冀区域发展五大指标变化趋势

综合五大发展指标和京津冀区域发展整体质量指数可以看出，在国家战略的大力推动下，京津冀协同发展已经取得了阶段性成果，促进了京津冀的创新发展、协调发展、绿色发展、开放发展和共享发展，加快了区域交通一体化，加大了生态环境协同治理力度，促进了产业转移协作，增强了地区公共服务一体化。因此，京津冀协同发展战略是推动京津冀区域发展质量指数稳步提升的重要力量。但协调发展指数降低则反映出京津冀协同发展不是一蹴而就的，是一个有序推进、逐步改善的过程，需要不断改善深化政策措施，对不同时期的突出问题进行评价与修正。下面来具体分析创新发展指数、协调发展指数、绿色发展指数、开放发展指数和共享发展指数的变化。

二、京津冀创新发展指数

《京津冀协同发展规划纲要》提出，实施创新驱动发展是有序疏解北京非首都功能、推动京津冀协同发展的战略选择和根本动力。从图13-3中可以看出，从2014年开始，京津冀创新发展指数增速加快。2018年有所下降是由于创新人才和创新效率的下降。2019年创新发展指数又开始回升，证明京津冀创新共同体的建设对于京津冀创新发展开始发挥积极作用。

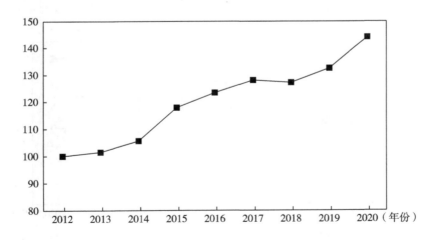

图13-3　2012~2020年京津冀创新发展指数变化趋势

从京津冀创新发展指数包括的具体指标（创新投入、创新人才、创新效率和劳动生产率）来看，如图13-4所示，创新投入基本稳步增长，但在2017年有所下降。尽管如此，纵向比较来看，北京创新投入指标比 2016 年增加 6%，河北增加 18%，京津冀区域间创新投入的差距在缩小。创新人才保持稳定增长趋势，2018 年有所下降是由于研发人员存在流出现象。劳动生产率呈现稳步大幅提升的态势，反映出京津冀三地不断加大对研发支出的投入，劳动生产率显著提高。与这三个指标相反，创新效率指标自 2012 年以来，呈现了较大波动趋势，影响创新效率持续波动的主要原因是北京 2013 年出台了新增产业政策，对于部分产业进行限制；2014 年北京非首都功能疏解的有关产业政策都被列入新增产业的限制目录，导致创新效率增长缓慢。京津冀创新效率经过阵痛期和适应期后，2015 年出现反弹增长，随着发明专利数的提高和研发支出的增加，京津冀逐渐提高了发明专利的使用效率，使发明专利可以更多地转化为生产技术。2018 年和 2019 年的下降是由于研发经费的增长速度超过了发明专利数的增长速度。2020 年，研发经费转化率不断提高，增强了经济发展动能，京津冀协同发展迈上了新台阶。同时，2021 年京津冀加强创新资源投入，培育和壮大若干具有发展潜力的创新节点，在雄安新区科技城、大兴机场临空经济科技创新区等地区形成创新高地，辐射带动周边共同发展，提升了京津冀区域协同发展的整体效能。

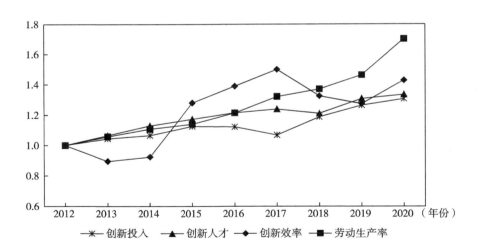

图 13-4 2012~2020 年京津冀创新投入、创新人才、
创新效率和劳动生产率的变化趋势

三、京津冀协调发展指数

自 2014 年京津冀协同发展上升为国家战略以来，京津冀协调发展问题一直是京津冀一体化的重要问题。特别是北京、天津、河北三地的人口分布过于复杂，地区差距较大。从图 13-5 可以看出，自 2012 年以来，京津冀协调发展整体变化比较平稳，但略微有所下降；2019 年协调发展指数基本与 2018 年持平，2020 年开始回升，而且提升幅度较大。由此可以看出，京津冀协同发展战略实施以来，协同发展方面取得了诸多成绩，协调发展在经历过小幅下降之后也开始提升。

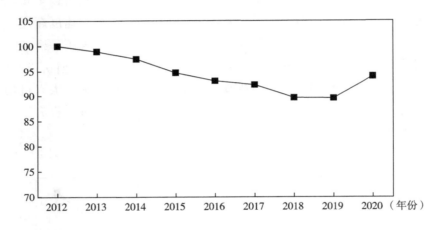

图 13-5　2012~2020 年京津冀协调发展指数变化趋势

在分析协调发展的整体变化趋势之后，再来分析四个指标的具体情况，如图 13-6 所示。事实上，这四个指标的变化是相对平稳的，放大之后可以看出其变化的波动性。

第一，在四个指标中，京津冀地区差距与 HD 指数的变化趋势最为接近，上升趋势比较明显，但地区差距在 2019 年之后有所下降，反映出人口与经济分布的协调性与地区差距的变化趋势相同。总体而言，京津冀三地人均 GDP 在 2012~2018 年呈逐年上升趋势，但在 2019 年和 2020 年有所下降。

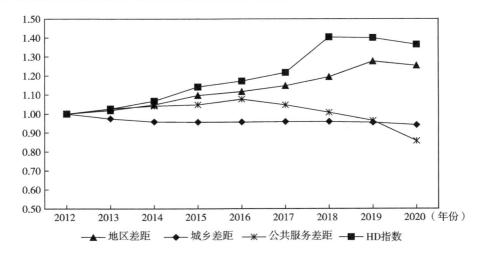

图 13-6 2012~2020 年京津冀地区差距、城乡收入差距、公共服务差距和 HD 指数的变化趋势

第二，京津冀区域经济——人口分布的协调偏离度在整体增长的同时，在 2019 年之后有所下降。从 HD 指数的绝对值来看，京津冀区域经济——人口分布仍然处于较不协调状态。一直以来，北京极化效应显著，人口过于集聚。由于京津冀区域内，北京、天津与周边地区产业梯度落差较大，中等城市和小城市发展不足，缺少发挥"二传手"作用的中间层城市[1]，而京津冀协同发展过程中的人口分布变化还主要集中于北京郊区和环京地区[2]，京津冀小城镇人口分布并不均衡，与土地、经济之间的关系缺乏协调性[3]，因此虽然随着京津冀协同发展战略的推进和北京非首都功能的疏解，北京全市常住人口近年连续下降，但是京津冀内部的经济——人口分布结构还不协调。

第三，在四个指标中，城乡收入差距的总体变化最为平稳，2012~2020 年总体呈小幅下降趋势。这主要是由于近年来，京津冀三地农村居民人均可支配收入差距明显缩小。

第四，四个指标中公共服务差距的波动较为显著，2012~2016 年呈现上升趋

---

① 刘洁，苏杨，段正.京津冀城市群一体化发展应成为国家战略［J］.中国发展观察，2014（2）：33-37.

② 关于这一点，我们已经在主报告中进行了详细分析。

③ 孙瑀，刘建国，暴婕.京津冀县域小城镇人口空间分布与格局演化［J］.城市发展研究，2018（6）：79-86.

势，2017 年之后显著下降。京津冀协同发展战略实施以来，京津冀公共服务投入的绝对值有较大提升，公共服务差距明显缩小。但由于京津冀各区（县、地级市）公共服务存量的不平等程度仍然很高①，因此差距的绝对值依然较大，公共服务差距的改善还需要一定时间。

四、京津冀绿色发展指数

人口与资源环境关系紧张，特别是大气污染问题突出，是京津冀城市群过去发展的主要"短板"。因此，绿色发展是有序疏解北京非首都功能、推动京津冀协同发展的重要基础和重点任务。2015 年 12 月 30 日，《京津冀协同发展生态环境保护规划》出台，明确了京津冀三地生态环境保护的目标、重点任务和主要举措。从图 13-7 可以看出，京津冀绿色发展指数自 2012 年以来稳步提升，特别是 2017 年提升幅度较大。这也可以看出，自京津冀协同发展战略上升为国家战略以来，京津冀生态环保联防联控措施不断深化，"上下协同，共同协作"的生态环境保护格局逐步形成，环境治理开始从污染型向洁净型、从粗放型向质量型转变，蓝天保卫战和环境治理攻坚战取得阶段性成果，环境发展水平显著快速提高，绿色经济为城市群持续发展注入新的动力。

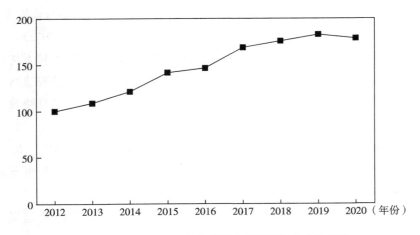

图 13-7　2012~2020 年京津绿色发展指数的变化趋势

---

① 李林君，王莉娜，王海南. 京津冀一体化进程中公共服务不平等累积性研究：1994—2015——基于增量供给与存量调整视角［J］. 经济与管理研究，2018，39（10）：93-110.

绿色发展指数是由能源消耗、大气治理、生态建设和资源利用四个指标所构成的。从图13-8中可以看出，京津冀能源消耗、大气治理和资源利用均呈下降趋势，尤其是大气治理显著下降，能源消耗和资源利用的变化趋势基本相同，而生态建设更是显著提高。

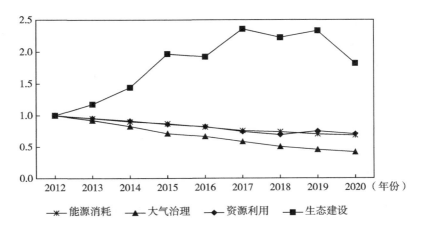

图13-8　2012~2020年京津冀能源消耗、大气治理、资源利用和生态建设的变化趋势

第一，2012~2020年，京津冀能源消耗量同比下降32%。单位GDP的能源消耗量从2012年的0.78吨/万元下降到的2020年0.53吨/万元。京津冀通过企业转型和技术进步等途径提高了能源利用效率，从而实现能源消耗持续下降。同时，京津冀地区工业耗水量占工业增加值比重不断减小。说明，随着产业不断转型和优化升级，研发支出不断加大和科学技术的持续应用，工业耗水量不断降低，同时工业增加值增长速度不断提高，使工业耗水量占工业增加值比重不断降低，资源利用率不断提高，推动了京津冀地区经济的绿色循环发展。

第二，京津冀PM2.5的年平均浓度从2012年的104微克/立方米下降到2020年的44微克/立方米。这说明，随着《京津冀及周边地区落实大气污染防治行动计划实施细则》《京津冀及周边地区重污染天气监测预警方案》等规划或法规的陆续出台，大气污染联防联治成为常态化的行动，大量污染排放不达标的企业被关停，环保督查始终保持高压的态势，生态环境保护作为京津协同发展率先突破的领域已进入攻坚突破阶段，取得显著成效。

第三，京津冀的生态建设持续上升，2015 年增幅较大，2016 年略有下降，2017 年大幅回升。说明，京津冀三地政府高度重视生态建设，不断提高生态建设支出占 GDP 的比重，使生态建快速发展，从近几年京津冀三地的生态建设与保护投资总额可见一斑。2012~2020 年，京津冀三地的生态建设与保护投资总额总体呈上升趋势，其中 2016 年起上升趋势显著，生态建设与保护完成投资额由2016 年的 691.8 亿元增加至 2019 年的 1010.2 亿元；北京市生态建设与保护投资额自 2016 年起增长显著，2017 年生态建设与保护投资额为 458.44 亿元，是2016 年的 1.26 倍；天津市生态建设与保护投资额总体呈增长趋势，由 2012 年的38.49 亿元增加至 2019 年的 242.29 亿元；河北省生态建设与保护投资额呈逐年上升趋势，由 2012 年的 127.93 亿元增加至 2020 年的 507.21 亿元，年均增长率为 37.06%①。

五、京津冀开放发展指数

加快对内对外开放是京津冀协同发展的重要任务。从图 13-9 可以看出，京津冀区域开放发展整体呈稳步上升趋势，特别是 2017 年快速上升，一年同比上升 9%。这主要得益于京津冀交通一体化的快速发展，北京市服务业扩大开放综合试点的不断推进及实际利用外资金额占 GDP 的比重增加。在构建以国内大循环为主体、国内国际双循环相互促进新发展格局的过程中，北京作为国际交往中心具有不可替代的优势。北京自贸区推动投资贸易自由化、便利化，深化金融领域开放创新。北京自贸区的定位及目标是以制度创新为核心，以可复制可推广为基本要求，助力建设具有全球影响力的科技创新中心，加快打造服务业扩大开放先行区、数字经济试验区，着力构建京津冀协同发展的高水平对外开放平台。服务业开放是中国全方位对外开放的重要组成部分。北京在"两区"建设带动下，从 2020 年到 2023 年 6 月，实际利用外资 551.4 亿美元，占全国利用外资总额的9%，其中服务业利用外资占比达到了 96.5%，为全国构建高标准服务业开放制度体系积累了新的经验。

京津冀开放发展指数主要包括贸易开放、外资企业发展、交通网密度和外资依存度四个指标。从图 13-10 可以看出，这四个指标变化差异比较大，外资依存

① 祝合良，叶堂林. 京津冀蓝皮书：京津冀发展报告（2019）［M］. 北京：社会科学文献出版社，2019.

度和交通网密度呈上升趋势,但交通网密度在 2017 年略微有所下降,之后又大幅提升。外资依存度在 2017 年大幅提升,之后又有所下降。京津冀外资企业发展在 2015 年之后下降比较明显,主要是由于外资企业的大规模转移和京津冀区域间本土化品牌的推广。同时,京津冀三地政府加强了对外资企业的甄别力度,减少了高污染的重化工业的入驻,积极吸引高科技企业和高端服务企业的落户,使外资主营业务收入减少。随着创新驱动发展战略的实施,京津冀工业发展效率极大提高,工业主营业务收入增长速度加快,导致外资企业发展的下降趋势。

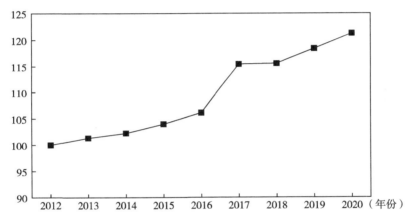

图 13-9 2012~2020 年京津冀区域开放发展的变化趋势

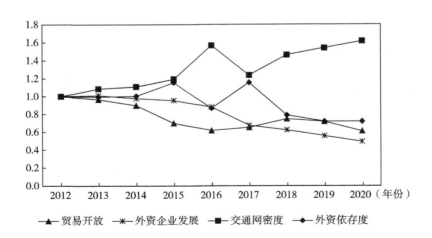

图 13-10 2012~2020 年京津冀贸易开放、外资企业发展、交通网密度和
外资依存度的变化趋势

六、京津冀共享发展指数

从图 13-11 可以看出，京津冀共享发展指数总体上呈稳步上升态势。自 2014 年京津冀区域发展提升为国家战略以来，京津冀区域化共享发展稳步提速，共享发展进入崭新阶段。京津冀三地政府不断加大对教育和医疗发展的财政资金支持力度，人均教育支出不断增加，医疗卫生健康水平不断提高，区域共享发展指数显著提高。

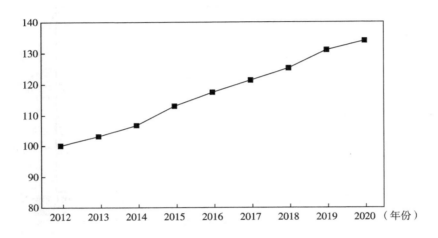

图 13-11 2012~2020 年京津冀区域共享发展指数的变化趋势

共享发展协同指数包括收入差距、卫生水平、人均教育支出和 GDP 含金量四个指标。如图 13-12 所示，整体来看，四个指标都呈稳步上升趋势，尤其是人均教育支出有较大幅度的增长。而 GDP 含金量在 2017 年和 2018 年有所下降，之后又继续上升。由此可以看出，京津冀三地的公共服务一体化步伐在不断加快，教育投入力度不断加大，人均教育支出差距在不断缩小，北京和天津的优势公共服务资源逐渐向河北拓展，区域教育均等化发展不断推进。2023 年，京津冀三地医保部门联合印发了《关于开展京津冀区域内就医视同备案工作的通知》，明确自 2023 年 4 月 1 日起，京津冀三地参保人员在京津冀区域内所有定点医药机构住院、普通门诊、门诊慢特病就医、购药等，均视同备案，无须办理异地就医备案手续，即可享受医保报销待遇，参保人员因门诊慢特病就医的，需按照参保地规定办理资格认定及登记手续。京津冀三地医疗资源共享不断推进。京津冀区域 GDP 含金量在 2016 年之前稳步提升，但在 2017 年和 2018 年略微下降，之后又有所回升。这说明，三地政府不断完善收入分配机制，加大财政转移支付力度，完善社会保障体制，从而提高了人们的劳动收入和财产性收入，促使人均收入的增长幅度超过 GDP 的增长幅度。但也应看到这一增长幅度还比较有限，还需要进一步提高。然而，京津冀收入差距仍然有所扩大，2020 年有小幅缩小，这一点在主报告中亦有论述。自协同发展以来，京津冀三地城镇居民人均可支配收入虽然基本以相同速度增长，但北京基础较大，增长幅度较大，三地差距仍然较大。因此，加快提高河北的发展水平，缩小河北与京津的收入和公共服务差距，仍然是实现京津冀协同发展亟待破解的重要难点。

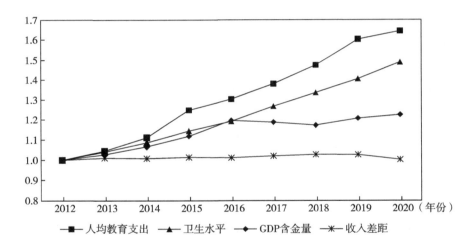

图 13-12 2012~2020 年京津冀收入差距、人均教育支出、卫生水平和
GDP 含金量的变化趋势

综上所述，从"创新发展、协调发展、绿色发展、开放发展及共享发展"五个方面对京津冀协同发展进行评价后可以看出，京津冀协同发取得了显著成就。协调发展指数在经历过小幅下降之后也开始提升，今后还需要对区域协调发展尤其产业与人口的协调发展特别关注。

参考文献

［1］ Alonso W. Urban Zero Population Growth ［J］. Daedalus, 1973, 102 （4）: 191-206.

［2］ Andersson. Scandinavian Evidence on Growth and Age Structure ［J］. Regional Studies, 2001 （4）: 377-390.

［3］ Arrow K, Bolin B, Costanza R, et al. Economic Growth, Carrying Capacity, And the Environment ［J］. Science, 1995 （268）: 520-521.

［4］ Becker L, Liebig T, Sousa-Poza A. Migration Policy and Industrial Structure: The Case of Switzerland ［J］. International Migration, 2008 （2）: 81-107.

［5］ Burger M J, Meijers E J, Hoogerbrugge M M, et al. Borrowed Size, Agglomeration Shadows and Cultural Amenities in North - West Europe ［J］. European Planning Studies, 2015, 23 （6）: 1090-1109.

［6］ Camagni R, Capello R, Caragliu A. Static vs. Dynamic Agglomeration Economies. Spatial Context and Structural Evolution Behind Urban Growth ［J］. Papers in Regional Science, 2016, 95 （1）: 133-158.

［7］ Cecilia I R, Amalia V T. The Effects of Ageing Population on the Economy and on Service Activities in Romania ［J］. International Conference Knowledge-Based Organization, 2018, 24 （2）: 88-97.

［8］ Ciccone A, Papaioannou E. Human Capital, the Structure of Production and Growth ［Z］. European Central Bank, Working Paper Series, 2006.

［9］ Cohen J E. Population Growth and the Earth's Human Carrying Capacity ［J］. Science, 1995, 269 （5222）: 341-346.

［10］ De Vos D, Lindgren U, Van Ham M, et al. Does Broadband Internet Allow

Cities to "Borrow Size"? Evidence from the Swedish Labour Market [J]. Regional Studies, 2020 (9): 1-11.

[11] Drucker J, Feser E. Regional Industrial Structure and Agglomeration Economies: An Analysis of Productivity in Three Manufacturing Industries [J]. Regional and Urban Economics, 2012, 42 (1-2): 1-14.

[12] Ehrlich P R. The Population Bomb [M]. New York: Ballantine Books, 1971.

[13] Fang C, Yu D. Urban Agglomeration: An Evolving Concept of an Emerging Phenomenon [J]. Landscape and Urban Planning, 2017 (162): 126-136.

[14] Glaeser E L, Hedi D, Scheinkman J A, et al. Growth in Cities [J]. The Journal of Political Economy, 1992, 100 (6): 1126-1152.

[15] Gottmann J. Megalopolis: The Urbanized Northeasten Seaboard of the United States [M]. New York: The Twentith Century Fund, 1961.

[16] Han B L, Wang R S, Tao Y, et al. Urban Population Agglomeration in View of Complex Ecological Niche: A Case Study on Chinese Prefecture Cities [J]. Ecological Indicators, 2014, 47: 128-136.

[17] Hepworth M. Telecommunications and the Future of London [J]. Policy Studies, 1992, 13 (2): 31-45.

[18] Hesse M. On Borrowed Size, Flawed Urbanisation and Emerging Enclave Spaces: The Exceptional Urbanism of Luxembourg [J]. European Urban and Regional Studies, 2016, 23 (4): 612-617.

[19] Hopfenberg R. Human Carrying Capacity Is Determined by Food Availability [J]. Population and Environment, 2003 (25): 109-117.

[20] Kaya A, Koc M. Over-Agglomeration and Its Effects on Sustainable Development: A Case Study on Istanbul [J]. Journal of Sustainability, 2019, 11 (1): 386-401.

[21] Kim Y, Barkley D L, Henry M S. Industry Characteristics Linked to Establishment Concentrations in Nonmetropolitan Areas [J]. Journal of Regional Science, 2000 (40): 234-259.

[22] Klaasen L H, Molle W T, Paelinck J. Dynamics of Urban Development [J]. Population and Development Review, 1983, 9 (1): 178.

[23] Krugman P R. Increasing Returns, Monopolistic Competition, and Interna-

tional Trade [J]. Journal of International Economics, 1979 (4): 469-479.

[24] Meadows D H, Meadows D L, Randers J, et al. The Limits to Growth: A Report for THE CLUB of ROME's Project on the Predicament of Mankind [M]. New York: Universe Books, 1972.

[25] Meijers E J, Burger M J, Hoogerbrugge M M. Borrowing Size in Networks of Cities: City Size, Network Connectivity and Metropolitan Functions in Europe [J]. Papers in Regional Science, 2016 (1): 181-198.

[26] Meijers E, Burger M J. Stretching the Concept of "Borrowed Size" [J]. Urban Studies, 2017, 54 (1): 269-291.

[27] Meijers E. Metropolitan Labor Productivity and Urban Spatial Structure: A Comparison of U. S. Monocentric and Polycentric Metropolitan Areas [M] //Metropolitan Regions: Knowledge Infrastructures of the Global Economy. London: Springer, 2013.

[28] Melo P C, Graham D J. Testing for Labour Pooling as a Source of Agglomeration Economies: Evidence for Labour Markets in England and Wales [J]. Papers in Regional Science, 2014, 93 (1): 31-52.

[29] Meyer P S, Ausubel J H. Carrying Capacity: A Model with Logistically Varying Limits [J]. Technological Forecasting and Social Change, 1999 (61): 209-214.

[30] Myrdal G. Asian Drama: An Inquiry into the Poverty of Nations (3 volumes) [M]. New York: Twentieth Century Fund, 1968.

[31] Myrdal G. Economic Theory and Underdeveloped Regions [M]. New York: Harper & Row, 1957.

[32] Phelps N, Fallon R, Williams C. Small Firms, Borrowed Size and the Urban-Rural Shift [J]. Regional Studies, 2001, 35 (7): 613-624.

[33] Phelps N. On the Edge of Something Big: Edge-City Economic Development in Croydon, South London [J]. The Town Planning Review, 1998, 69 (4): 441-465.

[34] 敖荣军, 刘松勤. 人口流动与产业集聚互动的机制与过程——理论解读及经验证据 [J]. 湖北社会科学, 2016 (6): 80-85.

[35] 柏培文, 喻理. 数字经济发展与企业价格加成: 理论机制与经验事实 [J]. 中国工业经济, 2021 (11): 59-77.

[36] 北京市习近平新时代中国特色社会主义思想研究中心. 以产业协同推

动京津冀协同发展［EB/OL］.［2022-02-23］. https：//m. gmw. cn/baijia/ 2022-02/23/35537769. html.

［37］陈刚，刘景林，尹涛. 城市群产业、人口、空间耦合协调发展研究——以珠三角城市群为例［J］. 西北人口，2020，41（2）：114-126.

［38］陈刚，韦晓慧，邹小华. 就业结构与产业结构之间协调性分析——基于广州市的实证检验与横向比较［J］. 中国经贸导刊（中），2019（2）：108-111.

［39］陈怀锦，周孝. 溢出效应、城市规模与动态产业集聚［J］. 山西财经大学学报，2019，41（1）：57-69.

［40］陈明星，李扬，龚颖华，等. 胡焕庸线两侧的人口分布与城镇化格局趋势——尝试回答李克强总理之问［J］. 地理学报，2016，71（2）：179-193.

［41］陈强. 高级计量经济学及 Stata 应用［M］. 北京：高等教育出版社，2014.

［42］陈宪. 上海都市圈发展报告·第一辑：空间结构［M］. 上海：格致出版社，上海人民出版社，2021.

［43］程梦瑶，段成荣. 迁徙中国形态得到进一步确认［J］. 人口研究，2021，45（3）：75-81.

［44］崔万田，王淑伟. 京津冀区域经济联系强度与网络结构分析［J］. 技术经济与管理研究，2021（4）：117-121.

［45］大卫·李嘉图. 政治经济学及赋税原理［M］. 郭大力，王亚南，译. 北京：商务印书馆，2021.

［46］段成荣. 从无序到有序：北京市人口规模调控的思考［J］. 人口研究，2011（1）：38-41.

［47］方大春，裴梦迪. 雄安新区建设后京津冀城市群空间特征研究［J］. 当代经济管理，2018，40（4）：60-65.

［48］冯健，周一星. 近 20 年来北京都市区人口增长与分布［J］. 地理学报，2003（6）：903-916.

［49］干春晖，郑若谷，余典范. 中国产业结构变迁对经济增长和波动的影响［J］. 经济研究，2011，46（5）：4-16+31.

［50］葛美玲，封志明. 基于 GIS 的中国 2000 年人口之分布格局研究——兼与胡焕庸 1935 年之研究对比［J］. 人口研究，2008（1）：51-57.

［51］宫攀，张槊. 产业集聚模式对城市人口规模的时空效应研究——来自

275 个地级及以上城市的经验证据［J］．人口与发展，2022，28（4）：59-74.

　　［52］郭岚，张祥建，李远勤．人口红利效应、产业升级与长三角地区经济发展［J］．南京社会科学，2009（7）：7-14.

　　［53］郭丽燕，黄建忠，庄惠明．人力资本流动、高新技术产业集聚与经济增长［J］．南开经济研究，2020，216（6）：163-180.

　　［54］韩峰，李玉双．产业集聚、公共服务供给与城市规模扩张［J］．经济研究，2019，54（11）：149-164.

　　［55］韩雅清，左孝凡，李玉水，等．区域一体化战略对经济高质量发展的影响研究——以京津冀地区为例［J］．资源开发与市场，2021，37（10）：1216-1222.

　　［56］胡书玲，余斌，卓蓉蓉，等．中国陆域地表人类活动与自然环境的空间关系研究［J］．生态学报，2020，40（12）：3935-3943.

　　［57］胡艳，陈雨琪，李彦．数字经济对长三角地区城市经济韧性的影响研究［J］．华东师范大学学报（哲学社会科学版），2022，54（1）：143－154＋175-176.

　　［58］胡玉萍，尹德挺，吴军，等．北京人口发展研究报告（2020）［M］．北京：社会科学文献出版社，2020.

　　［59］黄润龙．"特大城市人口规模调控"之浅见［J］．人口研究，2011（1）：29-33.

　　［60］纪良纲，晓国．京津冀产业梯度转移与错位发展［J］．河北学刊，2004，24（6）：98-101.

　　［61］贾晋，高远卓，申云．人口集聚与产业结构高级化：孰先孰后［J］．财经科学，2022，412（7）：106-121.

　　［62］金浩，李娜．京津冀区域经济系统的协同度分析［J］．天津商业大学学报，2016，36（4）：50-56.

　　［63］李国平，罗心然．京津冀地区人口与经济协调发展关系研究［J］．地理科学进展，2017，36（1）：25-33.

　　［64］李国平，罗心然．京津冀协同发展战略对北京人口规模调控的影响研究［J］．河北经贸大学学报，2021，42（3）：94-102.

　　［65］李国平，宋昌耀．建设京津冀世界级城市群视野下的雄安新区发展方向［J］．河北学刊，2021，41（6）：133-140.

［66］李建新，刘梅．中美人口变迁及对其自身国家实力的影响［J］．晋阳学刊，2023（1）：3-15.

［67］李林君，王莉娜，王海南．京津冀一体化进程中公共服务不平等累积性研究：1994—2015——基于增量供给与存量调整视角［J］．经济与管理研究，2018，39（10）：93-110.

［68］李敏，孙佳佳，张婷婷．人力资本结构高级化对产业结构升级的影响研究——基于中国省级面板数据［J］．工业技术经济，2020，39（8）：72-77.

［69］李强，李子彪，王雅洁，等．京津冀高质量发展报告（2022）［M］．北京：社会科学文献出版社，2022.

［70］李秋颖，方创琳，王少剑，等．山东省人口城镇化与空间城镇化协调发展及空间格局［J］．地域研究与开发，2015，34（1）：31-36.

［71］李若建．1982-1990年中国人口数量分布演变特征［J］．南方人口，1993（1）：20-25.

［72］李昕．人口调控需重视人口空间分布和结构优化［J］．北京观察，2020（12）：15.

［73］刘建党，唐杰，梁植军．长三角珠三角城市人口和经济规模分布特征比较研究——基于齐普夫定律的视角［J］．城市问题，2018（1）：17-25.

［74］刘洁，姜丰，栗志慧．京津冀城市群产业—人口—空间耦合协调发展研究［J］．中国软科学，2021（S1）：171-178.

［75］刘洁，姜丰，钱春丽．京津冀协调发展的系统研究［J］．中国软科学，2020（4）：142-153.

［76］刘洁，苏杨，段正．京津冀城市群一体化发展应成为国家战略［J］．中国发展观察，2014（2）：33-37.

［77］刘洁，苏杨，魏方欣．基于区域人口承载力的超大城市人口规模调控研究［J］．中国软科学，2013，274（10）：147-156.

［78］刘洁，苏杨．从人口分布的不均衡性看北京"城市病"［J］．中国发展观察，2013（5）：32-36.

［79］刘洁，苏杨．从人口普查数据对比看首都都市圈人口合理分布的壁垒［J］．中国经济报告，2022（4）：65-77.

［80］刘洁，魏方欣．基于协同演化的企业发展研究［M］．北京：经济管理出版社，2017.

［81］刘洁．"城市病防治"——以中国超大城市为例［M］．北京：社会科学文献出版社，2017.

［82］刘洁．基于协同演化的企业发展研究［D］．太原：山西大学，2010.

［83］刘锦，田银生．粤港澳大湾区背景下的珠三角城市群产业—人口—空间交互影响机理［J］．地理科学进展，2018，37（12）：1653-1662.

［84］刘涛，彭荣熙，卓云霞，等．2000-2020年中国人口分布格局演变及影响因素［J］．地理学报，2022，77（2）：381-394.

［85］刘涛，卓云霞．中国县级人口变动的空间格局及影响因素——基于第七次全国人口普查数据的新探索［J］．人口研究，2022，46（6）：72-87.

［86］刘修岩，陈子扬．城市体系中的规模借用与功能借用——基于网络外部性视角的实证检验［J］．城市问题，2017，269（12）：12-19.

［87］刘艳军，汤爽爽，吴康，等．经济地理学视角下中国人口研究热点与展望［J］．经济地理，2021，41（10）：97-105+142.

［88］鲁金萍，刘玉，杨振武，等．京津冀区域制造业产业转移研究［J］．科技管理研究，2015（1）：86-89.

［89］陆杰华．国家治理视域下优化人口发展战略的若干思考［J］．人口与经济，2023（1）：1-7+25.

［90］陆杰华．人口规模巨大是中国式现代化优势和动力［N］．南方日报，2023-01-06.

［91］陆铭，李杰伟，韩立彬．治理城市病：如何实现增长、宜居与和谐？［J］．经济社会体制比较，2019（1）：22-29+115.

［92］陆铭．都市圈规划应形成差异化发展格局［J］．上海国资，2022（8）：12.

［93］陆铭．让人口流动起来，建设人力资本大国［J］．上海国资，2021（12）：12.

［94］陆铭．以都市圈一体化探路人口规模巨大的现代化［N］．南方日报，2023-01-06.

［95］马茹，王宏伟，张静．基于2050年中国人口发展愿景的工程科技需求分析［J］．技术经济，2022，41（7）：73-82.

［96］马向明，陈昌勇，刘沛，等．强联系多核心城市群下都市圈的发展特征和演化路径——珠江三角洲的经验与启示［J］．上海城市规划，2019（2）：

18-26.

［97］马璇，张振广．东京广域首都圈构想及对我国大都市圈规划编制的启示［J］．上海城市规划，2019（2）：41-48.

［98］毛冰冰．我国制造业产业集聚与人口流动的互动关系研究［D］．郑州：河南财经政法大学，2020.

［99］牟宇峰．就业人口演变与产业发展的互动原理［J］．人口与社会，2017，33（4）：91-101.

［100］蒲艳萍．转型期的产业结构变动与中国就业效应［J］．经济纵横，2008（7）：113-115.

［101］戚伟，刘盛和，赵美风．"胡焕庸线"的稳定性及其两侧人口集疏模式差异［J］．地理学报，2015，70（4）：551-566.

［102］瞿凌云．未来人口老龄化趋势及其对潜在经济增速影响的估算［J］．上海金融，2021（8）：27-36.

［103］沈昊婧．增强中心城市和城市群承载能力研究［J］．经济研究导刊，2020，433（11）：64-66.

［104］沈洁．城际联系对城市群人口分布格局的影响——基于链锁网络模型与夜间灯光数据的分析［J］．人口与经济，2020（3）：14-31.

［105］盛亦男，杨旭宇．中国三大城市群流动人口集聚的空间格局与机制［J］．人口与经济，2021（6）：88-107.

［106］石光．京津冀协同发展中的人口分布变化——移动互联网大数据视角［J］．重庆理工大学学报（社会科学版），2018，32（12）：1-8.

［107］苏黎馨，冯长春．京津冀区域协同治理与国外大都市区比较研究［J］．地理科学进展，2019，38（1）：15-25.

［108］苏杨，肖周燕．人口承载力视野的政策应用与调控区间［J］．改革，2010，23（11）：125-131.

［109］孙斌栋，丁嵩．大城市有利于小城市的经济增长吗？——来自长三角城市群的证据［J］．地理研究，2016，35（9）：1615-1625.

［110］孙斌栋，华杰媛，李琬，等．中国城市群空间结构的演化与影响因素——基于人口分布的形态单中心—多中心视角［J］．地理科学进展，2017，36（10）：1294-1303.

［111］孙久文，程芸倩．京津冀协同发展的内在逻辑、实践探索及展望——

基于协同视角的分析 [J]. 天津社会科学，2023（1）：114-121.

[112] 孙久文，蒋治. 新发展格局下区域协调发展的战略骨架与路径构想 [J]. 中共中央党校（国家行政学院）学报，2022，26（4）：78-87.

[113] 孙军，刘志彪. 城市功能借用、省域一体化与跨省域一体化——基于长三角一体化的经验证据 [J]. 学习与探索，2021（6）：128-137.

[114] 孙铁山，李国平，卢明华. 京津冀都市圈人口集聚与扩散及其影响因素——基于区域密度函数的实证研究 [J]. 地理学报，2009，64（8）：956-966.

[115] 孙瑀，刘建国，暴婕. 京津冀县域小城镇人口空间分布与格局演化 [J]. 城市发展研究，2018（6）：79-86.

[116] 童玉芬，刘爱华. 首都圈流动人口空间分布特征及政策启示 [J]. 北京行政学院学报，2017（6）：103-110.

[117] 童玉芬，马艳林. 城市人口空间分布格局影响因素研究——以北京为例 [J]. 北京社会科学，2016（1）：89-97.

[118] 童玉芬，阳圆，张欣欣. 我国特大城市人口调控政策的量化研究——以北京市为例 [J]. 人口与经济，2021（1）：25-36.

[119] 涂建军，刘莉，张跃，等. 1996-2015年我国经济重心的时空演变轨迹——基于291个地级市数据 [J]. 经济地理，2018，38（2）：18-26.

[120] 王波，翟璐，韩立民，等. 产业结构调整、海域空间资源变动与海洋渔业经济增长 [J]. 统计与决策，2020，36（17）：96-100.

[121] 王继源，陈璋，胡国良. 京津冀协同发展下北京市人口调控：产业疏解带动人口疏解 [J]. 中国人口·资源与环境，2015，25（10）：111-117.

[122] 王金营，等. 人口与经济发展方式 [M]. 北京：科学出版社，2021.

[123] 王金营，王晓伟. 人口集聚与经济集聚匹配对劳动生产率影响研究 [J]. 人口学刊，2021，43（6）：1-13.

[124] 王坤岩，臧学英. 以体制机制创新深入推动京津冀协同发展 [J]. 中国发展观察，2019（Z1）：74-76+93.

[125] 王鹏，高妍伶俐. 居民消费支出视角下区域政策、人口结构与产业结构关系研究——以广东省为例 [J]. 经济地理，2013，33（6）：42-47.

[126] 王思远，张增祥，周全斌，等. 近10年中国土地利用格局及其演变 [J]. 地理学报，2002（5）：523-530.

[127] 王小鲁. 中国城市化路径与城市规模的经济学分析 [J]. 经济研究，

2010，45（10）：20-32.

[128] 王艳君，刘清滢，司丽丽，等．雄安新区未来人口结构及促进其高质量发展的建议［J］．科技导报，2022，40（22）：78-87.

[129] 王垚，年猛，王春华．产业结构、最优规模与中国城市化路径选择［J］．经济学（季刊），2017，16（2）：441-462.

[130] 王莹莹，童玉芬，刘爱华．首都圈人口空间分布格局的形成：集聚力与离散力的"博弈"［J］．人口学刊，2017，39（4）：5-16.

[131] 王莹莹，童玉芬．产业集聚与结构高度化对北京人口规模的影响：膨胀还是收敛？［J］．人口学刊，2015，37（6）：5-13.

[132] 王玉海，刘学敏，谷潇磊．首都经济圈内涵及产业空间再造路径探讨［J］．北京社会科学，2013（1）：46-55.

[133] 王振坡，姜智越，郑丹，等．京津冀城市群人口空间结构演变及优化路径研究［J］．西北人口，2016，37（5）：31-39.

[134] 巫锡炜，郭静，段成荣．地区发展、经济机会、收入回报与省际人口流动［J］．南方人口，2013，28（6）：54-61+78.

[135] 吴瑞君．从"五普"到"七普"：中国人口分布与经济增长的时空耦合和区域均衡发展［J］．华东师范大学学报（哲学社会科学版），2021，53（5）：174-183 + 240-241.

[136] 吴宣恭，吴昊，李子秦．马克思产业思想与中国产业结构转型［J］．经济学家，2020，256（4）：24-33.

[137] 武义青，冷宣荣，田晶晶．推动京津冀产业链合作向更深层次拓展——京津冀产业协同发展九年回顾与展望［J］．经济与管理，2023，37（3）：1-8.

[138] 习近平．高举中国特色社会主义伟大旗帜　为全面建设社会主义现代化国家而团结奋斗——在中国共产党第二十次全国代表大会上的报告［M］．北京：人民出版社，2022.

[139] 席强敏，李国平．京津冀生产性服务业空间分工特征及溢出效应［J］．地理学报，2015，70（12）：1926-1938.

[140] 夏怡然，陆铭．跨越世纪的城市人力资本足迹——历史遗产、政策冲击和劳动力流动［J］．经济研究，2019，54（1）：132-149.

[141] 肖金成，洪晗．城市群人口空间分布与城镇化演变态势及发展趋势预

测 [J]. 经济纵横, 2021 (1)：19-30+2.

[142] 肖金成, 李博雅. 京津冀协同：聚焦三大都市圈 [J]. 前线, 2020 (8)：59-65.

[143] 肖周燕, 李慧慧. 中国主要城市群人口迁移倾向研究——基于百度指数的应用 [J]. 人口与经济, 2021 (4)：22-36.

[144] 肖周燕. 中国人口与经济分布一致性的空间效应研究 [J]. 人口研究, 2013, 37 (5)：42-52.

[145] 谢红, 谭轶纱, 郎捷. 基于 Citespace 的产教融合研究热点与趋势分析 [J]. 中国职业技术教育, 2021 (36)：76-81.

[146] 熊健. 上海大都市圈蓝皮书 (2020—2021) [M]. 上海：上海社会科学院出版社, 2021.

[147] 徐永利, 赵炎. 京津冀协同发展：河北省产业逆梯度推移策略 [J]. 河北学刊, 2014, 34 (4)：214-217.

[148] 许冰泌. 基于 GIS 的杭州市人口、经济重心迁移研究 [J]. 城市建设理论研究 (电子版), 2018 (16)：23-24.

[149] 闫东升, 杨槿. 长江三角洲人口与经济空间格局演变及影响因素 [J]. 地理科学进展, 2017, 36 (7)：820-831.

[150] 杨松, 唐勇, 邓丽姝. 北京经济发展报告 (2021~2022) [M]. 北京：社会科学文献出版社, 2022.

[151] 姚常成, 宋冬林, 范欣. 城市"规模"偏小不利于经济增长吗？——两种借用规模视角下的再审视 [J]. 中国人口·资源与环境, 2020, 30 (8)：62-71.

[152] 姚常成, 宋冬林. 借用规模、网络外部性与城市群集聚经济 [J]. 产业经济研究, 2019 (2)：76-87.

[153] 叶堂林, 毛若冲. 基于联系度、均衡度、融合度的京津冀协同状况研究 [J]. 首都经济贸易大学学报, 2019 (2)：30-40.

[154] 叶堂林. 京津冀产业高质量协同发展中存在的问题及对策 [J]. 北京社会科学, 2023 (6)：49-57.

[155] 叶振宇. "十四五"时期雄安新区与周边地区加快构建一体化发展新格局的思考 [J]. 河北师范大学学报 (哲学社会科学版), 2022, 45 (2)：113-118.

[156] 尹德挺，胡玉萍，吴军，等．北京人口发展研究报告 [M]．北京：社会科学文献出版社，2021．

[157] 尹德挺，史毅，卢镱逢．经济发展、城市化与人口空间分布——基于北京、东京和多伦多的比较分析 [J]．北京行政学院学报，2015（6）：83-91．

[158] 尹德挺，史毅．人口分布、增长极与世界级城市群孵化——基于美国东北部城市群和京津冀城市群的比较 [J]．人口研究，2016，40（6）：87-98．

[159] 尹德挺，袁尚．新中国 70 年来人口分布变迁研究——基于"胡焕庸线"的空间定量分析 [J]．中国人口科学，2019（5）：15-28+126．

[160] 尹稚等．中国都市圈发展报告 2021 [M]．北京：清华大学出版社：2021．

[161] 于景元．从系统思想到系统实践的创新——钱学森系统研究的成就和贡献 [J]．系统工程理论与实践，2016（12）：2993-3002．

[162] 于倩，尹德挺．系统优化京津冀城市和产业空间布局 [J]．前线，2022（9）：64-67．

[163] 袁冬梅，信超辉，袁玲．产业集聚模式选择与城市人口规模变化——来自 285 个地级及以上城市的经验证据 [J]．中国人口科学，2019，195（6）：46-58+127．

[164] 曾凡银，吴海升，杜文俊，等．长三角构建新发展格局研究报告（2021~2022）[M]．北京：社会科学文献出版社，2022．

[165] 曾鹏，张凡．十大城市群"产业—人口—空间"耦合协调度的比较 [J]．统计与决策，2017（10）：94-98．

[166] 曾永明，张利国．中国人口空间分布格局演变与非均衡性测度——基于分县尺度人口普查数据：1990-2010 [J]．南方人口，2017，32（5）：68-80．

[167] 曾珍香，段丹华，张培．基于复杂系统理论的区域协调发展机制研究——以京津冀区域为例 [J]．改革与战略，2008（1）：97-99+122．

[168] 张凤超，黎欣．产业集聚、城市人口规模与区域经济协调发展——基于我国 12 个城市群的比较研究 [J]．华南师范大学学报（社会科学版），2021，250（2）：156-166+207-208．

[169] 张国俊，黄婉玲，周春山，等．城市群视角下中国人口分布演变特征 [J]．地理学报，2018，73（8）：1513-1525．

[170] 张锟澎，刘雪晴．数字经济、流动人口与城市居留意愿——基于全国

流动人口动态监测数据的经验研究［J］.山西财经大学学报，2022，44（5）：15-28.

［171］张杨，王德起.基于复合系统协同度的京津冀协同发展定量测度［J］.经济与管理研究，2017（12）：33-39.

［172］张耀军，柴多多.京津冀人口与产业空间演变及相互关系——兼论产业疏解可否调控北京人口［J］.经济理论与经济管理，2017，324（12）：102-109.

［173］张耀军，王小玺.城市群视角下中国人口空间分布研究［J］.人口与经济，2020（3）：1-13.

［174］张耀军，张振.京津冀区域人口空间分布影响因素研究［J］.人口与发展，2015，21（3）：2-9.

［175］赵川.城市群的产业—人口—空间耦合协调发展研究——以成渝城市群为例［J］.经济体制改革，2019（5）：51-59.

［176］赵果庆，吴雪萍.中国城镇化的空间动力机制与效应——基于第六次人口普查2869个县域单元数据［J］.中国软科学，2017（2）：76-87.

［177］赵弘，游霭琼，杨维凤，等.中国区域经济发展报告（2020～2021）［M］.北京：社会科学文献出版社，2021.

［178］赵曼如，闫东升.长三角人口分布格局、空间稳态及驱动因素研究［J］.西安工业大学学报，2022，42（2）：204-216.

［179］赵渺希，王彦开，胡雨珂，等.广佛都市圈网络外部性的城镇借用规模绩效检验［J］.地理研究，2022（9）：2367-2384.

［180］赵鹏军.破解京津冀交通一体化难题的七个抓手［J］.前线，2021（1）：63-66.

［181］中国社会科学院京津冀协同发展智库京津冀协同发展指数课题组.基于新发展理念的京津冀协同发展指数研究［J］.区域经济评论，2017（3）：44-50.

［182］周玉龙，孙久文.产业发展从人口集聚中受益了吗？——基于2005-2011年城市面板数据的经验研究［J］.中国经济问题，2015（2）：74-85.

［183］朱江丽，李子联.长三角城市群产业—人口—空间耦合协调发展研究［J］.中国人口·资源与环境，2015，25（2）：75-82.

［184］祝合良，叶堂林，张贵祥，等.京津冀蓝皮书：京津冀发展报告

（2017）：协同发展的新形势与新进展 ［M］．北京：社会科学文献出版社，2017．

［185］祝合良，叶堂林，张贵祥，等．京津冀蓝皮书：京津冀发展报告（2018）：协同发展的新机制与新模式 ［M］．北京：社会科学文献出版社，2018．

［186］祝合良，叶堂林．京津冀蓝皮书：京津冀发展报告（2019）［M］．北京：社会科学文献出版社，2019．

［187］卓贤，陈奥运．特大城市人口的国际比较 ［J］．中国经济报告，2018，108（10）：100-103．

［188］邹湘江．基于"六普"数据的我国人口流动与分布分析 ［J］．人口与经济，2011（6）：23-27+33．